D1455658

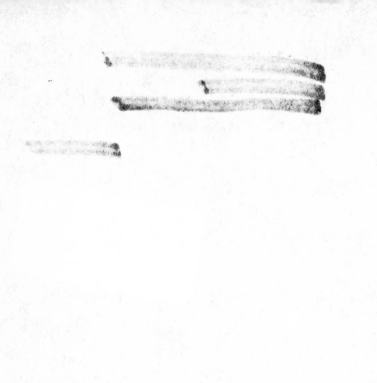

CUANDO ÉRAMOS LOS MEJORES

EARVIN «MAGIC» JOHNSON

LARRY BIRD

con Jackie MacMullan

CONTRA

When the Game Was Ours
© 2009, Magic Johnson Enterprises y Larry Bird
Publicado según acuerdo con International Editors' Co.
y Houghton Mifflin Harcourt Publishing Company

Dirección editorial: Didac Aparicio y Eduard Sancho

Traducción: Javier Gómez Vázquez

Diseño: Setanta
Maquetación: Emma Camacho

Primera edición: Octubre de 2015
© 2015, Contraediciones, S.L.
Psje. Fontanelles, 6, bajos 2ª
08017 Barcelona
contra@contraediciones.com
www.editorialcontra.com

© 2015, Javier Gómez Vázquez, de la traducción
ISBN: 978-84-944033-3-0
Depósito Legal: DL B 22.915-2015
Impreso en España por Liberdúplex

Para nuestros fans
—LARRY BIRD E EARVIN «MAGIC» JOHNSON JR.

A mis padres, Margarethe y Fred MacMullan,
que me enseñaron que todo era posible
—JACKIE MACMULLAN

ÍNDICE

INTRODUCCIÓN
DE LARRY

CUANDO ERA NIÑO, la única cosa que me importaba era ganar a mis hermanos. Mark y Mike eran mayores que yo, y por lo tanto más grandes, más fuertes y mejores; al baloncesto, al béisbol, en todo. Me empujaban, me zarandeaban. Quería ganarles, más que nada, más que a nadie. Pero aún no había conocido a Magic. Cuando lo hice, era a él al único al que *tenía* que derrotar. Mi relación con Magic va más allá de lo fraternal. Nunca he desvelado de qué forma dominaba mis pensamientos durante mis días como jugador. No podía. Pero una vez que acepté hacer este libro, supe que por fin había llegado la hora de que el público conociese mi relación con la persona que me motivaba más que ninguna otra. Nuestras carreras, desde el principio, recorrieron el mismo camino. Nos enfrentamos en el campeonato nacional universitario y luego nos hicimos profesionales, exactamente el mismo año. Él en la Costa Oeste, yo en la Costa Este; en las dos mejores franquicias de la NBA de todos los tiempos. No se podría haber planeado mejor.

Al principio no me gustó cómo funcionaba el asunto. Era siempre Bird y Magic, en lugar de Celtics y Lakers, y eso no me gustaba. Ni siquiera tratábamos de defendernos. Yo profesaba un respeto enorme por Magic, más que por cualquier otra persona con la que haya competido. Desde la primera vez que le vi, me di cuenta de que veía el juego de la misma forma que yo. Todo consiste en competir, y eso es lo que ambos compartíamos. Eso fue lo que nos hizo destacar. Mis compañeros siempre rajaban de Magic, por su sonrisa perenne, por cómo buscaba siempre la jugada más espectacular. Pero si ibas al fondo del asunto y les preguntabas qué pensaban de verdad, incluso ellos tenían que admitirlo: «Es el mejor».

Yo no perdía demasiado el tiempo comparándome con él. Éramos dos jugadores totalmente diferentes, con pocas similitudes. A los dos nos encantaba pasar y mantener a nuestros compañeros involucrados en el juego. No era nuestra prioridad meter 50 puntos, aunque habríamos podido hacerlo fácilmente cuando estábamos en nuestro mejor momento. Cuando veía las mejores jugadas de Magic después de los partidos, me decía, «¿cómo ha hecho eso?». Controlaba el tempo de partido mejor que nadie. En ocasiones, cuando jugábamos contra los Lakers, yo era el único defensor en uno de sus contraataques 3 contra 1. Aunque yo no era demasiado rápido, solía ser capaz de leer lo que iba a hacer el base en esas situaciones e intuir hacia dónde iba a pasar. Pero no con Magic. Nunca tenía ni idea de lo que iba a hacer con el balón.

No nos caíamos demasiado bien. Era demasiado duro. Año tras año intentando derrotarnos, y la gente seguía comparándonos. Los dos queríamos lo mismo, por eso yo no quería conocerle, porque sabía que probablemente me caería bien y entonces perdería mi ventaja.

La gente cree que todo comenzó con la final de la NCAA de 1979. No es así. Jugamos en el mismo equipo el verano anterior en un torneo internacional y juntos hicimos algunas jugadas increíbles. Es una pena que nadie las viese. El entrenador no nos dejó jugar demasiado, así que tuvimos que idear otras formas de demostrar que estábamos entre los mejores jugadores del país al margen de los partidos. Creedme, lo entenderéis cuando leáis este libro: conseguimos encontrar la forma de no pasar desapercibidos.

En este libro os contaremos la desconocida historia de los días anteriores a la final de la NCAA, no los cotilleos que corren por ahí.

Con el paso de los años se ha citado a muchísimas personas del entorno de nuestro equipo de Indiana State al respecto de lo que yo hacía o pensaba por entonces. Siempre me sorprendió, porque apenas las conocía, y por eso nunca supieron contar bien la historia. A menudo, gente que tenía poco que ver con el éxito del equipo era la que más tenía que decir sobre el mismo. Esta es una de las razones por las que Magic y yo hemos decidido hacer este libro juntos. Por una vez podréis oír de nuestros labios lo que sentíamos cuando nos enfrentamos en el campeonato de la NCAA o por los títulos de la NBA. Ha sido un camino interesante, creedme. Pero no siempre ha sido un camino sencillo. Cuando eres tan competitivo como lo somos nosotros, surgen malos pensamientos a todas horas. Yo los tenía y, después de esta experiencia, he sabido que Magic, también. Después de años de luchar el uno contra el otro, la gente no puede pensar en el uno sin el otro. Somos como Ali y Frazier. Cuando me retiré la gente me preguntaba por él continuamente. Me decían, «¿cómo está Magic? ¿Qué sabes de él?». Más incluso que de mis propios compañeros. Nueve veces de cada diez preguntaban, «y bien… ¿cómo está Magic?», y solo una de cada diez, «¿qué hay de McHale?». Es difícil explicar cómo es estar ligado a una persona de esa forma. No lo elegimos, simplemente sucedió. Y ahora estamos unidos el uno al otro.

En una ocasión, hace unos pocos años, iba conduciendo por Indianápolis y recibí una llamada de un reportero de televisión. Me preguntó, «¿has oído la noticia?», yo le contesté, «¿a qué te refieres?», y dijo, «bueno, aún no está confirmado, pero hemos recibido un teletipo que afirma que Magic Johnson ha muerto». Casi me salgo de la carretera. Sentí un vacío en el estómago y creí de verdad que iba a perder el control. Colgué y llamé a mi agente Jill Leone al momento. Ella llamó a su vez a Lon Rosen, el agente de Magic, quien le dijo que se trataba de un rumor malintencionado, que Magic estaba bien. Llamé de nuevo al tipo de la televisión y le dije, «no vuelvas a hacerme esto en tu vida».

La gente ha escrito sobre Magic y sobre mí durante años. Algunos tenían razón. Otros, no. Esta es nuestra historia, contada por las dos personas que la vivieron. Cuando los Celtics y los Lakers se enfrentaron en las Finales de 2008, hicieron brotar en mí grandes recuerdos. Los de la mejor época de mi vida, aquellas batallas contra Magic y los Lakers. Solo pensaba en ellas. Nada resultaba más dulce que derrotar a L.A. Mantuvimos una lucha infernal persiguiendo el mismo objetivo durante más de doce años, y durante todo ese tiempo el respeto estuvo siempre presente. Estamos conectados para el resto de nuestras vidas. Antes me importaba. Ahora ya no.

LARRY BIRD

Indianápolis, marzo de 2009

INTRODUCCIÓN
DE MAGIC

MI ENTRENADOR EN EL INSTITUTO, George Fox, solía decirme que no diese mi talento por sentado. «Eres especial, Earvin», decía. «Pero no puedes dejar de trabajar duro. No olvides esto: existe alguien ahí fuera con tu mismo talento y que está trabajando igual de duro. Quizá más aún.» Cuando el entrenador Fox decía esas cosas, yo asentía con la cabeza pero pensaba para mis adentros: «Me gustaría conocer a ese tío, porque nunca lo he visto». ¿En serio? No estaba seguro de que existiese alguien así.

Eso cambió el día de 1978 en el que entré en un pabellón de Lexington, Kentucky, y vi a Larry Bird por primera vez. Entonces supe que aquel era el tipo al que se refería el entrenador Fox. Larry era un tipo especial. No hablaba demasiado y estaba siempre ensimismado. Pero, amigos, sabía jugar al baloncesto. Nunca había visto a un jugador de su tamaño pasar como él lo hacía. Hubo química desde el primer momento. Jugamos en el equipo suplente con un grupo de estrellas universitarias y acabamos por dejar en ridículo a los titulares.

Sabía que volvería a verme las caras con él, y así fue, ¡muchísimas veces! Cuando llegué a la NBA y empecé a jugar en los Lakers, veía todos los partidos de los Celtics que podía para estar al tanto de lo que él hacía. Se convirtió en el referente con el que medirme. La primera vez que nos enfrentamos en las Finales, en 1984, Larry sacó lo mejor de mí. Me llevó años superarle. En realidad, no estoy seguro de haberlo hecho.

Me sorprendió escuchar el relato de Larry sobre mi victoria en el campeonato de la NBA como novato. En él admite que estaba celoso, lo que me ha dejado alucinado, porque por entonces nunca lo demostró. Por supuesto, como sabréis cuando empecéis a leer este libro, yo también tuve mis brotes de celos cuando de Larry se trataba.

Cuando hablo en público suelo decir que me hubiera gustado que los hijos de los presentes hubieran tenido la oportunidad de ver jugar a Larry Bird, porque lo hacía como hay que hacerlo. Jugaba en equipo, pero lo que yo más admiraba era su deseo de ganar, su dureza, su presencia de ánimo y su conocimiento del juego.

Estoy indisolublemente unido a Larry, para siempre. Así es, simple y llanamente. Quise que los dos entrásemos juntos en el Salón de la Fama, pero no fue posible, así que este libro es lo más parecido a hacerlo. Nos ha dado la oportunidad de contar nuestra historia y compartir con vosotros la evolución de nuestra amistad. Una parte de ella os sorprenderá. Cuando jugaba, yo era consciente de cómo escrutaba obsesivamente hasta el último movimiento de Larry, pero no fue hasta que empecé a hacer las entrevistas para este libro que supe que él me seguía con la misma atención. No puedo eludir a Larry. Y apuesto a que él tampoco puede hacerlo conmigo. Cuando me topo con aficionados, la primera cosa que quieren saber es, «¿le has visto? ¿Has hablado con Larry?». Nadie me pregunta nunca por Kareem o James Worthy, por Byron o Coop. Siempre por Larry. Hemos tenido que acostumbrarnos a eso.

En mis giras alrededor del país siempre me reciben afectuosamente, especialmente en Boston. La gente le dice a sus hijos, «tú te lo perdiste. Larry y este tío armaban un espectáculo. Le odiábamos, pero también le respetábamos». Cada vez que entro en el nuevo Boston Garden se me vienen a la cabeza una tonelada de recuerdos. Juraría que aún tienen a los mismos tipos colocando el parqué que cuando yo jugaba. Evoco aquellos días. Las camisetas de «BEAT L.A.», los puestos de venta en el exterior, las duchas con agua fría, las alertas de incendio en mitad de la noche cuando nos quedábamos en hoteles de Boston. Nunca ha habido una rivalidad mejor.

Lo que hemos intentado con este libro es haceros vivir todo aquello; como en 1984, justo después de que los Celtics ganasen el título. Yo encerrado en una habitación de hotel en Boston, viendo cómo todos aquellos aficionados de los Celtics se volvían locos en la calle. ¡Y no os vais a creer dónde estaba Larry!

Algunas veces me pongo los antiguos partidos entre los Celtics y los Lakers. Nunca me canso de verlos. En cada equipo había cinco cuerpos moviéndose sincronizadamente. Normalmente anotábamos 60 puntos al descanso. Era un baloncesto poético. Cuando los veo no puedo dejar de notar la intensidad en el rostro de Larry y en el mío. No desconectábamos nunca. No podíamos permitírnoslo porque, si lo hacíamos, el tipo que estaba enfrente iba a sacarle partido. ¿Podéis imaginaros lo que es tener a un jugador del calibre de Larry Bird presionándote noche tras noche? Era agotador.

Nos llevó cierto tiempo llegar a conocernos. Es difícil construir una relación con alguien que anhela exactamente lo mismo que tú. Éramos diferentes, eso está claro. Yo muy expresivo en la pista, Larry a menudo ni siquiera movía un músculo. Yo sabía que por dentro su corazón latía tan rápido como el mío, pero muchas veces le miraba y me preguntaba, «¿qué está pensando?». Ahora, por fin, lo sé.

Siempre quise trabajar con Larry en un proyecto como este. El amor y el respeto que siento por él son genuinos. Nunca he conocido a nadie como él. Y por eso solo hay un Larry Bird. Estoy orgulloso de tenerlo por amigo.

EARVIN «MAGIC» JOHNSON
Los Ángeles, marzo de 2009

1

9 DE ABRIL DE 1978
Lexington, Kentucky

EL LANZAMIENTO SALIÓ DESPEDIDO DEL ARO, pero Larry Bird, cartografiando el vuelo del balón, capturó el rebote y avanzó sin vacilar, girando la cabeza como si examinase sus opciones. Earvin Johnson Jr. ya había comenzado a correr hacia la canasta rival cuando el balón todavía estaba en el aire. Solo había jugado con Bird durante esos seis días, en un combinado de estrellas universitarias que disputaban una competición internacional con formato de liguilla, pero ya tenía claro que Bird era el mejor reboteador del equipo. Bird ocupó el carril central y Magic se situó en el lado derecho y pidió el balón, pero el alero miró a otro lado, como si tuviese asuntos más perentorios en otro sitio. Durante un breve instante Magic se sintió frustrado: «Este no me la dará», murmuró. Pero entonces llegó: un misil por detrás de la espalda que aterrizó directamente en la palma de la mano derecha de Magic. El balón se quedó allí justo el tiempo suficiente para que Johnson desarmase al jugador que le defendía, Andrei Lapatov, con un *crossover* y se lo devolviese a Bird con un pase sin mirar por encima del hombro. La estrella de Indiana State apenas dejó que se alineasen las costuras antes de devolver el balón con un toque a Magic, sin dejar margen de reacción al abrumado defensor soviético. Cuando Johnson anotó la bandeja, el público del Rupp Arena, en Lexington,

Kentucky, rugió con deleite. Luego, Magic se giró y se fue a por Bird para ofrecerle su característico choque de manos. Bird chocó la mano del adolescente y juntos trotaron hacia el otro lado de la pista, uno saltando, aplaudiendo y celebrando, y el otro con la cabeza baja, inexpresivo, como si nada destacable hubiese ocurrido. El viaje entrelazado por el mundo del baloncesto de Earvin «Magic» Johnson y Larry «Joe» Bird había comenzado.

Johnson no conocía a Bird y se quedó impactado por lo buen pasador que era. Cuando le mandó aquel pase sin mirar, Magic se dijo: «No voy a dejar que este tío me eclipse». «Fueron tres segundos increíbles», cuenta Magic. «¡Bum, bum, bum! Pensé: "¡Dios, me encanta jugar con este tío!"». Y créeme, al público también le encantaba.» Unos treinta años después de aquel contraataque contra la selección nacional de la Unión Soviética, cuando Magic tenía solo dieciocho años y Bird apenas veintiuno, ambos recuerdan la jugada con claridad. «El defensor se bloqueó al intentar pararnos», recuerda Bird. «Nos abalanzamos sobre él tan rápidamente que empezó a mover la cabeza de un lado para otro y acabó haciendo un círculo. Fue gracioso en cierto modo, porque el pobre chico no tenía ni idea de lo que pasaba.»

Y no era el único. A ningún periodista se le ocurrió escribir un artículo sobre la magia de Bird y Magic a campo abierto. No hubo descripciones apasionadas de los artísticos pasadores en los periódicos al día siguiente. En 1978, aunque ambos presentaban ya un destacado currículo, no eran considerados jugadores de élite. En aquel momento ninguno de los dos había ganado todavía un anillo de la NBA, ni un título de MVP, ni, para el caso, tampoco un campeonato de la NCAA. La ironía de que Bird y Magic comenzasen su conocida relación como compañeros no quedó registrada porque sus respectivas carreras, que acabaron convirtiéndose en una de las rivalidades más apasionantes de la historia del baloncesto, no habían hecho más que empezar.

«Eran muy buenos», señala Michael O'Koren, compañero en el torneo, «pero todavía no eran Magic y Larry.» En lugar de eso, Johnson y Bird eran reservas en un equipo amateur que participaba en una competición internacional jugada con formato de liguilla llamada World Invitational Tournament (WIT), e intentaban en vano demostrarle al entrenador, Joe B. Hall, que se merecían minutos importantes. Aunque Bird y Magic en ocasiones intercambiaban miradas de complicidad cuando entre los dos superaban a los titulares en los entrenamientos, Bird reveló poco de su personalidad a Johnson. Era un joven parco en palabras, pero cuando regresó a French Lick y se encontró con su hermano, Mark Bird, no dudó en revelarle su gran descubrimiento. «Acabo de ver al mejor jugador del baloncesto universitario», dijo Larry entusiasmado.

El World Invitational Tournament fue un evento organizado a toda prisa para la televisión que reunía a algunos de los mejores jugadores universitarios para la celebración de tres partidos en cinco días contra la Unión Soviética, Cuba y Yugoslavia. Los partidos se disputaron en el Omni de Atlanta, el Carmichael Auditorium del campus de North Carolina y el Rupp Arena de Lexington, Kentucky. Bird acababa de completar su tercera temporada en Indiana State, había sido seleccionado en el primer equipo All-America[1] y sería elegido en el draft por los Boston Celtics tres meses después. Magic acababa de terminar su primer año en Michigan State, había sido elegido para el tercer equipo All-America tras deslumbrar en la Big Ten con su despliegue de pases sin mirar, *alley-oops* y asistencias en bote para puertas atrás. Con todo, en el equipo del World Invitational, conocido también como «Converse Cup», Johnson y Bird eran segundones. Los puestos de titular eran para Joe B. Hall y sus Kentucky Wildcats, que habían derrotado a Duke por 94-88 la semana anterior en la final de la NCAA. Hall eligió a cinco de sus chicos para el WIT: el alero Jack «Goose» Givens, que había anotado 41 puntos en la final contra Duke; Rick Robey, un pívot grande y tosco; el base Kyle Macy; el alero zurdo James Lee; y el escolta Jay Shidler. Givens, Macy y Robey acapararon la mayoría de minutos durante el torneo a pesar de que la segunda

---

1. All-America designa a un equipo cuyos miembros han sido seleccionados como los mejores jugadores no profesionales en cada una de las posiciones. [N. del T.]

unidad, liderada por Johnson y Bird, demostró su superioridad en los entrenamientos. En privado los dos jugadores echaban humo por ver a jugadores de menos nivel disponer de sus minutos. «Estaban los jugadores de Kentucky y los demás éramos relleno», afirma Bird. «Hall quería enseñar a sus chicos por todo el país.»

Bird y Magic pasaron un total de ocho días juntos durante el WIT, pero mantuvieron no más de cuatro o cinco conversaciones, a pesar de que comían y entrenaban juntos y viajaban en el mismo autobús. Mientras Magic hacía buenas migas con Sidney Moncrief, la estrella de Arkansas —les encantaba poner a tope su equipo de música portátil y bailar al ritmo de los Ohio Players—, Bird permanecía la mayor parte del tiempo ensimismado, oteando el paisaje de Kentucky por la ventana del autobús mientras la música de Magic —y también su personalidad— se convertían en el centro de atención. «Magic no paraba de hacer bromas», dice la estrella de Rutgers James Bailey. «Larry, en cambio, era muy callado. Si te daba los buenos días ya era mucho.»

El World Invitational Tournament fue una invención de Eddie Einhorn, un productor televisivo. En los setenta, los partidos televisados de baloncesto profesional no generaban grandes audiencias; los duelos universitarios, en cambio, habían demostrado ser un mercado con gran potencial. De hecho, Einhorn ya había televisado con éxito partidos amistosos contra equipo soviéticos y tenía la sensación de que una competición con cierto aroma internacional podía funcionar. Así nació el WIT. Einhorn pidió ayuda al mánager general de la Universidad Brandeis, Nick Rodis, y al entrenador de la Universidad de Providence, Dave Gavitt, ambos miembros destacados de la Amateur Basketball Association de los Estados Unidos (más tarde rebautizada como USA Basketball), para completar la plantilla. «En aquel momento, yo en realidad ni siquiera sabía quiénes eran Magic y Larry», admite Einhorn. «Y me atrevería a decir que la mayoría de la gente tampoco lo sabía.» Gavitt, sin embargo, había sufrido en sus propias carnes el talento del imponente base de Michigan State. Solo unas semanas antes, Magic y sus Spartans habían arrollado a los Providence Friars de Gavitt en la primera ronda del torneo NCAA —en la región del Medio Este— en Indianápolis. Magic anotó 14 puntos y repartió 7 asistencias, pero fue su capacidad para aumentar el ritmo del partido y conseguir buenas posiciones de tiro para sus compañeros —Michigan State anotó el 61% de sus tiros de campo— lo que más llamó la atención de Gavitt. Johnson leía el juego de una manera especial; era casi como si para él la acción se desarrollase a cámara lenta.

Por su parte, la Indiana State de Bird consiguió un balance de 23-9 aquella primavera, pero fue descartada para el torneo NCAA y tuvo que contentarse con disputar el NIT, un torneo menos prestigioso. Gavitt nunca le había visto jugar y no tenía muchas referencias sobre él. En realidad, como no se habían emitido partidos de Indiana State en la televisión por cable, muchos aficionados al baloncesto creían que Bird era afroamericano.

Bob Ryan, un periodista del *Boston Globe*, tampoco había visto jugar a Larry todavía, pero sabía lo que se decía de él. Ryan estaba en Indianápolis para cubrir la información sobre Providence, pero informó a Gavitt de que se acercaría a Terre Haute para ver a los Sycamores y su misteriosa joya escondida. Los ojeadores de los Celtics le aseguraron que apuntaba claramente a ser un jugador NBA. Ryan se embarcó en esa peregrinación con Mike Madden y Jayson Starks, dos redactores de deportes del *Providence Journal* que se mostraban abiertamente escépticos respecto a las credenciales de Bird. Según sus conjeturas, el hecho de que jugara en una universidad pequeña de una conferencia menor explicaba sus prolíficos números ofensivos. Los periodistas apenas habían tenido tiempo de quitarse la chaqueta cuando Bird, diestro, atrapó un rebote y empezó a recorrer la pista por el lado izquierdo botando con la izquierda. Justo al cruzar el medio campo lanzó un pase a una mano sobre bote que salió como un cohete para que su escolta anotase una bandeja. «A partir de ese momento me quedé enganchado», dice Ryan.

Indiana State se llevó la victoria por un punto gracias a una suspensión de Bird. Durante el trayecto de vuelta a Indianápolis, Ryan estaba tan emocionado hablando del partidazo de Bird que no se percató de que iba a 120 kilómetros por hora cuando la policía del estado le paró. «Perdón», le dijo Ryan al agente. «Estoy un poco alterado porque vengo del partido de ISU». «¿Ah, sí?», dijo el policía, arrancando la multa. «¿Y quién ha ganado?»

A la mañana siguiente, los periodistas estaban a pie de pista en Indianápolis para asistir a la construcción de otra leyenda: un general de 2,03 m (y seguía creciendo) que dominaba el juego incluso sin tener un tiro exterior fiable. Magic era un derviche, un torbellino de energía y entusiasmo. Aunque solo era un novato, gritaba órdenes a sus compañeros más veteranos y después de cada jugada culminada con éxito chocaba manos, daba alaridos y la celebraba por todo lo alto. A los jugadores de los Friars de Providence no les gustó su histrionismo, sobre todo a la vista de que no fue un partido muy disputado (77-63). «Algunos pensaban que era un gilipollas», cuenta Gavitt. «Yo no. Su manera de jugar rezumaba amor por el baloncesto. Daba un montón de palmadas y choques de puños, algo que no se veía mucho por entonces. Supongo que podía llegar a molestar si estabas en el otro equipo. Tras el partido hablé con su entrenador, Jud Heathcote, sobre eso y me dijo: "Dave, es lo que hace todos los días en los entrenamientos. Él es así".»

Después de que Gavitt compareciese ante la prensa y diese el debido reconocimiento a Michigan State y a su estrella en ciernes, se topó con Bob Ryan en el vestíbulo.

—¿Cómo lo ha hecho tu «joya escondida» en Terre Haute? —le preguntó.

—Dave —respondió Ryan—, he visto a uno de los grandes jugadores del futuro.

Cuando llegó el momento de confeccionar la lista para el World Invitational, Gavitt recordó las palabras de Ryan y añadió tanto a Magic como a Bird.

Bird estaba encantado de haber sido seleccionado hasta que supo quién era el entrenador. Joe B. Hall había reclutado a Bird en el Instituto Springs Valley de French Lick, Indiana, pero después de verle había decidido que era «demasiado lento» para jugar en la primera división del baloncesto universitario. Herido, Bird se prometió a sí mismo demostrarle algún día que estaba equivocado. «Quería tener la oportunidad de jugar contra aquel tipo», afirma Bird. Pero las posibilidades de que eso sucediese eran escasas. Kentucky era uno de los programas más prestigiosos del país. Su conferencia, la Southeastern, era conocida principalmente como semillero del fútbol americano, con pesos pesados como Alabama, Auburn, Florida y Georgia, y los Wildcats, bajo la tutela de Adolph Rupp, se habían establecido como una de las grandes potencias del baloncesto nacional a finales de los cuarenta, cuando habían ganado cuatro campeonatos NCAA en diez años. Ni Indiana State ni Michigan State estaban a ese nivel, por lo menos hasta que dos estudiantes llamados Earvin y Larry llegasen a sus respectivos campus y alterasen al instante el panorama baloncestístico.

Michigan State competía en la glamurosa conferencia Big Ten, pero estaba en buena medida a la sombra de Michigan, su rival estatal, que le había robado el protagonismo durante muchos años con estrellas como George Lee, Cazzie Russell, Rudy Tomjanovich, Phil Hubbard y Rickey Green, todos ellos jugadores que disfrutaron de largas carreras en la NBA. Aunque los Spartans produjeron su propia cosecha de jugadores NBA, como Bob Brannum, Johnny Green, Al Ferrari o Ralph Simpson, las cosas solo les fueron medianamente bien. Su caché palidecía en comparación con el de sus vecinos de Ann Arbor, algo que les recordaban con frecuencia. «Éramos el hermano pobre», explica Heathcote. «Siempre decíamos a los jugadores que todos los partidos del calendario valían una victoria, excepto los duelos contra Michigan, que valían una y media.»

Uno de los pocos momentos estelares de la historia de Michigan State antes de la llegada de Magic se había dado con Pete Newell, que había dirigido con éxito a los Spartans entre 1950 y 1954, y después había emigrado al Oeste, a la Universidad de California, en Berkeley, donde había ganado el campeonato universitario en 1959. Aquel mismo año, Michigan State había ganado diecinueve partidos y perdido solo cuatro, un registro que los Spartans fueron incapaces de mejorar en las dieciocho temporadas siguientes, en las que el récord total del equipo fue un poco meritorio 204-233.

Pero entonces, en el otoño de 1977, apareció Magic. En aquel momento el grado de entusiasmo en el pabellón en el que MSU actuaba como local, el Jenison Field House, era, por decirlo de manera elegante, escaso. Cuando se corrió la voz de que Johnson, un héroe local que había nacido y se había criado en Lansing, había firmado con la estatal incluso después de haber sido pretendido por docenas de los mejores programas de todo el país —Michigan incluido—, todos los abonos de temporada volaron en cuestión de horas. Ese otoño, Earvin Johnson apareció en compañía de Gregory Kelser y Bob Chapman, el capitán, en la portada de la guía del equipo. Era el primer novato al que se le concedía tal honor.

No hubo semejante fanfarria cuando Larry «Joe» Bird desempaquetó su petate para instalarse en el campus de Indiana State en septiembre de 1975. Aunque existían rumores de que había dominado los torneos de la AAU[2] y ridiculizado a conocidas estrellas universitarias, el tortuoso camino de Bird hasta Terre Haute —un breve y fallido intento de matricularse en la Universidad de Indiana y una estancia de dos semanas en el Northwood Institute— hizo que los aficionados de ISU fuesen cautos acerca de su talento o lo ignorasen por completo.

Al igual que Michigan State, Indiana State se había acostumbrado a ser un programa de deportes de segunda fila, empequeñecido en su propia región no solo por la Universidad de Indiana, sino también por Notre Dame y Purdue. Los Sycamores se afanaban en la poco prestigiosa Missouri Valley Conference, sobre todo si se comparaba con todo un Goliath como la Big Ten, la conferencia en la que jugaban Indiana y Purdue.

El primer equipo de baloncesto de Indiana State había nacido con el cambio de siglo. En 1946, cuando la universidad era conocida como Indiana State Teachers College, los rectores contrataron a un hombre joven y serio que respondía al nombre de John Wooden para que entrenase tanto al equipo de baloncesto como al de béisbol y

---

2. La Amateur Athletic Union (AAU) es una organización deportiva estadounidense dedicada a promocionar y desarrollar el deporte amateur. [*N. del T.*]

ocupase, además, el puesto de mánager general. El equipo de baloncesto de Wooden consiguió un registro de 47-14 en dos temporadas y fue invitado al torneo de la National Association of Intercollegiate Basketball en 1947. Wooden rechazó la invitación porque la reglamentación del torneo no permitía que participasen atletas afroamericanos. Uno de los miembros de su equipo, Clarence Walker, era negro. En 1948 Wooden abandonó la universidad, que sería rebautizada como Indiana State University, para inyectar algo de vida al marchito programa de UCLA. En Los Ángeles, Wooden ganó diez campeonatos nacionales, fue coronado como «El Mago de Westwood» y sigue siendo a día de hoy el modelo con el que se miden todos los entrenadores universitarios. Indiana State, mientras tanto, cayó en una relativa oscuridad. «Indiana State no me desagradaba, pero Indiana era *la* universidad cuando yo era pequeño», dice Bird. «Si conseguías que IU te reclutase, realmente eras alguien.» Tanto Bird como Magic estaban cualificados para cumplir con ese patrón, dado que los dos aparecieron en el radar de Bobby Knight, el entrenador de Indiana, en su último año de instituto.

Johnson todavía recuerda la visita de Knight a su instituto como uno de los momentos más emocionantes de su adolescencia. Knight, que acababa de llevar a Indiana a una temporada sin derrotas y al título nacional, era uno de los hombres más reverenciados —y temidos— del mundo del baloncesto, un entrenador que imponía una férrea disciplina y que exigía respeto instantáneo. Cuando Johnson se enteró de que Knight se iba a desplazar hasta el Everett High School para verle, decidió levantarse una hora antes aquella mañana, abrir el gimnasio del instituto y tirar cien tiros libres extra... solo por si el entrenador Knight preguntaba. «Knight era lo más por aquel entonces», afirma Magic. Knight le dijo al entrenador de Magic, George Fox, que había quedado que se reuniría con el chaval después de las clases. Media hora antes de que sonase la campana, Fox estaba caminando por el pasillo y le sorprendió ver a Knight apoyado contra una pared cerca de la clase de Magic.

—Entrenador, llega usted pronto —dijo Fox.

—Siempre —respondió Knight—. Cuando recluto a un jugador

me gusta verle con sus compañeros, ver qué actitud tiene con los otros estudiantes.

Las observaciones clandestinas de Knight descubrieron a un chico confiado y extrovertido, muy querido por sus compañeros de clase, y que en los pasillos del instituto se erigía como un líder indiscutible del cuerpo de estudiantes. Sin embargo, cuando Magic se sentó con Knight y Fox en la cafetería del Everett, el chico confiado que se pavoneaba por los pasillos desapareció rápidamente. Sintió que le pesaban los hombros. Estaba nervioso. El hombre que había visto en televisión recorrer la banda de Indiana intimidaba en el cara a cara. Con todo, cuando Magic le tendió la mano tímidamente, Knight se la apretó con cariño. El entrenador de Indiana demostró ser un anfitrión jocoso en la sesión de reclutamiento y, enseguida, tanto Fox como Johnson se sintieron cómodos escuchando sus anécdotas sobre baloncesto. «Tenía una gran sonrisa», cuenta Johnson. «Creo que nunca le había visto sonreír así antes.» Knight expuso lo que esperaba de todos los jugadores que llegaban a Bloomington: se les exigía que fuesen a clase y se esperaba que se graduasen. No garantizaba minutos de juego ni un trato especial. «Si vienes», le dijo Knight a Magic, «te trataremos como a cualquier otro. Tendrás que ganarte el puesto. No regalamos nada a nadie.» El mensaje resultó atractivo para Johnson, que había sido cortejado incesantemente durante meses por universidades que le prometían la taquilla de la esquina, un trabajo y otras prebendas (ropa, dinero, coches) que eran una violación directa de las normas de la NCAA. Fue agradable, para variar, escuchar a alguien que le desafiase a convencerle con su juego. El tono de Knight fue conciliador hasta que preguntó con brusquedad: «Entonces, Earvin, ¿a qué puñetera universidad piensas ir?». Tanto Magic como Fox se retrajeron ante el repentino cambio de tono. El entrenador Knight había estado dando rodeos. Había muchísimos chicos que soñaban con jugar en los Hoosiers, y si Magic Johnson no era uno de ellos, Knight no quería desperdiciar su tiempo con él. Johnson se quedó callado por un momento y luego respondió: «No lo tengo claro. Tengo dudas con Indiana. Si usted empieza a encararse conmigo, no estoy seguro de cómo reaccionaría». Knight negó con la cabeza y se levantó. La entrevista se había acabado. Knight estrechó la mano de Fox y abandonó Lansing. «Eso fue todo», dice Magic. «Nunca volví a hablar con él o saber de él. No sé, si te soy sincero, me arrepiento de no haber hecho una visita. Era un grandísimo entrenador. Imagínate que Larry se hubiese quedado y yo me hubiese ido allí. Hubiésemos jugado juntos en la universidad. Habría sido algo digno de ver.»

A diferencia de Magic, al que habían intentado reclutar con vehemencia desde su temporada junior, muchos de los pretendientes de Bird no llegaron hasta su último año en el instituto. Rápidamente acortó su lista a Kentucky, ISU e IU, aunque eso no disuadió a otros programas de ir tras sus pasos. Denny Crum, el entrenador de Louisville, siguió con diligencia a Bird incluso sabiendo que se había negado a visitar su universidad. Sin embargo, Crum le caía bien, y cuando le encontró lanzando a canasta en el gimnasio de su instituto una tarde, se paró a hablar con él.

—Larry, nos gustaría que vinieses a hacer una visita de reclutamiento —le dijo Crum—. Estamos convencidos de que te gustará.

—No voy a ir —respondió Bird con franqueza.

—Mira —le dijo Crum—, hagamos una partida de H-O-R-S-E[3], y si te gano, haces la visita, ¿vale?

Bird aceptó la apuesta, y casi al instante se arrepintió. Crum había jugado de escolta en UCLA a las órdenes de Wooden y conservaba una buena mano desde el perímetro. Crum igualó canasta tras canasta de Bird durante quince minutos y el chico empezó a darse cuenta de que le había engañado. El juego, sin embargo, acabó como la mayoría de competiciones de tiro en las que Bird participaría durante años: con los brazos levantados en señal de victoria. Larry remató finalmente a Crum gracias a una bomba desde seis metros y, cuando el último intento de este se salió de dentro, aplaudió triunfante antes

---

3. El H-O-R-S-E es un juego en el que un jugador tira desde una posición y con un estilo determinados y, si anota, su contrincante debe hacer lo mismo. Cada vez que un jugador falla, se añade una letra a su puntuación, empezando con H, luego O, R, S, y finalmente, E. [N. del T.]

de percatarse de la mirada agónica en la cara del entrenador. «En ese momento me di cuenta de que me quería de verdad», afirma Bird, que estrechó la mano de Crum, le dio una palmada en el hombro y sentenció: «Al menos no tengo que ir a ver su universidad».

Lo cierto es que Bird no se imaginaba fuera de Indiana, su estado natal, salvo para ir a Kentucky, precisamente el gran rival de Louisville. Kentucky era un lugar con mucha historia donde Bird y su padre habían visto en una ocasión a los Wildcats destrozar a su rival. «Ahora es un programa de primer nivel», había dicho Joe Bird. Cuando Joe B. Hall contactó con Bird, Larry llevó a sus padres a la visita oficial. Los tres se sentaron con los ojos como platos en las gradas del Rupp Arena y escucharon la explosión de ruido cuando el equipo de baloncesto entró en la pista. Era fácil quedarse impresionado por la energía y la tradición que definían al equipo de baloncesto de Kentucky. Cuando Larry miró a su padre, vio que Joe Bird estaba deslumbrado. Larry también lo estaba. Su padre seguía prefiriendo Indiana State y su madre estaba fascinada con Indiana, pero Bird soñó despierto por un momento cómo sería vestir el azul de Kentucky. Después de todo, la universidad estaba a solo doscientos quince kilómetros de su casa, el campus era precioso y las instalaciones deportivas, inmejorables. Pero antes incluso de que tuviese la oportunidad de considerar seriamente a los Wildcats, Gary Holland, su entrenador del instituto, le interceptó en el pasillo y le informó de que Hall tenía dudas sobre si podría jugar en la Southeastern Conference. «En otras palabras, me descartó», sentencia Bird. Aunque la reacción externa de Bird a la noticia fue el silencio, por dentro estaba decepcionado y muy enfadado. Nunca perdonó a Hall por no haberle dado una oportunidad. «No sé si allí habría funcionado», afirma. «Acabaron incorporando a Rick Robey, un 2,10 m, en mi lugar. Consiguieron a quien querían, siguieron su camino y ganaron un campeonato, así que no creo que se arrepintieran de su decisión.»

Con sus posibilidades de elección limitadas a las dos universidades de Indiana, Bird vivió la misma conversación franca y directa que Knight mantendría con Magic dos años después: nada de atajos, nin-

Larry y su madre, Georgia, en Salt Lake City, 1979, cuando Indiana State se enfrentó a Michigan State por el título de la NCAA. CORTESÍA DE LARRY BIRD

guna garantía y ningún trato especial. Hablaba el lenguaje del chico, y también el de su madre. Georgia Bird se salió con la suya. Su hijo escogió IU.

Dado que los Bird no tenían coche, fue el tío de Larry, Amos Kerns, quien arrojó la única bolsa que llevaba Larry al asiento trasero de su Ford y condujo setenta y ocho kilómetros hacia el norte hasta Bloomington antes del inicio del curso. Al llegar, Kerns se quedó durante un momento, luego extendió los brazos y le dijo a su sobrino: «Buena suerte, chico. Hasta la vista». De repente Bird estaba solo. No era un chico viajado, había pasado la mayor parte de su juventud dentro de los límites de su condado, jugando al baloncesto y charlando con sus amigos. Cuando echó un vistazo a su dormitorio, que compartía con otro novato del equipo de baloncesto, Jim Wisman, una ola de inquietud se apoderó de él. Aunque Wisman no era precisamente de familia rica, cuando sacó su ropa y efectos personales, Bird pensó: «Joder, yo no tengo nada».

Al pasear por los parques del campus de Indiana no podía dejar de fijarse en los estudiantes, que iban bien vestidos y no se parecían en nada a sus colegas de French Lick. Consciente de que el baloncesto siempre le ayudaba a sentirse más cómodo, Bird aparecía todas las noches en el Assembly Hall con Wisman y otro novato de IU, Wayne Radford, con la esperanza de jugar partidos con los veteranos. Pero los recién llegados raramente lo conseguían. Los veteranos jugaban partido tras partido sin contar con ellos. Bird y Wisman —que sería conocido como el jugador al que Knight sacó de la pista agarrándole por la camiseta durante uno de sus famosos ataques de ira en un partido retransmitido para todo el país en 1976— decidieron cambiar de sitio y se fueron a las pistas descubiertas del campus. Cuando se corrió la voz de que había chavales muy buenos jugando allí, dos jugadores del equipo de IU, Bobby Wilkes y Sean May, comenzaron a dejarse caer para disputar partidillos de 2 contra 2 contra ellos. May, que ya era un All-America, anotaba suspensión tras suspensión ante Bird, superando al joven alero una y otra vez con su tiro exterior. Era frustrante y humillante. Bird le estudió con detalle y se dio cuenta de que May tenía un truco para crearse espacio: apoyarse como si fuese a lanzar y después echarse ligeramente hacia atrás cuando finalmente lo hacía. Además, era extremadamente consciente de la distancia desde la que podía lanzar; nunca lo hacía desde más allá de los cinco o cinco metros y poco. «May no podía superar a los rivales con el bote, así que era un tirador en estático», cuenta Bird. «Empecé a pensar, "Si puedo añadir ese tipo de tiro a lo que ya hago bien —penetrar, rebotear, pasar—, podría llegar a ser bastante bueno".»

Aunque Kent Benson, la estrella de IU, le ignoraba durante los partidillos en el Assembly Hall, Bird difícilmente podía sentirse marginado. Las tareas en la universidad no eran fáciles, pero sabía que cuando comenzase la temporada de baloncesto habría tutores a su disposición para ayudarle. Las aulas eran grandes, en algunos casos con más de cien estudiantes, pero Bird minimizó la impresión inicial, que le hacía sentirse abrumado, sentándose en primera fila. «Durante la mayor parte del tiempo, todo era estupendo», cuenta. «El problema era que no tenía nada de dinero. Por la noche, si los chicos querían salir a comer algo, yo no podía ir con ellos. No podía comprarme unos pantalones ni una camisa. Por suerte, Jimmy era muy amable y me dejaba ropa suya, pero no tener dinero empezó a ser un engorro.»

A las dos semanas de curso, Bird empezó a repensar su estrategia. Quizá debería abandonar IU, conseguir un trabajo y volver a intentarlo cuando tuviese seguridad económica. No compartió sus preocupaciones con ninguno de sus nuevos amigos ni con sus padres. Las pocas veces que llamaba, Georgia podía notar que echaba de menos su hogar, pero le animaba a estudiar y seguir adelante. La comunicación de Bird con Knight era mínima, en parte porque los entrenamientos del equipo aún no habían comenzado oficialmente. En ocasiones se topaba con él en el pabellón, pero el entrenador era un figura intimidadora y a Bird le costaba entablar conversación. Podría haberlo conseguido si no hubiese sido por la noche en la que se rompió un dedo del pie durante un partidillo en las pistas al aire libre. La lesión era dolorosa y dejó a Bird cojeando por todo el campus. Tenía que levantarse cuarenta minutos antes de lo normal para llegar puntual a la primera clase, pero se retrasaba indefectiblemente para la siguiente. «Estaba allí sentado diciéndome: "Estoy lesionado, no puedo trabajar, voy a meterme en problemas por llegar tarde a las clases, no tengo dinero y los veteranos no me dejan jugar en ninguno de sus partidos"», cuenta Bird. «Es hora de irse a casa.» Así que, después de solo veinticuatro días en el campus, Bird metió sus cosas en el petate, cerró la puerta de la habitación y volvió a French Lick en autoestop. No le contó a nadie sus planes, ni siquiera al entrenador que le había reclutado. Cuando entró en casa, su madre, que acababa de terminar la jornada como camarera, estaba lavando los platos en el fregadero.

—¿Qué haces aquí? —preguntó Georgia Bird.

—Se acabó, no voy a volver —respondió su hijo—. Voy a ponerme a trabajar.

La voz de Georgia Bird se quebró. Era una mujer fuerte y orgullosa, pero aquella noticia la destrozó.

—Yo pensaba que ibas a ser el primero en graduarte en la universidad —dijo—. Era una gran oportunidad para ti. ¿No lo entiendes? Estoy muy decepcionada.

—Mamá —dijo Bird—, no tengo dinero. No puedo hacer lo que hacen los demás.

—Nunca antes has tenido dinero y siempre te las has arreglado —le espetó ella.

—Esta vez es diferente —contestó Bird—. No puedo seguir hasta que consiga un trabajo y gane algo de dinero.

—Ibas a ser el primero —dijo Georgia Bird con amargura mientras le daba la espalda a su hijo.

La madre de Bird no dijo nada más, y de hecho no le dirigió la palabra durante casi un mes y medio. Él se trasladó a casa de su abuela, Lizzie Kerns, y evitó por completo a Georgia. Para entonces sus padres estaban divorciados, y aunque a Joe Bird tampoco le gustaba la decisión de su hijo, le dio un consejo: «Si vas a dejar la universidad para trabajar, entonces mejor que consigas un trabajo… ya».

Diez días después de abandonar el campus de iu, Bird le pidió prestado el coche a Amos Kerns, reclutó a su amigo de infancia Beezer Carnes y regresó a Bloomington para dejar oficialmente las clases. No se paró a hablar ni con Knight ni con Jim Wisman ni con los chicos que habrían sido sus compañeros. Simplemente se fue tan en silencio como había llegado. «No tengo ni idea de cuándo se dio cuenta el entrenador Knight de que me había ido», dice Bird. «Nunca supe de él. Tenían un gran equipo. Estoy seguro de que no le dio demasiada importancia. Y tampoco es que fuera culpa suya.»

La noticia de la marcha de Bird de Bloomington se extendió rápidamente por French Lick y West Baden. No solo había decepcionado a su familia: la desilusión resonaba por toda la comunidad. Le presionaron para que se apuntase en el Northwood Institute, pero tras dos semanas entrenando con el equipo y ver que sus compañeros no tenían mucho nivel, abandonó también. Luego, consiguió un trabajo en el ayuntamiento de French Lick cortando árboles, pintando señales de tráfico, barriendo las calles, recogiendo la basura y desatascando las alcantarillas. Y también trabajó para una empresa de autocaravanas. A pesar de todo, continuaba jugando al baloncesto en partidillos varios, ligas de verano y torneos de la AAU, y, aunque había dejado de ser noticia en el baloncesto universitario, los reclutadores seguían llamando. Bill Hodges, el insistente entrenador ayudante de Indiana State, era uno de los que más le cortejaban. Hodges solía aparecer sin avisar tanto en la casa de los Bird como en la lavandería del pueblo y en el Villager, uno de los restaurantes en los que trabajaba Georgia. Una noche Hodges y Bob King, el entrenador de Indiana State, se fueron a ver un partido de la AAU en el que jugaba Bird, en Mitchell, Indiana. El rival era una selección estatal que contaba con el futuro escolta de los Celtics Jerry Sichting. Bird había tenido que apilar mil trescientas pacas de heno y apenas pudo llegar al partido a tiempo. Se marchó del campo y se puso el uniforme en el coche mientras su hermano conducía los cuarenta kilómetros hasta Mitchell. Cuando llegó, King se preguntó de inmediato por el origen de los arañazos que recorrían sus brazos.

—¿Has estado apilando heno? —le preguntó King.

—Sí, señor —respondió Bird.

—Tendrás los brazos destrozados, ¿no?

—Casi no puedo ni levantarlos —admitió Bird.

King tenía dudas sobre Bird antes del partido, pero cuando el alero supuestamente agotado le endosó 40 puntos y 25 rebotes a los mejores jugadores del estado de Indiana, cambió de opinión radicalmente. «Oye, Larry», le dijo al acabar el partido. «Tienes que venir a Terre Haute.»

Hodges se las arregló para que Bird y el hermano de Beezer, Kevin Carnes, hiciesen una visita a Indiana State. Mark Bird también fue con ellos, y los tres chicos hicieron una prueba delante de los entrenadores en pantalón vaquero y zapatillas de calle. «Así es cómo jugamos en el pueblo», dijo Bird al rechazar el ofrecimiento de una camiseta y unas zapatillas de baloncesto.

Bird se enroló en isu aquel otoño, pero tenía que estar inactivo todo el año para ser elegible, según las normas de la ncaa. Asistió sin falta a los entrenamientos, todos los días, atormentando a los jugadores de isu con su arsenal de armas baloncestísticas. En uno de esos entrenamientos, los Sycamores estaban ensayando un ejercicio defensivo en el que se ponía el reloj a tres segundos y los titulares tenían que defender a muerte esos tres segundos. Seis veces seguidas anotó Bird sobre la bocina con un tiro lejano. Al día siguiente, cuando los titulares estaban trabajando la presión a toda cancha, Bird sorteó varias veces la defensa fácilmente. «¡Bird!», gritó King. «¡Al banquillo!» Larry no entendía nada. ¿Por qué estaba tan enfadado con él su entrenador? Si lo estaba bordando. Además, a ningún equipo en su sano juicio se le ocurriría presionarlos con él manejando el balón. Fuera como fuese, Larry se pasó varios minutos en la banda hasta que cayó en la cuenta del motivo del enfado de King. Bird estaba dejando en ridículo al equipo. Así que cogió la sudadera y se fue del pabellón. Hodges, el entrenador ayudante, salió detrás suyo y confirmó sus sospechas.

—Larry —le dijo—, estás minando su confianza. Los vamos a perder por culpa de eso.

—Vale, me voy a casa a darle unas vueltas al tema —respondió Bird—. Estoy aquí para jugar al baloncesto. *Necesito* jugar al baloncesto.

Hodges le explicó que su presencia era desmoralizadora para los titulares, que conseguirían un registro de 13-12 en aquella temporada. Los intimidaba. Bird respondió que los entrenamientos serían sus partidos hasta que fuese elegible y que sus futuros compañeros tenían que mejorar y ser mucho más fuertes. «Después de eso, entrené siempre», concluye.

Finalmente, tras casi un año mirando y esperando, Bird anotó 31 puntos y capturó 18 rebotes en su debut universitario contra Chicago State. Antes del partido, se animó al ver a casi cinco mil espectadores en las gradas, sobre todo porque sus compañeros habían pronosticado una asistencia menor. El apoyo de los aficionados en Terre Haute era a menudo escaso. Después del partido Bird entendió por qué había tanta gente: se habían sorteado muebles en el descanso. El ambiente baloncestístico en Terre Haute estaba a punto de cambiar. La noticia del descomunal talento de Bird se extendió como la pólvora. El equipo consiguió un récord de 25-3 en su primera temporada, la 76-77, y los estudiantes empezaron a llevar camisetas por el campus con la leyenda «I'M A BIRD WATCHER»[4]. El punto de inflexión, sin embargo, se produjo el 28 de noviembre de 1977, cuando apareció en la portada de la revista *Sports Illustrated* rodeado por dos animadoras que susurraban «Chsss» para no revelar «El arma secreta del baloncesto universitario». La portada convirtió a Bird en una celebridad del circuito universitario de la noche a la mañana. El repentino interés que se generó alrededor de Bird no fue fácil de gestionar para un chico de campo tímido y discreto que prefería el anonimato. «Esa portada me cambió la vida», comenta Bird. «La gente me atosigaba. Había días en los que hubiese preferido no haber salido en ella.»

Magic Johnson, novato en Michigan State el día que Bird fue portada, hojeó las páginas de *Sports Illustrated* en busca del artículo. No podía permitirse estar suscrito, así que todos los jueves después del entrenamiento iba corriendo a la sala de entrenadores y les sisaba el ejemplar para ver qué traía aquella semana. El número que llevaba a Bird en portada no incluía un artículo que la acompañase. Larry había declinado ser entrevistado. Aun así, Magic descubrió que las cuatro líneas que había sobre la dura vida del alero eran tan asombrosas como sus estadísticas. «Venga, ya», le dijo a Heathcote. «Este tío promedia 30 puntos por partido, pero antes de eso estuvo un año sin jugar y dijo a todo el mundo que se contentaba con trabajar el resto de su vida y solo al final decidió que igual seguiría jugando. Es increíble. Este tío es un personaje interesante, te lo digo yo.»

---

4. Juego de palabras con el apellido de Larry. Un *bird-watcher* es un observador de aves. [*N. del T.*]

Magic se identificaba con la presión que Bird sentía por jugar al baloncesto en su propio estado. Johnson también había reducido sus opciones a la universidad más grande y prestigiosa (Michigan) y a la universidad estatal que prefería su familia (Michigan State). Y, como Bird, había tenido numerosas proposiciones: en su caso, Maryland, Notre Dame, North Carolina e Indiana, por citar unas pocas. Cada día docenas de universidades inundaban a los Johnson con cartas, llamadas de teléfono y encuentros «casuales». Al final Earvin Johnson Sr. decidió cambiar de número de teléfono.

En una fría mañana de invierno, el entrenador de los Detroit Pistons, Dick Vitale, apareció por Lansing justo después de las seis de la mañana. Llamó a la puerta de la casa de Magic, y Christine Johnson le dijo educadamente que su hijo ya se había marchado. Estaba en la misma calle, un poco más arriba, tirando a canasta en medio de la nieve antes de ir a clase. Presentarse a horas intempestivas era una ocurrencia común en los reclutadores. Las normas de la NCAA sobre el contacto con los estudiantes-atletas eran mucho más benévolas en esa época, y a menudo a Magic le tocaba esperar el autobús del instituto por las mañanas con tres o cuatro de sus pretendientes. En una ocasión en la que fue a comer al Burger King, el entrenador asistente de Maryland se dejó caer por el aparcamiento a la espera de una «oportunidad» de encontrarse con él. Johnson se mostró especialmente halagado cuando le puso en contacto con el entrenador de UCLA, Larry Farmer, y se jactó ante sus amigos de que «se iba a ir a Hollywood». Pero pronto experimentaría el lado amargo del reclutamiento. Poco después de haber reorganizado la agenda para encontrar un hueco para ir a Los Ángeles, Farmer llamó y le dijo que le habían descartado. Los Bruins iban detrás de Albert King, del Fort Hamilton High School de Brooklyn, Nueva York, considerado el mejor jugador de instituto del país, por delante tanto de Magic como de Gene Banks, otro sénior de gran nivel. Por primera vez en su corta vida, Magic fue relegado a un segundo escalón. Abatido, dio vueltas alrededor de su casa maldiciendo a los Bruins y prometiendo que les haría pagar el desaire. Cuando Farmer volvió a llamar e intentó reavivar la relación con Magic después de que King escogiese Maryland, el base, joven y orgulloso, le dijo que ya no estaba interesado en UCLA.

Otra universidad de la Costa Oeste, la Universidad de South California, también invitó a Magic a hacer una visita, pero en el último momento Magic decidió no hacer el viaje. El problema fue que olvidó informar a los entrenadores de USC del cambio de planes. Cuando el avión llegó sin Magic a bordo, los técnicos de USC buscaron desesperadamente al preciado jugador por el aeropuerto de Los Ángeles antes de ponerse en contacto con su familia y ser informados de que estaba en su casa de Middle Street, en Lansing, merendando.

Johnson sí visitó Minnesota, aunque la universidad estaba apercibida por violar las normas de reclutamiento, en buena medida porque quería conocer a su estrella, Mychal Thompson. Los dos conectaron inmediatamente. Fueron juntos a una fiesta en el campus y Johnson acabó la noche bromeando y contando batallitas con otros estudiantes. «Fue como si ya se hubiese enrolado en la Universidad», dice Thompson. «Me hizo sentir genial. Fue como si *él* me estuviese reclutando a *mí*. Cuando se marchó, le dije a los entrenadores: "Es nuestro. Vendrá aquí. ¡El año que viene no habrá quien nos gane!".» Dos semanas más tarde, Thompson se llevó un chasco al saber que, aunque Johnson había considerado Minnesota como su visita de reclutamiento favorita, había descartado cualquier universidad de la Big Ten excepto Michigan y Michigan State. La madre y el padre de Magic preferían que se quedase en su ciudad natal, Lansing, aunque el campus de Michigan en Ann Arbor estaba a solo ochenta y cinco kilómetros de distancia. No eran los únicos. La profesora de Magic, Greta Dart, y su marido Jim, que eran allegados de los Johnson y no tenían hijos, habían sido también alumnos de MSU y eran fieles seguidores de los Spartans. Los residentes de East Lansing, desesperados por mantener a su hijo en el redil, incluso firmaron una petición en la primavera de su último año en el instituto instándole a que jugase en Michigan State. Reunieron más de cinco mil firmas. «Debería haber ido a Michigan», cuenta Johnson. «Era la mejor universidad, tanto baloncestística como académicamente, pero no era fácil. Yo había crecido con Michigan State, había ido a todos los partidos desde que era pequeño.» Johnson estaba hecho un mar de dudas. Le gustaban el entrenador de Michigan, Johnny Orr, y su ayudante Bill Frieder, que se habían mostrado atentos y persuasivos durante todo el proceso. Magic no quería quedar mal con ninguna de las dos universidades y asistía a los partidos de Michigan los sábados a mediodía vistiendo sus colores —amarillo y azul— y después se cambiaba de sudadera y se ponía el verde de los Spartans para acudir a los partidos de MSU los sábados por la noche.

Justo antes del último año de Magic en el instituto, Michigan State despidió a su entrenador, Gus Ganakas. El sustituto fue Heathcote, un tipo brusco que no tenía reparos en abroncar a sus jugadores cuando cometían un error. Como había sucedido con Knight, el entrenador de Indiana, Johnson no veía con muy buenos ojos jugar para alguien tan volátil, pero Heathcote le aseguró a Magic que, aunque creciese, para él seguía siendo un base. Y a Johnson le gustó esa idea. Finalmente, acabó de tomar la decisión gracias al apoyo del veterano asistente de MSU Vernon Payne, a pesar de que Payne estaba a punto de marcharse a Wayne State. La madre de Magic respiró aliviada cuando su hijo escogió Michigan State. Christine Johnson pertenecía a la Iglesia Adventista del Séptimo Día, y su Sabbath iba desde la puesta de sol del viernes a la puesta de sol del sábado. Si su hijo hubiese ido a Michigan, se habría perdido todos los partidos de los sábados por la tarde en casa. Earvin Johnson Sr. estaba contento porque su hijo jugaría al lado de casa y porque los partidos no interrumpirían demasiado sus horas de trabajo. Cuando Earvin Jr. anunció en una rueda de prensa su decisión de ir a Michigan State, proclamó: «Nací para ser un Spartan».

En su primera temporada el novato ayudó a convertir un equipo que había conseguido un balance de 12-15 el año anterior en una potencia, con un registro de 25-5. Magic se entendió muy bien con Greg Kelser, un ala-pívot atlético y muy móvil al que le encantaba machacar en *alley-oop* los pases bombeados de Magic. Los Spartans avanzaron hasta la final regional del Medio Este, en la que se enfrentarían a Kentucky. El ganador se clasificaría para la Final Four, el perdedor se volvería a casa. Los Spartans ganaban por 5 puntos al descanso y por 7 a 19 minutos del final, pero Kentucky, con una defensa en zona, dificultó el juego de Magic y le forzó a jugar lejos de canasta. Cometió su cuarta falta a 9:19 del final y empezó a jugar con cautela, sin arriesgar. «Earvin cambió de actitud, y nuestro equipo cambió de actitud con él», dijo Heathcote. A Magic no le entraban los tiros (2 de 10), no estaba pasando bien el balón (6 pérdidas) y su equipo tenía problemas de faltas. Michigan State acabó perdiendo 52-49 en uno de los peores partidos de Johnson como universitario. El triunfo de Kentucky se cimentó en parte en la decisión de poner a Rick Robey a bloquear en el poste alto y poner en problemas de faltas a MSU. Johnson estaba convencido de que los Spartans habían perdido porque habían dejado de correr. Cuando Kelser y él vieron el partido en el despacho del entrenador, hicieron un pacto: jugar un baloncesto de transiciones rápidas en todas las posesiones que fuese posible durante la temporada siguiente. Pero antes de eso, Magic planeaba desplegar su talento en el World Invitational Tournament, una oportunidad —o eso le parecía— de demostrarle a todo el país —y a Joe B. Hall en particular— que era uno de los mejores. Cuando revisó la plantilla se quedó a la vez sorprendido y complacido al ver el nombre de Bird en la lista. La portada de *Sports Illustrated* había despertado su curiosidad e imaginó que sería una buena oportunidad de conocer a la estrella de Indiana State.

Bird sabía de los éxitos de Magic, pero no le había seguido de cerca, dado que Michigan State ni estaba en la conferencia de Indiana State ni en su calendario. «Me fijaba más en lo que hacía Purdue», afirma. El único nombre que Bird se alegró de ver en la lista fue el de James Bailey, la estrella de Rutgers con la que había jugado un torneo el año anterior en Sofía, la capital de Bulgaria. El equipo de Estados Unidos, entrenado por Crum, el rival de Bird en el H-O-R-S-E, había jugado cuatro partidos contra equipos extranjeros, entre otros la selección nacional de Cuba. En el partido contra los cubanos, Estados Unidos se había visto involucrado en una tangana multitudinaria en la que los espectadores huyeron despavoridos de las gradas mientras los jugadores se golpeaban y empujaban entre sí. Bailey estaba intentando librarse de la pelea cuando un guardia de seguridad le gritó: «¡Agáchate!». Se giró justo a tiempo de ver que su atacante estaba a punto de golpearle con una botella rota en la cabeza. Bailey se defendió propinándole un puñetazo, pero la botella le alcanzó en el codo y se lo abrió. Necesitó cincuenta y cuatro puntos de sutura en total, treinta y cuatro para cerrar la brecha del brazo y otros veinte para coser una herida en la mano derecha provocada por los dientes de su rival. La policía búlgara, con equipos antidisturbios y rifles en mano, consiguió separar a los dos equipos. Bird, que se había escondido debajo de la mesa, miró a Bailey y preguntó qué había pasado. A Bailey, totalmente pálido, lo sacaron de la pista y se lo llevaron al hospital. Bird se enfadó tanto que prometió no volver a jugar nunca otra competición internacional. Fue una promesa que no mantendría.

Los incidentes contra equipos extranjeros eran una forma de unir a compañeros de equipo, y Bailey y Bird se hicieron muy amigos. Hablaron de deporte, se contaron sus vidas y descubrieron que tenían más en común de lo que un chico blanco de campo y un chico negro de ciudad podrían haberse imaginado. «Siempre había oído que Bird era un tipo arisco», dice Bailey, «pero yo no lo vi así de ninguna manera. Me asombró lo increíblemente respetuoso que era con los demás.»

Bird y Bailey se encontraron de nuevo en la primavera de 1978 en el NIT, justo unas semanas antes de que se formase el equipo del World Invitational Tournament. Rutgers superó a Indiana State en los segundos finales con una canasta de Bailey, y mientras los dos jugadores salían juntos de la cancha, los aficionados de Rutgers saltaron los cordones de protección y se lanzaron a la pista para celebrar el triunfo. En medio del caos que siguió, un aficionado descontrolado se abalanzó sobre Bird y saltó sobre su espalda. El alero se lo quitó de encima con un codazo, lo tiró al suelo y siguió andando. «El entrenador no estaba muy contento conmigo», cuenta Bird. «Pero ¿qué se supone que debía hacer? Tenía al tipo colgado en la espalda.»

Si Hall supo del pequeño «incidente» de Bird aquella primavera, nunca lo mencionó. De hecho, no habló demasiado con Bird, ni con Magic, ni con ningún jugador que no fuese de Kentucky. «Nunca antes había tenido un entrenador que me ignorase por completo», afirma Magic. «Joe B. Hall fue el primero.» Robey, uno de los jugadores de Kentucky, se percató de la desconexión entre su entrenador y el resto de jugadores. Trabó amistad con Bird y le enseñó el edificio en el que vivían los jugadores de Kentucky durante el año académico. El alojamiento era de lujo, con habitaciones individuales con baño para todos los jugadores, una zona para comer con cocina propia y una sala de ocio llamada «El Salón del Coyote Salvaje», con sofás de felpa, televisiones y máquinas de pinball. Todas estas comodidades fueron consideradas posteriormente una violación del reglamento NCAA por crear condiciones desiguales para el reclutamiento, pero a Bird le quedó claro que los jugadores de Kentucky estaban acostumbrados a tener lo mejor.

Robey, que un año después se convertiría en el mejor amigo de Bird en la NBA, era divertido, extrovertido y generoso. Era difícil que cayese mal, pero lo que le molestaba a Bird no eran las personas, sino la situación. No le gustaba que Hall solo se fijara en los jugadores de Kentucky y se olvidara de los demás. «Estábamos prácticamente separados del resto del grupo», reconoce Robey. «Estoy seguro de que había jugadores mejores que los de Kentucky, pero Joe ya sabía que nosotros sabíamos jugar juntos y no quería hacer experimentos.»

Magic tenía solo dieciocho años y su cuerpo aún no se había desarrollado del todo. Era el miembro más joven del equipo del World Invitational, pero estaba convencido de que cuando Hall le conociera un poco mejor, se enamoraría de su juego y le pondría en el equipo titular. Durante los dos primeros días de entrenamiento, Magic dominó a Macy forzando pérdidas, jugando cerca de canasta y superándole a campo abierto. Aun así, cuando el equipo se enfrentó a Cuba en su primer partido, el 5 de abril en el Omni, el quinteto inicial lo formaron exclusivamente jugadores de Kentucky. «Fue injusto», cuenta Magic. «Sidney Moncrief estaba sentado a mi lado. James Bailey al otro lado. Larry Bird al lado de James. Larry comentó: "Olvidaos. Va a poner a sus chicos". Pero lo cierto es que cuando nos juntábamos por la noche a jugar partidillos, sacábamos de la pista a "sus chicos". Los humillábamos. Macy, Robey y los demás no podían pararnos. Y esto pasaba siempre, no de vez en cuando.»

Los Estados Unidos apalizaron a los cubanos, que solo tenían a dos jugadores por encima de los dos metros. Bird capturó 7 rebotes en 14 minutos, mientras que Magic contribuyó con 4 puntos y 3 asistencias en 13 minutos en una victoria por 109-64. Las crónicas del partido no mencionaron a ninguno de los dos. De hecho, casi solo se habló de los espectaculares mates en el calentamiento de James Bailey, Sidney Moncrief y la estrella de Louisville, Darrell Griffith, que también estaba en el equipo.

Ya durante las primeras horas de entrenamiento con Magic y Larry, Sidney Moncrief se percató de la excepcional lectura de juego de ambos. Su idea de que primero había que pensar en pasar el balón era novedosa y necesaria en un equipo de anotadores que no estaban acostumbrados a compartir el balón. «Los dos eran muy generosos…», dice Moncrief. «No era algo habitual.»

Después de la primera victoria, cuando el equipo estaba subiendo las escaleras para salir del pabellón, repararon en que el mánager general de los Celtics, Red Auerbach, estaba bajando por el otro lado.

—Eh, mira, es Red Auerbach —dijo O'Koren, dándole un codazo a Bird.

—¿Quién? —preguntó este.

Tras el primer partido, Hall se decidió por un quinteto inicial formado por Givens, Macy, Robey, Moncrief y Bailey. Los americanos sufrieron para derrotar a Yugoslavia, que había perdido contra Estados Unidos la final de los Juegos Olímpicos de 1976, por 88-83. Aunque los jugadores de Kentucky Macy y Lee se llevarían a la mañana siguiente el reconocimiento, fue el alero de Indiana State el que anotó un tiro de cinco metros a cinco minutos y medio para el final para empatar el encuentro a 72. Magic jugó 11 minutos y logró solo una asistencia. Se sentía presionado e intentaba lucirse demasiado en los pocos minutos que le daban. «Era obvio que estaba frustrado», dice Bird. «No le culpo. Parecía una broma. ¿Kyle Macy por delante de Magic? Venga ya.» «Estaba muy claro lo que pasaba», cuenta Bailey. «Simplemente no podíamos entender cómo Joe B. Hall ponía a esos chicos de Kentucky con todo el talento que tenía el banco, especialmente Magic y Larry. Era injusto, pero en ningún momento ni Magic ni Larry manifestaron su enfado.»

Durante un entrenamiento, cuando los titulares estaban intentando romper una defensa presionante, Bird y Magic crearon lo que Bird llamaba la «trampa para ratones»: forzar que el hombre con el balón fuese hacia su mano mala y después, tan pronto como lo hacía, mandar a un segundo jugador a defenderle y obligar al atacante a lanzar el balón por encima. «Nadie nos dijo que lo hiciésemos», afirma Bird. «Simplemente lo hicimos y empezamos a robar balones y a anotar como posesos. Entonces, de repente Hall hizo sonar el silbato y paró el ejercicio. Estaba como loco. Harto seguido, pasamos a hacer algo diferente. No parecía muy contento con nosotros.»

En el partido final contra los soviéticos, que los estadounidenses ganaron con comodidad por 102-87, Bird y Magic levantaron a los aficionados de sus asientos con un espectacular tuya-mía. Fue un toque de genialidad, y por lo menos uno de los dos protagonistas recibió el reconocimiento público de Hall. Preguntado por cómo había escogido un quinteto titular con Macy, Robey, Givens, Moncrief y Bailey por delante de los grandes jugadores que tenía en la plantilla, Hall respondió: «Pensábamos que era nuestro mejor quinteto, pero hoy Magic les ha robado el protagonismo. Es un jugador sensacional y, además, un gran chico».

Moncrief y Givens fueron incluidos en el mejor quinteto del torneo, mientras dos de los chicos de Kentucky, Robey (20 minutos de media) y Macy (18,7), fueron de los que más minutos jugaron. Bird y Magic, por su parte, participaron poco. Habían dejado su huella en la privacidad de las sesiones de entrenamiento. «Deberíamos haber jugado más», dice Magic. «Éramos los favoritos del público. No creo que la gente hubiese visto nunca a jugadores como Larry y como yo.»

Aunque se generó un gran respeto mutuo, los dos jugadores se fueron cada uno por su lado sin haber tenido una sola conversación destacable. Llegaron como extraños y se marcharon como simples conocidos. Once meses después se encontrarían de nuevo, con el título nacional de la NCAA —y su legado universitario— en juego.

2

25 DE MARZO DE 1979

Salt Lake City, Utah

L A PUERTA DEL PABELLÓN CRUJIÓ AL ABRIRSE y desencadenó un torrente de ruidos inquietantes. Primero, una explosión de risas estrepitosas; después, un tumulto atronador de cuerpos que se dirigían en estampida hacia la entrada. Magic Johnson y sus compañeros de Michigan State se volvieron al unísono para ver quién se atrevía a interrumpir al entrenador Jud Heathcote a mitad de frase, mientras repasaba los emparejamientos defensivos por última vez antes de la gran final universitaria. Los Spartans se reunieron en el extremo más alejado del pabellón, agrupados en torno a su entrenador, separados por toda una pista de distancia de los que habían osado reventar la sesión de entrenamiento, pero aun desde esa distancia los intrusos resultaban inconfundibles: el equipo de baloncesto de la universidad de Indiana State, pertrechado con sus vaqueros, botas y sombreros de *cowboy*. La primera persona a la que buscó Magic fue a su estrella, Larry Bird. Le sorprendió verle allí, de pie, con el sombrero ligeramente inclinado. Se había programado que Indiana State tuviese una sesión de tiro inmediatamente después del entrenamiento de Michigan State, pero el tiempo asignado a estos aún no había acabado. Los jugadores de ISU lo sabían, pero el escolta Carl Nicks propuso entrar antes de tiempo para demostrarles que no les tenían miedo. Por un instante los dos equipos de baloncesto, a un día de jugar la final más esperada de todos los tiempos, se quedaron parados y se miraron de hito en hito uno al otro en completo silencio. Pero ese momento fue interrumpido rápidamente por los chillidos de Heathcote al consultar el reloj y percatarse de que los Sycamores estaban ocupando su preciosa hora de entrenamiento. «¡Todavía nos quedan veinte minutos! ¡Largaos!», gritó. Los chicos de Indiana State desaparecieron tan rápido como habían aparecido y cerraron la puerta con violencia.

Magic se quedó entre pasmado y sorprendido por el comportamiento de Indiana State. Heathcote echó fuego durante diez minutos, rechinando los dientes y echando saliva por la boca. «¡No os respetan!», rugió. «¡Quieren desconcentraros! ¡Nadie interrumpe nuestro entrenamiento! ¡¿Os dais cuenta de lo que están haciendo?!»

Heathcote, que se había dedicado a motivar a deportistas universitarios durante quince años, sabía reconocer una oportunidad cuando la veía e insistió con la trastada de Indiana State hasta que sus jugadores se sintieron suficientemente insultados y exaltados. Los Spartans se encontraron con los Sycamores una vez más en el pasillo, cuando se marchaban. Un puñado de jugadores de ISU entonaron un cántico del equipo al cruzarse con sus rivales. «No sé muy bien lo que pretendían», comenta el ala-pívot de Michigan State Greg Kelser, «pero fue tremendamente irrespetuoso.»

Mientras los Spartans se metían en el autobús para regresar a su hotel, las conversaciones derivaron de nuevo hacia el curioso atuendo elegido por Indiana State. «No les pega», le dijo Magic a Kelser. «No sabía que fuesen *cowboys*. Esas cosas no se ven en la universidad. ¿De qué van estos pueblerinos?»

La final del campeonato de la NCAA de 1979 entre Michigan State e Indiana State tuvo un índice de audiencia del 24,1% según Nielsen, el mayor de un partido universitario en toda la historia, una marca que permanece imbatida casi cuatro décadas después. Era el partido que todos los aficionados al baloncesto universitario deseaban ver, y no porque esas dos universidades fuesen de las más laureadas o tuviesen una fuerte rivalidad, sino por una única razón: era Magic contra Bird, dos estrellas que lideraban a sus equipos con una mezcla perfecta de pases soberbios, lanzamientos exteriores y, sobre todo, nervios de acero para soportar la presión creciente que caía sobre ambos.

Sus caminos hasta la final de Salt Lake no habían sido tan sencillos como indicaban sus registros. El intachable 33-0 de Indiana State sugería una temporada perfecta, pero no reflejaba la volatilidad que se producía alrededor de Bird, un jugador joven y exigente que no toleraba que sus compañeros no se esforzasen al máximo en todo momento. Poco le importaba caerles bien. Lo que quería y esperaba de ellos era que igualasen su intensidad, y esta a menudo era máxima. «Larry te chinchaba», dice Nicks. «No se echaba atrás. Si no le gustaba lo que estabas haciendo, te lo decía a la cara.» El alero Leroy Staley lo aprendió a la primera en pretemporada, cuando cometió algunas pérdidas absurdas y Bird empezó a reprenderle. Staley liberó su frustración con Rod McNelly, un base suplente: lo arrinconó mientras subía el balón y lo tiró de rodillas mientras se lo birlaba. Al caer McNeely al suelo, Bird cargó sobre Staley con los puños en alto. «Diría que Leroy estaba frustrado», dice Nicks. «No estaba jugando bien y se le fue un poco la olla. Pero Larry no le iba a dejar escapar por una gatera como esa.» «En realidad no sé qué pasó», cuenta Staley. «Larry estaba teniendo un mal día. Lo siguiente que supe es que se me estaba encarando.» Al final los separaron, pero no antes de que tres Sycamores sujetasen a Bird.

Nadie se le acercó después del altercado: entendieron que era más sensato dejar que su líder y su volátil carácter se calmasen solos. El segundo entrenador, Bill Hodges, llamó a ambos para hablar del tema y acordaron dejarlo correr. Cuando Larry regresó a la pista, no estaba arrepentido y tenía su mirada de acero habitual. «Tuvimos muchas escaramuzas aquel año», dice Nicks. «Todos los días el entrenamiento era una pelea de perros.»

El mantra de Bird era simple: juega bien o no juegues. En su opinión la temporada anterior se había ido al garete por la falta de disciplina y no iba a permitir que sucediese otra vez. «Leroy Staley es un gran tipo», afirma Bird. «También era un buen jugador y un buen compañero que nos ayudó mucho. Pero había que estar encima suyo, y no era el único. A mí no me importaba hacerlo. Intimidaba a aquellos chavales. Era mi deber como líder del equipo mantener el nivel de intensidad alto, incluso en los entrenamientos. Sabía que esa era la única manera de que pudiésemos ganar el campeonato.»

Bird era muy consciente de que la prensa estaba obsesionada con él, así que dejó de hablar con periodistas con la esperanza de que empezasen a interesarse por otros jugadores de los Sycamores. Aun así tuvo que lidiar con los desaires de sus compañeros, cada vez más cansados de que todo girase alrededor del número 33. «Había muchos celos, de hecho todavía los hay a día de hoy», sentencia Bird.

Todo apuntaba a que Indiana State acabaría hacia la mitad de la tabla en la temporada 78-79 cuando el entrenador Bob King sufrió un ataque al corazón y un aneurisma cerebral y fue sustituido por su ayudante Bill Hodges. Hasta aquel momento, Staley, que había tenido problemas con King, estaba pensando en irse a Florida State para jugar a las órdenes de Hugh Durham. Cuando Hodges fue nombrado entrenador, Staley decidió quedarse.

Nicks, Bobby Heaton y Alex Gilbert, tres jugadores nuevos, dieron un nuevo aire al equipo y enseguida se convirtieron en jugadores importantes. Nicks era un escolta de Chicago fuerte y agresivo, que atacaba con decisión la canasta. Heaton, el sexto hombre, era un jugador inteligente con un lanzamiento exterior que sería clave durante la excelente trayectoria de ISU. Gilbert era esencialmente un reboteador y taponador con una gran capacidad de salto. Los otros titulares eran el especialista defensivo Brad Miley y Steve Reed, un base sin experiencia pero generoso, que no acababa de explotar su buen tiro exterior.

El banquillo de los Sycamores era corto: el único jugador al margen de Heaton que jugaba minutos importantes era Staley. La limitada rotación hizo que los siete habituales se ganasen el apodo de «Los siete magníficos», y, cuando aparecieron en un anuncio de un concesionario de la ciudad vestidos con sombreros azules de *cowboy*, pantalones vaqueros y botas, ese se convirtió en su atuendo habitual.

En el segundo partido de la temporada, Bird llevó a ISU a una sorprendente victoria ante Purdue; Larry destrozó a los Boilermakers con 22 puntos y 15 rebotes. Cinco días después le metió 40 puntos a Evansville y, a continuación, el 16 de diciembre, castigó a Butler con 48 puntos, 19 rebotes y 5 asistencias. Fueron tres partidos extraordinarios. Para Hodges, que solo tenía treinta y seis años, había supuesto un gran alivio la decisión de Bird de jugar en ISU su última temporada en vez de dar el salto a la NBA. Era consciente de que estaba ante un jugador único.

En la primavera anterior, Bird se había declarado elegible para el draft de la NBA. Dado que su carrera había empezado técnicamente en 1974 al pasar aquellas tres semanas y media en Indiana, se le consideraba miembro de la promoción de 1978 desde la perspectiva del baloncesto profesional, aunque no hubiese jugado ni un segundo con los Hoosiers y todavía tuviese un año de elegibilidad en Indiana State. De acuerdo con el nuevo convenio colectivo de la NBA aprobado en 1976, un jugador podía ser elegido, regresar a la universidad a jugar su última temporada y después negociar con el equipo NBA que le hubiese escogido. Si no se había alcanzado un acuerdo el día del draft del año siguiente, el equipo perdía sus derechos sobre el jugador y este volvía a estar disponible para todas las franquicias. Aunque tenían un impacto tan directo sobre él, Bird desconocía esas normas. De hecho, era un feliz ignorante en casi todo lo que tenía que ver con la NBA. «Simplemente, no me preocupaba por los profesionales», remata.

Los Indiana Pacers habían conseguido la elección número 1 en 1978, y su entrenador, Bob «Slick» Leonard, llamó a Bird y le invitó a visitar Indianápolis. Bird fue al encuentro de Leonard con Ed Jukes, un empleado de banca local y buen amigo de la familia. La reunión se celebró en el Hyatt Regency, en pleno centro de Indianápolis. Al entrar en el hotel, Bird se fijó en el enorme ascensor que llevaba a la segunda planta. «Era la primera vez que veía uno», cuenta. Cuando se sentaron en el restaurante, Leonard le preguntó a Bird si le apetecía tomar una cerveza. «Claro», respondió. «Tomaré una Heineken.» Leonard tragó saliva. Había nacido y crecido en Terre Haute, «pisando los mismos suelos sucios que Larry», como le gustaba decir.

Incluso después de convertirse en jugador profesional y ejecutivo NBA, seguía bebiendo Champagne Velvet, la cerveza que se fabricaba en esa ciudad y que todo el mundo bebía porque no era muy cara. «Las noches de los viernes bebíamos Pabst Blue Ribbon, porque probablemente íbamos a beber muchas y era la forma más económica de hacerlo», relata Leonard. «Solo los ricos bebían Heineken. Pero pensé, "Qué demonios" y me tomé una con él.»

Leonard explicó la calamitosa situación de la franquicia de los Pacers, que recientemente se había incorporado a la NBA junto a otros equipos de la American Basketball Association —la mítica ABA— y estaba al borde de la ruina económica. El equipo había ofrecido a su mejor agente libre, Dan Roundfield, un contrato de doscientos mil dólares «que no teníamos», según Leonard. Pero los Atlanta Hawks se entrometieron y le ofrecieron cuatrocientos cincuenta mil. El jugador corrió detrás del dinero y dejó a los Pacers con un agujero en su quinteto inicial. Indiana quería elegir a Bird, pero no podían arriesgarse a que volviese a Indiana State para su última temporada. Lo necesitaban inmediatamente. «Mira, yo no puedo esperar un año», le dijo Slick a Bird. «Nuestra franquicia no puede permitírselo. Así que si vas a regresar a la universidad, tienes que decírmelo porque traspasaré la elección. Pero si das el salto, te elegiremos.» No hubo un atisbo de duda en la réplica de Bird. Había prometido a su madre Georgia que saldría de Indiana State con una licenciatura. Aunque la situación financiera de Georgia era todavía complicada, seguía siendo firme e insistía en que su hijo consiguiese el diploma. «A mi madre no le preocupaba el dinero», explica Bird. «Iba tirando. No era una situación de vida o muerte. Si lo hubiese sido, quizá habría tomado otra decisión.» Leonard y Bird se tomaron un par de cervezas más antes de despedirse amistosamente y tomar caminos distintos. Cuando salían del Hyatt, Bird le pidió a Jules que esperase un momento. Se metió en el ascensor y subió y bajó con deleite infantil.

Aunque Slick se sentía decepcionado al saber que Bird no vestiría el uniforme de los Pacers, tampoco podía decirse que estuviese destrozado. En aquel momento el físico de Bird, su lentitud y su carácter generaban dudas. Nadie pensaba que pudiera llegar al Salón de la

Fama. «Me gustaba Larry», dice Leonard, «pero nadie sabía que era tan bueno.» Leonard cumplió su palabra y traspasó la primera elección a los Portland Trailblazers a cambio del escolta Johnny Davis, el pívot Clement Johnson y el número 3 del draft de 1978, que los Pacers usaron para elegir a Rick Robey, el pívot de la Universidad de Kentucky.

Ahora era el turno de que los Trailblazers cortejasen al reticente alero de ISU. Bird sufrió un bombardeo de llamadas telefónicas en su casa de French Lick a cargo de Stu Inman, un ejecutivo de los Blazers. Poco después, Georgia Bird, que ya reconocía la voz de Inman, colgaba el teléfono educadamente pero con firmeza. La oferta de Inman a Bird incluía la perspectiva de jugar con un futuro miembro del Salón de la Fama.

—Larry —le dijo Inman—, te estás perdiendo la oportunidad de jugar con Bill Walton. Es uno de los mejores pívots de la historia.

—Siempre está lesionado —respondió Bird, cortante.

(Aunque más tarde Bird jugaría con Walton en los Celtics durante la exitosa temporada de 1986 y le cuenta entre sus amigos más íntimos, era justo en su afirmación. En sus dos primeras temporadas en la liga, Walton se fracturó la nariz, una muñeca y una pierna. Después de llevar a Portland al título en la temporada 76-77, se rompió el pie en 1978, jugó solo 58 partidos y pidió el traspaso al acabar la temporada porque, en su opinión, los médicos del equipo no habían tratado la lesión adecuadamente. Cuando los Blazers se opusieron a traspasarle, el gigante pelirrojo se negó a jugar durante toda la temporada 78-79. Walton ya no volvió a rendir como antes de la lesión y al final tuvo incluso que pasar por el quirófano para que le soldasen un tobillo.)

A pesar de que Bird permanecía tan firme con los Blazers como con su intención de regresar a Indiana State, Portland no tiraba la toalla y vaciaba sus agendas para contactar con personas del entorno de Bird que pudieran ayudarles a convencer al chico. «Juro que Portland tenía a todo el mundo trabajando en el tema», cuenta Bird. «Completos extraños se acercaban y me decían: "¡No puedo creer que no vayas a pasarte a los profesionales! ¡Tienes una oportunidad de resolver la vida de tu familia para siempre! ¿Para qué necesitas ir a la universidad?". Yo siempre les decía: "No: voy a volver, voy a volver". No iba a cambiar de opinión.»

Inman hizo algunas averiguaciones sobre Bird y descubrió que era extremadamente leal, con una terquedad poco común, irascible y aficionado a la cerveza. Le preocupaban, eso sí, su grado de madurez y el físico. El día del draft, Portland seleccionó al ala-pívot de Minnesota Mychal Thompson con el número 1. La intención de los Blazers era hacerse con Bird con su otra elección de primera ronda, la séptima, pero Boston, al seleccionarle en sexto lugar, les dinamitó el plan. Red Auerbach hizo la elección sin haber hablado nunca con Bird sobre sus aspiraciones profesionales. El mánager general de los Celtics ya sabía todo lo que tenía que saber sobre el preciado jugador de Indiana State. El día en que los compañeros de Bird en el World Invitational Tournament vieron a Red bajar las escaleras, estaba allí para evaluarle. También le había seguido gracias a los informes de dos de sus ojeadores, John Killilea y K.C. Jones. Killilea volvió a casa después de un largo viaje por el Medio Oeste y le dijo con entusiasmo: «Red, creo que acabamos de encontrar al nuevo Rick Barry. Puede tirar desde cualquier parte. Y no te puedes imaginar lo buen pasador que es». «Confiaba en el criterio de Killilea», contaba Auerbach, «pero también pensé que exageraba.» Así que llamó a su amigo Bob Knight, quien le aseguró que el paso frustrado de Bird por Bloomington no era algo de lo que tuviese que preocuparse. «De hecho», recordaba, «Bob me contó que habría deseado ayudar más al chico. Lo que me dijo exactamente fue: "Lo único que hizo mal aquí fue no hablar conmigo antes de abandonar el campus".»

En una tranquila tarde de junio, Bird estaba jugando al golf en Santa Claus, Indiana, con su amigo de toda la vida Max Gibson cuando un desconocido le gritó:

—¡Larry! ¡Te acaban de elegir los Boston Celtics!

—¿Qué significa eso? —preguntó Bird.

—¡Y yo qué sé! —respondió el extraño.

Gibson y Bird soltaron los palos y entraron a la casa club a comer un bocadillo. Alrededor de las cuatro de la tarde se fueron a casa y encendieron la televisión. Por entonces, sin las cadenas de información 24 horas ni acceso a Internet ni los muchos canales de la ESPN, no había otra manera de enterarse de lo que había sucedido ese día que ver las noticias de las seis. Bird y Gibson se sentaron y hablaron de pesca, golf y caza hasta que finalmente dieron las noticias sobre la NBA. El alero escuchó, se encogió de hombros y apagó el televisor. La magnitud de lo que había hecho Auerbach se le escapaba. «Max estaba mucho más emocionado que yo», afirma Bird.

Durante su última temporada en Indiana State comenzaron a aparecer empleados de los Celtics en el Hulman Center, a menudo sin avisar. K.C. Jones, el entrenador Tommy Heinsohn, la estrella Dave Cowens e incluso el mismo Auerbach hicieron acto de presencia para ver a su apuesta.

Mientras tanto, ojeadores de casi todos los equipos de la NBA atravesaban el país con un calendario de Michigan State en el bolsillo. También tenían marcado con un círculo el número 33, el número de Magic en los Spartans. Johnson ya estaba pensando en su futuro. Si todo iba bien, tenía la intención de dar el salto al profesionalismo después de su segunda temporada, y los ejecutivos de las franquicias de la NBA lo sabían. De hecho había estado a punto de hacerlo después de su primer año, e incluso había hablado con los Kansas City Kings, pero no se habían puesto de acuerdo sobre el salario, y Johnson había decidido regresar a Michigan State, donde planeaba poner los cimientos de su reputación como elección alta del draft.

Al contrario que Bird, Johnson era un estudioso del juego de los profesionales y había emulado a sus ídolos —Wilt Chamberlain, Dave Bing y Julius Erving— en las pistas de cemento de Lansing. Casi siempre se quedaba más tiempo que sus amigos, que se cansaban de tirar o tenían que irse a cenar, y a menudo jugaba contra sí mismo y contaba su primer *crossover* y suspensión como 2 puntos para Wilt y después sus movimientos en el poste como 2 para Bill Russell. «Yo quería jugar en la NBA a toda costa», cuenta.

Pero primero quería ganar un título universitario y estaba convencido de que la temporada 78-79 sería su momento. La mayor parte del núcleo del equipo de MSU que había llegado a la final regional la temporada anterior estaba de vuelta, incluyendo al fiable Terry Donnelly —cuyos oportunos tiros aparecieron de forma destacada en la postemporada—, el anotador Jay Vincent y un jugador duro como Rob «Bobo» Charles, que se encargaba del trabajo sucio en la pintura. Kelser, un jugador explosivo que se entendía muy bien con Magic, estaba en su último año. Heathcote tenía puestas grandes esperanzas en un novato procedente de Buchanan, Michigan, llamado Gerald Busby. «Gerald tenía una capacidad de salto parecida a la de Jordan», afirma Magic. «Pensábamos que llegaría a la NBA seguro.»

Johnson estaba entrenando en solitario tiros en suspensión en un vacío Jenison Field House durante la primera semana de septiembre de 1978 cuando Heathcote le paró para decirle que *Sports Illustrated* le había escogido para aparecer en la portada del número previo a la temporada de baloncesto universitario. En este caso, no habría animadoras a su lado diciendo que era el secreto mejor guardado del baloncesto universitario: a estas alturas, todo el mundo ya sabía quién era. Para la portada del número del 27 de noviembre de 1978 le pusieron un esmoquin negro, chistera, chaleco blanco y zapatos de piel. Magic aparece saltando, haciendo una bandeja con el esmoquin puesto y con su característica sonrisa. El titular reza «The Super Sophs» (Los superjugadores de segundo año) y más abajo puede leerse, «El elegante Earvin Johnson, de Michigan State».

Magic estaba tan ansioso por ver la portada que no podía esperar a llevársela de la sala de entrenadores. Llamó a su padre y le pidió que comprase diez en el quiosco. Cuando Earvin Sr. se acercó al centro a comprar la revista, las estanterías estaban vacías. La buena gente de Lansing se las había llevado todas. Cuando Magic fue a su cita anual con el dentista, la recepcionista se lamentó de que alguien se hubiese llevado también su ejemplar. «Fue un día especial en el hogar de los Johnson», cuenta el padre de Magic. «"¿Un chico negro de Lansing en la portada de *Sports Illustrated*?", le dije a mi mujer, "Ahora sí que lo hemos visto todo".»

Como había pasado con Bird, la portada elevó aún más su ya considerable prestigio. Los aficionados de las otras universidades de la Big Ten empezaron a hacer cola, bolígrafo y portada en mano, para conseguir su autógrafo, y Magic casi siempre cumplía. Nueve veces de cada diez, tanto si estaba en Columbus, Ohio, como en Minneapolis, firmaba la revista, recibía un sentido «¡Gracias!» y después tenía que aguantar un sonoro «¡Vamos Buckeyes!» o «¡Gophers a muerte!» mientras se alejaba. En Terre Haute alguien le enseñó a Bird la ostentosa portada, con Magic engalanado con aquel elegante atuendo. «Bien», dijo. «Dejemos que otro se lleve toda la atención.»

La primera verdadera prueba de fuego para Michigan State fue un partido amistoso de pretemporada contra la selección nacional de la Unión Soviética, que estaba de gira por los Estados Unidos para enfrentarse a las mejores universidades del país. Los soviéticos eran un buen equipo, pero no pudieron aguantar el ritmo de Johnson y Kelser. Michigan State les sacó de la pista (76-60) con un juego rapidísimo y constantes canastas al contraataque. El partido, que la HBO televisó para todo el país, atrajo el interés de los Sycamores, que se juntaron en el apartamento que Bird y Bob Heaton tenían fuera del campus para ver el partido. Estaba previsto que ISU jugase contra los rusos a la semana siguiente, y mientras Bird trataba de concentrarse en los jugadores soviéticos, no pudo evitar quedar deslumbrado por el juego de Earvin «Magic» Johnson. «En ese momento yo sabía muy poco sobre Magic», dice Bird. «Pero no me podía creer lo que estaba viendo. Manejaba a aquellos chicos como si fuesen un equipo profesional. Un fallo y ya estaba corriendo el contraataque. El ángulo de sus pases era perfecto. Parecía un tanto desconcertante verle subir el balón con aquel enorme cuerpo, pero siempre estaba un paso por delante de todo el mundo.» Cuando Magic y Michigan State hubieron completado la demolición de los rusos, Bird se volvió a sus compañeros y dijo: «Chicos, estáis viendo al mejor equipo del país».

Había comenzado la noche sentado en un sillón al lado de Nicks fanfarroneando sobre cómo iba a machacar a los soviéticos. Señaló a un alero ruso y explicó con detalle cómo iba a machacarle en el poste. Luego señaló a otro y prometió que lloverían canastas sobre él. «No hay nadie que pueda defenderme», se jactó. «Eso fue lo que empezó diciendo», relata Nicks. «Pero al final decía, "Ese Magic es increíble".» Bird sostuvo sus bravatas el 20 de noviembre, cuando su equipo tumbó a los soviéticos por 83-79 gracias a sus 22 puntos y 13 rebotes. Indiana State se convertía así en una de las cuatro universidades que derrotó a los rusos.

Tanto Michigan State como Indiana State utilizaron sus victorias ante los soviéticos como un trampolín para la temporada regular antes de partir hacia esquinas opuestas del país. Los Sycamores volaron a Deland, Florida, donde despacharon con facilidad a East Carolina (102-79) y Cleveland State (102-71) para ganar el Hatter Classic. En ese momento Indiana State estaba 6-0, pero Bird, el arquitecto de una racha de victorias en la que promedió 31 puntos y 13,6 rebotes, quería más. «Estábamos ganando, pero en realidad no habíamos jugado contra nadie», explica.

El 18 de diciembre, Michigan State voló al Oeste, a Portland, para enfrentarse a Washington State, la antigua universidad de Heathcote, en un torneo de Navidad. Los Wazzus eran el décimo equipo del país y estaban liderados por Don Collins, que más tarde jugaría con los Washington Bullets en la NBA. El normalmente efusivo Heathcote estuvo algo retraído en los días anteriores al partido contra su querida universidad, en la que también había trabajado como entrenador ayudante durante siete temporadas. «Estaba muy tenso…», cuenta Magic. «El partido significaba mucho para él. Todos sus viejos amigos estarían en la grada viéndolo.» El día antes del partido, Magic convocó una reunión solo para jugadores y explicó lo importante que era el encuentro para Heathcote. «No podemos decepcionarle», les dijo. Michigan State aplastó a Washington State por 46 puntos. Mientras abandonaba la pista, Magic le propinó un codazo a Heathcote. «Entrenador, esta es para ti.»

Al día siguiente, justo antes del salto inicial contra Oregon State, el entrenador de Indiana, Bob Knight, cuyo equipo acababa de ganar a Oregon, saludó a Heathcote y le dijo: «Vamos, Jud, haz que sea una final con dos equipos de la Big Ten». Michigan State despachó a Oregon State por 8 puntos y después le dio una buena tunda a

Indiana en el partido por el título (74-57). Magic anotó 20 puntos y dio 7 asistencias contra los Hoosiers.

Los jugadores de los Spartans estaban eufóricos por su actuación, pero también ansiosos por volver a casa y celebrar el Año Nuevo con sus familias y amigos. El 30 de diciembre embarcaron en un vuelo a Seattle que debía enlazar con otro que les devolvería a Michigan, pero una tormenta de nieve hizo que los desviasen a Denver. Allí, con su equipo reunido alrededor de la cinta de recogida de equipaje, Heathcote recibió una noticia: la nueva clasificación universitaria colocaba a Michigan State como número 1 del país.

El mejor equipo del país solo pudo llegar a Minneapolis al día siguiente, antes de que las inclemencias meteorológicas les obligasen de nuevo a refugiarse en un hotel, donde se pusieron a escurrir los calcetines y la ropa interior para celebrar el Año Nuevo. Para cuando consiguieron aterrizar definitivamente en Detroit, dos días más tarde, el 2 de enero, los jugadores estaban cansados y cabreados. La espera por las maletas fue interminable. Pasaron diez, veinte minutos. Heathcote se acercó a un representante de la compañía aérea y exigió que les sacasen su equipaje. Pasaron otros diez minutos. «Le salía humo por las orejas», relata Magic. Al fin, Heathcote no pudo esperar más. Se subió a la cinta transportadora y se metió por el hueco del equipaje. Unos minutos después salió por una puerta lateral escoltado por un guardia de seguridad a cada lado mientras sus jugadores se morían de la risa. «Soy muy impaciente cuando viajo», dice Heathcote.

Cuando los Spartans regresaron definitivamente a Lansing, llevaban una semana sin entrenar. Aunque el equipo se las arregló para ganar a sus dos siguientes rivales, perdió cuatro de los siguientes seis partidos, incluida una paliza contra la humilde Northwestern el 3 de febrero. Aquella derrota dejaba a Michigan State 4-4 en la Big Ten. El número 1 era un recuerdo lejano.

Heathcote convocó una reunión de equipo y criticó a sus jugadores la falta de esfuerzo defensivo y la poca concentración. Después fue el turno de que los jugadores se hiciesen oír. Kelser fue el primero: «Nuestros errores se exacerban por sus broncas», le dijo a

Heathcote. «Tiene que rectificar. También está apoyándose demasiado en Magic, y eso nos hace predecibles.» Intervinieron uno por uno. Vincent dijo que jugaba con miedo porque temía que si cometía un error le sacarían a rastras de la pista. Magic le dijo a Heathcote que se sentía asfixiado con el ataque que estaban utilizando. «Entrenador», le imploró, «déjeme coger el balón y correr.» Jugadores y entrenadores habían llegado a un punto muerto. Heathcote y su cuerpo técnico querían unos mejores fundamentos y más compromiso. Los jugadores, más libertad y menos broncas. El reserva John Longaker, poseedor de una beca Rhodes y que rara vez jugaba minutos importantes pero que era respetado por sus compañeros por su inteligencia en pista, se levantó y sentenció: «No estamos jugando el baloncesto de Michigan State. Hemos perdido la confianza que teníamos a principios de año. Earvin, ¿qué ha pasado con todo ese descaro con el que jugabas y que tanto nos ayudaba?». Magic reconoce que tenía razón: «Es cierto, no estábamos jugando con la misma frescura». «Me alegré de que John hablase», cuenta Heathcote, «porque era uno de los pocos chicos a los que Earvin escuchaba.» Longaker habló con franqueza a Magic sobre sus problemas académicos y la necesidad de aplicar la misma disciplina que exhibía en los entrenamientos a los estudios. Le enseñó cómo organizar sus tareas y su tiempo. Era uno de los pocos jugadores que no tenía miedo a criticarle. Durante la reunión de equipo, le imploró que dejase de apuntar a los demás con su dedo acusador y mirase hacia sí mismo. Después de que cada jugador expresase sus preocupaciones, Heathcote se comprometió a dar a su base más libertad de actuación y aceptó hacer un esfuerzo por gritar un poco menos. La reunión acabó sin tratar otro tema importante.

Aunque los Spartans eran un equipo unido, en ocasiones la gigantesca personalidad de Magic lo eclipsaba todo, algo que a veces resultaba molesto para Kelser, que era el máximo anotador y reboteador del equipo, pero estaba claramente a la sombra de su compañero. «La verdad es que teníamos a dos jugadorazos —Magic y Kelser—, pero Magic se llevaba todos los titulares», cuenta Heathcote. «Earvin entendía que eso era un problema, pero que se debía a su personalidad. No podía evitar que todo el mundo le adorase. Era un chico hacia el que era muy fácil gravitar y a veces eso no era fácil de asumir por sus compañeros.» Kelser rara vez expresaba en voz alta sus frustraciones. Johnson y él eran grandes amigos y pasaban muchas noches bailando juntos en los clubes de Lansing. Aun así Heathcote se dio cuenta de que algo no iba bien. «Greg siempre estaba pendiente de sus estadísticas», afirma. «Entregábamos la hoja después del partido y Earvin ni siquiera la miraba. Pero Greg la devoraba. Decía: "Me han puesto solo 6 rebotes. Creo que he cogido más, ¿no?".»

En 2006 Kelser publicó un libro en el que detallaba sus recuerdos de la temporada del campeonato de Michigan State. Incluye un pasaje en el que cuenta cómo una noche vio que Magic metía 20 puntos y decidió que anotaría 25 en el siguiente partido. «Había envidia», dice Magic. «Yo no lo vi en aquel momento, pero había robado buena parte del impacto de Greg. No fue mi intención. No me preocupaba de otra cosa que no fuese ganar. Sus comentarios en el libro me sorprendieron. Dice que le quité una parte de su gloria. No sé, fue un poco decepcionante, la verdad.» Kelser reconoce que Magic le proporcionó una atención que podría no haber recibido nunca si hubiese jugado sin él y que jamás quiso dar a entender que no está agradecido a su antiguo compañero. «No tenía problemas en ocupar un lugar secundario respecto a Magic», dice Kelser. «Pero quería que se reconociese lo que conseguía. Cuando nuestro equipo pasó a ser conocido como "Magic Johnson y los Michigan State Spartans" no me gustó. Pero ¿qué le iba a hacer?»

La ya famosa reunión de equipo de los Spartans se cita a menudo como la catalizadora del cambio, aunque Heathcote creía que su decisión de sacar a Ron Charles del quinteto titular y sustituirlo por Mike Brkovich, más pequeño y rápido y mejor lanzador, tenía tanto que ver con el renacer del equipo como cualquier otra cosa. Los equipos rivales habían empezado a darse cuenta de lo peligroso que era dejar que Magic cogiese el rebote en defensa e iniciase él mismo el contraataque, y decidieron ponerle encima a un jugador para intentar pararle. Brkovich era un jugador más que podía recibir el balón en el juego de transición. Además, manejaba muy bien el balón.

Heathcote se planteó hacer otro cambio: mandar a Terry Donnelly al banquillo y poner al novato Busby en el quinteto inicial. Pero antes de que Heathcote pudiese promocionarle, Busby dejó el equipo porque echaba de menos su casa y estaba molesto por el comportamiento brusco y las palabras soeces del entrenador. Decidió que era necesario un cambio de aires. Pidió el *transfer* a Ferris State y allí lo hizo bien, pero nunca estuvo ni remotamente cerca de ganar un campeonato ni de dar el salto a la NBA, cosa que esperaba hacer. «Nunca entenderé por qué Gerald Busby tomó esa decisión», admite Magic.

Después de la reunión y el cambio en el quinteto, los Spartans arrancaron diez victorias en sus últimos once partidos. La única derrota llegó cuando Wes Matthews, de la Universidad de Wisconsin (que después sería compañero de Magic en los Lakers, en el equipo que ganó el título en la temporada 87-88), conectó un increíble tiro a tablero sobre la bocina en el último partido de la temporada regular para tumbar a los Spartans 82-80. En un principio, esa derrota en el último segundo dolió a los jugadores de Michigan State, que estaban convencidos de que no iban a perder ningún otro partido. Kelser recuerda que sus compañeros estaban abatidos antes de que Magic empezase a recorrer el vestuario palmeando espaldas y hombros. «Está bien, su temporada se ha acabado», les dijo Johnson. «A nosotros todavía nos queda una misión por cumplir.»

Noquear a Indiana State era su gran prioridad. El equipo de Bird era el primer cabeza de serie entre los cuarenta equipos en liza, algo asombroso para una universidad que había promediado menos de tres mil espectadores por partido antes de su llegada. Indiana State supo que su suerte había cambiado cuando los estudiantes que solían jugar en la pista después de los entrenamientos comenzaron a llegar más y más temprano. Al cabo de poco, el número de personas que se acercaba a verles entrenar superaba las cien, y Hodges se vio forzado a hacerlo a puerta cerrada. Pero ni siquiera eso disuadió a las «ratas de pabellón». «Si mirabas por los cristales de las puertas del pabellón, podías ver a un montón de cabezas empujándose para echar un vistazo», cuenta Bob Behnke, el médico del equipo.

A final de temporada los aficionados solían hacer cola en los exteriores del Hulman Center desde las 15:30 h para partidos que empezaban a las 19:30 h. Dado que a los estudiantes no se les asignaban asientos, cuando se abrían las puertas a las 18:00 h se producía una carrera enloquecida por los sitios libres. A los aficionados se les colocaba en el anillo medio de un pabellón con tres alturas. Bird y sus compañeros estaban en el túnel, en el primer nivel, y veían a sus compañeros de estudios lanzarse en estampida unos contra otros por conseguir el mejor sitio para ver a su amado equipo de baloncesto. Muy a menudo el esfuerzo merecía la pena. A principios de temporada, en una victoria por 2 puntos contra Illinois State, Hodges pidió un tiempo muerto en los segundos finales con empate en el marcador y posesión para Indiana State. Behnke recuerda que Hodges dibujó una jugada en su pizarra con dobles bloqueos y bloqueos ciegos. A Nicks se le asignó la tarea de sacar de banda. Mientras Bird y él salían del corrillo y volvían a la cancha, Behnke oyó que Bird le decía a su amigo: «Eh Carl, no te preocupes, dámela y punto». «Así lo hice», concluye Nicks. «Y ya se sabe lo que pasó. Larry anotó el tiro de la victoria.»

Sin embargo, la victoria más emocionante del año se produjo con Bird en un rol secundario. El 1 de febrero de 1979, Indiana State llevaba 18 victorias consecutivas, pero perdía por 2 puntos a falta de tres segundos contra New Mexico State. Greg Webb, un jugador de los Aggies, estaba en la línea de tiros libres, y Nicks y Bird en el banquillo, eliminados por personales. Hodges pidió tiempo muerto, recordó a sus jugadores que tenían que tener la cabeza fría y después se puso a repartir responsabilidades de cara a los segundos finales. Heaton, que estaba en pista, esperó su orden, pero en medio de la confusión Hodges se olvidó de decirle a dónde tenía que ir. Mientras ambos equipos dejaban sus corrillos, el público de New Mexico State se puso en pie gritando «¡18-1! ¡18-1! ¡18-1!». Slab Jones, su gran estrella, se paseó por delante del banquillo de Indiana State burlándose de Bird y Nicks: «Qué pena que se os haya acabado la racha». Heaton, sin saber dónde colocarse, se puso debajo de la canasta rival, pero después se dio cuenta de que estaba demasiado lejos y que no tendría tiempo de tirar si le llegaba el balón, así que se fue al centro del campo y esperó. El tiro libre de Webb se quedó corto. Brad Miley controló el rebote y lo lanzó rápidamente hacia Heaton. El jugador al que Bird llamaba cariñosamente «Heater» (Calefactor) no dudó: lanzó una bomba desde quince metros justo antes de que sonase la bocina. «Yo pensaba que se iba a ir claramente por encima del tablero», cuenta. Se equivocaba. El balón comenzó a descender e, increíblemente, entró. El tiro se cargó de un plumazo la fiesta de New Mexico State. Indiana State había forzado la prórroga de manera increíble y acabó ganando en ese tiempo extra. «Cuando New Mexico State anotó su primera canasta de la prórroga, nadie aplaudió», observa Heaton. «Estaban muertos.» Bird estaba exultante por Heaton, un jugador trabajador que compensaba su lentitud con las buenas decisiones que tomaba sobre el parqué. También fue esperanzador ver al reserva Rich Nemcek realizar un par de jugadas importantes en un partido de esa magnitud. «Cuando Heater anotó aquel tiro, pensé: "Quizás este año sea diferente"», admite Bird. «Vi algo en nuestro banquillo aquella noche que no había visto en todo el año. Jugaron con confianza. Jugaron como si supiesen que iban a ganar.»

Nueve días después, Bird disputó el único encuentro de su carrera universitaria en el que no anotó en dobles dígitos. El rival fue Bradley y se marchó con 4 puntos y 11 rebotes, pero Indiana State arrolló (91-72) con 31 puntos de Nicks y 30 de Steve Reed. A pesar de la derrota, el entrenador de Bradley, Dick Versace, declaró que su «jaula para el pájaro» había sido un éxito. «Sí, se llevó la fama de haberme parado», dice Bird. «Fue divertido porque ni siquiera intenté anotar. Lancé solo dos tiros. Me hicieron un marcaje triple todo el partido, con un hombre por delante, otro por detrás y otro que intentaba robarme el balón. Teníamos jugadores en pista a los que ni siquiera defendían.»

Fue un periodo embriagador para Indiana State. A medida que se extendía la racha victoriosa, lo hacía también la publicidad que rodeaba al equipo. Bird era una celebridad en el campus, pero no todos sus compañeros estaban cómodos con eso. «Los chicos estaban obteniendo lo que les correspondía, pero creo que pensaban que merecían más», afirma Bird. «Me parece que algunos se creían tan buenos que pensaban que podían ganar sin mí.» «Todo giraba en torno a Larry», cuenta Nicks. «A mí eso me afectaba negativamente. Larry siempre intentaba tirar de mí, y yo me esforzaba por tener una actitud positiva, pero había veces en las que simplemente todo era muy injusto. Yo era un jugador importante, pero parecía que nadie se diera cuenta.»

Pero cuanta más atención recibía Bird, más se apartaba de ella. Empezó a utilizar entradas laterales, puertas traseras y rutas menos frecuentadas cada vez que llegaba a un nuevo pabellón. Los entrevistadores le interesaban tan poco que a menudo se marchaba del vestuario antes de que llegasen. A Nicks la conducta de Bird le pareció en un principio algo extraña. «Yo no estaba muy acostumbrado a ese tipo de comportamiento», dice Nicks. «Hay que recordar que soy de esa gente de Chicago que está acostumbrada a contarle a todo el mundo lo que hace. Pero Larry me enseñó a evitar los focos y acabé haciendo un poco lo mismo.»

No todos tuvieron la misma actitud. Un día el equipo estaba discutiendo en el bus dónde parar a comer y uno de los reservas se mofó: «Donde quiera Larry». Si esos comentarios eran hirientes para Bird, nunca lo expresó. En lugar de eso, se limitó a apretar más aún a sus compañeros. «Algunos de aquellos chicos no entendían que Larry los había elevado a un nivel que nunca en la vida habrían alcanzado sin él», cuenta Behnke. «Estaban en el viaje de sus vidas, pero algunos tenían demasiados celos como para disfrutarlo.» «Me preguntaron en una ocasión qué pensaba de todo eso», dice Bird. «Yo les contesté: "Maldita sea, yo también les envidio a ellos porque nunca pude jugar con un Larry Bird".» Lo cierto es que Bird era una figura imponente, incluso para sus amigos. Cuando se trataba de asuntos baloncestísticos, aceptaban prudentemente lo que su estrella demandaba. Estaba claro quién era el líder del equipo «y si alguien se pasaba de la raya, se le paraba», concluye Bird. Durante un entrenamiento a principios de temporada, un par de jugadores de ISU empezaron a hacer el tonto en lugar de realizar los ejercicios diseñados por Hodges. Antes de que el entrenador los llamase al orden, su jugador estrella se encargó: «¡Si no queréis estar aquí, largaos!», gritó Bird. Pero cuando no estaba en la cancha, se limitaba a ser uno más. Lo que más le gustaba era bajar al bar de la universidad, el BallyHo, y echar un par de partidas a las damas. Cuando jugaron en St. Louis, Hodges organizó una visita al zoo de la ciudad, por el que los jugadores se pasearon con sus sombreros de *cowboy*, tomando helados y haciendo muecas a los gorilas. «Como niños pequeños», cuenta Nicks. Al equipo le encantaban los viajes a Tulsa, Oklahoma, donde solían ir a uno de esos restaurantes donde puedes comer cuanto quieras, en el que se servían muchos tipos de pasta y unas albóndigas en salsa excelentes. Otro gran momento era cuando Max Gibson, un amigo de Bird, les llevaba a cenar después de una victoria importante. En aquellas noches, los jugadores sabían que iban a disfrutar de la mejor y más copiosa cena de todo el año.

El último partido de la temporada regular de Indiana State fue contra Wichita State, la única vez en todo el año que se pudo ver a los Sycamores en la televisión nacional. Terre Haute sufrió una gran tormenta de nieve, y cuando el equipo llegó al pabellón para la sesión de tiro del día de partido, había goteras en el tejado. «Era una locura lo que estaba nevando», cuenta Bird. «Estaba convencido de que suspenderían el partido.» Georgia Bird se las arregló para llegar al Hulman Center e informar de que las carreteras estaban resbaladizas, con mucha nieve todavía y, en definitiva, muy poco seguras. A pesar de todo, los equipos salieron a jugar. Bird anotó 49 puntos y capturó 19 rebotes en un pabellón lleno a rebosar, con Al McGuire opinando sin descanso desde la mesa de comentaristas.

Cuando se diseñaron los torneos de conferencia, tanto Indiana State como Michigan State quedaron exentos de la primera ronda. La única manera de que sus caminos se cruzasen sería que ambos equipos llegasen a la gran final.

Pero primero los Spartans debían eliminar a Lamar, un equipo entrenado por el histriónico Billy Tubbs. Michigan State los masacró (95-64) con un triple doble de Magic: 13 puntos, 10 asistencias y 17 rebotes. En la rueda de prensa posterior al partido, el entrenador Tubbs subió al estrado y rompió un puñado de papeles. Era el informe de *scouting* que había encargado al prestigioso servicio de ojeadores de Bill Bertka. Bertka, un veterano entrenador y ojeador que había trabajado para los Lakers durante más de treinta años, había identificado a los Spartans como un conjunto que atacaba en estático y subía el balón con parsimonia. «Obviamente Bertka no podía ver todos los partidos él mismo, así que contrataba a entrenadores de instituto para que lo hiciesen en su lugar», explica Heathcote. «Pues bien, el entrenador de instituto que tenía que redactar nuestro informe vino a vernos en Indiana. Bob Knight sabía que queríamos correr, así que cada vez que el balón volaba hacia canasta, mandaba a cuatro jugadores corriendo al centro de la pista. No conseguíamos correr el contraataque, así que le dije a Earvin: "Déjalo. Súbela andando".»

A partir de ahí, los Spartans arrollaron a Louisiana State por 87-71 y sacaron su billete para la Final Four superando a Notre Dame, que contaba con siete futuras elecciones de draft: Bill Laimbeer, Orlando Woolridge, Kelly Tripucka, Bill Hanzlik, Bruce Flowers, Tracy Jackson y Rich Branning. Heathcote se dirigió a su equipo la noche antes del partido, que se jugaría el 17 de marzo, día de San Patricio: «Señores, quien gane mañana tendrá muchas opciones de llevarse el título. Este es el mejor equipo contra el que jugaremos en toda la temporada. Mejor incluso que Indiana State». Heathcote ajustó su característica defensa mixta, que se estaba convirtiendo en una de las más prestigiosas del baloncesto universitario, para enfrentarse a los Fighting Irish. A continuación llevó a su equipo a un frenesí emocional al recordarles que Notre Dame se había negado a ir al Jenison Field House durante la temporada regular para jugar contra ellos. También sacó a colación el hecho de que televisasen a Notre Dame todos los domingos. «Nosotros habíamos salido solo una vez, contra Kansas», dice Heathcote. «Así que les pregunté a mis chicos: "Eh, ¿no estáis cansados de ver a esos tipos de Notre Dame en la tele?".» Michigan State derrotó a Notre Dame con 34 puntos y 13 rebotes de Kelser, y 19 puntos y 13 asistencias de Magic. Los Spartans tuvieron un 63% de acierto en tiros de campo en la segunda mitad.

Por su parte, Indiana State superó sus dos primeros partidos del torneo con una victoria 89-69 sobre Virginia Tech y otra 93-72 contra

Oklahoma State. Bird promedió 25,5 puntos y 14 rebotes entre los
dos encuentros, unos números impresionantes teniendo en cuenta
que se había fracturado el pulgar izquierdo en la final de la conferencia Missouri Valley contra New Mexico State. Behnke diseñó un enta-
blillado provisional para estabilizar el pulgar, pero apenas redujo el
dolor que Bird experimentaba cada vez que el balón entraba en contacto con el área afectada. «No sé si la lesión le limitaba mucho, pero
tenía que dolerle seguro», afirma. «Nunca se habló de reservarle. Iba
a jugar sí o sí. Tenía esa mentalidad.»

El último obstáculo para Indiana State antes de la Final Four sería
la Arkansas de Sidney Moncrief, excompañero de Bird en el World
Invitational Tournament. La tarde anterior al partido, Bird recibió
una llamada de Auerbach, que estaba en la ciudad para asistir al torneo. Quería hablar un momento con él en su habitación.

—Mira, Larry —le dijo Red—, cuando perdáis nos encantaría que
vinieses a Boston y acabases la temporada con nosotros.

—¿Quiere decir después del torneo? —preguntó Bird.

—Cuando perdáis aquí —respondió Auerbach.

—Bueno, Red, es que no creo que nos vayan a ganar —respondió
Bird—. Vamos a derrotar a Arkansas.

—Ya veremos, chico, ya veremos —repuso Auerbach.

Bird anotó 31 puntos y capturó 10 rebotes contra los Razorbacks,
pero fue su compañero de habitación, Heaton, que se había ganado
el apodo de «El Hombre de los Milagros» por sus heroicidades en
los últimos segundos, quien anotó de nuevo el tiro decisivo. Con el
marcador empatado a 71 a falta de pocos segundos, Heaton intentó
hacerle llegar el balón a Bird, pero este estaba marcado por dos jugadores. Entonces atacó la canasta con su mano buena, la derecha,
y cuando Scott Hastings, alero de Arkansas, se movió para hacer
la ayuda, se lo cambió a la izquierda y lanzó mientras sonaba la
bocina. Indiana State se clasificó para la Final Four de Salt Lake City, y
Auerbach se volvió a Boston sin su preciada elección de draft.

En el campus de Terre Haute la locura por los Sycamores llegaba
hasta las clases, los restaurantes e incluso la biblioteca de la ciudad.

Los emparejamientos de semifinales enfrentarían a Michigan State con Penn, el valeroso equipo de la Ivy League que había sorprendido a North Carolina al principio del torneo, y a DePaul contra Indiana State.

El sorprendente rival de Michigan State parecía una víctima propiciatoria, pero su descarada estrella, Tony Price, declaró antes del partido: «No les tengo miedo. Son solo un grupo de amigos que juegan al baloncesto». Los «amigos» destrozaron a los Quakers 101-67. El marcador al descanso era 50-17 y Johnson añadió otro triple doble a su currículo: 29 puntos, 10 rebotes y 10 asistencias. A mediados de la segunda parte, Michigan State no pudo evitar empezar a pensar ya en el siguiente partido.

—Seguid concentrados, vamos a cerrar primero este partido —ordenó Heathcote a sus jugadores.

Magic le miró.

—Venga ya, entrenador, ¡si son de la Ivy! Estos no nos ganan ni locos —le dijo.

Heathcote admitió que en el ecuador de esa segunda parte todos los Spartans estaban pensando ya en cómo parar a Bird. En los instantes finales de su paliza a Penn, los aficionados de Michigan State comenzaron a cantar: «¡Queremos a Bird! ¡Queremos a Bird!». Los aficionados de Indiana State respondieron al unísono: «¡Tendréis a Bird! ¡Tendréis a Bird!».

Para los chicos de Larry no sería tan fácil llegar a la final. Las estrellas de DePaul, Mark Aguirre y Clyde Bradshaw, dejaron claro que sus planes pasaban por jugar un partido físico y prometieron que no habría canastas fáciles para Bird. «Soltaron toda esa mierda sobre cómo iban a intimidarnos…», dice Nicks. «Creo que aquello molestó a Larry. Y eso nunca es una buena idea.» Los jugadores de Michigan State tomaron asiento en las gradas y vieron con incredulidad cómo DePaul salía a defender a Bird con un solo hombre. Magic se giró hacia Kelser y sentenció: «Gran error». «Larry estaba anotando desde todos lados», relata Jonhson. «Yo no llevaba estadísticas ni nada, pero en un momento me dije, "oye, ¿este tío ha fallado alguna?".» Bird acabó el partido con 35 puntos y 16 de 19 en tiros de campo. Su

curiosa estadística incluía también 11 balones perdidos, una cifra llamativa que en condiciones normales hubiese sido fatal para Indiana
State. Nicks atribuye los errores a dos factores: un Bird hiperactivo y
unos compañeros nerviosos que tuvieron problemas para controlar
sus creativos y a menudo inesperados pases. «Las pérdidas fueron
culpa mía», admite Bird. «En esa época tenía la costumbre de pasar
en salto, mientras estaba en el aire, y en demasiadas ocasiones mis
compañeros ya se habían dado la vuelta para coger la posición para
el rebote.» Heathcote no reparó en las pérdidas de Bird, pues estaba
hipnotizado por su confianza inquebrantable en el tiro y su capacidad para asistir al hombre que estaba solo. «No me cuesta admitir
que Bird me asustaba», dice Heathcote. «Era el tipo de jugador que
pasaba tan bien el balón que podía hacer trizas tu defensa.»

Conseguido el enfrentamiento soñado entre Bird y Magic en la
final de la NCAA, los dos equipos realizaron el día anterior al partido
sus respectivas ruedas de prensa. Los medios nacionales anticiparon
que Larry no aparecería, pero les sorprendió ocupando el asiento
reservado para él en el estrado. El habitualmente taciturno alero
estuvo simpático y afable, si bien algunas de sus respuestas no fueron
especialmente locuaces. Por ejemplo, cuando le preguntaron por
cómo estaba su pulgar, el autodenominado «Paleto de French Lick»
respondió: «Roto». Con la cuestión de qué haría con los cientos de
miles de dólares que le esperaban en la NBA, Bird bromeó: «Podría
comprarle a todos los del equipo un coche nuevo... y a Brad Miley un
tiro en suspensión».

Mientras Kelser y Johnson entraban en la sala de prensa entre
sonrisas, carcajadas, apretones de mano y palmadas para algunos
reporteros locales, Bird se colocó en un lateral con Bill Hodges y no
miró a ninguno de sus rivales. Magic hizo ademán de acercarse a
su excompañero del World Invitational Tournament, pero rectificó
cuando vio que Bird ni se movía. «Solo quería saludarle», dice Magic.
«Normalmente en estas cosas uno se saluda, pero Larry no estaba por
la labor.» Johnson se giró hacia Kelser y susurró: «Parece que esto va
a ser un poco tenso. ¿Sabes lo que te digo? Que este Larry es un poco
idiota».

Cuando se sentaron, Magic respondió con ingenio la misma pregunta una y otra vez, con un nuevo giro para cada periodista. Mientras veía a Johnson seducir a la prensa, Bird comprendió quién sería su niño bonito y confirmó su displicencia hacia Magic. «Yo era totalmente diferente», dice. «Y para nada quería ser como él. Todo ese rollo que se llevaba Magic me parecía una farsa.»

Bird tenía sus razones para pasar de los jugadores de Michigan State. Se enfadó al ver que tanto Kelser como Johnson representaban a los Spartans. Su compañero Carl Nicks estaba en el vestuario en lugar de estar allí sentado con él, una ofensa que sabía que molestaría mucho a su compañero. «Ellos tenían a dos tíos allí arriba. ¿Por qué nosotros no?», pregunta Bird. Cuando Kelser y Magic volvieron al hotel, Kelser reunió al equipo y les dijo que empezasen a pensar en el partido. «Este tío, Bird, va muy en serio», les dijo. «Ya está viviendo el partido.»

Heathcote se pasó todo el entrenamiento anterior a la final diseñando maneras de parar a Bird, pero su frustración crecía cada vez que uno de los jugadores que hacía de Bird fracasaba a la hora de imitar el poderío ofensivo que sabía que se les venía encima. «Esto no funciona», dijo Heathcote. «Ninguno de vosotros juega como Bird. Earvin, tú serás Larry. Tú juegas como él, solo que él tiene mejor tiro.» Magic se puso tenso, cogió el balón y dijo: «¿Quieres ver al auténtico Larry Bird?». Earvin empezó a meter canastas desde cinco y seis metros, muy por encima de su rango habitual. Encestó tiros hacia atrás desde el poste, suspensiones desde la línea de fondo y medias vueltas en la zona. «Fue genial», afirma Magic. «Creo que metí unos quince seguidos.»

Luego Heathcote se molestó por la defensa. «¡Jugad como si Magic fuese Larry Bird!», les abroncó. «¿Vais a concederle a Larry todos esos tiros?» Después de que Magic enchufase su décimo tiro seguido, Heathcote, ruborizado, hizo sonar el silbato y le ordenó que saliese de la pista. «Estaba tan lejos que uno de mis pies estaba pisando la línea de banda», dice Magic.

La noche antes de la final, Johnson organizó una salida del equipo al cine. Cuando los Spartans llegaron a la sala, se pusieron en diferentes filas para ver la película. Al encenderse las luces descubrieron que algunos habían estado sentados cerca de jugadores de Indiana State. «Oímos muchos comentarios», relata Nicks. «Cosas como, "tíos, lo tenéis crudo. Vais a morder el polvo".» Nicks le contó lo ocurrido a Bird, que no había acompañado a los Sycamores al cine. «Me da absolutamente igual lo que digan», le dijo a Nicks. «A Larry no le importaba, pero más de uno se dejó intimidar», cuenta Nicks.

En las horas que precedieron a la final, las dos estrellas universitarias se alojaron en la misma ciudad pero en hoteles diferentes, luchando con las sábanas y obsesionándose con el talento del rival. Bird no podía quitarse de la cabeza la imagen de Johnson haciendo cabriolas y asistiendo a Kelser para uno de sus poderosos y acrobáticos *alley-oops*. Intentó visualizar cómo podían evitar que los Spartans los sacaran de la pista corriendo. Llegó a la conclusión de que el problema era que Magic era demasiado grande para Nicks y demasiado rápido para Miley. Y si los Sycamores recurrían a un doble marcaje, tanto Kelser como Vincent estarían en disposición de aprovecharlo.

Magic seguía repasando mentalmente el arsenal ofensivo que Bird había mostrado ante DePaul, preocupado por las múltiples maneras con las que era capaz de hacerles daño. La mayoría de los otros grandes jugadores universitarios a los que se había enfrentado tenían un movimiento típico: «El problema con Larry era que podía anotar desde cualquier parte», afirma. «Nunca antes en mi vida había tenido miedo de otro jugador.»

Aunque Bird tenía sus preocupaciones respecto a Magic, también estaba preocupado por las deficiencias de su propio equipo. Dos de sus titulares, Brad Miley y Alex Gilbert, eran pésimos lanzadores de tiros libres, y Bird sabía que antes o después eso les pasaría factura. Su preocupación por los tiros libres resultó ser profética. isu anotaría solo 10 de 22 desde la línea en la final. Bird, que registraría un porcentaje del 88,5% en su carrera nba, solo encestó 5 de 8.

El día del partido, Bird y Heaton estaban sentados uno al lado del otro en camillas adyacentes, minutos antes del salto inicial. Mientras Behnke le vendaba el pulgar, Heaton le preguntó cómo se encontraba. «Mal, como siempre antes de un partido», contestó Bird. «Quiero salir ya. La espera me mata.»

Hodges decidió que Miley, un 2,03 m, defendiese a Magic en lugar de Nicks, que había estado toda la semana dando la paliza con que quería amargarle la noche a la estrella de Michigan State. A los quince segundos de partido, Magic hizo una finta y se fue con facilidad de Miley. Le pisó, tropezó de forma extraña y le pitaron pasos, pero supo que allí había una ventaja. «Pensé que no me daría muchos problemas», relata Magic. A Johnson le sorprendió que no le defendiera Nicks. Después de ver varias horas de vídeo suyas presionando a otros bases, se había preparado para un acoso en forma de presión a toda cancha. Con Miley defendiéndole sabía que eso no pasaría.

Steve Reed abrió el fuego para Indiana State con una suspensión desde la parte alta de la pintura. «Pero no me preocupé por aquella canasta», sostiene Johnson. «No la había metido Larry.» Poco después, Bird metió un tiro desde la esquina para poner a Indiana State por delante (8-7). Sería la última vez que su equipo mandaría en el marcador en todo el encuentro. Heathcote, enfadado, pidió un tiempo muerto, aunque el partido estaba aún en pañales: «Hemos luchado toda la temporada para llegar aquí, hemos repasado mil veces el plan de partido. ¡¿Qué coño estáis haciendo?!», bramó. «¡Ahora, haced lo que os digo! ¡Parad a Bird!»

Michigan State respondió con un parcial de 9-1, y cuando Heathcote pasó a un quinteto más grande, con Kelser, Magic, Brkovic, Vincent y Charles, los Spartans amenazaron con romper el partido. «Cuando empezaron a hacer contraataques 4 contra 1, vi que estábamos en problemas», confiesa Heaton. «Nadie nos los había hecho antes.» Michigan State ganaba 30-19 cuando Magic cometió su tercera falta personal mientras peleaba por un rebote ofensivo. Estuvo en el banquillo los últimos tres minutos y medio de la primera mitad, pero aun así Michigan State se marchó 37-28 al descanso.

Bird se mostró apesadumbrado mientras su equipo se retiraba al vestuario. Michigan State estaba haciendo un trabajo magnífico no solo limitando sus lanzamientos, sino también bloqueando sus líneas

Magic y Larry atentos al balón durante la final de la NCAA, el 26 de marzo de 1979. JAMES DRAKE /
SPORTS ILLUSTRATED / GETTY IMAGES

de pase. Y cada vez que ponía el balón en el suelo, dos defensores le salían al paso. «Supe que estábamos en problemas de inmediato», concede Bird. «Las cosas no iban bien. Su rapidez, su defensa... y nuestros chicos estaban más nerviosos que de costumbre.»

La estrategia de Michigan State era trabajar a destajo tanto para evitar los pases de Bird como para limitar sus tiros. Eso dejaba a Nicks como la única opción de isu de generar algo de juego en ataque. Con Bird en problemas, admite Nicks, se encontró a sí mismo asumiendo la responsabilidad. «Forcé demasiados tiros», afirma Nicks. «Pero lo peor era que a Larry apenas le llegaban balones. No encontraba su juego, algo que no había visto nunca.» En el otro lado de la pista, Bird también tenía problemas para contener a un Kelser más rápido y atlético que le atacaba constantemente para aprovecharse de sus debilidades defensivas.

Michigan State se puso 44-28 y estaba a punto de romper el partido cuando Kelser recibió el balón en el lado derecho de la zona e intentó llevar a Bird hacia el centro con un bote. Bird saltó hacia la línea de pase y buscó el contacto. Fue una maniobra inteligente de un jugador en desventaja física pero mentalmente un paso por delante de la jugada. Le pitaron falta en ataque a Kelser, la cuarta, lo que le mandaba al banquillo y proporcionaba a los Sycamores un último rayo de esperanza. «Fue un error por nuestra parte», cuenta Magic. «La única opción que tenían era que uno de los dos estuviese fuera y no pudiésemos jugar a campo abierto y superarles con nuestra velocidad.» En el corrillo de isu, mientras Hodges ordenaba a los suyos que presionasen a toda cancha, Bird les imploró «un último esfuerzo». Aparecieron Nicks, Heaton y Staley con grandes canastas, pero Terry Donnelly, con pulso firme, las equilibró todas para Michigan State con lanzamientos clave desde el perímetro. Donnelly acabaría el partido con un perfecto 5 de 5 en tiros de campo.

Justo como se temía Bird, los fallos en los tiros libres penalizaron a Indiana State en la recta final. Él mismo falló uno clave después de haber forzado una pérdida de balón de Brkovich y después de haber recortado la desventaja a 9 puntos con una suspensión. Nicks fue a la línea con la oportunidad de dejarla en siete. Pero falló los dos tiros libres. Los Sycamores ya no se acercarían a menos de 6 puntos. Con menos de cinco minutos por jugar, Magic orquestó una puerta atrás de manual, recibió el balón de Kelser y lo machacó por encima de los brazos extendidos de Heaton. No solo consiguió la canasta, sino que dispuso de dos tiros libres adicionales por una falta flagrante, una señalización dudosa que incluso Heathcote reconoce que podría no haberse pitado. La imagen de Magic elevándose sobre Heaton aparecería en la portada de *Sports Illustrated* unos pocos días después.

En los cuatro minutos finales, sin reloj de 24 segundos que limitase la posesión, MSU jugó a las cuatro esquinas y perdió tanto tiempo como pudo mientras sus jugadores se pasaban el balón por fuera. Bird, frustrado por esa táctica conservadora, arrebató el esférico de las manos de Magic cuando este se disponía a sacar de banda y anotó 2 puntos. La canasta fue anulada y le pitaron una técnica, pero no reaccionó a la señalización: simplemente se giró y regresó cabizbajo a su lado del campo.

Cuando sonó la bocina y la victoria de Michigan State por 75-64 se confirmó oficialmente, Bird localizó rápidamente a Johnson, le saludó y le felicitó por tener el mejor equipo. Larry acabó el partido con unos números terrenales: 19 puntos con 7 de 21 tiros de campo, 13 rebotes y 2 asistencias. Con todo, lo que le persigue hasta el día de hoy son los tiros libres fallados. «Es la única cosa que no he superado», afirma. Magic estaba demasiado ocupado celebrando el triunfo con sus compañeros como para notar la angustia de su rival. Tardó unos minutos en ver a Bird sentado en su banquillo, con la cara enterrada en una toalla. Johnson acababa de ser nombrado mejor jugador del partido gracias a sus 24 puntos, 7 rebotes y 5 asistencias, pero sintió de repente una punzada de simpatía por su rival. «Me había pasado toda la semana deseando con todas mis fuerzas derrotar a Bird, pero cuando lo conseguí, una parte de mí se sintió mal por ello», dice Magic. «Sabía cuánto significaba para Larry. Yo había llorado el año anterior cuando habíamos perdido contra Kentucky.»

Bird se negó a asistir a la rueda de prensa posterior al partido. Permaneció con la cabeza gacha, secándose las lágrimas en aquella toalla hasta varios minutos después de que el partido hubiese terminado. «Lo que más me afectó fue que todo se hubiese acabado», explica Bird. «No sabía a dónde iba a ir. No había firmado con los Celtics todavía y no tenía ni idea de lo que sucedería después.»

En años posteriores, a medida que crecía la leyenda de Bird y Magic, esa final se analizó hasta el último detalle cientos de veces. Bird reconoce que Michigan State habría ganado a Indiana State nueve veces de cada diez. «Quizá incluso diez de diez», admite. En cualquier caso, su épico enfrentamiento despertó un interés por el baloncesto universitario que explotó en los años siguientes. Tres décadas más tarde, el torneo de la NCAA es uno de los eventos deportivos más seguidos, y sus raíces están firmemente hundidas en el duelo entre Magic y Larry.

Después de la final ambos jugadores se fueron a casa para recibir la bienvenida que merecían. Los Spartans tuvieron un desfile en el que Magic se paseó en un descapotable, saludando a un público entregado. Los Sycamores, por su parte, fueron recibidos por más de diez mil alicaídos aficionados a su regreso a Terre Haute y después le entregaron a Bird las llaves de la ciudad.

Heathcote pasó dieciséis temporadas más en Michigan State, aprovechando el hecho de haber llevado al equipo al primer título de la historia de la universidad. Hodges, sin embargo, fue despedido de Indiana State al cabo de tres temporadas y nunca más se le dio otra oportunidad de entrenar a un programa universitario de primer nivel. Bird y Magic se pasaron al baloncesto profesional. Cada vez que Hodges se encontraba con Heathcote, le daba una palmada en la espalda y le decía: «Recuerda, Jud, que eres la persona que arruinó mi vida». Bird se prometió no tener que decirle nunca lo mismo a Magic Johnson.

3

16 DE MAYO DE 1980

Filadelfia, Pensilvania

EL NOVATO ESTABA SENTADO en el asiento del capitán. Normalmente solo los veteranos tenían el privilegio de ocupar las filas más espaciosas de los aviones, que no habían sido diseñados para transportar con comodidad a deportistas con una altura media de dos metros. Si el capitán de los Lakers y perenne All-Star Kareem Abdul-Jabbar hubiese estado a bordo, habría ocupado su lugar habitual en una de las zonas más amplias. Pero estaba en Los Ángeles tratándose un esguince de tobillo. El momento de la lesión no podría haber sido peor. Los Lakers se enfrentaban a los Philadelphia 76ers en las Finales de la NBA del año 1980 y se marchaban al Este para disputar el sexto partido, forzados a despegar sin Kareem, el epicentro de su ataque, una combinación imponente de talento y elegancia, con su característico *skyhook*, una de las armas más efectivas de la liga. La idea de jugar sin Abdul-Jabbar en el momento más importante de la temporada, con los Lakers 3-2 por delante y a un paso de alcanzar la gloria, era en cierto modo paralizante. El entrenador del conjunto angelino, Paul Westhead, anunció en el entrenamiento que cubriría la baja de Kareem con Earvin «Magic» Johnson, el novato que había llegado esa temporada tras haber sido elegido en el número 1 del draft de 1979. Esa decisión desconcertó a algunos de los veteranos. Magic era el base que dirigía el espectáculo, y ahora le tocaba a él ser el espectáculo. «No tenía claro qué pretendía Westhead», confiesa el veterano Jamaal Wilkes. «Supongo que pensó que Magic podría suplir a nuestro mejor jugador.» Si había dudas sobre si el joven fenómeno estaba preparado para ese reto, Magic las disipó al pasar con osadía por delante de sus compañeros más veteranos y sentarse en el asiento de primera clase de Kareem en aquel vuelo con destino a Filadelfia. El chico de veinte años se volvió con una gran sonrisa y dijo: «Que no cunda el pánico. Aquí está E.J.».

Magic podía ver cómo el ánimo de sus compañeros estaba decayendo, pero tenía la sensación de que un equipo más pequeño y rápido podía hacer daño con su juego en transición. Creía que era un enorme error entregar el sexto partido y depositar todas sus esperanzas en el séptimo, en el que Abdul-Jabbar quizá estaría de vuelta. «Muy bien, tíos, ¿sabéis qué?», dijo Magic. «Vamos a jugar un partido a tumba abierta y puede que nos salga bien. Vamos a correr e intentar sacar a estos tíos de la pista.» Se llevó a un lado al pívot Jim Chones y le preguntó cómo debía defender a Caldwell Jones, que con sus 2,10 m tendría la ventaja de la estatura. Chones le recordó que Jones no era una amenaza desde el perímetro, sino un reboteador excepcional al que era necesario cerrar completamente. «Una cosa más», advirtió Chones. «A Caldwell le gusta llegar desde el lado débil para taponar tiros. Ten cuidado o te dejará en ridículo.»

El día del partido en Filadelfia el novato campó por el vestuario vendiendo que el hueco que había dejado Kareem en el equipo —potencialmente catastrófico— era una oportunidad, una aventura. «Oye, Norm», le dijo al veterano escolta Norm Nixon. «Estamos muy preocupados por cómo les vamos a parar. Vale, pero ¿y quién nos va a defender a nosotros?» Michael Cooper vio cómo Magic manejaba el vestuario como el cantante de un grupo antes de un concierto. Por lo general, los deportistas profesionales se volvían escépticos a medida que pasaban los años y se burlaban de las charlas a gritos de los más jóvenes, que acababan de salir de la universidad y todavía creían en los pompones y los cánticos. Johnson les estaba dando, efectivamente, un discurso motivacional. Y funcionó, porque su energía era contagiosa. Wilkes, un jugador que se dedicaba a facilitar las cosas a Kareem, empezó a verse como alguien que podía cubrir su hueco. Nixon se animó ante la idea de asumir más tiros. Chones se presentó voluntario para detener al pesado Darryl Dawkins, una fuerza de la naturaleza en la zona cuyo autoproclamado apodo, «Trueno de Chocolate», hablaba de la brutalidad con la que jugaba. «Pasamos de pensar que no podíamos ganar a hablar de cómo ganaríamos», sentencia Cooper.

En la noche del sexto partido de las Finales de 1980, Larry Bird estaba sentado con un reducido grupo de amigos en un bar de Boston esperando el enfrentamiento entre Lakers y Sixers. La eliminación de sus Celtics a manos de los Sixers de Julius Erving en la final de Conferencia Este le había arrebatado la oportunidad de enfrentarse a Earvin «Magic» Johnson e igualar su duelo particular. Al contrario que la mayoría de estadounidenses, que tuvieron que ver el partido en diferido porque ninguna cadena importante quiso emitir las Finales en horario de máxima audiencia porque coincidían con el periodo en el que se medían los índices, Bird lo vio en directo. Tenía un amigo en la televisión que se las arregló para mandar la señal al restaurante. Mientras se lamentaba por cómo había acabado su temporada de novato, Bird admitió delante de sus colegas que tenía curiosidad por ver cómo le iría a Magic. Sabía que Magic se había convertido en una especie de chico para todo en L.A., con unas estadísticas muy completas, pero aun así, cuando vio que entraba en el círculo central para el salto inicial, empezó a reírse a mandíbula batiente: «¿Es una broma o qué?», dijo, «¡Magic no salta!»

Johnson no ganó el salto —el único momento de la noche en el que no dio la talla—, pero fue la gran referencia ofensiva. También estuvo muy intenso en defensa, usando su enorme cuerpo para obstaculizar la circulación del balón de los 76ers. Y, como siempre, fue el jugador más expresivo sobre la cancha. Llevó a los Lakers a un parcial de 7-0 para empezar, y ya no dejaron de dominar el partido. «Iba con él, aunque no me gustase», dice Bird.

Aunque el partido estaba empatado a 60 en el descanso, Johnson

estaba exultante. Chones, como había prometido, estaba parando
a Dawkins. Los Sixers, como Magic había predicho, estaban des-
concertados por el nuevo quinteto de los Lakers. Cuando Johnson
empezó a anotar tiros sobre Caldwell Jones, le pusieron encima a
Erving. Después lo intentaron con Bobby Jones. Pero daba igual:
ninguno de ellos podía pararle en su momento de gloria. «Sabía exactamente cómo se estaba sintiendo Magic», dice Bird. «Hay veces que
consigues entrar en esa zona increíble en la que controlas el partido.
Tienes la sensación de que, hagas lo que hagas, va a salir bien. Es la
mejor sensación del mundo, porque nadie puede pararte. Y nadie iba
a parar a Magic aquella noche.»

Los Lakers ganaron el título gracias a una victoria por 107 a 123.
Magic era campeón de la NBA en su primer intento, y lo había conseguido sin su capitán, un futuro miembro del Salón de la Fama. Jugó
47 de 48 minutos posibles, estuvo perfecto en el tiro libre con 14 de
14 y acabó con 42 puntos, 15 rebotes y 7 asistencias. Fue una actuación memorable, sin precedentes. Magic se convertía en el MVP de las
Finales más joven de la historia y en el primer novato que ganaba el
trofeo.

Bird asistió a la brillante actuación con sentimientos encontrados.
Se quedó maravillado con su talento y su serenidad en momentos
de presión, pero también se apoderó de él la envidia. «Estaba celoso
y fastidiado, pero al mismo tiempo totalmente admirado por lo que
Magic había hecho.» Al llegar a casa estaba más tranquilo, pero volvió a ver los mejores momentos del partido en las noticias y se puso
nervioso otra vez. «Maldita sea», se dijo. «Tengo que ganar uno de
esos. Este tío no puede conseguir dos seguidos. Me está dejando en
ridículo.»

Earvin «Magic» Johnson tenía un don para hacer que las cosas pare-
ciesen fáciles, aunque su decisión de hacerse profesional y su posterior aprendizaje en los famosos Lakers no fueron fáciles. Al principio
se sintió muy solo. Magic era complaciente, y en la primavera de
1979, mientras él todavía no se había quitado del afro el confeti de
la fiesta de homenaje a Michigan State, sus compañeros ya estaban

Magic celebra con su amigo y dueño de los Lakers Jerry Buss la victoria del campeonato de 1980.
GENE PUSHKAR / AP

rogándole que se quedara para ganar un segundo título. Y durante un tiempo se lo pensó de verdad. Tenía dos temporadas más de elegibilidad, le encantaba ser *The Magic Man* en el campus y tenía la sensación de que los Spartans podían repetir campeonato si se quedaba. Con todo, el atractivo de la NBA era irresistible. Greg Kelser se había graduado y ya había contratado a un agente, que se vendió a sí mismo, en parte, diciendo que había trabajado para Julius Erving. Erving era uno de los ídolos de Magic. El Dr. J había firmado con los Virginia Squires de la ABA después de abandonar la Universidad de Massachusetts antes de completar su ciclo universitario y era una estrella consolidada del baloncesto profesional. Las normas de la NCAA prohibían hacer mates en el baloncesto universitario, pero Erving se había convertido en el mejor matador de la ABA y, cuando esta se fusionó con la NBA, en una de las superestrellas de la liga. «¿Crees que tu agente podría ponerme al teléfono con el Dr. J?», le preguntó Magic a Kelser. «Me gustaría pedirle consejo.»

Erving lo sabía todo sobre Johnson y no solo aceptó hablar con él, sino que invitó a Magic y Kelser a quedarse en su casa, en las afueras de Filadelfia, durante los play-off de la NBA de 1979. Se alojaron en la habitación de invitados; Turquoise, la mujer de Erving, les cuidó muy bien, e incluso les dieron pases que permitían la entrada al vestuario de los Sixers. Los dos jugadores se quedaron impactados por el tamaño de los profesionales, mucho más imponentes de lo que parecían en una televisión de veinticuatro pulgadas en blanco y negro. El Dr. J se reunió con Johnson y le habló del reto que tenía por delante. Erving había dejado la universidad en su tercer año y, al hacerlo, había perdido la oportunidad de ser olímpico. Magic también renunciaría a ese sueño si se hacía profesional. Le explicó que, tomase la decisión que tomase, no podría contentar a todos. «Si te haces profesional, algunos de tus compañeros de universidad se lo tomarán mal», le dijo. «Si te quedas, tu familia podría sentirse decepcionada porque renuncies a una posición desde la que podrías ayudarlos económicamente.» Erving también esbozó las diferencias entre la temporada del baloncesto universitario y el duro y a menudo agotador estilo de vida del jugador profesional. «¿Estás preparado para entrar en un mundo de hombres?», le preguntó. «Esto son 82 partidos, no 30. ¿Puedes enfrentarte a lo que le vas a exigir a tu cuerpo? ¿Eres capaz de trabajar muy duro? Porque esto va a ser totalmente diferente a lo que estás acostumbrado, y tienes que estar listo para los altibajos, porque los tendrás.» Magic estaba listo. Había estado esperando aquel momento desde que tenía doce años, de modo que se declaró elegible para el draft y se preparó para el inevitable interés que eso despertaría.

Al final su decisión fue una noticia destacada, pero no de la manera que esperaba. Un artículo de Joe Falls en el *Detroit Free Press* detallaba por qué Johnson no iba a ser un buen jugador profesional. Falls cuestionaba que pudiese mejorar su tiro. Sostenía que sus pases sin mirar no funcionarían en la NBA y ponía en solfa sus capacidades defensivas. También se mostraba escéptico acerca de que pudiese jugar de base en una liga que favorecía la rapidez y la fuerza física. Magic conocía a Falls desde el instituto. Era un columnista influyente, y sus palabras le impactaron. «¿Has leído esto?», le preguntó a Kelser, a quien sacó de la cama con una llamada de teléfono a primera hora.

—¿Has leído el artículo de Joe Falls? —le dijo después a Heathcote, nada más llegar al pabellón de los Spartans.

—No te preocupes, son cosas de Joe —respondió Heathcote.

Johnson ya estaba motivado para dejar su huella en la NBA, pero las palabras de Falls le dieron el ímpetu que necesitaba para trabajar todavía más duro. «Joe Falls me hizo un favor», afirma Magic. «Me ayudó a estar preparado para la NBA tanto como el que más.»

El nuevo hogar de Johnson en la NBA se decidiría con el lanzamiento de una moneda al aire entre los Chicago Bulls y Los Ángeles Lakers. El ganador elegiría primero en el draft de 1979.

Después de reunirse con Johnson, el mánager general de los Bulls, Rod Thorn, y el entrenador, Jerry Sloan, un hombre de la vieja escuela poco amigo de la ostentación y el lujo, estaban encantados ante la posibilidad de construir un equipo alrededor de Magic. «Magic estuvo encantador», cuenta Thorn. «Empezamos a hacerle preguntas y lo siguiente que supimos era que él nos estaba entrevistando a nosotros. Hasta Jerry se emocionó.»

La visita de Magic a los Lakers también fue bien. De hecho, se marchó convencido de que le escogerían si ganaban el sorteo... hasta que leyó un artículo del *L.A. Times* en el avión de regreso en el que se hablaba de la fascinación del mánager general de los Lakers, Jerry West, por Sidney Moncrief, la estrella de Arkansas, y de que los Lakers también estaban interesados en el ala-pívot de UCLA David Greenwood. Se especulaba con que los Los Ángeles pudiese cambiar su elección de draft por un ala-pívot. «Quizá no les he gustado tanto como pensaba», le confió a su padre.

Lo que Magic no sabía era que el Dr. Jerry Buss estaba a punto de comprarle el equipo a Jack Kent Cooke y que le había dicho a la dirección que esperaba que eligiesen a Magic. «Se resistieron porque a Jerry West le gustaba mucho Sidney Moncrief», afirma Buss. «Pero les dije que o elegían a Magic o ya podían buscarse otro comprador.»

El sorteo tuvo lugar en una sala de conferencias vacía con un altavoz. Thorn estaba en Chicago, el ejecutivo de los Lakers Bill Sharman en Los Ángeles y el asesor legal de la NBA, David Stern, en Nueva York, presidiendo el acto. Los Bulls dejaron que los aficionados votasen si debían pedir cara o cruz. Eligieron cara. «Y salió cruz», remata Thorn. «Ellos se hicieron con un futuro miembro del Salón de la Fama como Magic Johnson, y nosotros con David Greenwood.» Greenwood jugó seis años en los Bulls y tuvo una carrera mediocre que duró doce años, en los que pasó por cuatro equipos.

Que Larry Bird jugaría en la NBA ya se sabía en la primavera de 1979, pero había dudas sobre cuándo llegaría a Boston. Al acabar la temporada de Indiana State con la derrota de Salt Lake City a manos de Michigan State, los Celtics le ofrecieron un contrato por los últimos ocho partidos de la temporada, pero Bird rechazó la propuesta para poder cumplir con sus obligaciones académicas y conseguir su título universitario. Eso implicaba presentarse en el West Vigo High School de Terre Haute y ejercer como profesor de Educación Física y entrenador ayudante del equipo de béisbol. Estaba previsto que Bird comenzase en marzo, pero cada vez que Indiana State ganaba en el torneo, tenía que llamar al entrenador de béisbol de West Vigo, Dave Ballenger, para disculparse y posponer su llegada. Después de la tercera llamada, Ballenger acabó por decirle: «Deja de disculparte, que yo voy al partido».

Aunque Auerbach intentó convencer a Bird con el argumento de que sería el primer jugador de la historia en jugar un partido de la NCAA y otro de la NBA en el mismo mes, el joven alero optó por enseñar fútbol americano y bádminton a un grupo de chavales. Sus obligaciones también incluían impartir un curso de reanimación cardiopulmonar y otro de conducción.

Así que, mientras los Celtics perdían siete de sus últimos ocho partidos de liga regular, Bird daba vueltas con unos muchachos de instituto en un coche equipado con un pedal de freno en el lado del copiloto, por si los chavales entraban en pánico. «Alguna vez nos libramos por los pelos», cuenta, «pero yo siempre tenía preparada la mano izquierda por si tenía que coger el volante.»

La tarea más difícil —y la más gratificante— fue la de impartir clases a niños discapacitados. Eso sí, se pasó la mayor parte de las tres o cuatro clases que dio persiguiendo a sus estudiantes por el pasillo y haciéndoles volver a sus pupitres después de que se hubiesen levantado y marchado sin avisar. «Fue una experiencia increíble», cuenta Bird. «Y en ocasiones, abrumadora. Tengo muchísimo respeto por las personas que dedican su vida a ayudar a esos niños.»

Por las noches jugaba al baloncesto en el Boys and Girls Club de Terre Haute y en ocasiones jugaba con el equipo de softball de Bob Heaton. Una noche, a primeros de abril, llegó al diamante y vio que su hermano Mike estaba en el equipo rival. Bird estaba cubriendo la zona izquierda cuando Mike lanzó una bola hacia él. El vuelo fue recto al principio, pero descendió rápidamente en el último momento, como un lanzamiento de nudillos de Tim Wakefield. Larry se puso rodilla en tierra para embolsarla, pero la bola impactó contra uno de sus dedos y se lo dobló. Larry sintió un hormigueo extraño y, cuando intentó lanzarla, el dedo se curvó en un ángulo poco natural, como el de un personaje de los dibujos animados que se emitían los sábados por la mañana, de esos que tenían los brazos enormes y elásticos. «Miré hacia abajo», relata, «y vi que el dedo apuntaba hacia donde no debía.» La herida resultaba tan grotesca que su hermano Mike estuvo a punto de vomitar cuando la examinó. La novia de Larry, Dinah Mattingly, le llevó a toda prisa a un hospital cercano, donde el personal de urgencias le hizo radiografías e inmovilizó el dedo con una férula. Durmió poco aquella noche a causa del persistente dolor en el dedo. El despertador estaba puesto para primera hora, ya que iba a salir a coger setas, y se empeñó en seguir con sus planes. Todos los años hay un periodo de seis semanas en el que crecen unas raras colmenillas en Indiana. Su tamaño y color depende del mes y son extremadamente difíciles de encontrar. Bird salía a buscarlas desde hacía años y no iba a dejar que un dedo dolorido le arruinase el día. Ni se le ocurrió que también pudiese arruinar su temporada venidera con los Boston Celtics. Así que se tomó un par de aspirinas y se fue al campo. Antes de anochecer, salió del bosque y su hermano le dio la noticia: «Hay un médico que te está buscando. Ha mirado las radiografías. Tienes que irte a Indianápolis ahora mismo». Las noticias eran alarmantes: se había partido el nudillo y tenía que operarse para que le sacaran los fragmentos de hueso y le colocaran varios tornillos para estabilizar el dedo.

—¿Cuánto tiempo voy a tardar en curarme? —le preguntó Bird al cirujano.

—¿Curarte? —respondió este—. Hijo, no estoy seguro de que puedas volver a jugar.

Después de la operación, el médico intentó inmovilizar el dedo con un enganche por detrás de la uña. Después colocó un mecanismo alrededor de la muñeca para mantenerlo en su sitio. Una noche, mientras Bird estaba viendo la televisión, el enganche se soltó y le arrancó la uña. Larry gritó de dolor y sangró profusamente. En ese momento todavía no había firmado el contrato con los Boston Celtics ni les había informado de su lesión. Cuando Auerbach supo de la operación, le ordenó que fuese a Boston inmediatamente. Para entonces el alero estaba entrenando de nuevo, pero aun así visitó al padrino de los Celtics con cierta inquietud. «No tenía las mismas sensaciones con el balón que antes», afirma Bird. «Estaba seguro de que Red lo notaría.» Al médico del equipo, el doctor Thomas Silva, no le gustó lo que vio. Le dijo a Auerbach que el nudillo nunca se curaría completamente y que Bird nunca tendría la misma amplitud de movimientos. El jefe de los Celtics escuchó y después se dirigió con Bird a la pista. Le pasó un balón y le dijo: «Tira». Bird anotó una suspensión. Después otra. Y luego otra. Aunque sus sensaciones no eran las mismas, su rango de tiro permanecía intacto. Le lanzó un pase picado, después uno de pecho y otro por encima de la cabeza. Bird los atrapó todos con agilidad. «Si le dolía», concluye Auerbach, «se esforzó mucho por disimularlo. Era un chico duro.» Red rodeó con su brazo al joven alero: «No hay de qué preocuparse, hijo». Por primera vez desde su llegada a Boston, Bird respiró aliviado.

Con el paso del tiempo, se acumularon depósitos de calcio en el dedo, que quedó gravemente desfigurado. En una ocasión, mientras Bird posaba para una portada de *Sports Illustrated*, el fotógrafo le dijo que lo levantase para indicar que era el número uno, pero cuando lo hizo parecía decir «soy el número diez». El fotógrafo utilizó una instantánea de la otra mano.

Aunque siguió con su carrera y anotó algunos de los tiros más espectaculares de la historia de la NBA, Bird admite treinta años después de los hechos que el diagnóstico del Dr. Silva era correcto: «Nunca pude volver a tirar igual».

Magic Johnson se pasó la mayor parte del mes de agosto de 1979 trabajando a solas su juego de perímetro. Charles Tucker, un directivo de la universidad y exjugador que más tarde se convertiría en su agente, le advirtió de que los equipos le flotarían para sobremarcar a Kareem hasta que demostrase que podía anotar desde lejos. «Nadie va a flotarme sin que se lo haga pagar», gruñía Magic entre sesión y sesión.

Johnson firmó un contrato de 2,3 millones de dólares por cinco años con una bonificación de 175.000. Ni sabía qué iba a hacer con tanto dinero. Buss le pidió que se trasladase a Los Ángeles para aclimatarse a su nuevo hogar, y Johnson no dudó en hacerle caso. Magic tenía diecinueve años. No conocía a nadie y se quedó impresionado con la ciudad, vasta y luminosa, y con sus gigantescas autopistas. Sus nuevos compañeros eran mucho mayores y muchos de ellos estaban

Johnson padre e hijo exultantes tras el fichaje de Magic por los Lakers. MARTY LEDERHANDLER / AP

casados y tenían familia. En su primer mes en su nueva ciudad estuvo completamente solo.

Buss era propietario de un complejo de apartamentos en Culver City y le aconsejó que se trasladase allí, dado que estaba cerca de las instalaciones de entrenamiento, del aeropuerto y del Forum. Johnson se compró un televisor en color y pasaba el tiempo viendo *Perry Mason* y llamando a Michigan. Echaba de menos el caos de su casa de Lansing, que siempre le había parecido demasiado pequeña, demasiado ruidosa y demasiado desordenada, pero que ahora le parecía perfecta. Los domingos por la noche llamaba y le pedía a su hermana Pearl que le describiese lo que su madre Christine estaba cocinando. Después colgaba y, como cada noche, pedía comida a domicilio.

Una mañana, Buss llamó para ver cómo estaba. «¿Te gusta el fútbol americano?», le preguntó. Tres horas después Magic estaba viendo un partido de la USC junto a jugadores y entrenadores. La temporada aún no había empezado y Magic todavía no había debutado con los Lakers, pero el público universitario le saludó con cánticos enfervorizados: «¡Ma-gic! ¡Ma-gic!». «¡Sr. Buss!», exclamó. «¡Saben quién soy!»

Buss y Johnson, los dos nuevos vecinos en el edificio de los Lakers, se hicieron compañeros inseparables. A ambos les chiflaban los donuts de chocolate, que compartían los sábados por la mañana, les encantaba jugar al billar y echaban partidas épicas de ping-pong. Al propietario le gustaba frecuentar clubes nocturnos exclusivos, y aunque Johnson no bebía alcohol, iba con él de todos modos y alternaba con algunas de las personas más adineradas de L.A.

Una noche Buss se llevó a Magic a la famosa fiesta anual que celebraba el magnate inmobiliario Donald Sterling en Malibú. Sterling, que años más tarde compraría la franquicia de Los Ángeles Clippers, poseía una mansión impresionante a orillas del mar y servía martinis turquesa y cócteles con paraguas de miniatura que flotaban en la superficie de la copa. Magic estaba maravillado con la música, la comida y las mujeres, pero lo que más le fascinó fue el oleaje. «Yo era de Michigan», explica, «y nunca antes había visto el mar.» Cuando regresó a casa, llamó a Greg Kelser, a su amigo de infancia Dale Beard, a su novia Cookie y a su madre. «No te vas a creer dónde he estado esta noche», les dijo a todos ellos. «He estado en la playa. Al lado del agua. ¡Rodeado de peces gordos!»

Una semana después le llevó a la fiesta de los viernes por la noche en la mansión Playboy. Era noche de película, pero Magic no pudo concentrarse en ella porque había demasiadas chicas preciosas que le distraían. Esto provocó otra serie de llamadas a casa para decir «¿Adivina dónde he estado?»… aunque en esta ocasión se olvidó de su madre y de Cookie.

Otro día Buss llevó a su base al exclusivo Pip's de Beverly Hills para que bailase con los famosos de Hollywood. «Estaban Prince, Sylvester Stallone, Michael Douglas», dice Johnson, recitando la lista de estrellas. «Me impresionó», admite. «Y lo que me impresionó aún más fue que ellos me conociesen.»

Noche tras noche recorrían la ciudad. Buss solía ir acompañado de muchas mujeres y bailaba música disco, valses y tangos con ellas durante horas. Cuando se cansaba, se volvía a Magic y le decía: «Earvin, baila tú ahora con estas señoritas». Algunas veces iban a Las Vegas, donde Buss podía ganar —o perder— miles de dólares en cuestión de minutos. Cuando el propietario de los Lakers decidía que había llegado al límite, se iban a bailar otra vez. Aunque pasaban incontables horas juntos, era raro que hablasen de baloncesto. Buss quería que su valiosa inversión pensase en otras cosas. «Earvin, cuida de tu dinero», le dijo Buss. «¿Qué te gustaría hacer cuando dejes el baloncesto?»

El objetivo del extravagante propietario de los Lakers era crear un equipo de baloncesto con el brillo de Hollywood. Doris Day y Frank Sinatra ya eran habituales del Forum, pero Buss supo que lo había logrado cuando Sean Connery le llamó una noche y le preguntó si había sitio para el agente 007 en su palco. «Cuando veías jugar a Magic», dice Buss, «querías repetir.» Antes de la llegada de Johnson, los partidos de los Lakers en las ligas de verano solían congregar a alrededor de tres mil quinientas personas. Al primero de Magic acudieron más de diez mil aficionados.

Hubo un runrún similar en Boston, donde ya se había etiquetado a Bird como el salvador que transformaría una franquicia que había ganado solo 29 partidos en la temporada anterior. Bird no fue tan osado como Magic a la hora de aventurarse a descubrir la ciudad, especialmente después de mirar por la ventana de su habitación de hotel en Parker House y ver a un grupo de Hare Krishna con túnicas cantando. Además, al propietario, Harry Mangurian, no le interesaban la vida nocturna ni los casinos ni las mujeres con poca ropa. Era un entusiasta de las carreras de caballos que solo coincidió con Bird en una ocasión. No volvió a saber de él. «No parecía demasiado interesado en el baloncesto», dice Bird. «Era su mujer la que era una gran aficionada.»

Aunque Boston tenía su cuota de restaurantes exclusivos y clubes de moda, Bird no frecuentaba ninguno de ellos. Se conformaba con beberse un pack de seis cervezas en la cocina de su modesto apartamento, en Brookline. Una noche, antes de que empezase la temporada, el equipo fue a cenar a un restaurante especializado en carnes, pero el novato se quedó en casa segando la hierba del jardín.

Larry estaba contento por el hecho de que Dinah se hubiese trasladado a Boston con él. Bird a menudo era muy impetuoso e impulsivo, y Dinah ejercía de perfecto contrapunto. Cuando él estaba a punto de tomar una decisión precipitada, ella siempre le decía que se lo pensara un poquito más. «Sin ella, hubiese cometido un montón de estupideces», sentencia Bird. Se habían conocido en Indiana State durante uno de los momentos más caóticos de su vida. Su padre se había suicidado un año antes y su familia tenía problemas económicos. Bird se había casado con una amiga de infancia, Janet Condra, poco después de entrar en la universidad, pero la pareja se había divorciado en 1976. Durante una breve —y fallida— reconciliación, Condra se quedó embarazada y tuvo una niña, Corrie. Los abogados de Bird pidieron una prueba de paternidad, y para cuando se demostró que era hija suya, Corrie era ya una niña crecida que había visto muy poco a su padre. Por entonces Larry estaba saliendo con Dinah y se negó a formar parte de la vida de su hija, una decisión que le persigue hasta el día de hoy. Fue Dinah, que después se convertiría en su esposa, quien, con el paso de los años, entró en contacto con Corrie e intentó que forjara una relación con ella. También le ayudó a gobernar una vida privada que se hacía cada vez más pública a medida que la fama del jugador crecía. «Ella siempre ha sido la más madura», afirma Bird. «Yo era un chico con el que algunas veces era difícil convivir, en especial cuando jugaba. Creo que ella estaba encantada cuando volvía de entrenar y me echaba una siesta, porque por lo menos durante un rato no estaba dándole la paliza. La verdad es que tuve suerte. Dinah fue siempre muy independiente pero no dejó de apoyarme. Y hubo veces que lo necesité de verdad.»

Al principio Bird no se aventuró demasiado por Boston. Como Magic, no conocía a nadie en su nueva ciudad; de hecho, no hubiera sabido reconocer a su entrenador, Bill Fitch. El día de su rueda de prensa de presentación, estaba esperando ansiosamente a que empezase el acto cuando un caballero con buen porte se acercó a él y comenzó a departir sobre el personal de los Celtics. Bird respondió con educación a sus preguntas, pero estaba nervioso y distraído, y quería que aquel tipo le dejase en paz. Finalmente, cuando llegó el momento de empezar la rueda de prensa, Bird se excusó y ocupó su lugar en el estrado. Para su sorpresa, el hombre fue detrás de él. «Larry: soy tu entrenador, Bill Fitch.»

Pronto Fitch sería imprescindible para él. Le gustaba la disciplina táctica y mantenía a sus jugadores pendientes de todos los detalles. Era organizado e inflexible, y sus conocimientos de baloncesto dejaron una huella imborrable en Bird. Fitch se convertiría en el modelo sobre el que más tarde construiría su propia carrera de entrenador.

La otra gran influencia en esos primeros años fue Red Auerbach, el legendario héroe de Boston que había construido la dinastía de los Celtics, primero como entrenador y después como dirigente. Su gesto más característico era encender un puro cuando su equipo se aseguraba la victoria. A menudo lo hacía en el mismo banquillo, durante el partido, en un pabellón en el que había carteles de NO FUMAR por todos lados. Auerbach no tenía pelos en la lengua, y eso le gustaba a Bird. El patriarca, a sus sesenta y dos años, era tremendamente competitivo y leal. A Bird le cayó bien de inmediato. De hecho, ambos se parecían mucho; tenían un talento poco común para formarse un juicio sobre alguien en cuestión de minutos y podían ser terriblemente tercos. Cuando Bird se presentó en el stage de pretemporada de los novatos, Auerbach le engatusó para jugar al tenis entre sesión y sesión de entrenamiento. Después, al comenzar la temporada regular, Larry se convertiría en la pareja habitual de Auerbach. «Red era un tipo con dobleces», cuenta Bird. «Me sabe mal decirlo, pero hacía trampas. No soportaba perder.» En ocasiones Auerbach le llevaba a comer a su restaurante chino favorito, en Marshfield, Massachusetts, donde tenía lugar el campus para novatos. Fue allí donde Auerbach le relataría la historia de la franquicia a la que Bird estaba a punto de unirse. «Es un honor ser un Celtic», le dijo. «Nunca debes olvidarlo.»

El alojamiento del campus en el que se celebraba la liga de verano de los Celtics consistía en una serie de habitaciones sin lujos y unas pistas con aros a diferentes alturas. Auerbach celebraba un campamento para niños y se esperaba que los jugadores profesionales comiesen con los campistas en el salón y enseñasen a los niños entre sesión y sesión. Normalmente los veteranos no se molestaban en asistir, pero cuando se corrió la voz de que Bird estaba en la ciudad, M.L. Carr y Dave Cowens se dejaron caer.

El jugador predilecto de la afición de los Celtics era Cowens, un pívot no especialmente alto que, sin embargo, jugaba un baloncesto de gran nivel, con una pasión y energía poco frecuentes; era de lejos el mejor interior del equipo. Carr era un veterano que había llegado de los Detroit Pistons, donde había sido líder de la liga en robos. Auerbach avisó a Bird de que Carr saltaría a las líneas de pase e intentaría distraerle con sus incesantes bromas. «A este ya lo he pillado», dijo Carr señalando a Bird la primera vez que chocaron. Lo empujó, lo golpeó y lo superó físicamente. «Venga, novato», le dijo en una voz lo suficientemente baja como para que Bird y nadie más que él lo escuchase, «¿es eso todo lo que tienes dentro?»

Como Auerbach le había alertado, Bird tuvo cuidado a la hora de salir a recibir el balón, limitando así las oportunidades de que Carr pudiese recuperarlo. Tampoco se puso nervioso con su cháchara. Se limitó a proporcionar a sus nuevos compañeros buenas posiciones de tiro. «Nunca he visto a nadie como Larry», cuenta Carr. «Te fintaba y te fintaba como si fuese a lanzar, atraía a la defensa y después soltaba el pase a alguien que estaba bien colocado.»

Para cuando empezó la pretemporada, la iniciación de Bird ya estaba casi completada. Solo quedaba un veterano que quería darle una lección: Cedric Maxwell, un ala-pívot que estaba tan orgulloso de su *trash-talking* como de sus movimientos en el poste. Maxwell jugó un 2 contra 2 con Bird, Carr y Rick Robey, y llevó a Bird hacia la zona, donde le castigó con una serie de tiros tras finta. «La verdad es que Bird aún no sabía defender», remata Maxwell. Cuando llegó el turno de Bird en ataque, Maxwell le esperó con los brazos extendidos, desafiándolo. Bird comenzó a meter tiros. Empezó atinando desde cinco metros, luego desde seis y, al final, desde siete metros y medio. Para entonces Maxwell intentaba con desesperación usar sus brazos, largos y delgados, para detener el castigo al que le estaba sometiendo. Pero era demasiado tarde. Bird le estaba destrozando. «Maldita sea», le dijo Maxwell a Carr. «Este blancucho sabe tirar.»

Una vez que Bird superó los desafíos de los veteranos de los Celtics, estos se dedicaron a protegerle. Había resentimientos entre algunos jugadores negros, que no entendían por qué se había creado tanto revuelo alrededor de un novato blanco que, por lo que habían visto, era lento y no saltaba. Carr recuerda que el ala-pívot Maurice Lucas le dijo antes de un partido en la primera temporada de Bird: «Voy a acabar con el gran Larry Bird». «¿Ah, sí?», repuso Carr. «Pues primero tendrás que acabar conmigo.»

A Magic lo sometieron a un rito de iniciación similar en la pretemporada de los Lakers. El entrenador, Jack McKinney, lo colocó en el quinteto suplente y allí lo dejó durante días. Le subrayó que la toma de decisiones sería el componente más importante de su tarea en pista y le aconsejó que fuese respetuoso y supiese cuál era su lugar.

Johnson, obediente, le llevaba el periódico a Kareem, le compraba perritos calientes en el aeropuerto y le llamaba siempre «Cap» para que nunca hubiese ni una sombra de duda de quién estaba en la cima de la pirámide de los Lakers. Aun así, Magic era un líder nato sobre la pista y no podía reprimir esa tendencia. «Era, potencialmente, un gran problema», decía Buss. «Por su forma de jugar, Earvin tenía que estar al mando, pero también teníamos a una superestrella que ya había demostrado ser un ganador.»

Johnson se hizo querer por sus compañeros gracias a su empuje y generosidad. Norm Nixon le apodó «Buck» porque siempre estaba correteando, como un gamo. Aunque los veteranos sabían que Magic pasaba tiempo con Buss, nadie era consciente de lo amigos que se habían hecho el propietario y el novato, y por lo tanto nadie puso objeciones. «Que le ayudase un poco más que a los demás era lógico porque era muy joven», afirma Wilkes, «pero no creo que Earvin tuviese ninguna intención de cruzar ciertas líneas. No estoy seguro siquiera de que se diese cuenta de que las estaba cruzando.»

Puede que Johnson fuese un adolescente, pero jugaba con la seguridad de un veterano. En su primer entrenamiento con los Lakers, perdió dos balones porque Wilkes, tres veces All-Star, no estaba preparado para recibir el pase. «¡Magic!», le abroncó McKinney, «No puedes hacer esos pases. Esto no es la universidad.» Johnson echaba humo. Estaba molesto porque solo le reprendiesen a él y furioso porque Wilkes no hubiese leído la jugada. A la siguiente ocasión, esperó a que cortase por la zona y cuando Wilkes se giró, le lanzó el balón con fuerza. «Jamaal», le dijo, «voy a seguir dándote en la cabeza hasta que mires.» Wilkes se convertiría en el complemento ideal para la excepcional visión de juego de Magic. Se movía con elegancia con y sin el balón (de ahí su apodo, «Seda») y tenía unas manos magníficas. También sabía usar el bloqueo mejor que ningún otro hombre con el que Magic hubiese jugado antes. No se enfadó por la advertencia del novato porque, como dice, «Magic tenía razón y después de aquello, nunca dejé de mirar».

No todos respondieron tan positivamente ante el atrevido novato. Un día Johnson estaba machacando a su compañero Ron Boone en un entrenamiento y, en un momento en que los dos fueron a por un rebote, Boone golpeó a propósito a Magic en la nuca. Mientras bajaban, Magic le dijo:

—Que sepas que te la voy a devolver.

—Tira, novato, no vas a hacer nada —replicó Boone.

Magic se vengó con un puñetazo al cuello de Boone. Este se fue al suelo y se levantó buscando pelea.

—¡No vuelvas a hacerme algo así en tu vida! —gritó Johnson.

—¡Magic, fuera de la pista! —ladró McKinney.

—¡Mierda! —repuso Magic—. ¿Él me pega primero y cuando respondo me echas de la pista?

—¡Fuera de la pista! —repitió McKinney.

—Puede que sea un novato, pero ninguno de vosotros va a putearme —dijo Magic—. Os estáis equivocando conmigo.

Earvin estuvo sentado en el banquillo durante el resto del entrenamiento y después se marchó sin hablar con nadie. Durante los seis días siguientes dominó los entrenamientos a placer: metió tiros imposibles, lanzó pases milimétricos y se aguantó la rabia como pudo. Jerry West intentó tranquilizarle, pero Magic permaneció impasible. «Jerry», le dijo, «puede que sonría mucho, pero también pelearé si tengo que hacerlo.»

El 12 de octubre de 1979, Magic Johnson y Larry Bird hicieron su debut en extremos opuestos de los Estados Unidos. Bird, en la franja horaria de la Costa Este, salió en el quinteto inicial contra los Houston Rockets en el Boston Garden. Su actuación fue poco destacable desde el punto de vista estadístico porque tuvo problemas de faltas durante la mayor parte de la noche y tuvo que ver desde el banquillo cómo los Celtics arrancaban una victoria por 114-105. Su fiesta de bienvenida tuvo lugar la noche siguiente en Cleveland, donde se fue hasta los 28 puntos.

Debido a la diferencia horaria de tres horas entre California y Boston, a Bird le dio tiempo de ducharse, vestirse e instalarse en el salón para ver el primer partido como profesional de Magic, en San Diego. En la última jugada del partido, Johnson asistió a Kareem para que este anotase un gancho del cielo sobre la bocina para ganar. Magic se emocionó tanto que saltó a los brazos del grandullón. «¿Qué demonios está haciendo?», le preguntó Bird a Dinah. Kareem se preguntaba lo mismo. Mientras regresaban al vestuario, le recordó a Magic que todavía quedaban 81 partidos de temporada regular. «Se quemará en una semana si sigue jugando a este ritmo», observó Norm Nixon.

Pero estaba equivocado. El joven gamo jugaba a la misma velocidad todas las noches: la máxima. No necesitaba días libres, nunca elegía lo fácil y nunca se rendía. Su nivel de energía era constante. «Lo daba todo», dice Wilkes. «Y eso ponía una presión tremenda sobre el resto de nosotros; nos obligaba a igualar ese nivel de entrega.»

Al mes de iniciar su carrera profesional, tras brillar ante los Denver Nuggets con 31 puntos, 8 asistencias y 6 rebotes, Magic confesó: «Hay algunas noches en las que siento que puedo hacer cualquier cosa». Cuatro semanas más tarde, Bird consiguió un triple doble (23 puntos, 19 rebotes y 10 asistencias) frente a los Phoenix Suns y declaró con ironía: «Algunas veces parece que el juego es simple, sencillo de verdad».

La NBA no se podía creer su buena suerte. Se había visto azotada por escándalos de drogas, problemas de imagen e ingresos menguantes, pero esta rivalidad en ciernes entre dos novatos había revitalizado dos de sus principales plazas. Jan Volk, el vicepresidente de los Boston Celtics, notó que pasaba algo especial cuando su equipo disputó un partido un miércoles por la noche contra Utah que coincidía con la emisión por televisión de las Series Mundiales de béisbol... y el Garden se llenó. «Ninguno de nuestros aficionados era capaz de nombrar a un solo jugador de Utah», cuenta Volk. «Venían a ver a Larry.»

Solo se enfrentaron en dos ocasiones durante la temporada regular. Como había hecho durante la final de la NCAA, Bird se negó a participar en ningún acto con Johnson. Durante su duelo del mes de diciembre, las únicas palabras que intercambiaron tuvieron lugar en un momento en el que Bird paró a Magic cuando este se iba hacia canasta. Los dos novatos se encararon antes de que sus compañeros entrasen en liza. «Pensaba que Larry y yo teníamos cierta conexión después de la final NCAA», afirma Magic. «Supongo que él estaba dejando claro que no sentía lo mismo. Así que cambié de opinión; se acabó el intentar ser simpático. En lugar de eso me propuse acabar con él.» Los Lakers se llevaron los dos partidos de temporada regular aquella campaña, lo que enfadó aún más a Bird.

El alero había marcado en rojo su visita a Los Ángeles por muchas razones. Era la oportunidad de enfrentarse de nuevo a Magic, pero también de jugar con Abdul-Jabbar, que había protagonizado uno de sus primeros contactos con el baloncesto profesional. Bird había crecido a una manzana y media de un salón de billar llamado Reeder's. El propietario era un enano al que le encantaban los deportes y llevaba todos los veranos a los hermanos Bird a ver un partido de los Chicago Cubs. Bird era demasiado pequeño para ir a Reeder's, pero una noche en la que Abdul-Jabbar iba a enfrentase a Elvin Hayes en el viejo Astrodome de Houston, convenció a sus padres de que le dejasen ir a ver el partido. «Kareem era el más grande para mí», cuenta Bird. «Todas las veces que me crucé con él en la NBA, tuve un *flashback* en el que me veía sentado en aquel salón de billar, despierto hasta las once de la noche para verlo jugar. A las once y media me quedaba dormido, pero recuerdo todos sus movimientos.»

Entrenar junto a Kareem y sus compañeros de los Lakers le hizo ver a Magic que le quedaba mucho por aprender. Cooper y Nixon le enseñaron a analizar vídeos y descubrir las tendencias de los bases y escoltas rivales, como la preferencia de Gus Williams por botar dos veces antes de levantarse desde la línea de personal o el hábito de Freddie «Downtown» Brown de ir hacia las esquinas. Una tarde Nixon encendió el proyector y señaló que cuando los San Antonio Spurs marcaban «4», significaba que George Gervin iba a rizar sobre un bloqueo, mientras que si marcaban «2», iba a hacer una salida normal sobre un doble bloqueo.

Nixon también fue de ayuda en otras facetas. Una mañana en la que los Lakers estaban fuera de casa, Magic desayunó con una chica. La abrazó y la besó al despedirse antes de subirse al autobús del equipo y Nixon le llamó a capítulo.

—No vuelvas a hacer eso —le dijo.

—¿Por qué? Es solo una amiga. Estábamos desayunando juntos —protestó Magic.

—Me da igual quién sea —respondió Nixon—. Cuando llegas al bus con una chica como esa, el entrenador va a pensar que has pasado la noche con ella. Y que Dios te ayude si juegas mal esa noche.

—OK —contestó el novato—. Ya lo pillo.

Al principio de la temporada regular, Bird pasaba la mayor parte de su tiempo con Robey y Cowens, bebiendo cerveza y viendo deporte. A finales de los setenta y principios de los ochenta, en la NBA se obligaba a los equipos locales a proporcionar a los visitantes una caja de cervezas frías para después de los partidos. Los jugadores bebían todo lo que querían y dejaban el resto. Los Celtics raramente dejaban sobras en los viajes porque Bird y Robey cogían las fundas de almohada de los hoteles y las llenaban de latas.

Al final de la temporada 79-80, los Celtics habían ganado 61 partidos y los Lakers, 60. Los Ángeles tuvo que capear un cambio de técnico inesperado cuando McKinney se cayó de una bicicleta cuando iba a jugar al tenis con su ayudante Paul Westhead y sufrió graves heridas que pusieron en peligro su vida. Después de que el propio Westhead ocupase su lugar y nombrase al comentarista de radio —y exjugador de los Lakers— Pat Riley entrenador ayudante, el equipo recondujo la situación.

Larry y Magic llenaban las hojas de estadísticas de cabo a rabo. Su talento, el contraste de sus personalidades y la rivalidad de las franquicias no podían haberse diseñado mejor en las oficinas de Madison Avenue. «Por una vez», afirma Donnie Walsh, ejecutivo NBA desde hace años, «las exageraciones eran ciertas.»

Los Lakers avanzaron con facilidad en la postemporada, venciendo a Phoenix y Seattle; Boston, por su parte, barrió a Houston en la primera ronda, pero los más experimentados Philadelphia 76ers, liderados por el Dr. J y Darryl Dawkins, pusieron un final abrupto a la primera temporada de Bird y acabaron con cualquier esperanza de unas Finales entre Lakers y Celtics.

Bird finalizó tercero en la votación del MVP de la liga y fue incluido en el primer quinteto de la NBA, aunque ninguno de esos logros tenía importancia para él. Su único objetivo era ganar un campeonato, a ser posible contra Magic. «Y entonces, de repente, se acabó la temporada», concluye Bird. «Fue un shock, la verdad.»

Magic se preparó para las Finales con sentimientos encontrados. Por un lado, estaba eufórico por pelear por el título, pero habría deseado enfrentarse a cualquier otro que no fuese Erving. El hombre que once meses antes había abierto su hogar a un joven jugador universitario de segundo año en el trance de tomar una decisión que le cambiaría la vida estaría ahora intentando arrebatarle un título. Cuando el Dr. J y Johnson se encontraron sobre la pista antes del partido, Erving abrazó a su protegido y le dijo: «Olvida todo lo que te dije».

El novato se desdibujó en las Finales. La intensidad, la presión y la atención fueron abrumadores. Magic se quedó maravillado con Kareem, que llegaba a cada partido con el mismo rictus y la misma parsimonia. El capitán fundió a los Sixers con 33, 38 y 33 puntos en los tres primeros partidos. Ya había anotado 26 puntos en el tercer cuarto del quinto partido cuando cayó al suelo agarrándose el tobillo. Le llevaron al vestuario, pero pudo regresar en la recta final para anotar 14 puntos y dar a los Lakers una ventaja de 3-2 en la serie. Cuando Abdul-Jabbar abandonó el vestuario en muletas, los Lakers se dieron cuenta de que iban a ir a Filadelfia sin él y, como creía el resto de la NBA, sin opciones de victoria. El día antes del sexto partido, Bruce Jolesch, el director de relaciones públicas de los Lakers, cogió a Magic después del entrenamiento del equipo.

—Tengo una mala noticia para ti —le dijo—. Larry Bird ha sido elegido Novato del Año.

—¿Ha estado apretado? —preguntó Magic.

—No —contestó Jolesch.

Bird había ganado por 63 votos a 3. Para consolarse, Magic llamó a Earvin Johnson Sr., que le dijo con amargura: «Es una injusticia total». En público Magic expresó solo una leve decepción, pero en privado se puso hecho un basilisco por la falta de respeto que le habían demostrado. «Estaba ciego de envidia», cuenta Magic. «Yo pensaba que había tenido un gran año. Cuando supe que solo había conseguido tres votos, pensé en desquitarme contra los Sixers. Quería que la gente reconociese mi juego de la manera que había reconocido el de Larry. No era nada personal contra él... bueno, en realidad, sí.»

Cuando Magic dominó el sexto partido al tiempo que llenaba el hueco dejado por Kareem, todo el mundo se olvidó del premio al Novato del Año. Ahora alababan al increíble Magic, que había llevado de vuelta a Los Ángeles la gloria del campeonato. «Creo que podemos ganar unos cuantos de estos», declaró mientras acunaba el trofeo de campeón tras su soberbia actuación.

Los Celtics tenían otra idea. Con la primera elección del draft de 1980, cortesía de los Detroit Pistons gracias a un traspaso previo, fueron a la busca de un jugador interior que les ayudase a contener a Kareem. Después de cortejar durante un tiempo al pívot de Virginia Ralph Sampson, que declaró que no dejaría la universidad, Auerbach se centró en jugadores que estaban en su último año universitario, entre ellos el pívot de Purdue Joe Barry Carroll y el ala-pívot de Minnesota Kevin McHale. A Auerbach no le gustaba el juego de Carroll, pero convenció hábilmente a todo el mundo de que iba a elegirlo. Golden State, que también necesitaba ayuda en la zona, estaba como loco por tener a Carroll, y Auerbach acabó traspasando las elecciones 1 y 13 a los Warriors a cambio de la elección número 3 —que usó para seleccionar a McHale, el jugador al que realmente quería— y un pívot que había rendido menos de lo esperado en la universidad y que respondía al nombre de Robert Parish. Auerbach conjeturaba que sería un relevo adecuado para Cowens.

Había nacido el *Big Three*, aunque pasarían cinco temporadas antes de que McHale se convirtiese en titular. No estaba previsto tampoco que Parish lo fuese, pero el 1 de octubre de 1980, mientras el equipo estaba en Terre Haute, Indiana, esperando para coger el autobús a Evansville para un partido de exhibición, Cowens se subió al escalón más alto y anunció que se retiraba. «Lo siento, chicos», dijo Cowens, «pero siento que ya no estoy por la labor.» Bird se quedó impactado. No solo admiraba a Cowens, sino que el gran pelirrojo se había convertido en uno de sus mejores amigos dentro del equipo. Además, Cowens no le había dado ninguna pista sobre sus sentimientos. «No me lo tomé muy bien», cuenta Bird. «Pensaba que teníamos un gran

El *Big Three*: Robert Parish, Larry Bird y Kevin McHale, ampliamente reconocido como el mejor juego interior de la historia de la NBA. NATHAN S. BUTLER / NBAE / GETTY IMAGES

equipo con Dave. ¿Pero sin él? Robert estaba verde y Kevin era una incógnita.» Bird se volvió hacia Parish, que estaba sentado tres sitios más atrás, y le dijo: «Será mejor que espabiles».

Parish era uno de los objetivos favoritos de la dureza de Fitch. Este le apretó muchísimo, y pronto su físico y su juego mejoraron notablemente. El siete pies corría la pista como una gacela y sabía colocarse bien en los contraataques, aunque la mayoría de las veces ni olía el balón. Bird agradecía tanto su entrega que por lo menos un par de veces por partido aguantaba el balón lo suficiente para que Parish llegase por detrás como un tráiler y se viese recompensado con 2 puntos. La transición de Cowens a Parish, cuya arma favorita era un tiro con muchísimo arco, como un arcoíris, fue más natural de lo que nadie esperaba. Aun así, durante bastante tiempo Bird no pudo sacudirse la sensación de que Cowens le había abandonado. «No entendí por qué no pudo aguantar hasta final de temporada», comenta.

Boston promedió 109,9 puntos en la temporada 80-81 gracias a un productivo juego exterior y a un pequeño e inventivo base llamado Nate «Tiny» Archibald. Como indicaba su apodo, el base de Nueva York medía solo 1,73 m —aunque oficialmente le daban 1,85 m—, pero compensaba la escasa estatura con su gran astucia y velocidad. Superaba a hombres grandes y pequeños por arriba y por debajo de los bloqueos. Podía botar, tirar y distribuir el balón. «Tiny era el que nos activaba», resume Bird.

McHale, el nuevo *rookie*, medía 2,08 m y tenía unos hombros tan anchos que parecía que hubiese olvidado quitarse la percha de la camisa. Era largo, ágil y casi tan tolerante como hosco era Bird. Se creó una relación fascinante entre dos grandes jugadores que enfocaban su trabajo de una forma totalmente diferente. «Larry era incansable», cuenta Carr. «Estaba allí cuando los demás llegábamos y allí seguía cuando nos marchábamos. Un día le dije a Kevin, "¿Por qué no haces como Larry?", y me contestó, "Oye, tío, yo tengo una vida".»

A principios de la temporada 80-81, Magic sufrió una fractura de cartílago en la rodilla que le hizo perder 45 partidos. Nunca antes había estado lesionado de gravedad y estaba impaciente por regresar. Mientras los Celtics batían a un rival tras otro, él empezaba a estar preocupado por no poder recuperarse a tiempo para la postemporada.

Volvió el 27 de febrero y, para celebrarlo, Buss hizo imprimir unos carteles que decían «VUELVE LA MAGIA». Norm Nixon torció el gesto. Estaba harto de que Magic acaparase los focos y el balón. Él había ocupado el puesto de base durante la lesión de Magic y el equipo había jugado bien. El que una vez había sido el mentor de Johnson se estaba convirtiendo poco a poco en su enemigo.

Westhead, en su primera temporada completa como entrenador de los Lakers, abandonó su característico juego de ataque fluido e implantó un sistema que se basaba en meter balones interiores a Kareem. El *Showtime* se había transformado en *Slowtime* y Magic estaba frustrado, especialmente porque a menudo le tocaba jugar de alero. «Paul utilizaba un sistema en el que se suponía que en ataque yo solo tenía que colocarme en el lado designado, en mi caso el izquierdo», describe Magic. «Era un poco surrealista tener que situarme siempre en el lado izquierdo.»

—Entrenador —le dijo a Westhead después de un entrenamiento—, tenemos que volver a correr.

—Magic —respondió—, respeta el plan de juego.

Los Houston Rockets tumbaron en la primera ronda, al mejor de tres partidos, a unos Lakers con el vestuario roto. Magic se quedó en 2 de 13 tiros de campo en el último partido y lanzó un tiro que no tocó ni aro en la última jugada, una penetración. Su disputa con Nixon se hizo pública y «todo», concluye Johnson, «se esfumó».

Boston había sobrevivido a unas agotadoras finales de Conferencia Este frente a los Sixers en las que levantó una desventaja de 1-3. Bird estuvo inmenso en el decisivo séptimo partido: robó un montón de balones y anotó el tiro decisivo. Como Magic el año anterior contra los 76ers, Larry había guiado a su equipo a la victoria. «Nunca había escuchado el término "base alero" hasta que conocí a Larry», dice Tiny Archibald. «Era un maestro. Diseccionaba el juego y a los jugadores. Sabía cuándo tirar y cuándo podía anotar mejor que nadie que yo haya visto. No iba a dejar que perdiésemos contra los Sixers. No iba a permitirlo.»

La sorprendente derrota de L.A. en los play-off dejó a Bird con la sensación de un aspirante al que le acabasen de decir que su rival por la corona de los pesos pesados se ha quedado KO antes de lanzar un solo puñetazo. Quería a Magic y a los Lakers en las Finales, pero en su lugar se encontró a Moses Malone y a los Houston Rockets. Malone asumió gustosamente el papel de villano y declaró que los Celtics en realidad no eran tan buenos. Incluso después de que los verdes se colocaran con una ventaja de 3-2, les despreció llamándoles *chumps* (tontos) en lugar de *champs* (campeones).

Bird reboteó bien y repartió muchas asistencias contra los Rockets, pero hasta el decisivo sexto partido solo había anotado un 38% de sus tiros de campo. El alero Robert Reid se llevó el mérito por pararle, lo que solo sirvió para motivar más al alero de Boston. «Intenta parar esto», le dijo al conectar un tiro de cinco metros en el tercer cuarto. «Para eso», repitió al anotar su único triple en toda la serie en el tramo final del último cuarto.

Los Celtics ganaron el sexto partido con 26 puntos y 11 de 20 tiros de campo de Bird, que celebró su primer título fumándose uno de los puros de Auerbach. Después estuvo de fiesta con sus compañeros toda la noche en el hotel del equipo. Los Celtics eran jóvenes, estaban sanos y tenían un gran futuro.

Mientras, Magic estaba sentado en su casa de Lansing con su padre viendo la celebración de Boston por la tele. «Ya vale», dijo. Se levantó y llamó a Tucker, que vivía en Lansing y tenía una cancha de baloncesto en su casa. Veinte minutos después se disponía a empezar una sesión de entrenamiento en casa de su agente en mitad de la noche. «Me cabreé tanto al ver a Larry fumarse el puro», relata, «que no podía quedarme sentado.»

Aquel verano Buss le ofreció a Magic un contrato por veinticinco años y veinticinco millones de dólares. Era un acuerdo estrafalario, tanto por la cantidad de dólares como por la de años. Nadie esperaba que Johnson jugase las siguientes dos décadas y media, así que nadie dudó de lo que pretendía el jefe de los Lakers: Buss tenía planes para él más allá de su carrera en el baloncesto. De repente los compañeros de Magic se acordaron de su amistosa relación con Buss.

Abdul-Jabbar, que había sido el timón de los Lakers durante seis temporadas, se sintió insultado por los inesperados honorarios de Magic. A la mañana siguiente de que se anunciase el contrato, se hizo oír en los periódicos: «¿Qué es Magic: un jugador o un directivo? No se sabe». El nuevo contrato de Johnson era un problema, un gran problema. Nixon se encontró con él en el vestíbulo y le dijo:

—Buck, ¿qué pasa? Los chicos hablan. Dicen que pasas mucho tiempo con Buss. Eso es algo inaceptable en este negocio.

—No lo sabía —respondió Magic—. El Dr. Buss es mi amigo.

—Los jugadores y los directivos no salen juntos —dijo Nixon.

—Pues yo salgo con el Dr. Buss —replicó Magic.

—Vale, yo solo te estoy avisando, no sabemos cómo llevarlo contigo —continuó Nixon. Si se dice algo en el vestuario, no sabemos si se lo vas a largar.

—¿Pero qué dices, Norm? —dijo Magic con incredulidad—. Ya llevo dos años en tu vestuario. ¿Alguna vez se ha filtrado algo al Dr. Buss?

Nixon se encogió de hombros, pero durante las siguientes dos semanas Magic estuvo completamente aislado. El único jugador que confió en él fue Cooper, que estaba peleando por un hueco en el equipo titular. Magic no era el único jugador que estaba molesto con el estilo de Westhead. Ni a Wilkes ni a Nixon les gustaba, pero solo el joven Buck se atrevió a expresar su opinión.

La frustración de Magic explotó el 18 de noviembre de 1981 en Salt Lake City, donde los Lakers estaban disputando un partido muy igualado contra los Utah Jazz. A mitad del tercer cuarto, Westhead pidió tiempo muerto. Mientras el equipo se juntaba en el corrillo, Magic comenzó a hablar de los fallos de las dos jugadas anteriores y cómo podían corregirlos.

—Magic —le dijo Westhead—, cállate y presta atención.

—Solo estamos pensando en lo que tenemos que hacer —contestó Magic.

—No quiero escuchar nada de lo que tengas que decir —repuso Westhead—. Ese es tu problema: hablas demasiado.

Johnson se puso tenso. Salió del corrillo y se acercó a coger agua.

—¡Vuelve aquí! —gritó Westhead—. Estás reventando el sistema. No estás haciendo tu trabajo.

Cooper acompañó a su amigo de vuelta al corrillo. «Olvídalo, Buck», le dijo. «Limítate a jugar.»

Los Lakers aguantaron y ganaron 110-113. Cuando Magic abandonaba la pista, su entrenador estaba esperándole en el túnel. Le metió en la sala de entrenadores y le advirtió:

—Más te vale acatar las órdenes.

—Eres tú quien nos ha impedido correr y me estás echando la culpa a mí —contestó Magic—. Los otros chicos no quieren decírtelo, pero tampoco les gusta jugar así.

La discusión subió de tono. Los reporteros que se habían demorado en el túnel captaron la escena. Johnson salió de la sala y pateó un dispensador de agua. Después, regresó al vestuario y anunció que quería que lo traspasasen.

Pat Riley fue testigo de todo. Sabía de las tiranteces que había entre Westhead y Johnson, y notaba la frustración de Magic por jugar a un ritmo más lento. También sabía que la paciencia de Westhead con el lenguaraz base se había agotado. «Debería haberme pedido ayuda», afirma Riley. «Quizá podría haberlo parado. Era una situación complicada. Adoraba a Earvin, pero trabajaba para Paul.»

Cuando el equipo regresó a Los Ángeles a la mañana siguiente, tanto West como Buss estaban esperando a Magic. Le dijeron que su decisión de hacer públicas sus quejas era inapropiada e inmadura. Después le comunicaron que habían despedido a Westhead, algo que West ya había planeado hacer de todos modos. Magic se quedó aliviado. El equipo jugaba contra San Antonio en casa a la noche siguiente y quería que regresase el *Showtime*. En un arreglo curioso, Riley, que le gustaba y en quien confiaba, fue nombrado entrenador, pero West bajaría al banquillo para ayudarlo en calidad de asesor.

La noche del 20 de noviembre Johnson llegó antes de lo normal al Forum por si Riley quería revisar algún detalle del partido. Estaba ansioso por empezar de nuevo y no podía esperar a que comenzase el partido. «Pensaba que todo volvería a la normalidad», cuenta Magic. Los abucheos comenzaron en el momento en el que se incorporó a la fila para hacer la rueda de calentamiento. Miró a su alrededor para ver a quién se dirigían y tardó unos segundos en darse cuenta de que los aficionados del Forum le estaban abucheando a él. Le silbaron durante las presentaciones y la primera vez que tocó el balón. Magic miró a Cooper mientras contenía las lágrimas: «¿Me están culpando de esto?», preguntó. Johnson lo superó, logró un triple doble (20 puntos, 16 asistencias y 10 rebotes) y guio a los Lakers a una victoria contundente, 136-116. Al final del partido los abucheos habían amainado, pero pasaría mucho tiempo antes de que Johnson los olvidase. Tampoco olvidaría fácilmente la falta de apoyo que había recibido de sus propios compañeros. «Eso fue lo peor», sostiene. «Me dejaron colgado. Coop fue el único que me apoyó. No estaba en posición de hacerlo en público, pero lo hizo en privado. Los demás no se molestaron en hacerlo, y yo me lo tomé como algo personal. Hizo que me diera cuenta de con quién estaba tratando. Pensé: "Vale, creo que esto es lo que quieren decir cuando hablan de que esto es un negocio".»

Durante el mes siguiente, la vida de Magic en los viajes fue un calvario. Era el chico malo oficial de la NBA, el petulante y consentido jugador que se cargaba a los entrenadores, y nada de lo que pudiera hacer o decir iba a alterar esa imagen. Al principio las reacciones adversas le inquietaron, pero no tardaron en transformarse en una nueva fuente de motivación. Bird estaba perplejo de la ira que se había desatado en todo el país. Magic promediaba dobles figuras en asistencias. ¿Cómo podían llamarle egoísta o mimado?

Con Riley en el banquillo, los Lakers ganaron 17 de los siguientes 20 partidos. Rejuveneció su juego de transición y sus mejores armas en ataque se repartieron el botín. Seis jugadores promediaron más de 10 puntos en la temporada 81-82, Magic incluido. Riley tomó un rumbo conciliador; pidió a sus jugadores que le ayudasen y reconoció que estaba en fase de aprendizaje.

Por fin el mundo de Magic había vuelto a su cauce. Contaba de nuevo con el favor de los aficionados, el equipo jugaba otra vez a toda velocidad y su nuevo entrenador estaba a punto de empezar una formidable carrera. El equipo llegó fácilmente a las Finales y esperó a su rival del Este. «Yo deseaba que fuesen los Celtics», sentencia Magic.

Los Sixers de 1982 se vengaron de la derrota del año anterior contra los Celtics y se llevaron el título de la Conferencia Este sobre el sacrosanto parqué del Boston Garden. Cuando Filadelfia se aseguró la victoria, los aficionados de Boston les animaron: «¡Ganad a L.A.! ¡Ganad a L.A.!». Magic, que lo estaba viendo por televisión en Los Ángeles, se limitó a sonreír. Lo mismo hizo Riley, su nuevo entrenador. «Me parecía que después de todo lo que habíamos pasado durante la temporada, los chicos estaban preparados para cualquier cosa», cuenta Riley.

Los Lakers derrotaron a los Sixers y se coronaron campeones de la NBA en 1982. Johnson fue nombrado MVP de las Finales gracias a sus 13 puntos, 13 rebotes y 13 asistencias en el partido definitivo. Interrogado sobre cuál de sus dos títulos había sido más dulce, Magic rodeó con su brazo a Cooper y declaró: «Todos los títulos son especiales».

Horas después, ya con las gradas vacías, Magic recapituló los tumultuosos sucesos de la temporada 81-82 con su padre. Había sido un año duro en el que Magic había aprendido que ganar era algo efímero y que la química del equipo era frágil. Creía que los Lakers tenían un gran futuro, pero le preocupaba que los egos y los contratos se cruzasen en el camino. Y también estaba el tema de Larry Bird y los Boston Celtics. «Tarde o temprano», le dijo Magic a su padre, «seguro que nos veremos las caras.»

4

31 DE ENERO DE 1982

East Rutherford, Nueva Jersey

E L PARTIDO DE LAS ESTRELLAS de 1982 tenía todos los ingredientes para convertirse en un gran espectáculo. La plantilla del Este contaba con tres miembros de los Boston Celtics campeones en 1981, con el alero Larry Bird como cabeza de cartel, y la del Oeste se jactaba de tener a tres componentes de Los Ángeles Lakers, incluido Magic Johnson, que había llevado a su equipo al título en 1980 y ganaría otro esa misma primavera. Debería haber sido fácil de vender: «¡Celtics y Lakers! ¡Magic y Larry! ¡Este contra Oeste! ¡Vengan a ver la batalla de las estrellas!». El problema es que en 1982 nadie quería invertir en ese evento. La rivalidad Lakers-Celtics estaba resurgiendo, pero todavía no se habían encontrado cara a cara en unas Finales; además, aunque Magic y Larry ya estaban obsesionados el uno con el otro, su rivalidad todavía no había llegado al gran público. Luego estaba el partido en sí, un evento aislado y sin lujos que no tenía patrocinadores ni imaginación ni tirón a nivel nacional.

Tres días antes de que se celebrase en el Brendan Byrne Arena de East Rutherford, en Nueva Jersey, con capacidad para 20.049 espectadores, los directivos de la liga, que se temían lo peor, convocaron una reunión de urgencia para intentar encontrar maneras de vender más entradas. David Stern, por entonces vicepresidente ejecutivo de la liga, se puso manos a la obra. Llamó a toda su familia («incluidos algunos tíos que no estaba seguro de que fuesen familia»), a todos sus amigos y a todos los conocidos que tenía en su agenda. Su petición fue cualquier cosa menos sutil:

—¿Quieres entradas para el Partido de las Estrellas? —preguntaba Stern.

—Claro —le respondían—. ¿Podrían ser seis?

—Te doy sesenta —replicaba.

Se vendió que había habido lleno en el partido, aunque habría sido más exacto hablar de entradas regaladas. Los jugadores ofrecieron un duelo intenso, motivados por el enfado de los jugadores de la Conferencia Oeste ante la extendida idea de que la Conferencia Este era superior. Magic consiguió 16 puntos y 7 asistencias en la derrota del Oeste por 120-118. Bird, con 19 puntos, 12 rebotes y 5 asistencias, fue nombrado MVP pero acabó el partido con una sensación agridulce. En su opinión, Parish, que había contribuido con 21 puntos y 7 rebotes y había dejado a Abdul-Jabbar en 2 puntitos y 1 de 10 en tiros, debería haber obtenido el trofeo. Hubo una razón para que eso no sucediese: Bird había anotado 12 de los últimos 15 puntos de los suyos.

Durante el fin de semana, Bird apenas trató con Magic. Su objetivo era desmantelar a los Lakers y no le interesaba confraternizar con ellos, ni siquiera en el All-Star. Ignoró por completo a su némesis, que estuvo omnipresente y sociable. Johnson saludó a la mayoría de rivales del Este agarrándolos, abrazándolos e interesándose por cómo les iba la temporada. Pero cuando se cruzó con Bird en el pasillo, bajó la cabeza y siguió andando. «Por entonces», reconoce, «nos caíamos verdaderamente mal.» Magic estaba molesto por la exagerada atención mediática que recibía Bird. A él no se le concedía la misma libertad ofensiva —ni los mismos tiros— que Bird disfrutaba con los Celtics. En los Lakers, su principal cometido era facilitar el juego de los demás, especialmente el de Kareem. Al anotar más y tener mejores números, Bird acaparaba titulares. «¿Si me molestaba la atención que recibía por eso? Por supuesto», afirma Johnson. «Él tiraba y yo jugaba, pero la gente no valora las asistencias de la misma manera que los puntos. Era una batalla imposible.»

Bird se pasó el fin de semana de las estrellas lamentando con Parish y Archibald no haber podido disfrutar de unos días libres. Los Celtics solían embarcarse en una gira por la Costa Oeste después del parón del All-Star, y Bird habría preferido quedarse en casa en lugar de participar en lo que consideraba un evento de segunda fila. «A decir verdad, antes de que Stern se convirtiese en comisionado, el Partido de las Estrellas era una auténtica mierda», concluye.

Todos los años los jugadores eran agasajados en una sala de baile enorme, donde comían pollo frito sobre una tarima mientras los entretenían una serie de humoristas mal escogidos. En 1983, en Los Ángeles, Jonathan Winters dejó a los empleados de la NBA muriéndose de risa entre bambalinas mientras esperaba a que le presentasen, pero cuando salió al escenario se dio cuenta de que la mayor parte del público estaba compuesto por deportistas afroamericanos que no tenían nada en común con él. «Me quedé petrificado», recuerda Stern. «Subió al escenario y empezó a hacer chistes sobre matar japoneses. Yo quería que me tragase la tierra.»

Las ediciones posteriores fueron igual de incómodas. El monólogo del cómico David Steinberg sobre inseminación artificial y el hecho de depositar ciertos fluidos en una botella dejó a Stern, que estaba sentado al lado del propietario de los Dallas Mavericks —y cristiano renacido— Donald Carter, completamente hundido en su asiento. Magic Johnson también se hundió, pero fue el aburrimiento y no la vergüenza lo que alteró su postura. Odiaba la parte de entretenimiento del programa y empezó a hacer planes para salir discretamente de la sala una vez que las luces se apagasen. En su grupo estaban Isiah Thomas, George Gervin, Norm Nixon y Dennis Johnson. Llevaron a cabo su éxodo de dos en dos, protegidos por la oscuridad y los chistes verdes. Cuando volvieron a encenderse las luces, más de la mitad de los asientos estaban vacíos.

En 1984 Bird se sentó al lado de Kareem Abdul-Jabbar en otra sala de espectáculos del All-Star, esta vez en Denver, sudando por culpa de la iluminación.

—Esto es una mierda —se quejó.

—Estas malditas luces van a darme migraña —susurró Abdul-Jabbar antes de levantarse y largarse de la sala.

Aunque los jugadores no lo sabían, su suerte estaba a punto de cambiar. El 1 de febrero de 1984, el día siguiente del Partido de las Estrellas, David Stern sustituyó a Larry O'Brien como nuevo comisionado de la NBA. Aunque no era demasiado conocido fuera de la liga, dentro se le consideraba un abogado brillante e innovador que había apostado incansablemente por el cambio. Nada era demasiado insignificante como para escapar a los ojos de Stern: ni investigar una cláusula del convenio colectivo ni elegir el color de unas servilletas de tela para una comida de negocios. Se sumergía en todos los detalles. Era un genio del márketing con un montón de ideas nuevas para una liga que realmente necesitaba un empujón. También era un ejecutivo accesible que escuchaba las opiniones de los jugadores. Cuando Bird le dijo que no le gustaba nada el formato del banquete previo al partido, Stern lo cambió por una comida privada con bufet a la que los jugadores podían asistir con sus familias. Cuando Magic se quejó de que los espectáculos no reflejaban los intereses de los deportistas, contrató a Jeffrey Osbourne, que estuvo tan fino que el público acabó de pie, con los puños en alto y vociferando en lugar de intentar largarse por la puerta de atrás. «De un día para otro todas las sensaciones sobre la liga eran diferentes, y todo gracias a David Stern», sostiene Magic. «Entendía lo que necesitábamos. También sabía lo que teníamos. Larry y yo estábamos allí, esperando para llevar a la NBA al siguiente nivel.»

Aunque había asistido a la final universitaria de 1979 entre Michigan State e Indiana State, David Stern no confiaba demasiado en el potencial de Magic y Bird para revolucionar la liga. Estaba más pendiente del hecho de que los locutores de los partidos universitarios tuviesen prohibido mencionar a la NBA durante las emisiones. En esa época, la NCAA no tenía ningún interés en promocionar el lugar en el que aterrizarían sus estrellas. Las universidades competían con el baloncesto profesional por la publicidad, los minutos de televisión y el dinero de los consumidores… y estaban ganando.

En 1979 la fuerza comercial de Larry y Magic no era tan importante como para ser una de las prioridades del comisionado O'Brien o de su mano derecha Stern. «Estábamos demasiado ocupados tratando de sobrevivir al día a día», cuenta Stern. O'Brien, estratega político de profesión, había dirigido la campaña para el Senado de un joven demócrata de Massachusetts llamado John F. Kennedy en 1959 y después había seguido a su lado en la Casa Blanca. Tras el asesinato, se quedó como parte del equipo de Lyndon B. Johnson, fue nombrado Director de la Oficina de Correos y, a principios de los setenta, se convirtió en presidente del Comité Nacional Demócrata, por lo que su oficina fue el objetivo del famoso escándalo del Watergate que acabó con la presidencia de Richard Nixon. La hoja de servicios de O'Brien era fascinante, pero su pasado en política no impresionaba a sus colegas del mundo del baloncesto, que a menudo lo encontraban distante y poco centrado en las cuestiones que tenían que ver con el juego.

Los problemas financieros habían hecho que la NBA sopesase la posibilidad de reducir el número de equipos y eliminar las franquicias de Denver y Utah. La asistencia a los pabellones era desigual, el contrato de televisión, modesto, y las estrategias comerciales, rudimentarias. Además, la mayoría de los jugadores de la liga eran afroamericanos y las empresas se mostraban escépticas respecto a una competición en la que la mayoría de jugadores eran negros y sus clientes, abrumadoramente blancos. Las perspectivas de la NBA a principios de los ochenta eran desoladoras, y algunas cabeceras predecían con cierta frecuencia su muerte. «Las únicas veces que aparecimos en el programa *60 Minutes* fue cuando Rudy Tomjanovich recibió aquel puñetazo de Kermit Washington o cuando les interesó enseñar un montón de asientos vacíos y a Rick Barry sentado en un banquillo rodeado de jugadores negros», relata Stern. «Siempre por cosas negativas.»

En un intento de empezar a capitalizar la llegada de Magic y Bird a la NBA, el departamento de márketing tomó una decisión inusual: poner a los novatos en la portada de la *NBA Register and Guide*, la guía oficial de la liga. La portada resultaba un poco inquietante para Stern, que supervisaba el departamento de márketing de la liga. Pensaba que podría interpretarse como una falta de respeto hacia estrellas consolidadas como Abdul-Jabbar, George Gervin o Julius Erving. Stern consultó a su equipo, que estaba formado por una sola persona —él mismo—, y finalmente dio luz verde.

Antes de la llegada de Bird y Magic, cerrar patrocinios para la liga era una tarea casi imposible. En mayo de 1982, Stern contrató a Rick Welts para que buscase nuevos anunciantes para la NBA. Welts, un fanático del baloncesto y antiguo recogepelotas de los Seattle Supersonics, había estado trabajando para Bob Walsh & Associates, una de las primeras empresas de márketing deportivo de Estados Unidos. Cuando empezó a trabajar en la NBA, se puso su mejor traje y llamó a McDonald's, Coca-Cola y General Motors, pero no consiguió pasar del mostrador de recepción. Sufrió negativas similares cuando intentó captar a empresas más pequeñas y menos prestigiosas. «La mayoría de ellas ni se reunieron conmigo», cuenta Welts. «Y las que lo hicieron simplemente se rieron de mí. La NBA tenía muy mala imagen.»

A medida que un jugador tras otro caía presa del abuso de sustancias a finales de los setenta y principios de los ochenta, la NBA intentó deshacerse de la imagen de que la liga estaba infestada de consumidores de drogas. David Thompson, tres veces elegido All-American y con un salto vertical de un metro y once centímetros, debería haber sido una superestrella NBA. Sin embargo, el exjugador de North Carolina State tuvo problemas con las drogas y el alcohol, y salió de la liga cuando solo tenía treinta años. John Lucas, un gran atleta que había disputado el U.S. Open de tenis con trece años y había sido número 1 del draft en 1976, tuvo problemas con la cocaína y el alcohol, y tuvo que ingresar en una clínica de rehabilitación. Más tarde abriría su propio centro de desintoxicación en Houston, destinado específicamente a tratar a deportistas. Sly Williams, un joven y prometedor jugador de los Knicks, se hizo famoso por su consumo de drogas; en una ocasión llamó para decir que se iba a perder un partido porque «había fallecido un familiar de poca importancia».

Cuatro participantes del Partido de las Estrellas de 1980 —la estrella de Phoenix Walter Davis, el base de los Knicks Micheal Ray Richardson, el escolta de Atlanta John Drew y el alero también de los Hawks Eddie «Fast Eddie» Johnson— acabaron luchando contra las adicciones. A pesar de sus problemas con las drogas, Fast Eddie consiguió anotar más de 10.000 puntos durante su carrera. Su compañero Drew anotó más de 15.000 puntos a pesar de ser consumidor de crack. En 1983 entró en una clínica, regresó y ganó el premio al Mejor Retorno de la Liga en 1984, pero recayó dos años más tarde y se convirtió en uno de los primeros jugadores suspendidos a perpetuidad por la NBA.

En un panorama dominado por la cultura de la droga, los entrenadores y los mánager generales intentaban hacer su trabajo lo mejor posible, casi siempre con pocos recursos y sin unas normas claras. Hubie Brown, antiguo entrenador de los Atlanta Hawks, reconocía que el consumo de drogas era desenfrenado tanto en el deporte profesional como en la industria del espectáculo; según él, la NBA se llevó la peor parte de las críticas por el alto perfil de los jugadores a los que pillaron. Brown se esforzó para intentar ayudar a los jugadores que tenían problemas, pero al final tuvo que reconocer que no era la persona adecuada para tratar a deportistas adictos al crack o a la cocaína.

La liga contactó con agentes de policía de todas las ciudades NBA para ayudarles a identificar a los camellos e intentar limitar su relación con los jugadores. Stern invitó a policías del FBI a reuniones de la liga para que instruyeran a entrenadores, mánager generales y propietarios sobre cómo detectar si un jugador tenía problemas con las drogas o el alcohol. También se puso asesoramiento a disposición de los deportistas, pero pocos lo utilizaron. «Todo giraba en torno a la raza, las drogas y los salarios de los jugadores», sentencia Stern. «La percepción acerca de nuestros jugadores era tremendamente simplista: "Son negros, ganan mucho dinero y, como son negros y ganan mucho dinero, se lo gastan en drogas".»

Terry Furlow, un jugador afroamericano que había sido el máximo anotador de la Big Ten en su etapa en Michigan State, un año antes de que Magic se convirtiese en un Spartan, cumplía con ese perfil. Furlow se hizo amigo de Magic después de verlo dominar un partido de instituto. «Oye, chaval», le dijo. «Nos vemos después de las clases y echamos unas canastas.» Magic se pasó y Furlow le aplastó: 15-0 en un partido uno contra uno. Al día siguiente el marcador fue el mismo. Durante semanas Furlow jugueteó con Magic hasta que este acabó por tirar la toalla.

—Lo dejo. Estoy cansado de que me ganes siempre.

—Escucha —respondió Furlow—. Si lo dejas ahora, nunca llegarás a nada. Te vas a quedar aquí a aguantar las palizas hasta que aprendas a anotar.

Magic se quedó. Furlow le obligaba a ir hacia su izquierda y tirar con esa misma mano. Usaba su cuerpo para obstruirlo y le enseñó a pivotar. Los partidos cada vez fueron más disputados. Magic perdía 15-5, luego 15-7. Un año después había crecido nueve centímetros y de repente Furlow se enfrentaba a alguien al que ya no podía controlar. «Te veo en la NBA, tío», le dijo Furlow a Magic el día que los Philadelphia 76ers le escogieron con el número 12 en el draft de 1976.

Cuatro años más tarde estaba muerto: se mató al chocar su coche contra un poste en una autopista de Ohio. La policía informó de que había restos de cocaína y Valium en su cuerpo. Tenía veinticinco años y jugaba en los Utah Jazz. Magic sabía que las drogas formaban parte de la cultura del deporte, pero hasta la muerte de Furlow no habían salpicado a nadie que él conociese. Eso cambiaría pronto. Aunque no tenía pruebas del uso de cocaína en los Lakers, sabía que algunos de sus compañeros en el equipo campeón fumaban marihuana de forma habitual. «Nunca dije nada», cuenta, «pero siempre hubo una parte de mí que quería preguntarles, "Oye, ¿no estamos intentando ganar?". Porque uno no está en su mejor forma cuando hace esas cosas… Y no me importa lo que digan los demás.»

Bird se quedó impactado cuando supo que Paul Westphal, un exjugador, había afirmado que en los ochenta más de la mitad de los jugadores de la NBA consumían cocaína. «Yo no lo vi», dice Larry. «No sabía lo que hacían los chavales cuando se marchaban del pabellón, pero no me imagino cómo podían jugar al más alto nivel si estaban haciendo eso.»

En la universidad, Bird y un amigo fueron una noche a una fiesta de una fraternidad. Una de las chicas actuaba de forma extraña y Larry le preguntó a su amigo qué le ocurría.

—Nada, se ha metido unas rayas —le dijo.

—Vámonos de esta mierda de sitio ahora mismo —contestó tajante Larry.

—¿Qué dices? Si no pasa nada —protestó su amigo.

—Yo me largo —dijo Bird.

Larry adoptó la misma actitud en la NBA: evitaba las fiestas multitudinarias y limitaba sus diversiones a ámbitos más reducidos. Los Celtics se vieron diezmados por dos grandes tragedias en los ochenta y los noventa: el fallecimiento de su elección de draft Len Bias por sobredosis de cocaína y la repentina muerte de Reggie Lewis a causa de un problema cardiaco que, según diría posteriormente su médico, el doctor Gilbert Mudge, pudo estar relacionado con el consumo de cocaína. En ambos casos, Bird no vio venir nada. «Me perdí muchas cosas», asume. «No me enteré de muchas cosas porque no quería saber.»

En 1981, la segunda temporada de Magic y Larry en la liga, los propietarios, que tenían graves problemas de liquidez, decidieron abrir los libros de contabilidad a los deportistas y desvelarles su negro futuro. En aquella época el 60% de los ingresos brutos, que ascendían a ciento dieciocho millones de dólares, se pagaba a los jugadores. La fórmula tenía que cambiar o la liga iba a tener que echar el cierre. En marzo de 1983, la NBA y Bob Lanier, el presidente de la Asociación de Jugadores, elaboraron un acuerdo sin precedentes que incluía el primer plan de reparto de ingresos de la historia de la liga. Aunque O'Brien era todavía comisionado, Stern actuó entre bambalinas como arquitecto del acuerdo. El pacto incluía un límite salarial que otorgaba a los jugadores el 53% de los ingresos brutos definidos por la liga —ingresos por radio y televisión y taquillaje— y un mínimo garantizado de medio millón de dólares por licencias. El concepto de reparto de ingresos acabó convirtiéndose en un modelo a seguir para las ligas de otros deportes.

Seis meses después de que se introdujese el nuevo convenio colectivo, la liga anunció una política pionera contra el abuso de sustancias, dirigida específicamente al consumo de cocaína y heroína: los reincidentes tanto en el uso como en la venta de drogas serían expulsados de la liga por un mínimo de dos años. El acuerdo también contemplaba tratamiento y rehabilitación para quienes diesen voluntariamente un paso adelante y revelasen sus problemas. Lanier y el sindicato de jugadores identificaron las preocupaciones familiares, el aburrimiento en los viajes, la poca inteligencia a la hora de manejar el dinero y los ajustes que tenían que hacer las antiguas estrellas universitarias con problemas para aceptar un papel secundario en el baloncesto profesional como algunos de los factores que conducían al abuso de sustancias. Lanier, afroamericano, se ofendió por las insinuaciones de que todos los jugadores negros de la NBA consumían drogas. Tenía la esperanza de que Magic Johnson se convirtiese en un modelo de comportamiento para los afroamericanos, un modelo que no solo pasaba de las drogas, sino que tampoco fumaba ni bebía. «Llegó en el momento perfecto», afirma Lanier. «Magic tenía ese perfil, transmitía mucho. Lo mismo pasaba con Larry Bird. Era un gran competidor, algo que gustaba a todo el mundo. Necesitábamos chicos como él.»

En 1984 Welts dio un empujón al fin de semana de las estrellas al crear tanto el concurso de mates como el partido de leyendas (que más tarde desaparecería por culpa de las lesiones). La NBA arrancó acuerdos con patrocinadores como Schick, American Airlines y una pequeña compañía instalada en Indiana llamada Gatorade, en buena medida gracias a las atractivas historias personales que rodeaban a los participantes. Eso, resolvió Welts, era lo que querían los aficionados, y Larry y Magic encajaban perfectamente en el molde. Era la Costa Este contra la Costa Oeste, la *Lunch Bucket Brigade* contra el *Showtime*, el aguerrido líder contra la estrella deslumbrante. «Era como si los hubiesen sacado de un cásting», afirma Welts. «Eran perfectos y crearon los cimientos sobre los que construir el ideal del jugador como héroe.»

Aunque compartían una excepcional visión de juego, Johnson y Bird eran como la noche y el día. Magic era efusivo, alegre y atractivo; Bird, estoico, reservado y enigmático. También había otra diferencia importante entre los dos: el color de su piel. Ninguno de los dos dio nunca demasiada importancia a ese componente de su rivalidad, pero les gustase o no, se convirtió rápidamente en un factor a tener en cuenta. «El elemento racial estaba claramente presente en su relación», afirma el antiguo entrenador de los Celtics K.C. Jones, afroamericano. «Larry era un tipo dominador, extremadamente inteligente y blanco; Magic era dominador, extremadamente inteligente y negro. Eso no le importaba nada a los entrenadores o los jugadores, pero sí al público. Larry despertaba admiración y conseguía seguidores entre los blancos; Magic hacía lo propio entre los negros. Y por eso surgió cierta animosidad entre los dos grupos cuando Celtics y Lakers se enfrentaban. A Larry nunca le gustó. No quería ser la Gran Esperanza Blanca. Pero no tenía elección.»

Magic notaba la brecha racial cuando salía el tema de Larry Bird. Sus amigos negros de Michigan State despreciaban constantemente el juego de Bird, mientras que sus amigos blancos de la misma universidad tendían a exagerar su talento. «El país estaba dividido entre Larry y yo», sentencia Magic. «Con el tiempo, la gente empezó a querernos a ambos, pero al principio los chicos negros apoyaban a Magic y los Lakers, y los blancos, a Larry y los Celtics.»

En su primera semana en el *training camp*, Bird escuchó la serenata de la gran esperanza blanca de boca de Cedric Maxwell, pero no le dio mucha importancia. Había crecido jugando contra afroamericanos que trabajaban en el hotel Valley Springs de French Lick y el color de la piel era irrelevante para él. «Lo que me preocupaba era encontrar mi mejor juego», dice Bird.

El resto de Estados Unidos no era tan tolerante. Según Magic, los jugadores blancos eran rutinariamente tildados de «sobrevalorados» por los aficionados negros, que tenían la sensación de que las estrellas blancas eran construidas por los medios, tendenciosos y predominantemente blancos. Por su parte, los aficionados blancos a menudo criticaban a los jugadores negros por su indisciplina y su falta de fundamentos. No pagaban para ver el baloncesto callejero de los afroamericanos. La llegada de Bird y Magic ayudó a disipar ideas falsas en ambos extremos del espectro racial.

En Los Ángeles, Magic frecuentaba la barbería Morningside en Crenshaw Boulevard. Una tarde que se pasó por allí se quedó sorprendido al escuchar a los «mayores» hablar sobre Bird. Nunca antes les había oído mencionar a un jugador blanco, ni siquiera al legendario «Pistol Pete» Maravich.

—Lo reconozco, el chico sabe jugar —dijo su peluquero.

—Ya te lo dije la última vez que estuve aquí —contestó Magic.

—Es verdad —replicó el barbero—. Pero no te lo compré hasta que lo vi en las Finales contra los Rockets. ¡Qué espectáculo! A su lado, Moses Malone parecía malo.

Bird, el alero que supuestamente no era ni fuerte ni ágil, se ganó a los clientes de la barbería cuando se levantó para hacer una suspensión desde la línea de personal contra los Rockets y, al darse cuenta enseguida de que no iba a entrar, corrió rápidamente a buscar su propio rebote, lo capturó y, en el aire, se lo cambió de la mano derecha a la izquierda y anotó de espaldas. Aquel movimiento acrobático se convertiría en la jugada más famosa del título de 1981 que Boston ganó contra Houston. Poco después de esa jugada, los chicos negros comenzaron a aparecer en los *playgrounds* con la camiseta con el número 33 de Bird. Magic se quedó pasmado la primera vez que lo vio, sobre todo porque fue en una cancha de cemento de Los Ángeles. Cuando Lanier visitó su peluquería habitual en Milwaukee, también notó que los veteranos exaltaban las virtudes de Bird. «La mayoría de los hermanos habían crecido en los *playgrounds*», explica Lanier. «Hablaban mal de todo el mundo. Bird llegó a la liga y no paraba de crticar. Pero si lo haces y después resulta que lo que decías era cierto, entonces te respetan. Y las críticas de Larry eran siempre muy acertadas.»

La costumbre de Bird de meterse con sus rivales pasó a formar parte rápidamente de las leyendas urbanas de la NBA. Durante la temporada de novato de Chuck Person en los Indiana Pacers, el equipo viajó al Boston Garden la semana antes de Navidad. Bird estaba esperando para felicitarle las fiestas. «Tengo un regalo para ti», le dijo Bird a Person cuando se cruzaron antes del partido. Hacia el final de la segunda parte, Bird cruzó con calma la pista y clavó un triple justo

Larry animando a su equipo en el Boston Garden. DICK RAPHAEL / NBAE / GETTY IMAGES

delante del banquillo de los Pacers, en el que estaba sentado Person. «Feliz Navidad, capullo», soltó Bird.

Bird y Magic ayudaron a eliminar algunos de los viejos estereotipos sobre los que se había cimentado la cultura del deporte estadounidense, pero no lo hicieron de un día para otro. Magic era uno de los jugadores más cerebrales de la historia, aunque raramente recibía alabanzas por su «alto coeficiente intelectual en el juego», una frase que, según los deportistas negros, estaba reservada a los blancos. Y viceversa: a pesar de las grandes jugadas de Bird, algunos todavía se negaban a reconocer su enorme talento.

«Larry era un tema de debate», dice Michael Jordan. «De hecho, aún lo es. La gente me pregunta siempre quiénes son para mí los cinco mejores jugadores de la historia, y cuando empiezo nombrando a Larry me interrumpen y dicen: "¿Estás de broma o qué? ¡No puede compararse con LeBron James!". Y yo les contesto: "No lo pilláis. Larry es mucho mejor que cualquier otro alero de la historia y, para ser sincero, aún no tengo claro si era alero o ala-pívot. En cualquier caso, para apreciar por completo a Bird hay que entender de baloncesto. Tienes que ser una persona del mundo del baloncesto para estar en condiciones de darle todo el reconocimiento que merece. No saltaba por encima de la canasta, no machacaba por encima de nadie, no era rápido. Por eso algunos no pueden apreciar el valor de su juego. Ahora bien, ¿es un tema racial? Supongo que se puede ver de esa forma, dado que no poseía las habilidades atléticas de algunos de los jugadores negros de la liga, pero yo nunca compré ese argumento. Si entras en el Madison Square Garden, la meca del baloncesto, y preguntas "¿Qué piensa usted del juego de Larry Bird?", la respuesta será que "Era un gran jugador porque hacía de todo en la pista". Y eso no tiene nada que ver con el color de su piel.»

Para los deportistas negros de la ciudad de Boston, a menudo era difícil —algunas veces imposible— ignorar el tema racial. El exjugador de los Celtics M.L. Carr cuenta que los efectos residuales de la decisión del juez W. Arthur Garrity de junio de 1974 de forzar la integración en las escuelas públicas de Boston por medio del transporte escolar eran todavía palpables cuando él llegó a la ciudad en 1979 como agente libre. El decreto de Garrity polarizó a las comunidades de la ciudad y generó brotes de violencia. Durante los momentos de mayor tensión, la policía iba a las escuelas públicas de Boston todas las mañanas para ayudar a bajar y subir a los estudiantes, apostaba francotiradores por los tejados para eliminar amenazas potenciales y se instalaron detectores de metal en las entradas de los colegios. La imagen más famosa de los disturbios raciales la tomó Stanley Forman, fotógrafo del *Boston Herald*, el 5 de abril de 1976. El abogado negro Theodore Landsmark iba camino al Ayuntamiento cuando se cruzó con manifestantes que protestaban por el transporte escolar. Un joven de Charlestown le atacó con la punta de un mástil del que colgaba la bandera estadounidense. La foto, que apareció en periódicos de todo el país, se convirtió en un vergonzoso símbolo de la turbulenta historia racial de Boston.

Carr la recuerda bien. Firmó con los Spirits de St. Louis, una franquicia de la ABA, pocos meses después del incidente, y el ataque racista fue un tema de conversación recurrente en el vestuario. «Todos los chicos decían lo mismo: de ninguna manera volveremos a jugar en Boston.» Carr, que era más abierto de mente, se quedó impresionado con las técnicas de reclutamiento de Red Auerbach y, además, apreciaba su currículo, en especial el hecho de haber sido el primer entrenador de la historia de la NBA en confeccionar un quinteto 100% negro y en elegir a un afroamericano como entrenador.

Cuando fichó por los Celtics en 1979, Carr se instaló en Weston, un barrio elegante de las afueras, en una casa preciosa con un salón espacioso con chimenea. Su compañero Dave Cowens le regaló un cargamento de leña y mandó que se lo entregasen en casa. Al día siguiente Carr recibió una visita de las autoridades locales:

—Sr. Carr —dijo el policía—, tenemos un problema.

—¿Qué ocurre? —preguntó Carr.

—¿Ve toda esa madera que hay ahí fuera? Algunos de sus vecinos afirman que se parece mucho a la que ellos habían pedido para sus casas.

—¿Ah, sí? —dijo Carr—. ¿A qué vecinos se refiere?

El agente se negó a identificar a los acusadores.

—¿Está seguro de que toda esa madera es suya? —preguntó el agente.

—¿Está usted seguro de que quiere preguntármelo otra vez? —replicó Carr.

Robert Parish, nacido y criado en Luisiana, estaba paseando por el North End de Boston una noche cuando fue interceptado y cacheado por la policía sin que mediase provocación. En la siguiente ocasión que pasó por el popular sector italiano de la ciudad sucedió lo mismo. Después de aquello buscó otra parte de la ciudad a la que ir a cenar.

Era mucho más complicado encontrar una autopista en la que Parish no fuese parado por llevar un coche de lujo. En media docena de ocasiones la policía lo paró sin razón aparente. «No iba rápido, no iba haciendo eses, solo conducía», dice Parish. «Cuando les pregunté por qué me paraban, obtuve siempre la misma respuesta: se ha informado de "actividades sospechosas" en la zona. Creo que era la expresión en clave para: "Hay un negro conduciendo un cochazo".»

K.C. Jones, un ávido jugador de golf, intentó una vez hacerse socio del club de campo local pero le dijeron que había lista de espera y que debía aguardar varios meses. Dos semanas más tarde se encontró con un amigo al que habían aceptado en cuestión de días. «La única diferencia era que él era blanco y yo no», sentencia.

Jones vivía en una ciudad rica, Wellesley, en un barrio tranquilo y arbolado. Muchos de los vecinos eran cordiales pero distantes. No descubriría hasta que hubo vivido allí unos pocos meses que se había advertido al agente inmobiliario de que no vendiese la casa a una familia negra. La mayor parte del tiempo, afirma Jones, las ofensas eran sutiles. Otras veces los prejuicios eran terribles. A finales de los sesenta entró en un restaurante de las cercanías de Boston para comer con un amigo blanco. Antes de que se sentasen, el propietario se dirigió nerviosamente a su amigo. «No se pueden quedar aquí», le dijo. «Todos mis clientes son blancos.» Tras un par de incidentes raciales en los que se vio involucrada su familia, el afable Carr llevó siempre consigo un arma legal, también los días de partido, para ir y volver del Boston Garden, una práctica que no abandonó cuando se convirtió en entrenador. «Nunca tuve que dispararla», sostiene, «pero eso no significa que no tuviese que usarla.»

Los funcionarios de la ciudad trabajaban sin descanso para suavizar las tensiones raciales, pero la reputación de Boston ya se había instalado en muchos deportistas profesionales. Un puñado de jugadores de la MLB tenían cláusulas en sus contratos que les permitían vetar un traspaso a Boston.

Cuando Maxwell se fue a Carolina del Norte a visitar a la familia, le entristeció comprobar que ninguno de ellos apoyaba a su equipo. «Simple y llanamente, a los negros no les gustaban los Celtics», sentencia Maxwell. «Eran demasiado blancos, o al menos esa era la imagen que daban. Estaba John Havlicek, que era blanco, así que nunca oías hablar de Jo Jo White, que era negro. Estaba Dave Cowens, así que nunca se hablaba de Paul Silas. Y luego estaba Larry Bird, la gran esperanza blanca en una ciudad blanca percibida por la mayoría de la gente negra como la ciudad más racista del país en aquella época.» Según Maxwell, la primera vez que los Celtics se enfrentaron a los Lakers en la era de Larry y Magic, la América negra siguió las Finales de 1984 con gran atención. Aunque los veteranos de la peluquería admirasen el juego de Bird, le abuchearon con ganas y también al equipo de Boston. «Apoyaban a Magic y a los Lakers; la victoria de Bird y los Celtics fue uno de los golpes más duros que podría haber recibido la América negra», cuenta Maxwell. «Ahora bien, yo era un negro que jugaba en los Celtics y había unos cuantos chicos negros aquel año, pero daba igual. Seguían viéndonos como un equipo blanco, con Larry como líder y gran protagonista. No había un solo negro que nos apoyase, ni siquiera en nuestra propia ciudad.»

Cuando Magic Johnson aterrizó en el aeropuerto Logan de Boston para el primer partido de play-off contra los Celtics, un anciano afroamericano le siguió y le extendió la mano.

—Vas a ganar a esos Celtics —le dijo.

—¿De dónde es usted? —le preguntó Magic.

—Soy de Boston —contestó el hombre.

—Pensaba que todo el mundo en Boston era de los Celtics —dijo Magic.

—Hijo, soy negro —respondió—. ¿Por qué iba a animar a esos chicos blancos?

Bird no era muy consciente del trasfondo racial. A él no le preocupaba de qué color fueses mientras cortases hacia el sitio correcto, controlases a tu hombre y te lanzases a por los balones divididos. Era un adalid de la igualdad de oportunidades: tanto daba si eras negro o blanco, iba a ir a por ti si no lo dabas todo. La primera vez que le gritó a Maxwell, su compañero se puso hecho una furia. «Crecimos en una época de segregación», explica Maxwell. «Yo miraba a Larry, que es de French Lick, un centro de actividades del Ku Klux Klan. Si eras un negro en Indiana, cuando habías pasado Indianápolis no parabas bajo ningún concepto. Por eso, al principio, para mí era una locura jugar con un chico de allí. Pero dejó de ser una preocupación muy rápido. El color de la piel jamás fue un problema con Larry Bird. No era racista. Él solo quería machacar al rival.»

Stern demostró una gran sensibilidad con el tema racial y se propuso convertir la NBA en una de las entidades más plurales del deporte. Defendió a jugadores, entrenadores y mánager generales afroamericanos y abogó sin descanso por propietarios pertenecientes a minorías. A medida que la popularidad de Bird y Magic se incrementaba, la NBA los promocionó de una forma que trascendía los estereotipos raciales. Se convirtieron en la historia perfecta para las grandes empresas estadounidenses, y estas comenzaron a hacer cola para aprovechar su éxito.

Stern ya mantenía una relación cordial tanto con Johnson como con Bird, aunque su idea inicial había sido la de mantener una cierta distancia. Bird, que insistía en dirigirse al comisionado como «Sr. Stern», le cayó bien de inmediato. Stern se encontró con un hombre austero y de pocas palabras. Dice Stern: «Se me daba bien interpretar gruñidos, así que creo que entendí lo que me dijo». Magic era más hablador y activo, y a menudo se presentaba ante Stern con un batiburrillo de ideas sobre cómo podían explotar mejor tanto la creciente rivalidad entre Celtics y Lakers como la atractiva trama secundaria del Larry contra Magic. Stern amaba el baloncesto y se obligó a asistir a todos los partidos de las Finales. Hasta 2009 solo se había perdido uno en el ejercicio de su cargo (cuando asistió al octogésimo cumpleaños de Martin, un tío de su mujer). En las primeras rondas, atravesaba el país para asistir al menos a un partido de todos los equipos participantes. Cuando un equipo perdía por 2-0 en una serie al mejor de 5, volaba a la ciudad cuya franquicia estaba a punto de ser eliminada, lo que le hizo ganarse el sobrenombre de «La Parca».

Sus primeras Finales como comisionado enfrentaron a Los Ángeles y Boston en 1984. Los Celtics ganaban 3-2 cuando Stern se subió a un ascensor antes del sexto partido y empezó a hablar con un grupo de hombres que llevaban camisetas con el número 33 de los Celtics.

—Entonces, ¿de dónde sois? —les preguntó.

—Somos de Indiana, amigos de Larry —contestó uno de ellos.

—Por Dios, decidle que se lo tome con calma —bromeó Stern—. Necesitamos que esta serie se vaya a siete partidos.

Fue una broma, pero cuando los Celtics perdieron aquel sexto partido, Bird criticó en público al nuevo jefe de la NBA. «Es el comisionado. No debería decir esas cosas», declaró. «La NBA quería un séptimo partido porque quiere ganar más dinero, y se ha cumplido su deseo. No hay razones para mentir. Él mismo lo ha dicho. Es un hombre y tendrá que lidiar con esto. Puede haberlo dicho en broma, pero yo estoy ahí fuera intentando ganarme la vida y ganar un campeonato.» La reprimenda de Bird a Stern acaparó titulares. El comentario amenazaba con hacer descarrilar el mandato del comisionado, y este estaba mortificado. Por primera vez en su vida desconectó el teléfono y se encerró en su habitación de hotel. «¿Qué he hecho?», se preguntaba mientras se acumulaban los mensajes.

Se avecinaba un séptimo partido decisivo y Stern pensó que su paso en falso caería rápidamente en el olvido. Así fue. Bird y sus Celtics vencieron y la primera controversia que había causado dejó de ser portada. Casi veinticinco años después de criticar a Stern, Bird recuerda el incidente con arrepentimiento. «Me equivoqué», dice. «Nunca debería haber dicho eso, pero no pude evitar expresar lo que sentía. Stern tampoco debería haber bromeado sobre algo tan importante, pero un error no se soluciona con otro. Si nunca has estado en esa situación, si nunca has llegado tan arriba, no sabes lo que piensan los jugadores. Es todo tan intenso, tan a lo grande... Además, era la primera vez que jugaba contra Magic en una final desde la universidad, por lo que era un momento de gran intensidad.»

Alentado por la fama de estrellas como Bird, Magic y después Jordan, Stern se dio cuenta de que necesitaba apuntalar su estrategia de márketing. Habló con Pete Rozelle, comisionado de la NFL, y con Bowie Kuhn, comisionado de la MLB, participó en sus reuniones, hizo preguntas, tomó notas y luego presentó un plan para su propia liga basado en lo que hacían los dos deportes favoritos de los estadounidenses.

Stern sondeó a las franquicias NBA e identificó las que generaban más ingresos. Billy Marshall, un comprador al mayor de los grandes almacenes Jordan Marsh, había estado vendiendo camisetas de Bird en su tienda, lo que por aquel entonces representaba casi el 10% de las ventas de merchandising de la NBA. Stern le ofreció un puesto y en dos años había colocado productos en dieciocho de las veintitrés ciudades NBA. En 1984 la venta de productos NBA generaba cuarenta y cuatro millones de dólares. En 2007 la cifra llegaba a unos asombrosos tres mil millones, siempre bajo la atenta vigilancia de Stern. A mediados de los ochenta las dos camisetas más populares eran fácilmente identificables: el 32 de Magic en los Lakers y el 33 de Bird en los Celtics.

La llegada de Bird y Magic también coincidió, afortunadamente, con el momento en que la televisión por cable se hizo con el mercado televisivo. Durante años, la mayoría de los espectadores tenían tres cadenas nacionales y una local para elegir. Con el advenimiento de cadenas como la Fox, que ligó su éxito a la emisión de la NFL, el panorama cambió de forma radical. Al mismo tiempo, un nuevo canal de televisión de Bristol, Connecticut, llamado ESPN, creyó que podía ganar dinero emitiendo deporte las veinticuatro horas del día. Stern se mostró escéptico en un principio, pero la relación de la NBA con ESPN floreció a medida que la cadena fue creciendo.

Cuando Stern comenzó a interesarse por las actividades del departamento de entretenimiento, contrató a Ed Desser, un ejecutivo del mundo de la televisión, y le consultó acerca de cómo montar un programa estrella, qué elementos formaban una previa interesante y qué ángulos de cámara eran más atractivos para el espectador. En 1982 la NBA no podía permitirse comprar treinta segundos de anuncio en la CBS para anunciar sus partidos de los sábados y dependía de que la cadena les hiciese un descuento para los de los jueves por la noche. Con la irrupción de Johnson y Bird, la cadena no dudó en usarlos como gancho publicitario. Se vendía como «Ven a ver a Magic y los Lakers y Bird y los Celtics», una estrategia que no convenció al nuevo comisionado. «Me gustaba la publicidad», afirma Stern, «pero pensaba que ese enfoque no era justo con Kareem, McHale, Parish o Worthy.» El resto de la liga entendió por qué funcionaba. Doug Collins, jugador, entrenador y comentarista, afirma que Bird y Magic aportaron aire fresco a la competición. Ya no se trataba de quién anotaba más puntos, sino de quién daba el mejor pase o de qué equipo ganaba más títulos. «Tener a dos superestrellas que miraban por sus equipos como ellos dos fue clave para salvar nuestro deporte», sentencia Collins.

Los Atlanta Hawks de Hubie Brown se clasificaron para los playoff durante tres temporadas consecutivas, pero solo llenaban contra Philadelphia, Boston y Los Ángeles. No era coincidencia que en esos equipos militasen el Dr. J, Larry Bird y Magic Johnson. «A mediados de los ochenta, la gente marcaba en sus calendarios los días en que Larry y Magic jugaban en su ciudad», afirma Brown.

La explosión del mercado televisivo, combinada con la rivalidad entre Magic y Bird, atrajo a una nueva generación de espectadores. En 1979 el acuerdo de cuatro años de la liga con la CBS alcanzó los setenta y cuatro millones de dólares. En 2002 la NBA firmó un acuerdo por seis años con ABC, ESPN y TNT valorado en cuatro mil seiscientos millones.

Pero hubo otros factores que alimentaron el crecimiento de la liga, entre ellos la insistencia de Stern en la construcción de pabellones de primera categoría con palcos de lujo, que demostraron ser una valiosa fuente de ingresos, y la globalización del juego. Stern, que llegaría a caracterizarse por sus ansias por explorar nuevas fronteras, se lanzó al mercado internacional. Asistió a conferencias en Múnich y Milán, estableció relaciones con clubes europeos y se interesó por la estructura de sus ligas, sus contratos de televisión, el nivel de sus jugadores y sus instalaciones. Visitó Israel, África, México y China. Programó partidos de exhibición en el extranjero y trabajó codo a codo con el COI para preparar el terreno para que los jugadores de la NBA pudiesen participar en los Juegos Olímpicos. También desarrolló una relación sólida con la FIBA, el organismo que regula el baloncesto internacional, lo que allanó el camino para que jugadores extranjeros pudiesen jugar en la NBA. Eso condujo a la apertura de nuevos mercados por todo el mundo. «Pero todo eso fue posible gracias a Magic y Larry», concluye Collins. «Empezó con ellos. Cautivaron a todo el mundo. La gente siempre me pregunta cuál era mejor, y yo siempre digo: "Tira una moneda al aire, si tú ganas y yo escojo segundo, no perdería"».

En la primavera de 1984, Derek Fisher, que tenía diez años, se sentó delante de un televisor en Little Rock, Arkansas, y presenció las series más emocionantes que jamás había visto. Cuando se acabaron las Finales entre los Celtics y los Lakers, agarró su balón, salió de su casa y se puso a practicar los movimientos de Magic. En otro lado del país, un Ray Allen de nueve años, hipnotizado por el suave movimiento del tiro de Bird, intentaba imitar el lanzamiento arqueado del alero de Indiana en su propio garaje. Estaba naciendo una nueva era, y las futuras estrellas de la NBA estaban en sintonía.

5

12 DE JUNIO DE 1984

Boston, Massachusetts

ODRÍA HABER CORRIDO LAS CORTINAS y subido el volumen de la televisión. En lugar de eso, Magic Johnson actuó como si tuviese la perversa necesidad de ser testigo de la celebración que se estaba desatando a su alrededor; se asomó con la mirada perdida por la ventana de su hotel de Boston y observó la marea verde que había debajo. Miles de aficionados tomaban las calles, muchos vestidos con camisetas con tréboles verdes, y bloqueaban el tráfico en una ciudad acostumbrada a los embotellamientos. Sonaban las bocinas de los coches, estallaban fuegos artificiales, y mujeres y hombres de todas las edades bailaban danzas irlandesas para celebrar la victoria de los Celtics en el séptimo partido contra los Lakers, un triunfo que les había dado el título de la NBA de 1984. «Era una locura», cuenta Magic. «Y me obligué a verla. No me ayudaba a estar mejor, pero me merecía estar abatido.»

Dos de sus mejores amigos, Mark Aguirre e Isiah Thomas, estaban encerrados con él en la habitación, intentando consolarle. Por entonces no había vuelos chárter que llevasen a los deportistas profesionales a casa inmediatamente después de los partidos. Los Lakers volvían a Los Ángeles en un vuelo comercial y tuvieron que esperar a la mañana siguiente para poder escapar de Boston y de sus clamorosos errores, que aparecían a todas horas en los canales locales de noticias. Aguirre apagó la televisión y Thomas llamó al servicio de habitaciones para encargar un festival de pollo y costillas, montañas de fruta y cestas de bollería y pasteles. Pero la mayoría de la comida ni la tocaron. Johnson no tenía ganas de nada. Sus colegas sacaron varios temas —música, coches, mujeres— para distraerle, pero a medida que pasaban las horas, Magic seguía reviviendo los tiros libres fallados, los malos pases y las posesiones agotadas. «Deberíamos haber ganado esta serie», dijo Johnson. «Siempre se me han dado bien los finales de los partidos. ¿Qué ha pasado esta vez?»

Pero Magic conocía la respuesta perfectamente. Lo que había pasado se llamaba Larry Bird. Su rival había dominado la serie y le habían nombrado MVP de la final gracias a sus canastas en momentos clave, a los muchos rebotes que capturó y a su formidable visión de juego, un rasgo que Johnson y él compartieron desde el primer momento en que se enfrentaron. A la mañana siguiente había un nuevo apodo para el mismo Magic —*Tragic*— y para su equipo —los *Fakers* (Farsantes)—. Era bastante humillante, pero había algo que corroía aún más a la estrella de los Lakers, algo que ni siquiera compartió con sus confidentes. «Perder contra Larry», admite Magic. «Eso fue lo peor. Era mi primera serie contra Boston y él se llevó el gato al agua.»

A cinco kilómetros del hotel de Magic, en una furgoneta del club conducida por Joe «Corky» Qatato, utillero de los Celtics, Larry Bird y su compañero Quinn Buckner estaban atascados en medio del caos provocado por la celebración. Su plan era ir en la furgoneta hasta el Hellenic College de Brookline, donde estaban aparcados sus coches, y después volver al centro para unirse a la celebración con el resto del equipo en Chelsea's, un garito de Faneuil Hall, una de las zonas turísticas de la ciudad. Pero los coches no se movían y Bird se estaba impacientando, así que se puso en el asiento del conductor y dirigió la furgoneta hacia un aparcamiento. «Venga, Quinn, iremos a por los coches más tarde.» El MVP de las Finales del 84 salió de la furgoneta, cruzó a pie hasta el otro lado de Storrow Drive, una de las arterias de Boston, y empezó a andar hacia el centro. Buckner, sorprendido, le siguió. Fue solo cuestión de segundos que los reconociesen. Un coche con tres aficionados se paró sorprendido cuando vieron a su alero y jugador franquicia andando por la acera.

—¡¿Larry Bird?! —exclamó el conductor.

—Chsss —respondió Bird—. Oye, ¿cabemos Quinn y yo?

El chico abrió la puerta y se dirigió a sus acompañantes, todos con camisetas del equipo de Bird, para que dejasen sitio a dos campeones de la NBA. Mientras Buckner y Bird encajaban sus enormes cuerpos en el asiento trasero, los otros pasajeros gritaron enloquecidos.

—¡Larry Bird está en nuestro coche! —berreó el conductor golpeando el volante para dar más énfasis a sus palabras.

—¡Joder! ¡Estoy flipando! ¡Llevo tu camiseta! —gritó el pasajero del asiento de atrás.

—Calma —dijo Bird—. Si queréis que nos quedemos, tenéis que mantener la calma.

Los chavales lo intentaron, pero mientras cruzaban el atasco con el objeto de deseo de cualquier aficionado de los Celtics instalado en el asiento trasero, fue imposible no acabar gritando «¡MVP!» o «¡Los Lakers son una mierda!». Al fin y al cabo, estaban atravesando el corazón de Boston con el deportista más famoso y querido de la ciudad.

—Oye, Larry —dijo el conductor cuando estaban llegando al Chelsea's—, ¿entonces nos dejas ir contigo o no?

—Lo siento, solo campeones —contestó Bird dándole un golpe en el hombro a Buckner.

Cuando llegaron a Faneuil Hall les dieron las gracias a sus chóferes y saltaron el cordón de seguridad de entrada al Chelsea's. Dentro brindaron con botellas de cerveza por el título. Bird, que normalmente se mostraba reservado en las victorias, descolocó a Buckner con ocasionales explosiones de alegría: «¡Lo logramos!». Horas después, entre canciones, bebida y mucha diversión, Bird cogió a Buckner y le rodeó con el brazo. «Por fin le he ganado», dijo Bird. «Por fin he derrotado a Magic.»

Lakers y Celtics habían comenzado la temporada 83-84 con asuntos pendientes. Los Ángeles había llegado a las Finales en el mes de junio anterior, pero habían sido despachados sin ceremonias por los Philadelphia 76ers de Julius Erving y Moses Malone en cuatro partidos. Por su parte, los Celtics habían caído estrepitosamente en semifinales de conferencia contra los Bucks de Milwaukee. Bird recuerda la temporada 82-83 como una oportunidad perdida. En su opinión, tenían equipo para haberse llevado el anillo. Le fastidia aún más porque los Lakers habrían sido el rival en las Finales si los Celtics las hubiesen alcanzado. Su más ferviente deseo —de hecho lo había sido desde su llegada a la NBA— era batallar cara a cara contra Magic y los Lakers por un título, y en la cuarta temporada de sus carreras profesionales, ese emparejamiento no se había materializado. Bird era perfectamente consciente de lo que su némesis estaba consiguiendo en la Costa Oeste, aunque rara vez lo reconociese. «¿Has visto que ayer Magic dio 21 asistencias?», le preguntó en una ocasión su compañero Chris Ford. Bird no contestó, pero ya estaba al tanto de los números de Magic. Era lo primero que había mirado por la mañana. «Tenía la vista puesta en él», admite Bird. «Llegó un punto en el que no me preocupaba de nadie más. Solo me fijaba en lo que hacían Magic y los Lakers.»

A cuatro mil quinientos kilómetros de distancia, Magic se levantaba todas las mañanas, se preparaba un zumo de naranja, abría el periódico y miraba a ver qué habían hecho Bird y los Celtics la noche antes. Contaba laboriosamente no solo los puntos de su rival, sino también las asistencias. «Cuando empezaron a aumentar», cuenta, «supe que estaba haciendo lo que le correspondía: hacer mejores a sus compañeros.»

En 1984 se hizo cada vez más evidente que Los Ángeles y Boston iban encaminados a encontrarse en las Finales. Bird estaba consiguiendo números de MVP y Magic era el director de orquesta de un juego de transición que destrozaba a sus teóricos rivales de la Conferencia Oeste. Celtics y Lakers machacaban a los oponentes en sus respectivas conferencias con un ojo puesto el uno en el otro. «Enseguida nos dimos cuenta de que iba a ser una rivalidad épica», afirma el antiguo escolta de los Lakers Byron Scott. «Había tensión en los partidos. Eran dos equipos que se caían fatal. Y luego estaban Magic y Bird, que querían derrotarse el uno al otro de una forma irracional.» Los Lakers no soportaban la mirada fría de Bird, el *trash-talking* y su obstinada renuencia a reconocer los logros de los Lakers. Los Celtics despreciaban la sonrisa de Magic, sus vertiginosas canastas al contraataque y lo que entendían como diversión fingida. «Odiábamos a Magic Johnson», confirma el ala-pívot Cedric Maxwell. «Todo eso del *Showtime*, el brillo de Hollywood, la sonrisa falsa. Él era todo estilo, nosotros todo sustancia.» Esa imagen que querían transmitir de los Lakers no gustó nada a su entrenador, Pat Riley, que había vestido el oro y púrpura de los Lakers durante casi seis temporadas y se había distinguido siempre por ser un jugador duro e inteligente. Cuando fue nombrado primer entrenador de los Lakers, estableció un régimen de entrenamientos exigente que requería una fortaleza tanto física como mental. «A cualquiera que sugería que éramos blandos, que solo éramos *Showtime*, me gustaría haberle visto en uno de nuestros entrenamientos», aduce.

A pesar de todo, entendía que esa percepción, aunque fuese errónea, se mantendría hasta que los Lakers cambiasen su suerte contra Boston. Riley, Magic y Kareem estaban intentando luchar contra una tendencia histórica que había llegado a definir a ambas franquicias. De 1956 a 1969 los Celtics ganaron once títulos. Se encontraron con los Lakers en las Finales en seis ocasiones y ganaron las seis. La desdicha se grabó en los rostros del mánager general de los Lakers, Jerry West, y de Riley, ya que ambos formaron parte de los fútiles intentos de la franquicia por exorcizar los demonios del arrogante puro de la victoria de Red Auerbach, el patriarca de los Celtics.

Durante catorce temporadas, West fue uno de los mejores y más elegantes jugadores de la liga, hasta el punto de que el logo de la NBA se modeló a partir de su figura. Anotó 25.192 puntos en su carrera, repartió 6.238 asistencias y fue apodado «Mr. Clutch» por su capacidad de anotar canastas decisivas, pero solo ganó un título, en 1972, al final de su distinguida carrera. West se retiró sin haber ganado a los Celtics en unas Finales de la NBA. Y eso que hubo muchas ocasiones en las que estuvo muy cerca. Él y el formidable ala-pívot Elgin Baylor, que promediaba 38,3 puntos y casi 19 rebotes por partido, eran los líderes de un equipo que en la temporada 61-62 lo tenía todo: tiro, defensa y versatilidad. Pero, a mitad de temporada, Baylor fue llamado a filas, tuvo que irse a Fort Lewis, Washington, y solo pudo jugar los fines de semana y los días que le daban permiso. En la preparación de las Finales contra Boston, los Lakers se ejercitaron en un pequeño pabellón próximo a la base de la armada en la que se encontraba Baylor para que pudiese entrenar con el equipo.

Las series llegaron a un séptimo partido a vida o muerte en el Boston Garden con el marcador empatado a cinco segundos del final. Franklin Delano Selvy, que debía su nombre al presidente Roosevelt, era el encargado de sacar de banda para los Lakers. La tarea del base de los Celtics, Bob Cousy, era molestarle tanto como fuese posible. «Arnold [Red Auerbach] me dijo que saltase, chillase, agitase las manos, gritase, cualquier cosa», relataba Cousy. El pequeño base saltó agitando los brazos. Selvy esperó a que alcanzase la máxima altura, le dio el balón a «Hot Rod» Hundley y corrió rápidamente hacia la esquina izquierda, su lugar preferido. Cuando Cousy aterrizó y se puso a correr detrás de Selvy, vio que iba un paso por detrás. «Mierda», pensó Cousy, «me van a culpar de la derrota.» Se suponía que Hundley tenía que darle el balón a West o a Baylor, pero los dos estaban bien marcados. Hudley vio que Selvy estaba solo en la línea de fondo. West, con problemas para librarse de un doble marcaje, también se esperanzó al ver a uno de los mejores tiradores de su equipo con el balón en la mano y una oportunidad de ganar. «Era casi la mejor situación que podíamos esperar.» Selvy, que había sido dos veces All-Star, lanzó desde cuatro metros justo antes de que Cousy llegase a taparle (más tarde afirmaría que el base de Boston le había empujado, pero el árbitro no pitó falta). El balón rebotó en la parte de atrás del aro… y no entró. West contuvo la respiración cuando el balón dio en el hierro… y luego suspiró con decepción mientras Bill Russell se hacía con el rebote. Sonó la bocina, el partido se fue a la prórroga y Boston venció.

Mientras los jugadores de los Celtics alzaban a hombros a Auerbach, los aficionados invadieron la pista. West intentó evitar a la multitud que se le echaba encima, pero esta los atravesó a él mismo, a

Baylor y a Selvy como si fuesen invisibles. Una vez a salvo, instalados en el diminuto vestuario del equipo visitante, West no se quitó el uniforme y se martirizó durante un buen rato por esa última posesión. «Si hubiese entrado», dice con tristeza, «la historia habría cambiado.»

Durante años Hundley cogía de vez en cuando el teléfono y llamaba a su antiguo compañero en los Lakers.

—¿Diga? —contestaba Selvy.

—Hola, Frank. Buen tiro —decía Hundley. Y colgaba.

Y así continuó la historia. Todos los años los Lakers creían que sería diferente, pero ninguno lo fue. En la temporada 68-69, con Cousy retirado y Russell en su última temporada, ya como entrenador-jugador, los Lakers ficharon al gran rival de Russell, el irrepetible Wilt Chamberlain. Chamberlain, que en una ocasión había anotado 100 puntos en un partido, ayudó a Los Ángeles a ganar 55 partidos y conseguir la ventaja de campo en las Finales contra —¿quién si no?— Boston. Como era de esperar, el enfrentamiento entre Lakers y Celtics se fue a los siete partidos, pero esta vez el campeón se decidiría en la pista de los Lakers, el Forum.

Jack Kent Cooke, el propietario de los Lakers, tenía tanta confianza en su equipo que encargó miles de globos de color oro y púrpura, y mandó que los colocasen en las vigas del techo, metidos en cestas, esperando el momento perfecto para soltarlos e iniciar así la celebración. Cuando West salió a calentar antes del partido, vio los globos y negó con la cabeza. No le gustó nada el gesto del propietario. «Los Celtics no se lo merecían», cuenta. A falta de un minuto y con Boston uno arriba (102-103), West tocó un balón que estaba en manos de Havlicek. El balón quedó suelto y Don Nelson, el sexto hombre de los Celtics, lo atrapó y lanzó justo desde detrás de la línea de tiros libres. El lanzamiento dio en la parte de atrás del aro y se elevó... pero a diferencia del tiro de Selvy, el del jugador de Boston cayó en la red. Ganaban los Celtics. Perdían los Lakers. Otra vez.

West cayó de rodillas mientras sonaba la bocina, miró una vez más hacia los globos y, abatido, se encaminó hacia el vestuario. Había jugado los tres últimos partidos de las series con un tirón en el muslo y tenía calambres en la pierna. Al meterse en la ducha y sentir las cascadas de agua descender por su cuerpo, por un momento pensó en abandonar. «Fue el momento más desolador de mi carrera», afirma. «Si hubiese habido alguna otra cosa en la que me hubiese gustado competir, probablemente lo habría hecho. En aquel momento lo mejor para mí era apartarme del baloncesto.» Los globos se donaron a un hospital infantil. West, que había conseguido 42 puntos, 13 rebotes y 12 asistencias, se convirtió en el primer —y único— MVP de las Finales que jugaba en el equipo derrotado. La serie fue un epítome de su legado: brillante en una derrota contra Boston. «Jerry nunca hablaba mucho sobre aquello», cuenta Magic, «pero no hacía falta. Se le veía en la cara. Aquel hombre había sido torturado por los Boston Celtics.»

En 1984 había nuevos jugadores y nuevos argumentos que explorar en la rivalidad Celtics-Lakers, pero la presencia de West y Riley, por un lado, y de Auerbach y K.C. Jones, que había sido una estrella de los Celtics y ahora era su entrenador, por el otro, sumaba elementos a la intriga. «Era imposible ignorar la historia», dice el pívot de los Lakers Kurt Rambis. «Había artículos, conversaciones, recuerdos. No se trataba solo de los jugadores en activo. Estábamos jugando por Wilt Chamberlain, Jerry West y Elgin Baylor.»

Bird ganó el primero de sus tres trofeos de MVP en aquella temporada, promediando 24,1 puntos, 10,1 rebotes y 6,6 asistencias por partido. Los números de Magic fueron también llamativos —17,6 puntos, 7,3 rebotes y 13,1 asistencias—, pero aún no había alcanzado el lugar en la élite que ocupaba su rival. La creciente tensión entre los dos se amplió a los demás jugadores: todos los Celtics y Lakers recibieron instrucciones de no cruzar la línea que les separaba del territorio enemigo. «Yo mantenía una muy buena relación con dos exjugadores de los Celtics: Jo Jo White y Hank Finkel», relata el alero James Worthy. «Así que cuando me fui a Los Ángeles y me dijeron que tenía que odiar a Boston, al principio me costó. Pero luego me di cuenta de que yo mismo formaba parte de esa gran rivalidad desde el momento en que llevaba la palabra "Lakers" en el pecho.»

Bird estaba más o menos al tanto de las batallas Lakers-Celtics del pasado, pero no especialmente interesado en conocer todos los detalles de la rivalidad. Aunque tenía un gran respeto por los jugadores que lo habían precedido, no sentía curiosidad por estudiar sus logros. Su presente rivalidad con Magic ya se comparaba con las batallas épicas de Russell y Chamberlain, pero aquellos debates tenían para él poca importancia. «Obviamente había oído hablar de Bill Russell y de los títulos que había ganado», dice Bird, «pero si alguien me hubiese preguntado en qué años lo había hecho, no habría sabido contestar. Cuando tenía veintitrés años, creía que Bill Russell tenía cien. Así es uno cuando tiene veintitrés años. No piensas en el pasado. Lo que quieres es escribir tu propia historia.»

Dado que tanto Magic como Bird ya tenían un anillo, destronarse mutuamente se convirtió en una interesante trama secundaria. Magic estaba cansado de escuchar hablar del «arisco» Bird, y Larry hastiado del «dinámico» Johnson. Cuando llegaron los play-off, las dos estrellas estaban hartas de las eternas comparaciones y de que les preguntaran siempre por el otro. La rivalidad entre ellos se había incrementado un punto más. «Era engorroso», dice Magic. «Los dos estábamos intentando encontrar nuestro sitio, tanto a nivel individual como de equipo, y todo el mundo seguía vinculándonos. No me gustaba. Yo seguía diciéndole a la gente que dejaran de compararnos, porque ni siquiera jugábamos en la misma posición.» Pero eso no impedía a las lumbreras del baloncesto enzarzarse en un debate recurrente: ¿quién es mejor, Larry o Magic? Tanto Johnson como Bird fingían indiferencia, pero los dos sabían que en su primer cara a cara en la NBA uno tomaría la delantera. «Magic no se cruzaba de brazos y se ponía a hablar de Larry», afirma Rambis. «Pero estaba claro que estaba en su cabeza. Estaba en la cabeza de todos.»

Y no podía ser de otro modo. Bird se pasó la mayor parte de la temporada 83-84 reflexionando sobre la debacle de su equipo en la primavera anterior. Después de perder contra Milwaukee en los play-off de 1983, Bird se había machacado físicamente bajo el sol abrasador del sur de Indiana. Durante sus largas y duras carreras por las colinas del condado de Orange, maldecía la incapacidad de su equipo para centrarse en el trabajo en vez de intentar cargarse al entrenador Bill Fitch.

El núcleo del grupo que había ganado el campeonato con grandes florituras dos años antes, en 1981, se había desintegrado, y el equipo ya no era más que una colección de jugadores desanimados, divididos y, en algunos casos, abiertamente enfrentados. Aunque Bird apoyaba decididamente a Fitch tanto en público como en privado, hasta él veía que el entrenador había perdido el control del equipo. «Fueron minucias las que nos hicieron volvernos contra él», explica Carr, uno de los principales antagonistas de Fitch. Durante un viaje a Nueva York en 1979, en su primera temporada en Boston, Carr había previsto ir a cenar después del partido con unos familiares a Charley O's, un restaurante que estaba justo enfrente del Madison Square Garden. Cuando estaba a punto de marcharse, el masajista de Boston, Ray Melchiorre, le informó de que Fitch había ordenado que todos los miembros del equipo volvieran al hotel en el autobús del equipo. El hotel estaba a quince manzanas y Carr miró a Melchiorre con incredulidad.

—¿Me estás diciendo que vais a hacerme montar en el bus durante veinte minutos para después coger un taxi de vuelta al punto exacto en el que está aparcado ahora mismo? —le dijo.

—Correcto —respondió Melchiorre.

Carr arrojó la toalla disgustado, cogió la bolsa y salió en estampida. Mientras iba hacia el autobús, se quejó: «¿He firmado un contrato de cinco años para que me traten así?».

A pesar del descontento general con el entrenador, los Celtics parecían estar preparados para luchar por el título en la temporada 82-83. Boston arrancó la campaña ganando dieciséis de sus primeros veinte partidos, en los que Bird promedió 22,9 puntos por noche. En esa época la estrella de los Celtics empezó a describir con detalle a sus defensores cómo iba a metérselos. Y Bird no era el tipo de hombre que no cumplía su palabra. En un partido contra los Knicks, se picó con el fisioterapeuta de los de Nueva York, Mike Saunders, y empezó a anunciar sus canastas cada vez que pasaba por delante del banquillo. «Canasta a tablero», informaba Bird a Saunders: después volaba por la pista y el balón besaba el cristal. «Seis metros, lado izquierdo», anunciaba Bird, antes de clavar una suspensión en la cara de Trent Tucker, su defensor. «Siempre me había considerado una persona con mucha confianza», dice el exjugador de los Celtics Danny Ainge, «pero nunca he visto a nadie que creyese en sí mismo como lo hacía Larry.»

A pesar de todo, la química del equipo no era buena. Sabedor del enorme talento de Magic, Auerbach fichó a un especialista defensivo, Quinn Buckner, procedente de los Milwaukee Bucks, con la esperanza de que los ayudase a neutralizarle. «Estaba seguro de que nos las veríamos con los Lakers en las Finales», argumentaba Auerbach. «No me importa decir que Magic me preocupaba horrores. Era tan grande y fuerte… Necesitábamos a alguien que pudiese ser físico con él.» La llegada de Quinn Buckner mandó a Tiny Archibald, All-Star la temporada anterior, al banquillo. A Archibald le costó aceptar su nuevo rol (el equipo acabaría despidiéndole poco antes de que acabase la temporada). Por su parte, Parish, McHale, Maxwell y Carr se burlaban de las continuas broncas de Fitch. Un día, Maxwell estaba sentado en el vestuario con sus auriculares después de una derrota. Fitch se acercó a él y le tocó en el hombro: «Si vuelves a ponerte esos auriculares, los voy a romper por la mitad», le dijo, e hizo el gesto de romperlos en dos. Durante el resto de la temporada, los jugadores de los Celtics a menudo se acercaban a Maxwell e imitaban el gesto, lo que hacía que este se partiese de risa y se alejase todavía más del entrenador.

Boston ganó cincuenta y seis partidos aquella temporada, nueve menos que Philadelphia. Para cuando echó a rodar la postemporada, los jugadores estaban a punto de estallar. Fitch impuso un toque de queda, y una noche, en Houston, se sentó en el vestíbulo del hotel para asegurarse de que todos lo respetaban. McHale y Carr esperaron hasta que faltaban segundos para que se iniciase el toque de queda y entonces se retiraron a sus habitaciones. «Fue una mala temporada», sentencia Ainge. «Max y El Jefe no escuchaban. Desconectaron totalmente de lo que decía Fitch. Y Kevin tampoco estaba contento.» «Fue un motín en toda regla», afirma Buckner. «No querían jugar para Bill Fitch. Se pasaron media temporada intentando dejarlo en ridículo. Ese no era el ambiente al que yo estaba acostumbrado. Bill se merecía algo mejor.»

En el primer partido de una serie al mejor de siete contra los Bucks, en las semifinales de la Conferencia Este de 1983, los Celtics fueron apalizados 95-116 en su propia cancha. Fitch, furioso por la insubordinación de sus jugadores, humilló a los titulares haciéndoles volver a pista en el último cuarto. El público local los abucheó con ganas.

El juego de Boston cayó en barrena. En el cuarto partido, con los Celtics perdiendo ya 3-0, Buckner recuerda que Fitch le imploró a sus jugadores que hiciesen llegar el balón a la cancha rival. «En lugar de eso, parecía como si hubiese tres tipos llevando el balón a una velocidad tres veces más lenta de lo normal... y lo hacían a propósito», dice Buckner. «Lo admito», concluye Carr. «Nuestro objetivo en 1983 no era ganar el título, sino librarnos de Fitch.»

Después de la paliza de los Bucks, McHale provocó una polémica al declarar que «podían estar orgullosos a pesar de la derrota». Bird no tardó en contradecirle. Comentó que todos los Celtics deberían estar avergonzados y prometió que las cosas serían diferentes en la siguiente temporada... o no. «Estaba destrozado», relata Bird. «Después del partido le dije a Red: "Oye, mira, aquí no hay líderes. Si quieres que lidere a este equipo, lo haré, pero tenemos que volver a ganar títulos y olvidar esta mierda, porque nos está matando".»

Bird no limitó su enfado a una conversación con Auerbach. Una vez cerrada la puerta del vestuario, dio un discurso brutalmente honesto sobre las carencias de sus compañeros, por no hablar de su actitud ponzoñosa hacia Fitch. Aunque no dio nombres, no dudó en criticar la falta de compromiso, la forma física y la actitud de los jugadores. «La mayoría de las cosas que dijo son irreproducibles», afirma Buckner. «Y estuvo muy mordaz en sus comentarios. La mayoría de los chicos miraban a su alrededor como si la cosa no fuera con ellos, pero debieron de captar el mensaje, porque todos volvieron en mejor forma la siguiente temporada.»

Fitch fue destituido ese verano y K.C. Jones pasó de ayudante a primer entrenador. A Bird no le agradó que Fitch fuese señalado como responsable del fracaso de un equipo que le había abandonado. «Por mucho que me gustase jugar con algunos de aquellos tipos, ellos eran los que deberían haberse marchado», concluye Bird. «Se lo dije: "Algún día os daréis cuenta de que Bill Fitch era el mejor entrenador para este equipo".»

Bird se retiró a la casa de West Baden que acababa de construirse y que contaba con una pista de baloncesto reglamentaria. Añadió un tiro con paso hacia atrás a su arsenal ofensivo y lo perfeccionó haciendo ochocientos lanzamientos al día. Buckner fue a visitarle aquel verano y aceptó participar en uno de sus entrenamientos matutinos. Se levantaron a las siete de la mañana, se calzaron las zapatillas y salieron a correr ocho kilómetros colina arriba. A Buckner le sorprendió lo duro que era el recorrido que hacía Bird, casi todo cuesta arriba, y fue andando a partir de la mitad. Bird no era muy veloz, pero tenía las piernas largas y la mirada de determinación de un atleta con ganas de revancha. Buckner y él no hablaron sobre la paliza de los Bucks, pero la insatisfacción de Bird estaba implícita en la intensidad de sus entrenamientos. Tras la carrera, Bird se subía a la bicicleta y pedaleaba treinta kilómetros por el condado. Después, mientras el sol estaba en todo lo alto, se pasaba una hora y media lanzando quinientos tiros, y otros quinientos libres.

«Me estaba preparando para los muchos años que quedaban de Lakers contra Celtics», cuenta. «Nosotros éramos jóvenes, y ellos también. Ellos tenían a Kareem y a Magic y, además, estaban fichando a gente. No quería quedarme atrás.» Auerbach tampoco lo quería y seguía buscando a un jugador físico que los ayudase a contrarrestar a Magic. Finalmente adquirió a Dennis Johnson el 27 de junio de 1983, procedente de los Phoenix Suns. El traspasado fue Robey, colega y compañero de borracheras de Bird. Los compañeros de Bird insistirían en los años siguientes en que no había sido casualidad que el número 33 ganase su primer galardón de MVP después de que su amigo Robey se hubiese marchado. En aquel momento el fichaje de D.J. se consideró una apuesta arriesgada. Aunque su talento era incuestionable, se había granjeado una reputación de jugador difícil. El entrenador de Seattle, Lenny Wilkens, se había referido a él como un «cáncer», y esa imagen seguía vigente. Con todo, D.J. había demostrado en la Conferencia Oeste que sabía cómo utilizar su físico para defender a Magic.

Los dos Johnson se conocían bien. Solían jugar uno contra otro en Los Ángeles durante los meses de verano y en ocasiones cenaban juntos con sus mujeres. La tradición llegó a un abrupto final cuando D.J. se convirtió en un Celtic. Aquel verano se acercó a Magic cuando estaba acabando un entrenamiento. «En el pasado nos hubiéramos saludado amistosamente, habríamos bromeado un poco y habríamos jugado un rato», cuenta D.J. «Esta vez solo nos saludamos.» «Cuando empezó a vestir el verde de los Celtics, dejamos de ser colegas», confirma Magic.

Mientras los Celtics reinventaban su juego de perímetro con el fichaje de Dennis Johnson, los Lakers también hicieron algunos movimientos para preparar la temporada 83-84. Norm Nixon, un pilar de la rotación durante los seis años anteriores, fue enviado junto a Eddie Jordan a San Diego a cambio del siete pies Swen Nater y los derechos del novato Byron Scott. West entendió que los Lakers necesitaban una amenaza desde el perímetro para explotar los dobles marcajes que recibían Abdul-Jabbar y Johnson. Con todo, el traspaso no fue bien recibido en el vestuario angelino. Nixon era muy querido, y los jugadores tenían dudas acerca del ex de Arizona State. Byron, que desde pequeño había sido seguidor de los Lakers, se percató rápidamente de que le iba a costar ser aceptado como miembro del núcleo duro del equipo. Scott llevó a cabo un primer acercamiento a Magic, quien a sus veinticuatro años era el que más se acercaba a su edad, pero la acogida fue tibia en el mejor de los casos. En los años siguientes se convertiría en uno de los mejores amigos de Johnson, pero en la temporada 83-84 era solo un novato que iba a tener que demostrarle a Magic que merecía estar ahí.

El núcleo de los Lakers, formado por Magic, Kareem, Worthy, Bob McAdoo, Cooper y Wilkes —que sufrió una infección intestinal que lo condenó a un papel secundario en los play-off—, era perfecto para jugar un baloncesto rápido. Los Lakers promediaron 115,6 puntos por noche con un 53,2% de acierto en tiros de campo. Magic, que lideró la liga en asistencias aquella campaña con 13,1 por partido, distribuía el balón con una facilidad estremecedora. «Algunas veces», dice Wilkes, «creo que sabía hacia dónde iba a cortar antes de que lo hiciese».

Boston apostaba por un juego más lento. Solían atacar en estático y, siempre que podían, metían el balón dentro a Maxwell, Bird, Parish o McHale. Los Celtics se prepararon para una larga y agotadora temporada en la dificilísima Conferencia Este, en la que tendrían que superar a equipos muy físicos como Nueva York, Milwaukee o Philadelphia. «Siempre he dicho que el problema de nuestra rivalidad era que los Lakers podían salir a la pista, jugar al 80% y aun así llegar a las Finales, mientras que nosotros teníamos que pelear con uñas y dientes e imponer nuestras armas para llegar allí», argumenta Bird. «Es un hecho que el Este era más fuerte y más físico. Nosotros nos desgastábamos mucho más que los Lakers para llegar a las Finales.»

Aunque ambas plantillas estaban repletas de futuros miembros del Salón de la Fama, los dos entrenadores estaban obsesionados con las dos jóvenes estrellas. En opinión de K.C. Jones, la estatura de Magic y sus excepcionales dotes para el pase eran solo una parte de las razones por las que era tan peligroso. «Magic involucraba a todo el mundo», dice el entrenador de los Celtics. «Hacía que todos se sintieran parte del juego. Era tan divertido de ver que incluso Kareem sonreía de vez en cuando. Y cuando el grandullón estaba contento, los Lakers ganaban partidos.»

Riley estudiaba con detenimiento vídeos de Bird y señalaba los detalles a su equipo, como su preferencia por subir el balón con la izquierda o la habilidad para romper los dos contra uno metiéndose entre los dos rivales. Pero Riley sabía que los detalles técnicos no compensaban la verdadera fortaleza del juego de Bird: su fuerza mental. «Tenías que lidiar con su mente antes de poder discutir siquiera los aspectos baloncestísticos», explica Riley. «Siempre les dije a los chicos que no podrían derrotar a Bird hasta que no entendieran cuánto deseaba ganar, y que estaba dispuesto a hacer cualquier cosa para conseguirlo. Teníamos que superarlo mentalmente, y no estaba nada claro de que eso fuese posible.»

Riley tenía un arma secreta: Michael Cooper, un alero liviano cuya entrega en la parcela defensiva bordeaba la obsesión. Cooper veía vídeos de Bird cuando estaba en la cama con su mujer Wanda antes de irse a dormir y por la mañana mientras se lavaba los dientes. Se llevaba vídeos a todas partes, incluso de vacaciones. «Mi único objetivo era dificultarle al máximo todo lo que hacía», sentencia Cooper. Mientras Cooper analizaba el juego de Bird, el alero de los Celtics veía vídeos de Cooper intentando encontrar las claves de sus buenas defensas. Mientras los veía una y otra vez, se fijaba en dónde estaba Cooper cuando él tenía el balón. ¿Intentaba llevarle en una determinada dirección? ¿A quién mandaban los Lakers detrás de él para el doble marcaje? ¿Qué otros ajustes defensivos estaban utilizando? Bird habló con D.J., que opinaba que debía utilizar un poco más las puertas atrás. También le aconsejó que jugase el bloqueo y continuación más rápido para desbordarle. «Pero la clave», le dijo D.J. a Bird, «es llevarlo al poste. Si lo posteas, no tendrá nada que hacer.»

La capacidad de Magic para romper las defensas y conectar con Abdul-Jabbar para conseguir canastas fáciles le convirtió en el foco de los esquemas defensivos de Boston. Su capacidad reboteadora también preocupaba, y mucho, en Boston. Pocos bases protegían el aro con la intensidad con la que él lo hacía, y eso le ayudaba a lanzar rápidos contraataques. Sus compañeros aprendieron a salir tan pronto como Johnson se movía hacia un balón rebotado tras un fallo rival. Otra cuestión que preocupaba a los Celtics era que Magic había aprendido a usar su físico para sacar ventaja ante bases más pequeños.

Dado que los Celtics habían ganado 62 partidos en la temporada regular, las Finales de 1984 empezarían en su pista, sobre el sacrosanto parqué conocido por sus zonas muertas. Cuando los Lakers estaban a punto de partir hacia Boston, Magic se acercó a hablar con Jerry West, que se negaba a pisar el Garden y veía los partidos en casa. Agarró del brazo a su jefe y le dijo: «No te preocupes, lo haremos bien. Tenemos mejor equipo».

Cuando los Lakers aterrizaron el 26 de mayo en el aeropuerto Logan, tuvieron que esperar casi una hora por sus maletas, blasonadas con el emblema oro y púrpura. Cuando el equipaje apareció por fin en la cinta transportadora, muchas estaban abiertas. No se había perdido nada, comenta Magic, «pero el mensaje estaba claro. Era la forma que tenía Boston de hacernos saber que no estaríamos cómodos allí». El aeropuerto estaba atestado de aficionados de los Celtics que habían desafiado el denso tráfico de la Central Artery con el único propósito de hostigar a su eterno rival. Cuando Johnson estaba recogiendo su bolsa, un adolescente que llevaba una camiseta verde esmeralda con el logotipo del trébol le saludó de forma entusiasta. Magic se paró, esperando una petición de autógrafo: «¡Magic, Larry va a borrarte del mapa!», se burló el chico. Earvin avanzó unos pocos pasos más antes de que otro grupo de «gente verde» —el apodo que recibían los aficionados radicales de los Celtics— le rodease. «Larry te va a comer, Magic», anunció una mujer equipada de la cabeza a los pies con productos de los Celtics. Johnson sonrió con educación y siguió andando. Se sintió aliviado al alcanzar por fin el autobús... hasta que vio que el conductor llevaba una camiseta de los Celtics. Cuando llegó al mostrador del hotel del equipo para registrarse, el encargado de atenderle también vestía con orgullo los colores de los de Boston. «Hasta las cortinas de mi habitación eran verdes», apunta Magic.

La ciudad tenía sed de título... sobre todo si se ganaba ante Magic y los Lakers. En los momentos previos al primer partido, Bird miró a las gradas y sonrió al ver a unos aficionados que caminaban por los pasillos laterales vestidos con sábanas blancas: representaban los fantasmas del pasado de los Lakers. «No tuvo ninguna incidencia en el juego», dice Bird, «pero me encantó que sacasen aquellas sábanas.» Magic también se fijó en los fantasmas y evocó por un momento la decepción que había sufrido West durante los mejores momentos de su carrera. «A mí no me va a pasar eso», se dijo Johnson. «Vamos a acabar con estos tipos.»

El último jugador en entrar a pista en el primer partido fue Abdul-Jabbar, con sus treinta y siete años, que se había despertado aquella mañana con una fuerte migraña, una dolencia que le había atormentado durante toda su carrera. Aunque el dolor era intenso y normalmente le provocaba náuseas y vómitos, Kareem tenía la extraña costumbre de sobresalir cuando las padecía, y aquel primer partido no fue una excepción. Abdul-Jabbar estuvo excepcional (32 puntos, 8 rebotes, 5 asistencias, 2 tapones) en una impresionante victoria de los Lakers 109-115 en la que su característico *skyhook* desconcertó por completo al pívot de Boston, Robert Parish. Bird acabó con 24 puntos y 14 rebotes, pero el resuelto Cooper limitó claramente sus porcentajes (7 de 17 en tiros de campo). Y aunque Abdul-Jabbar se llevó con todo merecimiento los titulares, fue la actuación de Magic lo que más molestó a Bird. «Magic nos destrozó aquella noche», cuenta Bird. «Consiguió canastas fáciles para sus chicos. No me gustó lo que vi.»

K.C. Jones decidió poner de titular al base de 1,88 m Gerald Henderson contra un Magic que medía 2,05 m porque le pareció que, con su velocidad, Henderson lograría dificultar los contraataques de Magic. Fue una decisión que hizo mucho daño a D.J., que se había preparado durante toda la semana para el emparejamiento con Johnson. «Quería enfrentarme a él», contaba D.J., «pero había que ser paciente. Lo último que me hacía falta era que me tildasen de problemático otra vez.»

Magic se quedó sorprendido y encantado a partes iguales al saber que su defensor sería Henderson. El estilo físico de D.J. no le iba muy bien a Magic, que solía estar demasiado pendiente de que D.J. no le robara la cartera. Con Henderson, más pequeño, Johnson tenía la sensación de que le sería más fácil encontrar a Abdul-Jabbar en el poste y generar más oportunidades ofensivas para sí mismo. Magic estaba en lo correcto en ambos casos. Al final del primer cuarto del segundo partido ya llevaba 14 puntos y su confianza estaba al máximo. Magic estaba a punto de conducir a los Lakers a la victoria cuando un error en apariencia menor en los segundos finales llevó a una serie de meteduras de pata que le perseguirían durante el resto de la serie.

Los Lakers ganaban 111-113 con 20 segundos por jugarse cuando McHale, un lanzador con un porcentaje del 78% en tiros libres, recibió una falta y fue a la línea. Al joven ala-pívot le temblaron las piernas y falló los dos. Magic atrapó el rebote del segundo tiro libre. Tenía la victoria en sus manos. Solo debía darse la vuelta, subir el balón y dejar correr el reloj para certificar la ventaja de 0-2. En lugar de eso, de forma inexplicable, pidió tiempo muerto, lo que permitió que Boston preparase su defensa para el siguiente saque de banda. Pat Riley había ordenado a Johnson que pidiese tiempo muerto si McHale metía los dos tiros libres y empataba el partido, pero no había dado instrucciones en caso de que McHale fallase. «Fue culpa mía», dice Riley. «El mayor error de mi carrera. Estaba tan ocupado hablando en la banda con mis jugadores y preparando los segundos finales que ni siquiera miré a ver si McHale metía los tiros libres. Simplemente supuse que lo haría. Earvin hizo lo que le dije. Fue fallo mío. Debería haber estado más atento a lo que estaba sucediendo. Mi mejor jugador había cogido el rebote y lo único que tenía que hacer era cruzar la pista y el partido se habría acabado.» En lugar de eso, la defensa de Boston utilizó el tiempo muerto para marcar de cerca a todos los jugadores de los Lakers. Magic tenía que encontrar a alguien rápidamente. Eligió a Worthy, que llevaba 29 puntos, con 11 de 12 tiros de campo. Pero Worthy lanzó un pase temerario de lado a lado de la pista hacia Byron Scott, y Henderson lo interceptó, penetró a canasta y dejó una bandeja para empatar el partido y entrar para siempre en los anales de la historia de Boston como un auténtico héroe.

Worthy se dio cuenta al instante de que estaba a punto de convertirse en un chivo expiatorio. Había jugado con North Carolina la final de la NCAA de 1982 contra Georgetown. En los segundos finales de aquel épico partido, Fred Brown, el base de Georgetown, había mandado un pase a Worthy que le había costado a los Hoyas el campeonato. «Aquel día en el Boston Garden entendí cómo se había sentido Fred», cuenta Worthy. «Es la sensación más humillante del mundo.»

La muchedumbre del Garden, abatida solo unos instantes antes, estaba ahora en pie. Los gritos de «¡Vamos Celtics!» ahogaron el mensaje que Riley intentaba transmitir a sus jugadores en el corrillo: que aún podían llevarse la victoria. Tenían el balón, a su formidable pívot, a su carismático base y 13 segundos para recuperar la delantera. Pero la confianza de Magic se había esfumado. Había demasiado ruido, demasiada presión, demasiados escenarios a considerar. Subió con cuidado el balón y buscó a un hombre abierto, pero Worthy estaba marcado. Miró a Kareem, pero Parish le estaba negando el pase. A falta de tres segundos se dio cuenta, horrorizado, de que se le acababa el tiempo. Lanzó precipitadamente el balón a Bob McAdoo, pero McHale, con sus brazos largos y desgarbados extendidos, impidió que este pudiese sacar un tiro limpio. «Magic se bloqueó», dice Carr. «Esas cosas pasan. Hay mucho ruido, todo el mundo te está gritando. Y Magic era solo un crío. Todavía estaba aprendiendo.» El público de Boston no se lo podía creer. ¿13 segundos para el final y Magic era incapaz de encontrar una buena posición de tiro para su equipo? Los abucheos empezaron a oírse de verdad. El error se magnificó cuando Scott Wedman, con un tiro lateral, selló la victoria de los Celtics en la prórroga y empató la serie: 1-1. Mientras los Lakers recogían su ropa de calentamiento, Worthy le dio una palmada en la espalda al joven base. Habría dos chivos expiatorios de los Lakers esa noche, no solo uno. «Nunca olvidaré la mirada en la cara de Magic», cuenta Buckner. «Era de absoluta incredulidad. Nunca antes la había pifiado.» «Cuando un jugador de ese calibre hace algo tan inusual, sabes que has tenido suerte», afirma Ainge. «También puedes estar seguro de que pronto lo enmendará.»

Bird sostiene que Magic pudo ser víctima de la ventaja de campo de los Celtics. En 1984 los relojes de posesión de encima de las canastas no tenían cuatro caras ni eran digitales, como en la actualidad. Bird los encontraba poco fiables y, cuando se estropeaban, Boston colocaba otros en forma de caja en la pista. También había relojes suspendidos en las esquinas del Garden, pero a menudo estaban tapados por la chaqueta de algún aficionado. «Parecía como si alguien estuviese tapándoles los relojes», dice Bird. «No me extrañaría que Magic ni siquiera hubiera visto el tiempo que quedaba. Yo era incapaz. Lo que solía hacer era comprobar lo que quedaba durante los tiempos muertos y después descontar mentalmente.»

Tras la derrota, Magic recordó a todo el mundo que los Lakers habían conseguido su objetivo —ganar un partido en Boston—, pero nadie tenía interés en verlo de ese modo. La gente se había quedado en lo mal que habían jugado los últimos segundos. Johnson fue vilipendiado en los medios tanto de Los Ángeles como de Boston por

Magic y Larry pelean por un rebote en el Forum de Los Ángeles en 1984. ANDREW D. BERNSTEIN / NBAE / GETTY IMAGES

su clamoroso error, pero nunca dijo nada sobre las instrucciones de su entrenador para que pidiese tiempo muerto. Soportó en silencio la peor flagelación pública de su corta carrera. «Era uno de los líderes del equipo y, como tal, tenía que aceptar las críticas», declara Magic. «No era el momento de criticar a mis compañeros o a mi entrenador. Teníamos que estar unidos.»

Los Lakers volvieron a California con su base humillado y en un territorio desconocido. Por primera vez en su carrera, Magic tenía que convivir con sus errores, igual que sus compañeros. La noche anterior al tercer partido, el hombre que había labrado su carrera a base de motivación positiva tenía que quitarse de la cabeza los errores que había cometido. No ayudaba a conseguirlo que Bird, su némesis, emergiese como referencia de los Celtics. Riley, al darse cuenta de que su líder estaba atribulado, le dio instrucciones para que corriese después de cada tiro fallado. «Vamos a sacarles del partido», le dijo. Los Lakers comenzaron el tercer partido con un parcial de 18-4 y demolieron a los Celtics 137-104. Sus 51 contraataques propinaron a los Celtics su mayor paliza en la historia de los play-off. Magic estuvo deslumbrante: repartió 21 asistencias y controló completamente el tempo de partido. Bird logró 30 puntos con 12 tiros libres, pero, al ver que se les escapaba la serie, atizó verbalmente a los suyos. «O empezamos a jugar como sabemos o no tenemos nada que hacer», declaró después del tercer partido. «Somos un equipo que juega con alma y corazón, y hoy el corazón no estaba ahí. Es increíble que un equipo como este se deje atropellar de esta manera. Hemos jugado como señoritas.» Su ira no era ni fingida ni pasajera. Bird veía cómo se escapaba otra oportunidad de conseguir un anillo y no iba a quedarse parado sin hacer nada. «Quería pelearme con todos mis compañeros después del tercer partido», cuenta Bird. «Hice todo lo que pude con mis declaraciones para encenderlos. Sabía que si no cambiaba algo, íbamos a perder. Así que les llamé "señoritas", les dije que habían jugado como chicas. No sabía si habría alguna reacción adversa, pero me daba lo mismo. No iba a permitir que Magic festejara delante de mis narices otra vez.»

Cuando los reporteros trasladaron la rajada de Bird a su entrenador, Jones reprimió una sonrisa. Aunque no apoyó ni condenó en público los comentarios de Bird, en privado se mostró encantado de que su mejor jugador hubiese desafiado al equipo. «Era necesario», afirma Jones, «y lo hizo el único hombre que podía salir indemne.» Y aunque las críticas impactaron al gran público, sus compañeros ya estaban acostumbrados a ese tipo de reprimendas. Desde el momento en que se había enfundado la camiseta de los Celtics, Bird había exigido excelencia tanto a sí mismo como a aquellos que le rodeaban. «Larry siempre decía ese tipo de cosas», dice Ainge con resignación. «Sabíamos que habíamos jugado un partido desastroso. Los comentarios de Larry normalmente reflejaban cómo nos sentíamos como equipo.»

Cuando Bird regresó a su habitación de hotel en Los Ángeles, la luz del contestador del teléfono estaba parpadeando. No estaba de humor para hablar con nadie y no se molestó en escuchar los mensajes. En plena noche, sonó el teléfono. Steve Riley, uno de los máximos responsables del departamento de ventas de los Celtics y amigo personal de Bird, estaba al otro lado de la línea.

—Tíos, lo lleváis claro. Esto se ha acabado —dijo Riley.

—¡Y una mierda! —repuso Bird— Todavía queda mucho.

A la mañana siguiente, Magic estaba recogiendo algo de ropa limpia en la lavandería de Culver City cuando un aficionado le preguntó si pensaba que James Worthy sería MVP de las series cuando los Lakers certificasen la victoria. El líder de los Lakers torció el gesto. Había leído los comentarios de Bird y entendía el mensaje que había tras esas palabras. Sabía que la serie estaba lejos de acabarse.

Mientras Johnson hacía sus tareas, K.C. Jones reunió a Bird y sus compañeros en el vestuario visitante del Forum. Cerró la puerta, apagó las luces y encendió el proyector. «Mirad esto», dijo Jones... y se calló. Chris Ford, el entrenador ayudante, empezó a pasar el rollo de película, con fragmentos repetidos en los que los Lakers sacaban de la pista a los Celtics. Los jugadores se quedaron sin palabras. Las imágenes de Scott conectando tiros tras bote cómodamente desde las alas, Worthy yendo hacia la canasta y saliendo indemne, y Magic, solo a campo abierto, mandando pases sin mirar hacia sus compañeros lo decían todo. «Ese era el estilo de K.C.», dice Ford. «Ver el vídeo. Ver la vergüenza. Hacer algo para evitarla.» Jones encendió las luces de nuevo, miró a sus jugadores y les dijo: «No más bandejas».

Mientras los jugadores se trasladaban a la pista del Forum para comenzar el entrenamiento, McHale se volvió hacia Ainge, su mejor amigo en el equipo, y le dijo: «Tenemos que hacerle una falta dura a alguien». Ainge frunció el ceño. Él había asumido el papel de adversario agresivo desde el día en que se había enrolado en los Celtics. A menudo era el último hombre que defendía los contraataques del rival y no pocas veces había tenido que parar como fuera a Magic o a cualquier otra estrella de los Lakers y aguantar luego su ira. «Kevin, ¿cuándo le has pegado tú a alguien?», preguntó. McHale se rio, pero no estaba de broma. «En aquel momento éramos unos tipos bastante ariscos», concluye Ainge.

Antes del cuarto partido, Jones cambió la asignación de D.J. Le tocaría ser la sombra de Magic durante el resto de la serie. Solo entonces reveló D.J. a su entrenador lo decepcionado que había estado por no asumir aquel rol en primera instancia. «Me habría encantado que D.J. dijese algo antes», dice Jones, «Si lo hubiese hecho, le habría dejado encargarse de Magic.» Aunque D.J. consiguió limitar la aportación de Magic, los Lakers iban ganando de seis (76-70) en el tercer cuarto cuando Rambis, el obrero del equipo de Los Ángeles, se fue a por el aro en un contraataque. McHale, llegando desde atrás, recordó la orden de su entrenador: nada de bandejas fáciles. Mientras Rambis seguía hacia la canasta, Carr azuzó a McHale: «¡Dale!». Rambis se acercaba a la canasta. McHale ya se había hecho a la idea de agarrar al ala-pívot de los Lakers y derribarlo, lo que era una práctica común —y aceptada— a mediados de los ochenta en jugadas de contraataque. Pero Rambis estaba más lejos de la canasta de lo que McHale había calculado y cuando el ala-pívot de los Celtics soltó el golpe no fue capaz de amortiguar su caída de la manera que había previsto. Aunque Rambis sabía que un jugador de Boston venía hacia él, al principio no pudo identificar al agresor. Le pareció que se acercaba a una velocidad considerable, por lo que se concentró en retener

El momento en que Kevin McHale carga sobre Kurt Rambis durante el cuarto partido de las Finales de 1984, lo que a la postre fue decisivo para la victoria final de los Celtics. PETER READ MILLER / SPORTS ILLUSTRATED / GETTY IMAGES

el balón y protegerse del contacto. La última cosa que vio antes de recibir el golpe fue su propio pie, que parecía estar casi a la altura del aro. «Joder, esto va a doler», pensó Rambis mientras McHale le placaba y le dejaba por los suelos. «Ay, ay, ay, que se va a liar», se dijo McHale al darse cuenta de lo fuerte que había golpeado a Rambis.

El ala-pívot de Los Ángeles tuvo suerte, ya que en lugar de aterrizar sobre su cabeza, como temía, fue la espalda la que absorbió la mayor parte del golpe. Cuando su cuerpo chocó contra el suelo, lo primero que pensó fue: «No me duele nada». Lo segundo fue: «¿Dónde está McHale?». Rambis se levantó y cargó contra el ala-pívot de los Celtics, pero este estaba detrás de Worthy, que al percibir la presencia de un cuerpo en movimiento que se aproximaba desde detrás, se dio la vuelta para defenderse. Worthy empujó a Rambis contra el árbitro Jess Kersey y un grupo de periodistas que estaban a pie de pista sin percatarse de que estaba atacando a su propio compañero. Cooper, cansado de los ataques verbales de Carr desde el banquillo, arremetió contra él y los dos banquillos se vaciaron. Aunque no se lanzaron puñetazos, el golpe psicológico que habían soltado los Celtics era evidente.

McHale observó los acontecimientos entre temeroso y aliviado. La falta flagrante era tan poco de su estilo que incluso su entrenador admitiría más tarde haber «flipado» con la acción. «La gente dice que estaba planeado», comenta McHale, «pero no es cierto. Si lo hubiese estado, se lo habría hecho a Magic, Kareem o Worthy. Tenían a muchos jugadores más importantes que Rambis.» La pelea desató un caos en la pista y un tumulto en las gradas. Los Lakers, que estaban a punto de dejar sentenciada la serie, perdieron la compostura. Dejaron escapar una ventaja de 5 puntos con menos de un minuto por jugar con dos tiros libres de Bird y una canasta con adicional de Parish.

Como era de esperar, el partido se decidiría en el último minuto de la prórroga. D.J. falló por dos veces desde dentro de la zona y Magic capturó el rebote. Johnson salió al galope para conseguir lo que habría sido un contraataque tres contra uno y una canasta fácil para los Lakers, pero los árbitros ya habían pitado falta a D.J. por agarrarle después del tiro fallado. Magic fue a la línea de tiros libres con 35 segundos en el reloj. Normalmente su concentración cuando lanzaba tiros libres era perfecta, pero ahora se pensaba dos veces todos los movimientos que hacía en la pista. El primer lanzamiento se fue largo. El segundo, también. En el banquillo de los Lakers, Abdul-Jabbar, que había sido eliminado por faltas, no quiso ni mirar. Bird cogió el rebote y los Celtics pidieron tiempo muerto. «Ahí fue cuando supe que los teníamos», dice Bird.

Magic, cuya sonrisa de anuncio se había borrado hacía mucho, caminó hacia el banquillo entre perplejo y avergonzado. Al haber fallado los tiros libres por culpa de los nervios, había dejado a su equipo peligrosamente cerca de perder el partido. Boston emergió del corrillo con un plan: encontrar a Bird. Maxwell y Parish bloquearon a Cooper, que se escurrió al tratar de pasarlo, lo que forzó a Magic a cambiar y defender a Bird. Cuando este se dio cuenta de que Johnson le estaba defendiendo, pidió desesperadamente el balón. Era lo que había estado esperando: los Celtics perdiendo 2-1 la serie, en casa de Magic y los dos cara a cara en la trinchera para decidir el partido. Era la oportunidad para redimirse de lo de 1979, cuando Johnson había destrozado sus sueños en la final de la NCAA. «En aquel momento», afirma Bird, «supe que tenía que meter el tiro.» Y lo hizo: embocó una elegante media vuelta por encima de Magic que atravesó limpia la red y puso a Boston en ventaja 123-125 a falta de 16 segundos. Aunque el partido no estaba ni mucho menos acabado, la tendencia se había invertido claramente. Cuando Worthy fue a la línea de tiros libres con la oportunidad de empatar, Carr, en voz baja, le dejó un mensaje: «Vas a fallar». El primero se quedó corto y Maxwell cruzó la zona con los brazos en alto para intentar desconcentrarle. Riley, mirando desde el banquillo de los Lakers, estaba indignado, aunque sus jugadores no parecían compartir su estado. Vencieron los Celtics, y los Lakers perdieron algo más que un partido. Perdieron el control de la serie. En las entrevistas pospartido Riley definió a Boston como «una banda de matones». Maxwell y Carr se burlaron de los Lakers por ser incapaces de rematar el trabajo. La agresión a Rambis fue señalada como el momento clave del partido y, en retrospectiva, de las Finales. «Antes de que McHale golpease a Rambis, los Lakers estaban cruzando la calle cuando querían», contaba Maxwell entre risas. «Ahora paraban en el cruce, pulsaban el botón, esperaban a la luz verde y miraban a ambos lados.»

Mientras los jugadores de los Celtics subían al autobús del equipo y se dirigían al aeropuerto para volar hacia Boston, un exaltado Bird se dejó caer al lado de D.J. y dijo: «¿Te puedes creer que aún estemos vivos? Nos están regalando el título». D.J. hizo un gesto de asentimiento. Había anotado 22 puntos en el cuarto partido y acabaría promediando 21,5 en los últimos cuatro de la serie. No fue casualidad que su producción coincidiese con su nuevo emparejamiento defensivo. Magic le motivaba como ningún otro rival. «D.J. fue mi defensor más inteligente», afirma Magic. «Sabía cómo hacer los ajustes. Si yo estaba cómodo con un movimiento determinado, D.J. se decía: "Se acabó eso en el último cuarto. No lo vas a usar". A Gerald Henderson podía llevarle todo el partido descifrar lo que yo estaba haciendo. Algunas veces ni siquiera se daba cuenta de las cosas hasta la sesión de vídeo del día siguiente.»

El quinto partido se celebraba en el viejo Boston Garden, testimonio de tantas y tan colosales decepciones de los Lakers en el pasado. Boston estaba sufriendo una ola de calor y no había aire acondicionado en el recinto, por lo que la temperatura subió hasta cerca de los 37 grados en la pista a la hora del partido. Un empleado de los Lakers llevó un ventilador al sofocante vestuario, pero proporcionó poco alivio. «Era horrible estar allí dentro», relata Magic. «Ya había empapado de sudor el uniforme antes incluso de la charla prepartido.»

Aunque el vestuario de los Celtics era más grande, resultaba igualmente opresivo. Aun así, Bird se mostraba optimista en las horas anteriores a ese quinto encuentro. Había dormido poco la noche previa repasando las acciones de los cuatro primeros partidos de las Finales y se había despertado exhausto. «Estaba preocupado por cómo íbamos a evitar que Magic controlase el ritmo», dice. Durante el trayecto desde Causeway Street hasta el Garden, el cansancio fue sustituido por la adrenalina. No le preocupaban ni el calor ni la humedad: no eran peores que el calor veraniego de French Lick. Cuando llegó al Garden se sintió aliviado al comprobar que sus compañeros tampoco iban a arredrarse por la sofocante temperatura. «Éramos el equipo "sucio"», afirma Maxwell. «No estábamos acostumbrados a jugar de lujo, como los Lakers. Nosotros funcionábamos sin florituras.»

Con un buen número de estadounidenses viéndole por televisión, Bird realizó una de las mejores actuaciones de su carrera: anotó 34 puntos con 15 de 20 tiros de campo y capturó 17 rebotes. Conectó tiros desde el perímetro, penetraciones con la mano izquierda, tiros desde el poste y palmeos en contraataque. «Lo estaba metiendo todo», cuenta Bird. «Tenía ese ritmo con el que todos soñamos. Era una sensación tremenda. Y nuestro público estuvo fantástico. Después del quinto partido sentí que lo teníamos.» Al ver a Bird dominar el partido, Jones esperó cuando menos un atisbo de euforia por su sobresaliente actuación, pero su comportamiento no cambió. «Cuando ves un partido como ese, te imaginas que el chico va a dar saltos de alegría», dice K.C. «Larry, no. Lo hizo sin alharacas. En ese aspecto era totalmente distinto a Magic.»

La imagen más perdurable de aquella victoria por 119-108 fue la de Abdul-Jabbar tirado en el banquillo de los Lakers, respirando oxígeno a través de una pequeña máscara conectada a una bombona. El pívot hizo un 7 de 25 en tiros y se apagó en medio del sofocante calor de Nueva Inglaterra. Aun así, los Celtics sabían mejor que nadie que no podían dar por muerto a un futuro jugador del Salón de la Fama ultracompetitivo y que seguía disponiendo del arma más letal de la serie: el imparable *skyhook*.

Magic se mantuvo alejado del pívot en los momentos posteriores a la derrota. Cuando los Lakers regresaron a casa —lo que implicaba otro vuelo de lado a lado del país para ambos equipos—, Abdul-Jabbar padecía otra migraña. Kareem vomitó en el vestuario antes del sexto partido; después salió, anotó 30 puntos y cogió 10 rebotes. Worthy, en un intento de contradecir la opinión cada vez más extendida de que los Lakers eran blandos, estampó a Maxwell contra el soporte de la canasta. Los Celtics no se dejaron impresionar por el intento de Los Ángeles de imitar el juego físico de la Conferencia

Este. Estaban convencidos de que habían mermado la confianza de Magic, y Carr se pasó la mayor parte del sexto partido intentando desconcentrarle. «Vamos, risitas», soltaba Carr. «Muéstranos una de tus sonrisitas.» «Oye, Magic», le dijo en la siguiente ocasión en la que pasó delante del banquillo de Boston, «¿vas a pedir tiempo muerto?» El normalmente imperturbable Johnson no aguantó las payasadas de Carr y se encaró con el banquillo de los Celtics en los últimos minutos del tercer cuarto. «Muy bien, risitas, ven a por mí. Estoy preparado», le desafió Carr. El árbitro Darrell Garretson entró en escena y señaló directamente a Carr.

—Si no se sienta y se está quieto, le voy a echar del partido.

—Ya ves —repuso Carr—. Tampoco estoy jugando.

Los Celtics estaban tan confiados con su ventaja al descanso (59-65) que comenzaron a tapar sus taquillas con plásticos con vistas a la celebración bañada en champán que tendría lugar después del partido. Avanzado el último cuarto, Maxwell seguía convencido de que Boston iba a certificar el título. «Lo tenemos», le dijo a Carr en el banquillo.

Riley necesitaba un revulsivo y recurrió al joven Byron Scott, que se había pasado toda la temporada atendiendo a sus compañeros. Scott anotó cuatro tiros claves que iniciaron la remontada angelina. «¿Quién demonios es Byron Scott?», preguntó Maxwell mientras veía a Scott robarles la victoria y mantener vivas las esperanzas de los Lakers. A pesar de los 28 puntos y 8 de 11 en tiros de campo, Bird terminó el encuentro frustrado por lo poco que había entrado en juego. Quería el balón y quería de todas todas acabar la serie en Los Ángeles, pero Magic, que anotó 21 puntos, repartió 10 asistencias y cogió 6 rebotes, no iba a permitirlo. No quería que Bird se regodease en su pabellón. «¡No en nuestra casa!», arengó Johnson a sus compañeros.

Mientras los Celtics enfilaban hacia el túnel de vestuarios, el público les lanzó objetos. Carr fue alcanzado en un ojo por un vaso lleno con una mezcla de mostaza, cerveza y perritos calientes masticados. A primeras horas de la mañana siguiente, después de que los Celtics hubiesen tomado un vuelo nocturno hasta el aeropuerto neoyorkino de LaGuardia y mientras estaban esperando el enlace a

Boston, Auerbach se acercó a Bird para intentar medir su estado de ánimo.

—¿En qué piensas? —preguntó.

—Vamos a ganar el siguiente sí o sí —respondió Bird—. Deberíamos haber ganado en su pista. Estoy muy cabreado. Lo teníamos hecho. Este no se nos va a escapar.

Jerry Buss, el propietario de los Lakers, tuvo una charla parecida con su joven estrella mientras viajaban de vuelta a Boston. Aunque los Lakers habían ganado el sexto partido, Buss tenía la sensación de que Magic estaba algo distraído y desanimado. Era una faceta suya que nunca había visto antes, y le preocupaba. «Normalmente Earvin se sacudía los errores bastante bien», afirma Buss. «Pero esta vez era diferente.» Y tenía razón. Era diferente. Magic había sido siempre un ganador: en el instituto, en la universidad, en su primera temporada como profesional, pero ahora estaba frustrado por su irregularidad, exacerbada en su cabeza por las jugadas decisivas que Bird había realizado. Perder contra los Celtics y Larry Bird en su primer cara a cara en las Finales tras tener la serie en la mano iba a ser difícil de encajar.

Los Celtics nunca habían perdido un partido por el título en su propia pista. K.C. Jones se lo recordó a su equipo antes del séptimo encuentro. Riley hizo lo propio con los suyos. Carr salió del vestuario para el calentamiento con unas gafas. Desde el club aseguraron que eran para protegerle el ojo, pero la mayoría de los 14.890 aficionados de los Celtics que asistían al partido sabían la verdadera razón: burlarse de Kareem, que llevaba unas similares.

En el corrillo previo al salto inicial, Magic analizó los rostros de sus compañeros. Kareem, como siempre, era una página en blanco, imposible de leer, pero cuando miró a los ojos del resto de titulares, vio lo que más temía: dudas. «Habíamos perdido nuestra ventaja», dice Magic. «La agresión a Rambis había cambiado totalmente la serie.» A seis metros de allí, en el corrillo de Boston, Bird hizo lo mismo que Magic y lo que vio fue a un grupo de veteranos relajados y confiados. Momentos antes, mientras K.C. repasaba la táctica, el siempre arrogante Maxwell anunció: «Tranquilos, muchachos, os voy a llevar en volandas».

Maxwell hizo honor a su bravata. Estuvo eléctrico en ambos lados de la pista, anotó 24 puntos con 8 rebotes y 8 asistencias, y 14 de 17 tiros libres. Boston regresó a lo que mejor hacía —castigar a los rivales en la pintura— y acabó con una asombrosa ventaja en rebotes: 52-33. Bird sumó 20 puntos en otra noche mediocre en el lanzamiento (6 de 18), pero estuvo perfecto desde la línea de personal con 8 de 8 y, además, cazó 12 rebotes. Los Ángeles intentó a la desesperada una remontada en el último suspiro y pudo recortar la distancia a un solo punto en el último minuto, pero D.J., que había sido la sombra de Magic durante toda la noche, le robó el balón a su amigo y certificó el título con un par de tiros libres.

Mientras Bird y sus compañeros se empujaban unos a otros en dirección al centro de la cancha, Magic caminó hacia el mismo diminuto vestuario visitante que Jerry West había ocupado dos décadas antes. Como había hecho su mánager general después de una dura derrota contra Boston, se sentó con el uniforme completo durante varios minutos, intentando desentrañar por qué todo había salido mal. «Los Lakers, en mi opinión, mostraron su auténtico rostro», sentencia Bird. «Siempre pensé que eran blandos, y aquella temporada lo fueron.»

Mientras los Celtics celebraban enloquecidos en la pista, Magic se metió en la ducha. Normalmente era amable y servicial con los medios, pero ese día apenas podía mirar a sus compañeros, y ya no digamos a la prensa nacional. Permaneció sentado en el suelo de la ducha al lado de Cooper durante casi media hora, con el agua cayendo sobre él. «Ni toda el agua del mundo iba a llevarse aquel dolor», dice Riley. Finalmente, el entrenador dejó pasar a Aguirre y Thomas para que le animasen. «Creo que no llegué a recuperarme del segundo partido», concede Magic. «No mantuve el control después de aquello. Era la primera vez que fallaba en una situación importante. Solía superarlas, esa vez no lo hice y luego ya no supe reconducir la situación. En lugar de decirme que solo era un partido y que había que centrarse en lo que quedaba de serie, me quedé pensando en él, y la frustración me acompañó durante toda la serie.»

Mientras los Lakers subían tranquilamente al autobús del equipo, los aficionados de los Celtics celebraban la victoria como locos en la calle. A los pocos minutos identificaron a los pasajeros del lujoso autobús aparcado cerca del muelle de carga del Garden. Un grupo de más de cien personas rodeó el autobús y empezó a moverlo de lado a lado. El conductor llamó por radio para pedir ayuda, y los jugadores de los Lakers se metieron debajo de los asientos cuando los aficionados empezaron a tirar objetos contra las ventanas. «Fue horrible», cuenta Magic. «Para empezar, estábamos todos destrozados por la derrota, y ahora encima rodeaban el autobús y nos barraban el paso. Pero no teníamos elección. Teníamos que quedarnos allí sentados y aguantar el chaparrón.» Después de varios minutos, la policía dispersó a la multitud. Finalmente el autobús se abrió paso hasta el Sheraton Hotel, con un puñado de «gente verde» persiguiéndolo. Magic abrió la puerta de su habitación y dejó su estéreo portátil sobre la cómoda. Estaba apagado, como durante todo el día. Aguirre y Thomas entraron detrás. Aunque Magic apreciaba su amistad, quería estar solo. «Cuando por fin se marcharon, lloré como un niño», confiesa.

Los Celtics habían trasladado su celebración del Chelsea's a Winchester, un barrio de Boston, a dieciocho kilómetros del hotel de Johnson, a la casa del director de márketing del club, Mike Cole. Bird se quedó hasta la salida del sol, disfrutando de la sensación de haber eliminado a los *Fakers*. «Fue una de esas noches que uno desea que no acabe nunca», dice.

El alero, todavía bajo los efectos de la celebración, concedió una entrevista en directo a un programa de radio por la mañana. El equipo iba a salir en poco tiempo para visitar al presidente Reagan en la Casa Blanca, y Bird anunció que él no iría. «Si el presidente quiere verme, sabe dónde encontrarme», bromeó.

En la mañana del 13 de junio, Magic estaba de pie en el recibidor con las maletas hechas. Eran las seis de la mañana, pero estaba completamente despierto. En realidad no se había acostado, igual que Bird. «Fue la peor noche de mi vida», afirma. «Me dije: "Nunca jamás olvides cómo te sientes en estos momentos".»

A la mañana siguiente a la celebración de Boston, Bird se fue por fin a su casa a echar una cabezada. A media tarde, Buckner, que acababa de ganar su primer título NBA, fue a casa de Larry con ganas de seguir festejando. Dinah informó a Buckner de que Larry no estaba. «Había salido a correr», cuenta Buckner. «Cuando volvió le dije: "Tío, ¿qué haces?".» Bird le miró socarronamente antes de contestar: «Me estoy preparando para la temporada que viene».

6

26 DE SEPTIEMBRE DE 1984
Palm Springs, California

«¡NI UNA BANDEJA MÁS!», gritó Pat Riley, el entrenador de los Lakers. Estaban solo en el primer día de pretemporada y Riley ya estaba de los nervios. Pero era comprensible. A los Lakers se les había hecho muy largo el verano desde que los Celtics les arrebataran el título de 1984 en junio. De un día para otro, su reputación de equipo espectacular, moderno y dinámico se había deteriorado y ahora no eran más que una colección de tipos nerviosos y blandos con un rendimiento muy inferior a su potencial.

Magic, el jugador que mejor personificaba el *Showtime*, cargó con la mayor parte de la culpa por la implosión del equipo. Después de su irregular actuación en las Finales de 1984, regresó a su apartamento de Culver City y se refugió allí durante tres días. Cuando por fin se atrevió a salir, como hacía normalmente para comprar leche o alquilar una película, el ambiente en la calle estaba tan tenso como se temía. «*Fakers!*», le gritó un aficionado cuando pasaba con su descapotable al lado de la estrella de los Lakers. Recibió el mismo mensaje, aunque de una forma algo más amable, cuando regresó a casa, a Michigan, en busca de consuelo familiar. Nada más llegar a su retiro en Lansing, sus amigos querían respuestas. «Oye, los Celtics os han ganado», preguntaban sus amigos, perplejos. «¿Qué te ha pasado?»

La angustia de Johnson se agravó por los honores que recibía Larry Bird. La estrella de los Celtics emergió de las Finales como un jugador valiente y fiable, adjetivos que antes siempre se habían usado para definir a Magic. La joven estrella de los Lakers no estaba acostumbrada al fracaso y tampoco estaba preparada para lidiar con los ataques personales que recibía. Su autoestima se construía a base de pensamientos positivos propios y, por primera vez en toda su carrera, no podía traer a la mente uno solo. Magic se pasó el verano revolcándose en su propia pena. «Fue lo mejor que le pudo pasar», afirma Riley. «Estaba tocado, quería volver atrás y salvar la cara. Todos nos sentíamos igual. Queríamos tener la oportunidad de espantar los fantasmas.»

Un mes después de la derrota, Riley hizo algo poco habitual: escribió una carta a cada jugador. La misiva que redactó para Magic era una petición de perdón. Le animaba a crecer y aprender de sus errores, algo que él mismo también iba a hacer. «Te respeto y te quiero», escribió Riley. «Somos guerreros y no nos dejaremos derrotar por esto. Los grandes guerreros vuelven más fuertes que antes. Sé que lo harás.» Al cabo de unas semana llegó una segunda carta que ordenaba a Magic pasar página. «Ha llegado el momento», escribió Riley, «de que dejemos de ser las víctimas.» El entrenador también dejaba claro que esperaba que Johnson llegase a la pretemporada en la mejor forma de su vida y le sugería que su peso debía estar entre los noventa y siete y los noventa y nueve kilos. Magic se presentó con noventa y seis para demostrar que se tomaba en serio la redención. La tercera carta, recibida una semana antes de la pretemporada, era una llamada a la acción. «Prepárate para trabajar», le aconsejaba Riley. «Te apretaré más que nunca. Mejor será que hayas trabajado tu tiro exterior. Y que hayas afinado tu puesta a punto, porque te voy a hacer mover el trasero.»

Magic estaba listo. Había pasado el verano entrenando con Aguirre y Thomas, alternando ejercicios de preparación física con otros específicos de baloncesto que le dejaban tan exhausto que, por las noches, literalmente, se caía en la cama. Durante una de las primeras sesiones de pretemporada, el alero James Worthy cruzó la pista sin oposición para hacer un mate. Riley paró la jugada: le rechinaban los dientes. «¡No quiero bandejas fáciles!», vociferó. «A partir de ahora, si no paráis al jugador que está yendo hacia canasta, si no le tumbáis, os voy a multar.» La orden era un recordatorio de la contundencia con la que los Celtics habían golpeado a los Lakers en las Finales. Magic y sus chicos no habían sabido contrarrestar la dureza de Boston, y Riley estaba disparando la alarma: era hora de responder.

Riley introdujo un nuevo ejercicio que exigía que un defensor cerrase a un reboteador durante veinticuatro segundos, toda una vida en la NBA. Era tan duro y exigente que no pocas veces los jugadores de los Lakers acabaron volviéndose unos contra otros, intercambiando improperios... y ocasionalmente también puñetazos. Michael Cooper defendía a Magic en los bloqueos y le golpeaba cuando intentaba penetrar. Johnson empujaba a su amigo, y Cooper simplemente le pegaba más fuerte. Riley era incansable y llevaba a su equipo al borde del agotamiento. Creó un clima de tensión y competitividad, y se alegraba cada vez que los jugadores acababan los entrenamientos cabreados. «Fue importante para el grupo estar cabreados», explica Byron Scott.

La llamada a las armas de Riley se vio reforzada por el regreso de Mitch Kupchak, que solo había jugado treinta y cuatro partidos la temporada anterior por culpa de una lesión de rodilla. Kupchak había sufrido múltiples operaciones para prolongar su carrera y no rehuía el contacto. Durante la pretemporada de 1984 recibió un codazo en la cara y en lugar de que le curasen el corte, por el que sangraba profusamente, se puso una venda en la ceja y jugó durante una hora y media más antes de que el médico del equipo le cosiese.

Mientras «¡Nada de bandejas!» se convertía en el grito de batalla en Palm Springs, los Celtics campeones se reunieron en el Hellenic College de Brookline, Massachusetts, con un mantra: «No decepcionar». En el *training camp*, los jugadores notaron una ausencia significativa. Cedric Maxwell, cuya gran actuación en el séptimo partido de las Finales de 1984 había sido determinante para conseguir el campeonato, estaría ausente mientras negociaba con Auerbach un nuevo contrato. Gerald Henderson, que se había enzarzado en el mismo tipo de disputa la temporada anterior, fue traspasado a Seattle el 16 de octubre a cambio de una futura primera ronda. Por su parte, M.L. Carr tenía la intención de retirarse, pero Auerbach le forzó a aceptar otro año de servicio. Carr se quejó, pero reconsideró su decisión casi de inmediato. «Pensándolo ahora», dice, «probablemente no debería haberlo hecho. Ya no podía darlo todo, y para chicos como Larry, que todavía podían hacerlo, probablemente era injusto que siguiese allí. Pienso que eso no ayudó a nuestra química.»

Bird percibía un aire de conformismo entre sus compañeros, algo que le disgustaba. El margen de error de Boston contra los Lakers era mínimo, y tenían que seguir concentrados y motivados si querían repetir como campeones. Aunque todavía trabajaban mucho, «ganar ya no se percibía como una cuestión de vida o muerte... excepto para Larry», observa Carr. Con todo, Boston era de nuevo favorito en la Conferencia Este y por buenas razones. Kevin McHale estaba llegando a su verdadero nivel y se mostraba casi imparable en el poste bajo con su arsenal de fintas y amagos. McHale, de hecho, se convirtió en el modelo con el que todos los entrenadores de instituto enseñaban a sus jugadores jóvenes a mantener el balón muy por encima de la cabeza al rebotear. Parish, por su parte, se había consolidado como un pívot fiable, que corría la pista con la elegancia de un alero. Bird tenía veintiocho años y estaba en el mejor momento de su carrera.

Boston ganó quince de los primeros dieciséis partidos. Bird analizó la clasificación y vio que los Lakers perdían cinco de sus primeros ocho encuentros. Sabía, sin embargo, que era demasiado pronto para sacar conclusiones de sus rivales del Oeste. Riley se había obsesionado con ganar a los Celtics y se refugió en su despacho, situado detrás de su casa de Brentwood, para diseccionar cintas del hijo predilecto de Boston, buscando grietas en la aparentemente impenetrable armadura de Bird. Esa temporada, las asignaciones defensivas de Riley se diseñaron con los movimientos de Bird, Parish y McHale en mente, y los sistemas ofensivos se crearon para explotar las debilidades de los Celtics. Aunque en público los Lakers fingían indiferencia acerca de la fortuna de su enemigo de la Costa Este, en privado era otra cosa.

En la víspera del encuentro inaugural de la temporada, Riley le recordó a su base los objetivos del equipo. «Que esto quede muy claro», informó Riley a Magic Johnson, «nuestro objetivo no es solo volver a las Finales: es ganar a los Celtics».

La 84-85 fue la temporada piloto de un proyecto de Pat Riley llamado «Máximo esfuerzo de mi carrera». El entrenador de los Lakers recogió los datos esenciales de las estadísticas, aplicó un más/menos a cada columna y dividió el total por los minutos jugados. Calculó una ratio para cada jugador y les pidió que mejorasen su rendimiento al menos un 1% durante la temporada. Si lo conseguían, conseguirían un «Máximo esfuerzo de mi carrera». Para Kareem y Magic era un desafío importante porque ya estaban funcionando a un nivel muy alto. «Pero si los otros doce jugadores lo conseguían, estaba convencido de que tendríamos opción de ganarlo todo», afirma Riley.

El sistema era algo simplista, pero el modo en que el entrenador manipuló los datos fue lo que lo hizo tan efectivo. Riley registraba rutinariamente las actuaciones de todos los jugadores de la NBA y destacaba los logros de Bird y Michael Jordan. Según el sistema, los jugadores fiables y sólidos generalmente tenían una puntuación de 600, mientras que las estrellas registraban al menos 800. Magic, que consiguió 138 triples dobles en su carrera, a menudo superaba los 1.000. Riley anunciaba las mejores actuaciones de la liga con grandes letras en la pizarra todas las semanas y las comparaba con las de su propia plantilla.

Algunos jugadores no hacían demasiado caso a la estrategia de Riley para motivar a los suyos, pero no era el caso de Magic, que quería conseguir la mayor puntuación, no solo de los Lakers, sino de toda la NBA. De hecho, normalmente era el único jugador que estaba en el vestuario mientras Riley y su ayudante Bill Bertka escribían las instrucciones de cada partido en la pizarra. Riley a menudo aprovechaba ese momento de tranquilidad para pinchar a su estrella con su munición estadística. «Earvin», le decía, «tienes unos números magníficos para un base, pero mira lo que tu amigo Bird ha hecho esta semana. Te ha ganado.» Johnson permanecía en silencio. «Has tenido una mala semana, Buck», continuaba. «Mira qué números ha hecho Michael.» Magic tampoco decía nada. No había nada sutil en lo que Riley estaba haciendo, y aun así Johnson caía en la trampa cada vez. Le molestaba ver sus números en la parte alta de la pizarra por detrás de los de las grandes estrellas de la liga, lo que alegraba la vista a sus compañeros. Magic se propuso superar a Bird y Jordan en la siguiente ocasión en la que se anunciasen los datos, justo lo que quería Riley.

Riley estaba en lo correcto con Bird: el alero de Boston estaba firmando grandes números y ganaría su segundo MVP en 1985, pero su gran objetivo era otro. Lo que de verdad quería Bird era ganar su segundo título consecutivo, y torció el gesto cuando Maxwell apareció finalmente en uno de los entrenamientos de pretemporada con un nuevo contrato y anunció alegremente: «Se acabó mi carrera, chicos. Cerrad los libros. Ya tengo la pasta». No había duda de que Maxwell no era un candidato para el «Máximo esfuerzo de mi carrera». El parón le había dejado por debajo del nivel mínimo exigible, tanto en ritmo como en estado físico. El día que los Celtics jugaron contra unos Cleveland Cavaliers en horas bajas, Maxwell bromeó: «Esto lo dejo para vosotros, tíos. Yo no juego partidos contra suplentes. Me reservo para los titulares». «Se suponía que era una broma», dice Ainge, «pero a nadie le hizo gracia.»

A Bird desde luego no le gustó. Había que tener en cuenta muchas variables para hacer una gran temporada, y no estaba de humor para arriesgar las opciones de Boston porque uno de sus compañeros no se sintiese jugador. Una mañana, durante un entrenamiento, Maxwell se echó la mano a una pierna y dijo: «Alguien se ha caído encima de mi rodilla, esto son como mínimo seis semanas de baja». «Tráeme a ese hijo de puta aquí y lo abriré en canal», gruñó Bird. «Ese tipo de negatividad me molestaba mucho», dice. «Estábamos intentando ganar dos títulos consecutivos, algo que nadie había hecho en más de quince años, y Max quería dejarnos tirados.»

Irónicamente Maxwell sufriría un desgarro en el cartílago de la rodilla en febrero. Intentó jugar, pero el fragmento le bloqueaba la articulación y el dolor no le dejaba dormir, y tenía que recurrir a calmantes durante el día. Después de la derrota de Boston contra los Lakers del 17 de febrero, le hicieron una artroscopia. McHale le sustituyó en el quinteto titular y ya nadie le movería de allí durante el resto de su carrera.

Cuando Maxwell regresó tuvo que aceptar su nuevo rol de suplente. El veterano estaba descontento, pero cada vez tenía menos aliados en el vestuario y sus quejas no tuvieron eco. «Max estaba fuera de forma cuando volvió», cuenta Bird. «No hizo la recuperación como le mandaron, y yo me enfadé mucho con él, porque era muy bueno... Era un jugador cojonudo cuando le daba la gana. Pero toda esa cháchara... podía acabar con uno. Consiguió su dinero y se abandonó. Max me cae bien, pero esa es la línea roja. Lo que no entendía es que todos nosotros le habíamos ayudado a conseguir ese dinero, lo mismo que los demás me ayudaron a conseguir el mío. Todos éramos responsables los unos de los otros. Fue un desperdicio, simple y llanamente. Podríamos haber ganado en el 83, pero no lo hicimos por toda aquella mierda con Bill Fitch. Después pudimos hacerlo de nuevo en el 85, pero no fue así por culpa de otra mierda. Hubo dos años, por lo tanto, en los que éramos jóvenes y teníamos salud y no los aprovechamos. Si lo piensas, es descorazonador. No le voy a echar toda la culpa a Max, porque no fue el único culpable, pero lo cierto es que no podíamos permitirnos esas distracciones, y él no parecía darse cuenta.»

Maxwell nunca ha negado que hacía referencias jocosas a su contrato. Se dio cuenta demasiado tarde, dice, de que sus constantes bromas eran una fuente de fricción con Bird. «Todos vacilábamos y nos reíamos con esas cosas», cuenta. «Creo que Larry escuchó lo que Red Auerbach sabía por el periodista del *Boston Globe* Will McDonough. Este hablaba todos los días con Red y le decía que yo no estaba arrimando el hombro. Cuando me lesioné, Larry no se lo creyó. Pensaba que todo el mundo tenía que jugar con dolor como él.»

El legado de Bird está plagado de actuaciones épicas mientras batallaba contra las múltiples lesiones que sufrió durante su carrera:

dolores intensos en el codo, unos espolones dobles en los talones
—de los que finalmente tuvo que operarse— y un problema crónico
de espalda que sufrió en las últimas seis temporadas de su carrera.
En 1982, mientras luchaba por un rebote contra Milwaukee, recibió
un codazo en la cara del pívot Harvey Catchings. El dolor era muy
intenso. Se le había desplazado el cráneo por culpa del golpe, pero
se negó a dejar el partido. Cuando acabó, el doctor Silva se lo llevó
al hospital, donde los doctores le taladraron el lateral de la cara para
insertar un instrumento médico que colocase el arco cigomático en
su sitio.

Bird odiaba tanto estar en el banquillo que a menudo no decía a los
entrenadores que estaba lesionado. A mediados de los ochenta, en un
partido en el que Dell Curry le alcanzó con un codo y le fracturó la
órbita del ojo, se pasó toda la segunda parte con doble visión. «Veía
dos canastas», confiesa. «Y tenía que decidir a cuál de las dos tirar.»
Después del partido, cuando la sangre se le escurría por las fosas nasa-
les, se sonó la nariz y el ojo se le salió de órbita. Fue grotesco.

Año tras año Larry llevaba su umbral del dolor a nuevos límites.
En el decisivo quinto partido de la primera ronda de los play-off de
1991 contra los Indiana Pacers, se lanzó a por un balón suelto y se
quedó momentáneamente inconsciente tras golpear con la cabeza en
el parqué. Larry ya había sido duda para ese partido por culpa de los
dolores de espalda y días antes había pasado una noche en tracción
en el hospital para estabilizar la columna. Tras golpearse la cabeza
en el segundo cuarto, fue trasladado a rastras al vestuario para que lo
examinara Arnold Scheller, el médico del equipo. El diagnóstico de
Scheller fue claro: Bird había sufrido una conmoción cerebral y no
podía seguir jugando.

A Bird le latían las sienes y tenía la espalda bloqueada de nuevo,
pero podía escuchar por un monitor de televisión los gritos del
público mientras la ventaja de Boston se desvanecía. A mediados del
tercer cuarto empezó a inquietarse.

—Doctor, ¿vuelvo o qué? —preguntó Bird.

—Larry, creo que ya has hecho bastante —respondió Scheller.

—A la mierda —dijo Bird. Saltó de la camilla y volvió a la pista en medio de una atronadora ovación. Los Celtics, que perdían de tres en ese momento, hicieron un parcial de 33-14 y ganaron el partido.

Joe Bird habría estado orgulloso. Larry recuerda perfectamente cómo su padre volvió una noche cojeando y con un tobillo hinchado y negro por culpa de un accidente laboral. A la mañana siguiente el tobillo tenía el doble del tamaño normal, pero su padre aflojó los cordones de las botas, se calzó y se fue cojeando al trabajo. Aquella imagen dejó una huella indeleble en su hijo, que llegó a la conclusión de que era una herejía no ir al trabajo aunque uno estuviera lastimado.

Por eso, durante la temporada de 1985, ignoró un fuerte dolor en un dedo del pie durante casi tres semanas. Cuando por fin dejó que el doctor Silva le examinase, recibió malas noticias:

—Tienes una infección entre dos dedos. No tiene buena pinta. Te voy a poner un chute de novocaína porque voy a tener que cortar.

—No hace falta, hombre —dijo Bird—, dame solo una de esas cervezas que tienes por ahí.

Silva le hizo un corte de seis centímetros para permitir el drenaje de la infección. Después le vendó. Bird jugó aquella noche con unas molestias considerables y cuando se quitó la zapatilla después del partido se encontró el calcetín empapado en sangre. «Juro por Dios que estaba hecho del mismo material que John Wayne», dice Carr. «El tipo más duro que he visto nunca. Pero lo que no entendía es que otras personas no tenían la misma resistencia al dolor que él.»

Bird tuvo que separar durante toda su carrera su alto nivel de exigencia y compromiso de los objetivos de sus compañeros, más mundanos. Era poco tolerante con los jugadores que no querían o no eran capaces de mostrar el brío que se necesitaba para prosperar en la NBA. Era crítico por naturaleza y gracias a eso tenía una energía poco común. Danny Ainge apreciaba su talento, pero reconoce que «si estabas en el lado equivocado, podía ser muy duro».

El nivel de intensidad de Bird era un tema de conversación recurrente entre sus compañeros. McHale admiraba su incansable búsqueda de la excelencia, pero en ocasiones Bird enseñaba un lado que McHale no entendía del todo… ni tampoco aprobaba. Por eso cuando Bird gritaba a un compañero por no coger la calle o no defender bien, McHale bajaba la cabeza. Bird, por su parte, veía a McHale como un excelente jugador que tenía potencial para llegar a ser uno de los grandes, pero que había decidido no exprimir al máximo su enorme calidad. Durante un partido contra Sacramento, McHale se estaba beneficiando de un desajuste defensivo obvio y anotaba como quería. Después de que le llegase el balón en siete posesiones consecutivas, le dijo a Bird: «Oye, hazlo circular. Ya he anotado bastante». Mientras Bird buscaba con ahínco el partido perfecto, McHale se contentaba con aportar 15 puntos y 10 rebotes y marcharse a su casa. McHale no dejaba que el baloncesto le consumiese; Bird no permitía que nada le distrajese de lo fundamental: el baloncesto. Sus diferentes visiones del juego provocaban una dinámica de equipo algo extraña. Bird apreciaba tanto el juego de McHale que raramente le criticaba por no poseer el instinto asesino que, en su opinión, podría haberle llevado a ganar un trofeo de MVP. Por su parte, McHale estaba tan impresionado con la ética de trabajo de Bird que raramente desafiaba a su compañero cuando este sacaba su mala uva después de una derrota. «No pasa nada, Birdie es así», decía.

Su inusual relación generó algunas interacciones cómicas con Ainge, que era amigo de los dos y se convirtió en su intermediario en la pista. Cuando Bird quería que McHale hiciese algo, en lugar de acercarse a él y gritarle, como hacía con sus otros compañeros, se acercaba a Ainge y decía: «Dile a Kevin que ponga un bloqueo arriba para D.J. y después vaya hacia canasta». Momentos después, McHale se acercaba a Ainge y le susurraba: «Dile a Larry que se abra a la esquina y yo cortaré por la zona». «En cierto modo era divertido», cuenta Ainge. «Había que tener mucho cuidado con lo que le decías al otro. A Larry no le costaba nada reprenderme de malas maneras, pero nunca lo hacía con Kevin. Le tenía demasiado respeto.»

Las diferencias entre McHale y Bird se pusieron de manifiesto en un periodo de nueve días durante la temporada 84-85. El 3 de marzo McHale se dispuso a destruir a los Detroit Pistons con su arsenal de movimientos en el poste. En el tercer cuarto, cuando se hizo patente que podía ser un día histórico, los demás jugadores de los Celtics —Bird incluido— aparcaron su juego ofensivo y proporcionaron al pívot un suministro continuo de balones en el poste bajo. McHale estableció ese día un nuevo récord de anotación de los Celtics con 56 puntos. Tras alcanzar la marca estaba tan cansado que le pidió a K.C. Jones que le sentase en los últimos minutos de partido, aunque sus compañeros le instaban a quedarse en pista y seguir sumando puntos. Fue una actuación memorable en parte gracias a Bird, que consiguió un triple doble al dirigir la mayoría de sus pases al número 32. Hubo todo tipo de felicitaciones para McHale, que a menudo se contentaba con ocupar un cómodo segundo plano. Bird se alegró por el logro de McHale, pero no pudo resistirse a reprenderle: «Deberías haberte quedado en pista», le dijo. «Deberías haber ido a por los 60.» «Hablamos sobre aquello posteriormente», decía D.J. «Larry no entendía por qué Kevin no había intentado llegar a los 60. Cuando Larry tenía el pie sobre la garganta de alguien, apretaba. Kevin era el tipo de persona que decía "Bien, ya está en el suelo. No hay necesidad de hacerle daño".»

Nueve días después, en Nueva Orleans, Bird le enseñó a McHale cómo se hacía. Cogió una racha espectacular contra los Atlanta Hawks en la que anotó 22 de 36 tiros de campo, con tiros imposibles cayendo hacia atrás, lanzamientos en estático y reversos de todo tipo. La canasta más espectacular fue una que no subió al marcador: un triple desequilibrado en frente del banquillo de los Hawks que hizo que los jugadores de Atlanta se levantasen de sus sillas, incrédulos. Como habían hecho con McHale, los Celtics suministraron balones a Bird continuamente e incluso hicieron faltas voluntarias a los Hawks para recuperar la posesión. Bird llegó a los 60 puntos al anotar una suspensión sobre la bocina y rompió el récord de la franquicia establecido una semana y media antes por su compañero. Lo más increíble de la hazaña de Bird fue que antes del partido era duda. El día anterior se había levantado y había decidido salir a correr ocho kilómetros, algo que su compañero Scott Wedman y él hacían juntos en ocasiones durante la temporada. Pero Bird no corría sobre asfalto desde hacía meses y a la mañana siguiente tenía las piernas pesadas y doloridas, y los gemelos sobrecargados. Cojeó durante la sesión de tiro de la mañana antes de ir finalmente a hablar con su entrenador.

—K.C., no estoy seguro de que pueda jugar esta noche —dijo Bird.

—Larry, has hecho otra de esas carreras, ¿verdad? —le abroncó Jones.

Bird llegó al pabellón media hora antes de lo normal para dar varias vueltas a la pista. Al empezar a trotar las piernas se soltaron, pero los gemelos seguían agarrotados y doloridos. «Me encontraba fatal cuando empezó el partido, pero por alguna razón estaba metiendo los tiros», cuenta Bird. «No defendían mucho. Las piernas me estaban matando, pero pensaba: "Tengo que aguantar".» Cuando recibió las felicitaciones en el vestuario después de la lluvia de canastas, se acercó a la taquilla de McHale y le dijo:

—Ves, Kevin. Te dije que fueras a por los 60.

McHale se encogió de hombros.

—Si quieres que te diga la verdad, Birdie, de verdad que no me importa —replicó.

—Algún día te importará —respondió Bird.

Magic Johnson siguió con interés el duelo anotador entre McHale y Bird. Se identificaba con el espíritu competitivo de Bird porque él también lo convertía todo en una competición: tanto si se trataba de apostar sobre cuál sería la siguiente canción que sonaría en la radio como sobre quién anotaría más tiros libres.

Los Lakers normalmente terminaban los entrenamientos jugando cinco contra cinco, con Magic y Cooper defendiéndose mutuamente. Un día, después de que Cooper anotase el tiro ganador, Riley dijo:

—Está bien, se acabó.

—No —dijo Magic—. Uno más.

Sus compañeros se quejaron. Habían estado entrenando durante más de dos horas, pero sabían que Johnson no abandonaría hasta que hubiese dicho la última palabra. Cuando anotó el tiro ganador en el siguiente partidillo, esprintaron camino del vestuario mientras Cooper gritaba tras ellos: «¡Esperad! ¡Juguemos uno más!».

Durante uno de los viajes, Scott y Magic se pusieron a jugar en el avión al Tonk, un juego de cartas muy popular entre los jugadores de la NBA. Scott desplumó a Johnson pero cuando aterrizaron Magic insistió en seguir un poco más. Scott le quitó unos pocos dólares más en el trayecto de autobús hasta el hotel. Después de registrarse, se metieron en el ascensor y Magic volvió a la carga:

—Ven a mi habitación. Tenemos que acabar con esto.

—¿Acabar con esto? —respondió Scott con incredulidad—. ¡Buck, hemos estado jugando más de cuatro horas!

Magic no digería bien las derrotas, daba igual el rival y el tipo de juego. Gary Vitti, fisioterapeuta de los Lakers durante mucho tiempo, solía bromear con Johnson diciendo que si jugaba a La Pulga con sus dos hijas pequeñas, Rachel y Amelia, a las que Johnson adoraba, también tendría la necesidad de ganar. «Encontraría la forma de superarlas mentalmente, o de jugar mejor, o de tener más suerte o, si no, simplemente haría trampas», dice Vitti. «Es el peor perdedor que he visto en mi vida.»

A pesar de su impresionante inicio en la temporada 84-85, la decepción de las Finales de 1984 seguía atormentándole. No había olvidado la derrota y a medida que se acercaba el Partido de las Estrellas, pensó en que volvería a encontrarse con Bird. Imaginó que el relato del All-Star se centraría en la revancha entre Lakers y Celtics, y por extensión entre Bird y él, pero la historia giró en otra dirección. El novato Michael Jordan hacía su debut en un Partido de las Estrellas y les robó el protagonismo al llevar prendas de la marca Nike en lugar de las oficiales de la liga, algo que no gustó demasiado a la mayoría de sus compañeros. Jordan era un jugador descomunal, con unas cualidades físicas impresionantes. Un tiro suyo cuando era jugador de primer año en North Carolina le había dado el título NCAA a los Tar Heels y poco después había dado el salto a los profesionales. Su lectura de juego y su capacidad para dominarlo por encima del aro eran la comidilla de la liga. El chico tenía talento, carisma, encanto… y una impresionante cartera de patrocinadores.

Todos preveían un partidazo ofensivo del número 23, pero solo lanzó 9 tiros en 22 minutos de juego y surgieron rumores de que había sido «marginado» por el base del Este, Isiah Thomas. Magic, gran amigo de Isiah, fue también sospechoso de haber participado en el boicot a la nueva sensación de la liga. Tras el partido, las noticias,

Isiah Thomas defiende a Magic en el All-Star de 1985 en el Hoosier Dome. ANDREW D. BERNSTEIN / NBAE / GETTY IMAGES

que citaban fuentes cercanas a Thomas y Johnson, afirmaban que ambos habían conspirado para mantener el balón lejos de Jordan porque envidiaban su creciente popularidad. La historia cogió impulso cuando Jordan no refutó en público aquella teoría. Magic sostiene que no se enteró de la controversia hasta dos días después del partido, cuando el presentador de televisión Ahmad Rashad, amigo suyo y de Jordan, le llamó y le preguntó:

—Earvin, ¿qué hay de esto?

—¿Estás de broma, Ahmad? —contestó Johnson—. ¿De verdad crees que voy a ir a un All-Star pensando que no quiero dejar que Michael Jordan coja el balón? En primer lugar, ¿por qué debería preocuparme? ¿Qué tiene que ver conmigo? No tengo nada contra él. Apenas le conozco. Es absurdo. Si fuese a participar en una conspiración para marginar a alguien, lo habría hecho hace mucho tiempo… con Larry Bird.

Jordan había crecido en Carolina del Norte y desde siempre había admirado a Magic Johnson. Incluso conducía un Grand Prix del 75 con una placa de matrícula delantera en la que podía leerse «MAGIC MIKE». Con todo, el joven jugador de los Bulls se sintió herido por lo sucedido en el fin de semana de las estrellas y, fuese algo real o imaginario, se sintió marginado tanto por Thomas como por su ídolo de infancia.

Casi veinticinco años después de los hechos, Jordan confirma que el incidente afectó a su relación con Magic durante años. «Eso nos alejó», relata Jordan. «Me quedé con la sensación de que no le caía bien. Isiah y él pasaban bastante de mí. Yo tenía varios contratos publicitarios y un buen agente, y estaba disfrutando de unas circunstancias que Magic también podría haber explotado si su representante lo hubiese hecho mejor. Parecía que me tuvieran envidia. Pero tampoco hay que exagerar. Lo que no ayudaba era que no habíamos coincidido apenas, en realidad casi no nos conocíamos. Yo respetaba su juego, y ya está.»

Aunque ambos se tiraron flores en público, hubo poco contacto al margen del partido. Sus diferencias se exageraron por el silencio de ambos. Aunque Michael y Magic acabarían convirtiéndose en los dos mayores iconos de la NBA, a su «relación» le faltaba algo genuino. «No tuvimos la ocasión de hablarlo», dice Magic. «Era Magic contra Michael. Por eso nunca nos hicimos amigos. Es una pena que nunca llegásemos a pasar algo de tiempo juntos. La gente me pregunta siempre por qué no colaboré más con Michael, y yo no sé ni qué contestar. Hubo un malentendido y luego ninguno de los dos dio un paso adelante para intentar arreglar las cosas. Pasaron los años y se fue creando una distancia entre nosotros. Todo podría haberse arreglado si cualquiera de los dos hubiese dado el primer paso, pero no lo hicimos. Por eso, aún hoy, Michael y yo no nos conocemos tan bien como deberíamos.»

Aunque Jordan cautivaría a una nueva generación de aficionados a la
NBA, sus Chicago Bulls aún no estaban preparados para competir por
el título en 1985. Cayeron ante los Milwaukee Bucks en la primera
ronda de play-off, y Boston y Los Ángeles parecían encaminados
a enfrentarse de nuevo en las Finales. Boston pasó por encima de
Cleveland, Detroit y Philadelphia —con un Erving ya muy veterano
y cerca de la retirada—, mientras los Lakers apalizaban a Phoenix,
Portland y Denver.

Kareem seguía siendo la principal arma ofensiva angelina, pero
Magic, impulsado por los gritos de «*Tragic!*» —algo que los aficionados de Boston entonaron con guasa durante su única visita al Garden
en temporada regular— y «*Fakers!*», intentaba alcanzar su «Máximo
esfuerzo de mi carrera» todas las noches. Cuando estaba cansado por
culpa de un viaje, lo único que tenía que hacer para recuperarse era
cerrar los ojos y visualizar la celebración en las calles de Boston después de que los Celtics ganasen el título.

Los Lakers creían en sus posibilidades. Eran más rápidos y tenían
más profundidad de banquillo que Boston, que a menudo usaba una
rotación de solo siete jugadores. Kupchak y el veterano McAdoo
proporcionaban el músculo que había faltado el año anterior, y Riley
preparó laboriosamente a todos y cada uno de los jugadores para su
oportunidad de redimirse.

Cuando quedó claro que Lakers y Celtics se enfrentarían en las
Finales, Riley llamó de inmediato al hotel en el que iban a alojarse en
Boston e insistió en que no quería ver banderas de los Celtics en la
recepción ni empleados vistiendo camisetas con el trébol. Obligó a
sus jugadores a registrarse con nombres falsos y les pidió que descol-
gasen los teléfonos antes de irse a la cama para evitar llamadas moles-
tas en mitad de la noche.

Durante todo el año, Riley había insistido en tratar cada posesión
como si fuese decisiva, incluso durante las palizas. Magic adoptó
esa filosofía y el resultado fue un base más paciente y cuidadoso.
Mientras Johnson calentaba antes del primer partido en el Boston
Garden, escenario de su peor momento como profesional, se volvió
hacia Cooper y anunció tranquilamente: «*It's Showtime*».

La debacle que siguió fue impactante e inexplicable. Boston arrasó a Los Ángeles 148-114 en una noche en la que todo le salió bien a los Celtics, incluido un perfecto 11 de 11 en tiros de campo del suplente Scott Wedman. Kareem parecía cansado y Parish lo tiró al suelo varias veces. Pocas horas después se distribuyó una esquela del capitán de los Lakers y de su equipo. La paliza pasaría a conocerse para siempre como la «Masacre del Memorial Day».

Riley estaba desconcertado por la pájara que había sufrido su equipo. Durante once meses había insistido en el orgullo de los Lakers y en las humillaciones que habían sufrido a manos de los Celtics. No se había cansado de criticar la arrogancia de Auerbach, la irreverencia de Maxwell y la chulería de Bird en un intento de que sus pupilos despreciaran cada vez más la franquicia de Boston, algo que, en su opinión, sería fundamental para superar cualquier desafío. Riley había llevado a sus Lakers al límite, empezando por la norma de evitar bandejas fáciles, siguiendo con la campaña por el «Máximo esfuerzo de mi carrera» y acabando con las interminables horas de vídeo sobre los Celtics.

Y después de tanto esfuerzo, lo único que podía lograr su pívot eran 12 puntos y 3 míseros rebotes. Magic había anotado 19 puntos y dado 12 asistencias, pero solo había capturado un rebote, lo que había limitado el juego al contraataque de los angelinos. «¿Y tú dices que vas a llegar al puto Salón de la Fama?», desafió Riley a Kareem tras el partido. «Ese tipo te ha machacado. Parish te ha humillado, te ha hecho mierda. Mira las estadísticas. Son patéticas. Tres rebotes. ¿Tres rebotes, un jugador del Salón de la Fama?» «Y tú», siguió, volviéndose hacia Magic. «Se supone que eres uno de los mejores jugadores de esta liga. Hoy te han anulado. Te han anulado del todo. ¿Un rebote? ¿Piensas que es suficiente contra este equipo, contra tu amigo Larry? ¿Dónde está tu puto liderazgo? ¡Se supone que eres líder del equipo!» Después dirigió su ira hacia Worthy, que había fallado 11 de sus 19 tiros, pero para entonces Magic ya había desconectado. Seguía escocido por las críticas de su entrenador. «Me tocó la fibra sensible con el tema del liderazgo», dice Johnson. «Dolió, pero no dije nada. Cuando Pat entraba en esa pequeña habitación, lo más conveniente era sentarse y aceptar lo que te decía.»

Mientras su entrenador denostaba su falta de concentración, profesionalismo y garra, Magic se acordó del último entrenamiento antes de aquel primer partido. Los Lakers habían estado relajados, confiados. Jugaron al H-O-R-S-E, hicieron tiros raros desde medio campo y se echaron unas risas. Les había faltado concentración y determinación. «Lo pagamos muy caro», concluye Magic.

A la mañana siguiente, humillado por su pobre actuación y retratado en los periódicos de Boston como un veterano en decadencia, Kareem Abdul-Jabbar dejó el asiento en la última fila que solía ocupar en las sesiones de vídeo y se sentó en la primera. Riley había preparado una película de terror de más de tres horas. Los Lakers revivieron sus errores del primer partido a cámara lenta mientras una prosa profana acompañaba cada fallo. Mientras veían a Wedman enchufar tiro tras tiro, el entrenador volvió a enfurecerse. «¡¿Quién cojones es Scott Wedman?!», gritó Riley. «Ese tío solo las mete cuando está solo. ¡Y le dejamos solo todo el puto partido!» Kareem se disculpó por su pobre actuación y prometió un desenlace diferente en el segundo partido. Mientras salían a la cancha de entrenamiento, Riley anunció: «Hoy no pitaré ni una falta y no quiero oír ni una queja, ¿entendido?». Se hizo el silencio. En el entrenamiento, efectivamente, hubo barra libre. Los pívots se tiraron al suelo unos a los otros. Cooper acosó a Magic y le agarró y le golpeó todo lo que pudo y más. «¡Eso es falta!», se quejó Magic. «Deja de llorar», repuso Cooper. «Estoy haciendo exactamente lo que te va a hacer D.J. mañana.»

Cuando Riley dio por concluido el entrenamiento, los jugadores soltaron los balones, se fueron al bus sin hablar y después se encerraron en sus habitaciones de hotel. Era la primera vez en mucho tiempo que Magic no quedaba con Cooper y Byron Scott para ir a cenar. El trío se había hecho inseparable y se autodenominaba «Los Tres Mosqueteros», pero aquella noche los espadachines se fueron cada uno por su cuenta.

Magic empezó a dar vueltas por la habitación. Pasó una hora, después otra. Al final hizo dos llamadas: «Coop, Byron», dijo. «Esto es ridículo. Vayamos a cenar algo.» Pasaron la noche analizando las críticas de Riley. Al entrenador no le importaba que se uniesen contra él mientras estuviesen unidos, pero Magic estaba dolido por la dureza con la que se había expresado el entrenador. Riley ya no era un asistente inseguro. Ahora era el jefe y, como tal, exigía responsabilidades, y Magic sabía que debía cumplirlas.

En un momento de calma antes del segundo partido, Riley se llevó a Johnson a un lado. «Es fundamental que controles el tempo de partido», le dijo. «Tenemos que dejarles claro desde el principio que hemos venido a ganar. Y eso solo lo puedes hacer tú.» Magic asintió. Los Lakers habían hecho unos pequeños ajustes en defensa y ahora él se encargaría de defender a Danny Ainge al comienzo del partido. En ataque su trabajo sería el de siempre: buscar a Kareem en el poste y salir rápido al contraataque.

Los primeros minutos del segundo partido, como Magic sabía, serían trascendentales. Así pues, en la primera posesión, le dio el balón a Kareem en el poste bajo. En la siguiente hizo correr a los suyos tras un fallo de Boston. Penetró en la zona, esperó a que varios defensores gravitasen hacia él y soltó el balón para que Kurt Rambis, completamente solo debajo de la canasta, anotase con facilidad. En la siguiente ocasión, en un contraataque tres contra dos de manual, encontró a Worthy en uno de los lados para un mate. Después de un parcial de 6-13, Magic estaba de nuevo en movimiento, corriendo la pista en otro contraataque tres contra dos. Su instinto era siempre el de pasar, pero cuando se dirigía a la zona vio una camiseta con el número 33 que llegaba para apoyar. No pudo resistirlo: en lugar de pasar el balón, se fue directo a por Larry Bird y anotó una bandeja por encima de sus brazos extendidos. «¡Eso es lo que hay que hacer!», gritó exultante Magic cuando los Celtics pidieron tiempo muerto. Una vez en el corrillo, aplaudió y animó a sus chicos: «¡Vamos ahora! ¡Vamos a por ellos!».

El arma predilecta de los Lakers era Abdul-Jabbar, que renació en ese segundo partido para anotar 30 puntos, capturar 17 rebotes, repartir 8 asistencias, colocar 3 tapones y recuperar la ventaja de campo. Bird, que había tenido problemas en el codo, anotó 30 puntos, pero con solo 9 de 21 tiros de campo. Cuando los Lakers salían de la pista tras la victoria, le dijo a D.J.: «Si no empezamos a tirar

mejor, lo tenemos claro». Pero la puntería de Bird (8 de 21) no mejoró
en el tercer partido, y los Lakers machacaron a Boston por 136-111
en el Forum. En ese momento se especuló sobre si lo que estaba
limitando al alero era la formidable defensa de Cooper o su codo.
«Básicamente Cooper», dice Bird. «Pero a decir verdad, un poco las
dos cosas.» El codo le había estado dando problemas desde finales de
marzo. Habían tenido que drenárselo e incluso en un momento pareció que tendría que pasar por el quirófano, pero cuando los médicos
le explicaron que se trataba de una zona muy sensible y que había
riesgo de daño nervioso permanente si le operaban, Bird decidió
seguir jugando. Durante los últimos partidos de la temporada regular
no fue titular y jugó menos minutos, pero, aun así, con frecuencia se
le bloqueaba el codo sin previo aviso. Aquella primavera se perdió
un partido de play-off contra Cleveland porque al despertar por la
mañana se dio cuenta de que no podía doblar el brazo. Bird se trató la
lesión y consiguió desentumecerlo, pero no fue más que un arreglo
temporal que podía fallar en cualquier momento. «La mayoría de los
días no podía estirar el codo del todo», explica. «Durante los partidos
no pensaba mucho en eso y podía jugar, pero era difícil hacer una
rotación adecuada y darle altura a mis tiros.»

Cooper era otra de sus preocupaciones. El escolta angelino chocaba con él cada vez que recibía el balón y le cerraba el camino a la
canasta. Bird era capaz de superar con el bote a la mayoría de defensores, pero la rapidez y la fuerza de Cooper impedían que disfrutase
de los espacios habituales. «Sabía que cuando me marcaba él era
importante meter todos los tiros abiertos, porque no iba a haber
muchos», declara.

Bird no era el único Celtic fuera de punto. El rendimiento de
Parish era muy irregular. Además, el banquillo de Boston no era
muy profundo y los titulares habían acumulado demasiados minutos. Antes del cuarto partido, se convocó una reunión de equipo y
la mitad de los jugadores fueron por error al Forum y la otra mitad
acabaron en el hotel.

Una suspensión de Dennis Johnson sobre la bocina empató la serie
a 2, pero Jabbar respondió de nuevo en el quinto con 36 puntos para

dar la victoria a los Lakers. La acción se trasladaba de nuevo a Boston con los Lakers dominando la serie 3-2, a un partido de ganar el título en la misma ciudad en la que sus sueños habían sido destrozados justo un año antes. El aura de los puros de Auerbach, el parqué con sus trampas y el techo plagado de estandartes con los campeonatos ganados ya no intimidaban tanto la segunda vez. Riley pidió ventiladores potentes para refrigerar el vestuario por si una nueva ola de calor azotaba el vestuario visitante. «La mística de los Celtics nos afectó en 1984», cuenta Worthy, «pero en 1985 ya no nos pilló por sorpresa».

En el sexto partido los Celtics acortaron su rotación aún más y Riley le dio instrucciones precisas a Magic: «Sácales de la pista corriendo». Johnson aumentó el ritmo y alimentó a Kareem para que lograse 29 puntos, pero también anotó él mismo algunas canastas claves. Manejó el partido hasta tal punto que dio la impresión de que podía anotar en cualquier momento pero que solo lo hacía cuando era absolutamente necesario. Logró un triple doble —14 puntos, 14 asistencias y 10 rebotes— y los Lakers lograron un «Máximo rendimiento de carrera» contra el equipo que había atormentado a la franquicia durante décadas. Habían conseguido algo que ningún otro equipo en la historia había logrado: ganar un título NBA en el Garden.

Mientras Abdul-Jabbar recibía con todo merecimiento el trofeo de MVP, Riley llamó a su base y le susurró al oído: «No podríamos haber ganado sin ti». «El objetivo de Magic —redimirse de la derrota de 1984— estaba escrito en su cara durante el sexto partido», dice Riley. «Era una cuestión de vida o muerte para él.»

Bird llegó al final del camino con otra noche pobre en el lanzamiento (12 de 29), lo que le dejó en un porcentaje del 44,9% en el total de la serie. Mientras se dirigía al vestuario, vio que los aficionados de los Celtics, que habitualmente se mostraban sonrientes y excitados, estaban callados, casi en estado de shock. Él se sentía igual. Para Riley, cuya carrera había estado lastrada por una serie de derrotas durísimas contra los Celtics, el título era un sueño cumplido. Para Jerry West, que lo vio desde el salón de su casa, en California, gritándole instrucciones a la televisión, supuso consumar finalmente su venganza. Y para Earvin Johnson, que había dado la vuelta a su suerte, de *Tragic* a *Magic*, era la redención más dulce. Johnson celebró la victoria sobre los Celtics en nombre de West, Chamberlain, Baylor y todas las demás personas leales a los Lakers que habían dudado de si ese día llegaría alguna vez.

Magic cogió a Kareem por banda y le dio un abrazo mucho menos exagerado que cinco años antes, cuando había saltado a sus brazos tras su primer partido, pero mucho más sentido. Era un abrazo que significaba algo de verdad.

En el caótico vestuario visitante, los Lakers se reunieron en un círculo y entonaron «¡L.A.! ¡L.A.!» al unísono. El propietario, Jerry Buss, recogió el trofeo de campeón de manos de David Stern y declaró: «Hemos acabado con la frase más odiosa de la lengua inglesa. Nunca podrá volver a decirse que los Lakers no han ganado a los Celtics».

Después de que Riley proclamase que «todos los muertos han salido del armario», un Magic más moderado admitía: «He esperado mucho, muchísimo, este momento».

La sensación de alivio de Johnson era enorme. Se había quitado un gran peso de encima y solo después de devolverle el golpe a los Celtics con ese ansiado título se dio cuenta de lo grande que era. Esta vez, mientras dejaba que el agua fría de la anticuada ducha del Boston Garden cayese sobre él, se recreó en el momento. «Nunca olvidaré este momento. Jamás», le dijo a Michael Cooper.

El verano se le hizo largo al entrenador de los Celtics K.C. Jones, que lo aprovechó para analizar la serie final hasta el último detalle e intentar encontrar maneras de obligar a Magic a variar su juego. Había ocasiones en las que deberían haberle llevado hacia la izquierda o doblado el marcaje cerca del aro, pero, como reconoce, «para ser honesto, no sé si habría habido alguna diferencia. Como Larry, Magic sabía que tenía que hacer de todo —rebotear, forzar faltas, lanzarse al suelo a por balones sueltos...— para ganar. ¿Cuántas superestrellas hacen eso? Eso es lo que diferenciaba a Magic y Larry del resto, y siempre será así».

Poco después de la rúa de homenaje a los campeones, Riley se llevó a su mujer Chris de vacaciones a las Bahamas. Una tarde, mientras descansaban en una duna en Nassau tomando unos cócteles, Riley miró hacia la playa y vio que se estaba formando una multitud. Se oyeron algunos gritos y se apoderó de él la curiosidad. «Se estará ahogando alguien», dijo, cegado por el sol. Fue entonces cuando reconoció la inconfundible forma de andar de un hombre muy alto que caminaba por la playa seguido de un buen número de personas de todas las edades. Era Earvin Johnson. Riley corrió hacia él y se escondió detrás de una palmera. Cuando Magic pasó a su lado, silbó dos veces. Johnson se paró y miró a su alrededor. Conocía aquel silbido. El entrenador Riley nunca usaba silbato, tenía su manera propia y distintiva de parar los ejercicios de los Lakers. «Entrenador», dijo Magic, atisbando entre las palmeras, «¿es usted?» Riley estaba encantado de haberse encontrado por casualidad con su superestrella, pero a Magic, que había ido a la isla a dormir y reponer fuerzas, no le hizo mucha gracia. Quería pasar algo de tiempo solo. «Era el último al que me apetecía ver en esa isla», confiesa. «Había ido a las Bahamas para olvidarme del baloncesto. Había estado trabajando, entrenando y peleando con los Lakers durante ocho meses, y estaba exhausto. Solo quería parar un poco.» A pesar de todo, Magic se sentó con su entrenador en la arena durante tres horas. Hablaron de todo, desde el control de balón y la regla de «no más bandejas» hasta el gran final de temporada: ganar a los Celtics en su irregular y deformada pista. «Larry Bird salió en la conversación, por supuesto», cuenta Magic. «Los dos sabíamos que nos íbamos a cruzar de nuevo con él.»

En el verano de 1985 Bird no estaba descansando en la playa: estaba paleando gravilla para hacer un drenaje que protegiese la nueva pista de baloncesto que acababa de construirse en su casa. Aunque tenía los medios económicos para contratar a alguien, le gustaba encargarse él mismo de las obras. Sin embargo, supo que había sido un error en el momento en que intentó levantarse de la cama a la mañana siguiente. Apenas podía mover la espalda. Dio unos pasos, intentó sacudirse la rigidez, pero el dolor era insoportable. Se tumbó boca abajo e intentó descansar, pero le bajaban calambres agudos y persistentes por la pierna. Algo iba mal… muy mal.

En los años siguientes descubriría que sus problemas de espalda se debían a una enfermedad congénita. El canal que unía los nervios con la médula espinal era demasiado estrecho, lo que causaba aquellos dolores insufribles. Era un milagro, le dijo su cirujano después de verle jugar al baloncesto, que todavía siguiese jugando.

Durante las tres semanas siguientes no lo hizo, pero los problemas de espalda no remitieron. Quinn Buckner le llamó para ver si podía venir a entrenar con él en West Baden. Cuando Larry se negó, supo que algo iba mal. «Quinn», le dijo, «no estoy bien.» Y tampoco lo estaban, de repente, los Boston Celtics.

7

12 DE SEPTIEMBRE DE 1985

West Baden, Indiana

LARRY BIRD CONDUJO SU MOTOCICLETA Honda hasta el aparcamiento de la tienda de ultramarinos Honey Dew, en el centro de West Baden, Indiana. Era una mañana calurosa y soleada, así que dejó aparcado en el garaje su Ford Bronco, el coche que le habían regalado por ganar el premio de MVP en las Finales de 1984. El coche estaba inmaculado, tan impoluto como el día que se lo regalaron. Bird no había podido articular palabra cuando le habían entregado las llaves; no daba crédito a que se le recompensara con un coche por jugar al baloncesto. De niño, su madre era pluriempleada y su padre trabajaba en turnos de doce horas para poder llenar el carro de la compra para Bird y sus cinco hermanos, y aun así nunca habían tenido el dinero suficiente como para comprarse un coche.

Tras finalizar su entrenamiento matutino, ataviado con camiseta, pantalones cortos y zapatillas de deporte, descabalgó con dificultad sus dos metros y seis centímetros de la moto y se puso a llenar él mismo el depósito. A falta de pocas semanas para el inicio de la pretemporada, la espalda seguía dándole problemas, lo cual era un motivo de preocupación para Larry. Por ello, prescindió de su exigente plan de entrenamientos veraniego con la esperanza de que el descanso contribuyese a curar la lesión, y aunque el parón

le había ayudado, no veía claro que pudiera jugar una temporada
NBA completa, a menos que encontrase la manera de aliviar el dolor.
Balanceaba su cuerpo de lado a lado mientras ponía gasolina cuando
tres brillantes limusinas negras surcaron Sawmill Road. «Bien, ya
están aquí», dijo para sí.

A bordo de la segunda limusina iba Earvin Johnson. Observaba
el paisaje de la modesta ciudad de Indiana, vecina de French Lick,
el lugar de nacimiento de su más enconado rival, y se sorprendió al
descubrir que el lugar le traía recuerdos de sus propias raíces en el
Medio Oeste. «Me recuerda a Lansing», le digo a su agente, Charles
Tucker, mientras miraba a través de los cristales tintados. Pero
Johnson estaba incómodo. Se había pasado casi toda su breve carrera
luchando a destajo contra los Celtics y Bird, y ahora estaba viajando
a casa de este para participar con él en una campaña publicitaria para
la marca de zapatillas Converse. Magic sabía cuál iba a ser la reacción
de su entrenador en los Lakers, Pat Riley. Se pondría hecho una furia.
Riley despreciaba a los Celtics y no le iba a hacer ninguna gracia
que su jugador estrella colaborase voluntariamente con su némesis.
Mientras las limusinas serpenteaban por el camino de grava de Bird,
Johnson se recostó en el asiento y cerró los ojos. «Quizá no debería
estar haciendo esto», se lamentó.

Bird, que seguía a la caravana en dirección a su casa, tampoco lo
veía claro. Normalmente reprendía a sus compañeros de los Celtics
cuando confraternizaban con el rival antes de los partidos importantes, y ahora estaba a punto de recibir a su gran rival en su propio hogar. A Bird no le gustaba la conmoción que iban a causar tres
vehículos de lujo levantando polvo en la calle principal de su pueblo.
Mientras veía a las limusinas aproximarse a su casa, se maldijo por
haber aceptado meterse en esto.

Aunque el anuncio solo duraba veintiocho segundos, aquella
tarde de principios de otoño en la que Magic y Larry unieron fuerzas
para promocionar unas Converse con el color oro y púrpura de los
Lakers y otras con el negro de los Celtics, cambió para siempre la
relación entre las dos superestrellas. Hasta aquel momento la interacción entre los dos se había limitado a conversaciones superficiales. A

medida que Boston y Los Ángeles se consolidaban como los mejores equipos de la NBA, la inevitable animadversión entre las dos franquicias —y la de sus principales protagonistas— comenzó a hacerse evidente. Siempre que le preguntaban por su gran rival, Bird se mostraba cohibido y dejaba claro que no tenía interés alguno en confraternizar con él. «Admiraba muchísimo a Magic», cuenta, «pero no me interesaba conocerle.»

Aunque rara vez bromeaban durante los dos encuentros que disputaban en la temporada regular, eso no les impedía retarse a distancia. En su segunda temporada en la NBA, cuando los Celtics hicieron su visita anual al Forum el 11 de febrero de 1981, con Johnson fuera por una lesión de rodilla, Bird localizó a su rival sentado en el banquillo con ropa de calle y se acercó para darle la mano. «Siéntate y relájate. Te dedico el espectáculo de esta noche», le dijo Bird.

Cuando terminó, las estadísticas mostraban un alucinante despliegue de habilidades baloncestísticas: 36 puntos, 21 rebotes, 6 asistencias, 5 robos y 3 tapones. Y además, jugó todos los minutos salvo uno en la victoria de los Celtics 91-105. Magic no pudo hacer otra cosa que observar cómo Bird realizaba una jugada espectacular tras otra, mientras este miraba en su dirección después de cada canasta. «Me volví loco», admite Magic. «Era provocación pura.» No es extraño, por tanto, que ambos dudasen en aparcar su particular pugna deportiva a cambio de un lucrativo anuncio publicitario.

Converse ideó la campaña «*Choose Your Weapon*» (Elige tu arma) a modo de guiño a las Finales de 1984 y 1985. Se pusieron en contacto con los representantes de Bird y Johnson para proponerles el proyecto, pero, como era previsible, la respuesta inicial fue negativa. «Ni hablar», dijo Magic. Bird fue igual de contundente. Y aunque el abogado de Bird, Bob Woolf, intentó convencerle argumentando los cuantiosos beneficios económicos que obtendría, el alero de Boston se mantuvo firme. «Magic era el enemigo», explica. «Y yo no tenía ningún interés en perder ni un minuto con el enemigo.»

Sus sendos contratos con Converse habían propiciado en el pasado algunas apariciones públicas conjuntas en fiestas del ramo, reuniones de la compañía y en esporádicas salidas de empresa. En una ocasión,

Magic, Julius Erving y Bird tuvieron que asistir a un partido de golf en Connecticut, y aunque Johnson no jugaba, hizo el recorrido en un coche con los clientes, entreteniéndolos con anécdotas de la NBA. «El Dr. J y yo estábamos bromeando, pasándolo bien», cuenta Magic. «Larry, en cambio, jugaba sus hoyos pero pasaba olímpicamente de nosotros.» Por aquel entonces, los contratos publicitarios con deportistas eran poco habituales y solo las marcas más audaces empezaban a apostar por deportistas de primer nivel para lanzar sus productos. Durante los Juegos Olímpicos de 1984 en Los Ángeles, por ejemplo, Nike empapeló la ciudad con carteles del *safety* de los Oakland Raiders Lester Hayes como imagen de sus zapatillas.

Tres meses después de aceptar el cargo de director de publicidad de Converse, Lou Nagy fue enviado a Nueva York para supervisar la grabación de un anuncio con Bird, Magic y el Dr. J en el Manhattan College. Se trataba de un anuncio muy convencional, en el que aparecían las tres estrellas comentando cómo las Converse Pro les ayudaban a ser mejores jugadores. Para Nagy el viaje fue memorable por una anécdota en particular. La noche antes de la grabación, Converse celebró una cena en el Hyatt Regency de Nueva York en honor de los jugadores. Bird y un amigo suyo de French Lick se presentaron en vaqueros y cazadoras al restaurante cuyo código de vestimenta exigía al menos llevar un blazer. Nagy le dijo a Bird que no se moviera, que le encontraría una americana, pero tan pronto como entró para pedir una prestada, la estrella de los Celtics se esfumó. «Al menos apareció para grabar al día siguiente», cuenta Nagy.

Como las carreras de Magic y Bird seguían creciendo, interconectadas, el vicepresidente de Converse, Jack Green, llegó a la conclusión de que la mejor manera de capitalizar su rivalidad era acentuar sus diferencias. La campaña de las Weapon no mostraría a los dos rivales caminando del brazo; en lugar de eso, se haría énfasis en la feroz competencia entre ambos. «No iba a ser algo cursi», dice Green. «Queríamos que fuese un anuncio único y muy orientado al mundo del baloncesto.» A Johnson le encantó la idea. Bird, claramente el más reacio de los dos, acabó finalmente aceptando, con la condición de que Magic se desplazara a Indiana para grabar el anuncio. Suponía que esto sería motivo suficiente para romper el acuerdo. Por eso se quedó boquiabierto cuando supo que Johnson había aceptado el trato. «Cuanto más lo pensaba, más creía que sería positivo para los dos», afirma Magic. «No me apetecía viajar hasta West Baden, Indiana, pero quedó bastante claro que era la única manera de que se hiciese el anuncio.»

El equipo de producción llegó a la propiedad de Bird unos pocos días antes que Magic para poner a punto el equipo y preparar las tomas. El día antes de la grabación, los ejecutivos de Converse recibieron una llamada de Charles Tucker, el agente de Johnson. Magic y Larry todavía no habían firmado los contratos, y Tucker les informó de que ambos creían que no se les estaba pagando lo suficiente. Los dos estaban dispuestos a esperar y grabar el anuncio, siempre y cuando les mejoraran las condiciones. Larry, que tenía una buena relación con Al Harden, un ejecutivo de Converse, le dijo que se ocupase de satisfacer las demandas de Magic inmediatamente y que ya le pagarían su parte más adelante. Como la grabación estaba costando ciento ochenta mil dólares la jornada y las exigencias de los jugadores no eran desorbitadas —quince mil dólares de más para cada uno—, Converse acabó cediendo.

Cuando Johnson y su séquito de limusinas llegaron a la casa de verano de Bird, la primera en recibirlos fue su madre. Georgia Bird era una gran aficionada al baloncesto, aunque sus intereses no se limitaban a los Celtics de su hijo. Nacida y criada en Indiana, seguía de cerca el baloncesto universitario y a su jugador favorito, Isiah Thomas, la antigua estrella de la Universidad de Indiana. Cuando dos años después de que se grabase el anuncio de Converse los Pistons perdieron la final de la Conferencia Este contra los Celtics en una emocionante serie a siete partidos, Thomas, disgustado, dijo que los medios habían sobredimensionado los logros de Bird por el color de su piel. Sus palabras desataron una tormenta de críticas. No se tuvieron en cuenta las declaraciones del pívot de los Pistons Dennis Rodman, que había iniciado la polémica al afirmar que Bird estaba «sobrevalorado», por ser un novato inmaduro y lenguaraz, pero se suponía que Thomas era un veterano que sabía lo que decía. El incidente estigmatizó la carrera de Isiah y se le colgó el sambenito de mal perdedor. Isiah no supo sobreponerse a la decepción que le sobrevino en el quinto partido de la final de conferencia cuando Bird robó el balón tras un mal saque de banda suyo en los segundos finales y asistió a Dennis Johnson para que anotara la canasta de la victoria. Pero nada de eso, ni siquiera las duras críticas que Thomas había vertido sobre su hijo, disuadieron a Georgia Bird de apoyar a su base predilecto. «Isiah era su jugador favorito de todos los tiempos», explica Bird. «Le seguía religiosamente cuando estaba en IU. Sentía lo mismo incluso después de 1987. Me dijo: "Larry, los dos estabais ahí dándolo todo y es normal que perdierais los estribos". ¿Sabes quién más le encantaba? Bill Laimbeer, que había jugado en Notre Dame, otra universidad de Indiana. Y eso que era consciente de lo mucho que yo odiaba a ese tío.» En 1986, cuando acababa de hacerse pública la lista de jugadores para el Partido de las Estrellas, Bird preguntó a un grupo de periodistas de Boston si Laimbeer, que había sido All-Star los tres años anteriores, había vuelto a ser seleccionado. Cuando le informaron de que se había quedado fuera, contestó impasible: «Vale, ahora ya no tendré que pasar por el trance de mandarlo a la mierda cuando me salude en el bus».

Aunque Earvin Johnson no hubiera jugado en ninguna de las elegantes instituciones de enseñanza del estado *hoosier*, sí que lo había hecho en una universidad del Medio Oeste lo bastante cercana como para que la señora Bird hubiese seguido con interés su carrera. Georgia lo abrazó con cariño y luego le dispensó un trato más propio de un hijo que del archienemigo del suyo propio: le ofreció limonada, té helado y una comida casera que había estado urdiendo durante toda la semana. Para cuando Larry llegó a casa y dio un apretón de manos a Magic, Georgia Bird ya estaba echando un pedazo tras otro de su pollo frito especial en el plato de Magic, que aderezaba con salsa, puré de patatas, judías verdes y maíz. Ella misma presentó a Magic a su propia madre, Lizzie Kerns, que había cocinado una de sus especialidades para la ocasión: pastel de cerezas. Después le llevaron a conocer a Mark Bird, el hermano mayor de Larry, mientras charlaban sobre las estadísticas y los mejores momentos de Johnson tanto en la universidad como en el baloncesto profesional. Mientras su madre seguía cantando las alabanzas de Magic, Bird se excusó y fue a darse una ducha. «Creo que se sentía un poco incómodo», dice Mark Bird. «A Larry le gustaba la intimidad, y había demasiada gente allí. Se sentiría extraño.»

El equipo de grabación pidió permiso para cerrar Sawmill Road y, para limitar las distracciones, se puso en contacto con el periódico local para que no difundiese la fecha en la que se grabaría el spot. Cuando le preguntaron a Ben Lindsey, propietario de un campo de trigo que estaba en frente de la finca de los Bird, si podían rodar unos planos de la siega del trigal, este llamó a Bird y le preguntó si debía pedirles una contrapartida económica por ello. «Claro», dijo Bird. «Sácales todo lo que puedas.» Al final le dieron un cheque de cinco mil dólares por dejarles conducir por su campo.

Mientras el equipo de iluminación colocaba las luces alrededor del camino de asfalto de los Bird, los hermanos sacaron su todoterreno y le propusieron a Magic dar una vuelta. Johnson aceptó de buen grado y recorrió la propiedad como un *cowboy* sobre un caballo salvaje. «Según parece», cuenta Mark Bird, «nunca había subido en uno antes.»

Después del festín que Georgia Bird les ofreció, Bird dio esquinazo a su familia y al equipo de grabación y desapareció con Johnson en el sótano de la casa. Al principio la conversación fue atropellada. Bird comentó que Magic estaba imparable tras el título de los Lakers en 1985.

—La liga nos adora —replicó Johnson—. ¿Sabes cuánto dinero les estamos haciendo ganar tú y yo?

—Nos merecemos un trozo del pastel más grande —contestó Bird—. ¿Y qué opinas de lo que están pagando a los novatos? Tengo ganas ya de que se me acabe el contrato y empezar a negociar uno nuevo.

Las dos superestrellas se echaron a reír. Coincidieron en que ya habían ganado más dinero en seis años en la NBA del que jamás pensaron que podrían ganar en toda su vida. Cuando le llegó el turno al tema de sus orígenes, se sorprendieron de lo parecidas que eran sus historias. Los dos habían crecido en el seno de familias humildes del

Medio Oeste que les habían transmitido la importancia del orgullo y la disciplina. Se acordaron de cuando compartían una habitación diminuta con sus hermanos; Bird con su hermana Linda, que no tenía el mismo aprecio por el orden que él y cuya costumbre de dejar la ropa tirada en la cama y en el suelo día sí, día también lo ponía de los nervios. Magic contó cómo sus hermanos y hermanas competían en improvisadas carreras por el salón para ver quién era el primero en llegar al único cuarto de baño de la casa. Hablaron también de sus experiencias de juventud con el béisbol y descubrieron que los dos habían repartido periódicos cuando eran chavales. También recordaron cómo ambos se habían pasado la mayor parte de su tiempo libre soñando con ser grandes jugadores de baloncesto. Johnson le contó a Bird que una tarde había visto a un hombre de negocios de Lansing conducir por el centro de la ciudad un Mercedes nuevo y reluciente. Earvin, que en ese momento estaba botando un balón de baloncesto, se prometió que, cuando triunfara, una de las primeras cosas que haría sería comprarse un Mercedes azul. Semejante lujo era algo ajeno a Bird, pues nadie en French Lick o West Baden conducía otra cosa que no fuera una ranchera o una camioneta. «Cuando todos los que te rodean están igual que tú, ni siquiera te das cuenta de que no tienes dinero», sentencia. Aunque eso no impedía que de vez en cuando los jóvenes tuviesen sus caprichos. Bird se obsesionó con un par de zapatillas de cuero que había visto que tenía uno de sus compañeros del colegio. A él le daban dos pares de Converse de lona al año por ser del equipo de baloncesto, y sabía que tenían que durarle hasta el verano. «Pero cuando vi aquellas zapatillas de cuero, no podía pensar en otra cosa», dice Bird. «Ni en sueños podría llegar a tener unas así, pero entonces tuve suerte. Encontré unas por veinte pavos. Estaba tan contento... Nunca les habría pedido a mis padres algo así.» En su último año en el instituto, cuando en la clase de Bird repartieron un folleto promocional del anillo de graduación, miró las fotografías durante un buen rato, lo dobló con cuidado y lo tiró. Dos o tres meses después, Georgia Bird le preguntó:

—Oye, ¿dónde está tu anillo de graduación? No recuerdo haberlo pagado.

—No me lo dieron —respondió Bird.

—¿Por qué? —exclamó Georgia Bird—. Habría encontrado la forma de pagarlo.

—No hubiera estado bien —dijo Bird, encogiéndose de hombros.

La lista de deseos de Earvin Johnson había incluido un par de Converse Dr. J de cuero que reemplazarían a las zapatillas de dos dólares que llevaba normalmente, pero no fue capaz de conseguir el dinero. Se las apañó con sus Converse de lona de cordones rojos, el color del cercano Instituto Sexton, en donde planeaba convertirse algún día en la estrella. Magic tenía dos pantalones para ir al instituto y un traje para ir a la iglesia. También tenía una chaqueta reversible que le permitía cambiar de aspecto cada semana con solo darle la vuelta. Pero lo que en verdad anhelaba eran unos pantalones vaqueros, muy populares entre los cantantes de R&B (y unos pocos habitantes afortunados de Lansing). «Deseaba tantísimo aquellos vaqueros…», explica Magic. «Pero mi padre me dijo que no entraban en nuestro presupuesto. Éramos demasiados en casa.» Como el padre de Larry, Earvin Johnson Sr. tenía dos trabajos a tiempo completo que a duras penas le permitían sufragar la manutención de sus revoltosos niños. Earvin Sr. trabajó para la General Motors durante treinta años, muchos de ellos en el último turno de la cadena de montaje. Algunas veces regresaba a casa lleno de quemaduras provocadas por las chispas de las soldadoras. Johnson padre acababa su turno a las tres de la mañana, dormía un poco y luego se iba a trabajar a una gasolinera. Unos años después montó su propio negocio de recogida de basuras y de inmediato puso a sus hijos a trabajar. Algunos de los mejores recuerdos de Magic se remontan a cuando su padre lo llevaba en el camión de la basura. A Johnson padre le encantaba ver baloncesto en la televisión con el joven Earvin, al que apodaban «Escarabajo» porque era incapaz de quedarse quieto. Cuando acababa el partido, Magic apartaba el sofá, enrollaba unos calcetines, hacía una marca en la pared y empezaba a tirar. Earvin Sr. no consentía que se fumase o se bebiese en su casa. Era un tipo recto que asignaba tareas a sus hijos y exigía que se le obedeciese sin rechistar. En casa de los Johnson no era una buena idea desafiar el mandato paterno. «Íbamos a ganarnos el pan, nos gustase o no», afirma Magic. «De ningún hijo de los Johnson iba a poder decirse que era un vago.»

Joe Bird también insistía en la importancia del trabajo duro y en acabar lo que se empezaba. El padre de Larry era un hombre sociable, muy conocido en su pueblo, a quien le encantaba jugar a lo bruto con sus hijos. Era generoso y ocurrente, pero también tenía un lado oscuro. Había regresado a casa después de la Guerra de Corea atormentado por lo que había vivido allí, y aunque rara vez hablaba de Corea, a menudo toda la familia se despertaba en medio de la noche por culpa de sus gritos. Joe Bird trabajó en muchos sitios a lo largo de los años: en una granja de pollos, en una empresa de pianos, en una fábrica de zapatos... Conseguía mantenerse sobrio durante meses, pero de vez en cuando se gastaba el dinero que ganaba en cigarrillos y copas con los amigos después del trabajo. La familia vivía permanentemente al borde de la quiebra. Larry se mudó de casa quince veces en dieciséis años; algunas por no pagar el alquiler, otras porque les cortaban la luz, y otras simplemente porque su madre necesitaba un cambio de aires. Al final, cuando Larry tenía dieciséis años, Georgia y Joe Bird se divorciaron. Más de una vez Joe le dijo a Larry que estarían mejor sin él, pero su hijo no estaba de acuerdo. Quería a su padre y había pasado muchas tardes felices con él jugando a la pelota en el patio. En los años siguientes, a medida que Larry se iba haciendo famoso, los medios empezarían a investigar a su familia y a menudo el retrato que hacían de Joe Bird, al que pintaban como un pobre desgraciado, no se ajustaba con la realidad. Más de un medio afirmó que Joe Bird había maltratado físicamente a su mujer. Si eso ocurrió, dice Larry, él nunca fue testigo de ello. «Si sucedió algo así, tuvo que haber sido antes de que yo naciese», afirma. «Lo que puedo decirte es que yo estuve con él durante dieciocho años y nunca, ni una sola vez, le levantó la mano a mi madre. Sin embargo, sí vi a mi madre perseguirle por la casa y darle con la escoba.»

Bird tenía diecinueve años cuando la policía pasó por casa de Joe Bird y le notificó que se había retrasado una vez más en el pago de la manutención. Los agentes conocían bien a Joe; en una comunidad pequeña, todos se conocían. Por eso, cuando les pidió un par de horas para poner sus asuntos en orden antes de que le detuviesen, aceptaron. Joe llamó a Georgia, le dijo que se arrepentía, le contó lo que iba a hacer, colgó el teléfono y se pegó un tiro. Al morir, sus obligaciones con la Seguridad Social revirtieron en su familia, que además de destrozada no tenía un duro.

Aunque el suicidio de Joe Bird fue un suceso enormemente traumático, no destrozó la vida de su tercer hijo. De hecho, Bird afirma que le hizo más fuerte. «No me afectó demasiado», cuenta. «Siempre tuve la sensación de que mi padre había hecho lo que quería hacer. Tomó sus propias decisiones. A decir verdad, fue lo que nos permitió salir adelante. En cierto sentido, no tenía alternativa. Tenía sus propios demonios, por la guerra y todo eso. Pero tuve que mirar adelante. Fue duro, pero lo hice. No podía hacer otra cosa. No miro atrás demasiado. Alguien me preguntó una vez: "¿No te gustaría que tu padre estuviese aquí para ver todo lo que has conseguido?". Le contesté: "Sí, me encantaría que estuviese con nosotros. Desearía que no se hubiese rendido tan pronto".» Bird ya estaba obsesionado con el baloncesto cuando murió su padre, pero después de aquello, el deporte se convirtió en el único antídoto contra la tristeza que asolaba a la familia.

Desde el principio, el chico rubio de French Lick y el desgarbado afroamericano de Lansing exhibieron una disciplina férrea poco habitual en chicos de su edad. Mientras otros chavales jugaban al *stickball*, montaban en bicicleta, se compraban un refresco en la tienda de al lado o se iban a pasar el rato y a nadar al río más cercano, Bird y Magic estaban en la pista, y se quedaban hasta mucho más tarde que los demás chicos. Tony Clark, amigo de infancia de Bird, recuerda que muchas veces pasaba por delante de la pista y veía a Bird solo, lanzando bajo la lluvia. «Tenía mucha más energía que los demás», sostiene.

A principios de semana, Bird iba con sus hermanos y su madre a la tienda de ultramarinos. Llenaban cuatro cestas de comida hasta arriba que a Bird le parecían suficientes como para comer como reyes durante semanas. Pero el jueves solo quedaba algo de mantequilla de cacahuete y algunos trozos de pan. «Si conseguías uno de esos peda-zos de pan el viernes, era un milagro», comenta.

Larry estaba en cuarto curso cuando el director del colegio pidió voluntarios para trabajar en la cafetería. Todos levantaron la mano, pero escogió a Bird. Larry trabajaba para su vecino Phillys Freeman durante la mayor parte de los tres cuartos de hora del recreo, repar-tiendo leche, limpiando mesas y llevando platos. A cambio comía gratis y recibía un cheque de 5,50 dólares cada dos semanas. La mayo-ría de los días solo disfrutaba de los últimos cinco minutos del recreo. «¿Dónde te has metido? Te has perdido todos los partidos», le pregun-taban sus amigos. «Fue horrible hasta me dieron el primer cheque», cuenta Bird. Ese día corrió a casa con la paga y el dinero de las propi-nas y se lo enseñó con orgullo a su madre. Georgia Bird felicitó a su hijo y le dejó que se quedase con el cheque, pero se quedó el dinero de las propinas. «Esto es lo que a mí me corresponde: yo también he trabajado duro», dijo la madre. Aquella misma noche, cuando Joe Bird volvió a casa, lo cogió: «Esto es para mí, por lo mucho que he currado», sentenció.

Aunque Bird exhibía, como su padre, un sentido del humor soca-rrón, era también orgulloso y testarudo como su madre. En ocasio-nes tenía problemas para contener sus emociones, y su mal humor hacía acto de presencia si creía que alguien le había faltado al respeto. Larry pesaba solo sesenta kilos en su segundo año en el Instituto Springs Valley y se rompió el tobillo mientras entrenaba con el segundo equipo. Cuando no pudo apoyar el pie, se dio cuenta de que se había lesionado de gravedad. El entrenador, Jim Jones, pensando que solo era un esguince leve, le vendó el tobillo con un esparadrapo y le dijo que volviera a salir, que no era nada y que solo tenía que moverse un poco. Larry hizo lo que le dijeron, pero el pie se le hin-chó tanto que los médicos tuvieron que esperar tres semanas para que se le bajara la hinchazón y poder escayolarle. «Por culpa de Jones estuve casi un mes más de baja», dice. Larry se pasó la mayor parte de la temporada en muletas, lanzando tiros libres y trabajando en el Agan's Market de West Baden. Todavía cojeaba un poco cuando el campeonato hubo concluido. En cualquier caso, Jones lo incluyó en

Un estoico Larry Bird (segunda fila, tercero por la izquierda) posando con su equipo del Springs Valley High School tras una victoria importante. M. GIBSON / CORTESÍA DE LARRY BIRD

la plantilla para la postemporada y le dio la alternativa en el primer equipo. Animado por su entrenador, Bird entró al galope en la pista y al momento lanzó un tiro de cinco metros. Lo metió. Al final, Springs Valley ganó el play-off, que acabó con dos tiros libres anotados en los segundos finales por Bird. «Así era Larry», explicó Jim Jones. «Estaba enganchado al baloncesto.» Jones se dejaba caer por las pistas descubiertas todos los veranos para ver cómo evolucionaba su juego. Le decía a los jugadores: «Volveré en un rato para ver cómo vais». Algunas veces volvía quince minutos después, otras después de jugar dieciocho hoyos de golf. Y siempre que volvía, ahí estaba la joya de la corona, trabajando sin descanso.

En su último año, Larry ya medía dos metros y llevó a Springs Valley a la final regional, en la que perdieron contra Bedford. Se fue a casa con 25 puntos y un muslo amoratado, regalo de un rival había estado pellizcándole durante todo el partido.

En el verano anterior, Larry había ido a visitar a su hermano Mark, que trabajaba en una acerería en Gary, Indiana. Por las noches Mark

Bird jugaba en el Instituto Hobart, donde se reunían la mayor parte de las grandes estrellas universitarias del estado. La noche en que Larry se presentó, su hermano se quedó sorprendido al ver lo alto y fuerte que estaba. Cuando los jugadores universitarios comenzaron a formar equipos, Mark le susurró al que le había elegido: «Escoge a mi hermano. Es bastante bueno». Los hermanos Bird jugaron juntos durante casi cuatro horas y no perdieron ni un partido. Larry dominó el juego, primero con el pase y después con el tiro. A Mark le preguntaban una y otra vez:

—¿En qué universidad juega tu hermano?

—Todavía está en el instituto —respondía.

Uno de los chicos que preguntó por Larry jugaba en UCLA. «Una semana después Larry empezó a recibir cartas de John Wooden», cuenta Mark.

Earvin Johnson creció siguiendo las carreras de todos los jugadores de los UCLA Bruins, y en particular la del pívot Lew Alcindor, que con el tiempo cambiaría su nombre por el de Kareem Abdul-Jabbar. De adolescente había ido a un partido de los Pistons a pedirle un autógrafo al gigante. El desdén que mostró su futuro compañero cuando le firmó el pedazo de papel hizo que Johnson se sintiera fatal durante todo el camino de vuelta hasta Lansing. «Cuando sea uno de los grandes», prometió, «voy a sonreír a todos los que me pidan un autógrafo.»

Earvin Johnson no albergaba dudas de que algún día sería una estrella de la NBA. Cuando estaba en quinto curso y su profesora, Greta Dart, le preguntó a los niños qué querían ser de mayores, él escribió «jugador de baloncesto» en grandes letras mayúsculas. «Claro que sí, Earvin», dijo Dart. «Pero primero tienes que estudiar.» De todos modos, la maestra no podía obviar las impresionantes dotes de líder de un Johnson de tan solo diez años. Su habilidad para conectar con sus compañeros de clase y hacer piña era notable. Normalmente Dart era la profesora de guardia en los recreos, en los que los chicos solían jugar a *kickball*. Magic, mucho más fuerte y mejor que la mayoría de sus amigos, escogía a Dart y a dos de los chicos más enclenques de la clase para su equipo. Juntos derrotaban a los mejores deportistas del colegio. «Era un organizador», cuenta Dart. «El único que siempre se preocupaba por los marginados y encontraba una forma de que se sintiesen integrados.» Que Dart, una amante de la disciplina, creyera que Johnson era un chaval encantador no le eximía de recordarle que tenía que ser responsable. En su primer año como profesora, le advirtió de que si no acababa una de las tareas del colegio para el viernes siguiente, no le dejaría jugar el gran partido contra la YMCA el sábado. Magic cometió la osadía de poner a prueba a su maestra, y cuando el trabajo no llegó a su mesa el día estipulado, esta le prohibió jugar. Su equipo, invicto hasta ese momento, cayó derrotado. «Los niños entraron el lunes y me dijeron: "Señorita Dart, debería haber dejado jugar a Magic"», cuenta Dart. «Pero él no dijo ni mu.»

Johnson no veía la hora de llegar al instituto y ponerse la camiseta de los «Big Reds» del Instituto Sexton. Pero antes de que tuviese la oportunidad de hacerlo, la calle donde vivía fue asignada a otro distrito y el chico acabó en el Instituto Everett. Fue un cambio terrible para sus hermanos mayores, Quincy, que jugaba al fútbol americano, y Larry, que jugaba al baloncesto y también anhelaba los colores de Sexton. Mientras que el alumnado de Sexton estaba compuesto en su mayoría por estudiantes afroamericanos, Everett era un instituto con mezcla racial, y Magic y sus hermanos no estuvieron demasiado cómodos en el nuevo entorno. Quincy tuvo que soportar insultos racistas y moratones cuando llegaba a los puños. Larry se vio envuelto en una serie de trifulcas con estudiantes blancos y acabó rebotándose con el entrenador del equipo de baloncesto, George Fox. A Larry Johnson no le gustaba que nadie le dijese lo que tenía que hacer. Llegaba tarde a los entrenamientos y no siempre se esforzaba. Estaba molesto por tener que estar en Everett y lo pagaba con todos los que le rodeaban. «Sentía que todos aquellos profesores y entrenadores blancos me estaban mirando por encima del hombro», explica. «Tenía la sensación de que me trataban como si no valiese nada. No era así, pero por entonces es así cómo lo vivía.»

Un día en el que Larry Johnson estaba sentado en el banquillo del segundo equipo, que llevaba un registro de 1-6, Fox los reunió y les dijo: «¿Voy a tener que llamar a un chico de octavo curso para que os enseñe a subir el balón?». Earvin, que ya medía 1,93 m y había anotado hacía poco 48 puntos contra los Oddo Eskimos, una escuela de la misma ciudad, hizo las delicias de un pabellón atestado a base de pases por la espalda y mates al contraataque mientras su hermano Larry, sentado en la banda, le animaba para que batiese el récord de la escuela, que estaba en 40 puntos. Lo hizo en tres cuartos, después se sentó en el banquillo y animó a sus compañeros en los minutos finales.

Para cuando Earvin llegó a noveno curso, Larry Johnson había sido expulsado del equipo del instituto por su mala actitud. Cuando se marchó, le dijo enfurecido a Fox: «Mi hermano Earvin nunca jugará para ti. Jamás». Cuando Magic llegó por fin a Everett, su relación con Fox y los jugadores fue incómoda al principio. La lealtad que profesaba a Larry era total, pero también se moría por jugar. «Tengo que hacerlo», le dijo a su hermano mayor, con una angustia en la voz que no pudo disimular. Los compañeros de Johnson, mayores que él, recelaban en un principio de su talento y se pasaban entre ellos el balón, ignorándolo completamente. Aun así, con el paso del tiempo, se ablandaron. Magic rebosaba talento, generosidad y carisma. «Se dieron cuenta», dice Larry Johnson, «de que si le daban el balón a Earvin, él se lo iba a devolver.»

La jovialidad de Magic era un don y una bendición para un instituto que tenía problemas para mantener el orden tras el cambio de distritos. Hubo incidentes entre estudiantes blancos y negros durante toda la estancia de Johnson en Everett, pero el joven y talentoso jugador de baloncesto se las ingenió para que desapareciese buena parte de la tensión cuando convenció a sus amigos de que había que evitar los prejuicios raciales, como él hacía. Earvin asistía a las fiestas que celebraban sus compañeros blancos, aunque sus amigos y él fuesen a menudo los únicos negros. Convenció a sus amigos blancos de que escuchasen música soul y consiguió que el director montase una sala de baile para los meses en los que no había exámenes. También encabezó una protesta cuando no se escogieron animadoras negras para el equipo del instituto, a pesar de que lo hacían de maravilla. «A pesar de su talento para el baloncesto, la mayor contribución que Earvin hizo en Everett fue en el terreno de las relaciones raciales», cuenta Fox. «Nos ayudó a tender puentes entre dos culturas muy diferentes. Corría con los chicos blancos, pero nunca le daba la espalda a los negros. Derribó muchas barreras. Era tan popular que los estudiantes pensaban: "Oye, si Earvin anda con estos tíos, deben de ser enrollados".»

Era una tradición del Everett que después del primer entrenamiento de la temporada los jugadores corriesen alrededor de la pista hasta que solo quedase uno en pie. Durante dos años consecutivos, el último fue Earvin Johnson. En el verano anterior a su último año, su compañero Randy Shumway informó a Fox de que iba a derrotarle. Los dos corrieron por la pista durante más de media hora mientras sus compañeros se iban quedando por el camino. Al cabo de cuarenta y cinco minutos, ambos jadeaban exhaustos pero ninguno estaba dispuesto a tirar la toalla. Mientras Fox pensaba en cómo iba a romper el empate, vio que Johnson estaba susurrándole algo a Shumway al oído. Los dos dieron una vuelta más juntos y Magic anunció: «Ya está, entrenador. Vamos a dejarlo en un empate». «Earvin podía haber ganado», dice Fox, «pero sabía que no hacerlo sería mejor para la moral del grupo.»

Aunque Johnson era el jugador más entregado que Fox había visto, este no iba a permitir que lo desafiara. En la segunda temporada de Magic, Everett disputó un torneo de verano contra Battle Creek Central. Se comunicó a los jugadores que estuviesen en el instituto a la hora pactada, ni un minuto más tarde. Mientras el equipo subía al autobús, su mejor jugador, que solía llegar tarde, no aparecía. Fox respiró hondo y dio orden al conductor de arrancar. Cuando el bus salía del aparcamiento, Fox conminó al conductor de que lo hiciera más despacio. Al doblar la esquina, sonó una bocina. Era Earvin Johnson Sr. con su hijo en el asiento de atrás. Magic subió a bordo pero se sentó detrás, solo. Ni rastro de su típica sonrisa. No dirigió la palabra a sus compañeros. Todavía estaba de mal humor antes del calentamiento cuando Fox lo pilló por banda y le dijo:

Magic con su entrenador en el instituto, George Fox. Juntos conquistaron el campeonato estatal para el Everett High School. CORTESÍA DE MAGIC JOHNSON

—Escucha, grandullón. Dejémoslo aquí. Vamos a jugar al baloncesto.

—Vale, entrenador —respondió Johnson—. Por mí, bien.

Salió, hizo un triple doble y Everett ganó con facilidad. «Earvin estuvo increíble aquella noche», dice Fox. «A decir verdad, estaba increíble todas las noches.»

En su último año, Johnson llevó a Everett al campeonato estatal tras derrotar a Brother Rice. Lo hizo compartiendo el balón, en lugar de anotar 45 ó 50 puntos por partido, algo que podría haber hecho con facilidad. Durante esa temporada, trabajó sin descanso el manejo del balón y el rebote, siempre con el consejo que Fox le había dado en mente: cuando creas que has hecho mucho, haz un poco más, porque seguro que hay alguien por ahí trabajando aún más duro que tú.

A Bird, su entrenador, Jim Jones, le dijo lo mismo. Pero en el tránsito del instituto a la universidad empezó a dudar de que esa «otra persona» existiese. «Hasta que conocí a Magic», sentencia.

Sentados cómodamente en el sótano de West Baden, Bird no se sorprendió al descubrir que Magic también solía practicar lanzamientos ficticios en el último segundo contra Russell y Chamberlain. Compartieron también sus recuerdos sobre las pautas de entrenamiento en solitario y sus programas para ponerse en forma durante la temporada. Magic descubrió que aquel hombre, famoso por su testarudez y franqueza, tenía un agudo sentido del humor. Larry era muy bueno contando anécdotas, un tipo leal y atento a las necesidades de su familia. Sentía auténtica aversión a las masas y evitaba a toda costa a los cazadores de autógrafos. Le dijo a Magic que le maravillaba la forma en que él se movía en medio de aquellas muchedumbres de aficionados, encandilando a todos y haciéndolos sentir que estaban en la gloria. «Mientras le escuchaba», dice Johnson, «me di cuenta de que la imagen de Larry Bird que se había forjado en mi cabeza a raíz de nuestras batallas, la influencia de los medios de comunicación, mis entrenadores y mis compañeros no se correspondía con la persona con la que estaba hablando. Era alguien completamente diferente, alguien con quien podía conectar completamente. En cierto sentido fue un poco extraño estar sentado frente a alguien que tenía exactamente la misma mentalidad competitiva que yo. Había jugado con y contra muchos jugadores de baloncesto, pero con él fue la primera vez que me sentí así.»

Cuando las dos estrellas salieron de la casa para continuar la grabación del anuncio, el personal de Converse se sorprendió de lo fluida que era la comunicación entre ambos. En grabaciones anteriores, Bird se había mostrado reticente, distante, poco dispuesto a entablar cualquier tipo de relación personal. «Todos nos dimos cuenta de que algo había cambiado aquel día», afirma Nagy.

Aunque el guion original establecía que Johnson y Bird aparecerían de pie espalda contra espalda, se darían rápidamente la vuelta y se quedarían mirándose enfrentados, tuvo que descartarse la idea porque los dos se partían de risa cada vez que se daban la vuelta y se quedaban cara a cara. Pese a todo, ni una pizca de ese buen rollo quedó plasmado en el montaje final del anuncio. Con una música amenazadora de fondo, el spot empezaba con una limusina negra atravesando una carretera de tierra flanqueada por campos a ambos lados. Mientras la limusina se aproximaba a un claro en el que había solamente un tablero con un aro, Bird, de pie y con un balón bajó el brazo, contemplaba cómo se aproximaba el vehículo. Un plano detalle mostraba la matrícula delantera de la limusina —LA 32— y luego a un inquieto Bird manipulando el balón. En ese momento, Magic

Johnson, vestido con la equipación de los Lakers, bajaba la ventanilla y decía:

—He oído que Converse hizo unas zapatillas «Bird» para celebrar el MVP de la pasada temporada.

—Sí —respondía Bird, mirando sus zapatillas.

—¡Vale, pues que se sepas que acaba de hacer un par de zapatillas «Magic» para el MVP de esta! —replicaba Magic mientras se bajaba de la limusina, se quitaba el chándal y se acercaba a Bird.

—OK, Magic —decía Bird lanzándole el balón—. Enséñame lo que sabes hacer.

Mientras Johnson se echaba hacia atrás para lanzar una suspensión, Bird, vestido con pantalones cortos y una camiseta Converse, se lanzaba hacia él para taponarle. Tras un corte aparecía un par de zapatillas Converse negras al lado de otro par de color amarillo brillante. Una voz anunciaba: «Las zapatillas Bird. Las zapatillas Magic. Escoge tus armas (Weapons). De Converse». El anuncio se convirtió en un clásico instantáneo. Las ventas de ambos modelos se dispararon, y las zapatillas Converse pasaron rápidamente a dominar las pistas de costa a costa. El arma blanca y negra se vendió el doble que la dorada, no porque Bird fuese más querido que Magic, sino porque los colores neutros gustaban más al gran público. Converse vendió 1,2 millones de pares de Weapons el primer año y seiscientas mil más al año siguiente. «Fueron unos resultados extraordinarios», afirma Gib Ford, antiguo consejero delegado de Converse. «Y no hay duda de que la principal razón de nuestro éxito fue el anuncio de Bird y Magic.»

Por otro lado, la opinión que se tenía de ambos jugadores cambió tras la emisión del anuncio. De repente pasaron a ser vistos como competidores respetuosos, y no como encarnizados rivales. «No fue hasta que hicieron el anuncio de Converse que la gente empezó a darse cuenta de que no eran enemigos, solo dos tipos muy duros que odiaban perder», afirma el alero de los Lakers James Worthy. «Los dos eran dos grandes jugadores de equipo que conseguían que los demás sacaran lo mejor de sí mismos.» La publicidad de Converse levantó ampollas entre los compañeros de Johnson en los Lakers, que no daban crédito que se hubiera desplazado hasta Indiana, y peor aún, hasta la casa del mismísimo Bird, para grabar el anuncio. Cuando regresó a Los Ángeles, llamó a su amigo Byron Scott y le dijo: «¿Sabes qué? Larry se me ha ganado un poco estos días. En realidad es un tipo con los pies en la tierra. Creo que incluso podríamos llegar a ser amigos algún día.» «No podía creer lo que estaba escuchando», cuenta Scott. «Estaba alucinado. Nosotros *odiábamos* a Bird y a los Celtics.» Scott se burló despiadadamente de Johnson por el anuncio. Cuando apareció por los entrenamientos, Scott y Michael Cooper estaban esperándole. Cooper se puso a imitar a Bird, con su torva mirada y provocación: «OK, Magic. Enséñame lo que sabes hacer», le gritó Cooper a Scott, que hacías las veces de Magic. Entonces Scott se arrancaba el chándal, como Johnson en el anuncio. Aunque la escena normalmente hacía que los compañeros de Magic se partiesen de risa, a su entrenador no le parecía divertido. Como Johnson sospechaba, a Riley el anuncio no le hizo ninguna gracia... ni dónde se había rodado. «No me gustó», cuenta Riley. «No dije nada, pero no estaba contento. Todos sabíamos que el tema Magic-Bird trascendía la rivalidad Lakers contra Celtics. Era algo entre ellos, y ellos habían manejado aquel asunto. Quería preguntarle a Earvin si pensaba que Bird habría grabado el anuncio si hubiese tenido que ir a Los Ángeles. No lo habría hecho. Todos lo sabemos.» Riley esperaba que hubiese habido otras razones para que Magic aceptase grabar el anuncio. Había sido testigo de cómo Johnson desarmaba a muchos de sus adversarios con su sonrisa contagiosa y sabía que, mientras Bird consideraba la confraternización un signo de debilidad, los encantos de Johnson eran a menudo demasiado irresistibles como para obviarlos. «Cuanto más pensaba en ello, más creía que Earvin tenía un plan», dice Riley. «Era un competidor nato, y quizá su idea era coger a Bird con la guardia baja, ablandarle un poco.»

En Boston el anuncio despertó apenas unos pocos comentarios durante la pretemporada de los Celtics. Algunas veces McHale le gritaba a Bird «¡Elige tus Weapons!», pero pronto se aburrió y lo dejó en paz. Si alguno de los compañeros de Larry estaba resentido por lo del anuncio con Magic, no lo expresó. «No hubo nada de eso», dice el antiguo Celtic Rick Carlisle. «Sinceramente, creo que solo sirvió para poner en evidencia lo diferentes que eran. Magic probablemente estaría preocupado por lo que sus compañeros pensaban de él, pero a Larry le daba lo mismo.»

Por su parte, al entrenador de los Celtics, K.C. Jones, le traía sin cuidado el tiempo que Magic y Bird habían pasado juntos y cómo eso podía alterar a su estrella. «¿Estás de broma?», dice Jones. «Larry era la persona más competitiva del mundo, quizá con la excepción de Magic. No veo cómo un anuncio iba a cambiarle. Nunca entendí qué problema tenía Pat Riley. Era algo inofensivo, positivo para la liga, para su imagen y para nuestras dos franquicias.» Jones conocía bien las rivalidades entre grandes estrellas dado que había jugado junto a Bill Russell durante sus épicas batallas contra Wilt Chamberlain. Cuando los Celtics jugaban en Filadelfia, Russell solía pasar el día con Chamberlain —incluso dormía la siesta en su propia cama—, pero cuando llegaba la hora del partido, toda aquella camaradería se esfumaba. «Entrábamos en la pista y Russ atravesaba a Wilt con la mirada, como si no estuviera allí», cuenta Jones. «Pues Larry igual.»

Después del anuncio, cuando Magic se encontró a Bird antes de uno de los partidos de temporada regular le propuso verse en un entorno más distendido. «Todavía deseaba con todas mis fuerzas ganar a los Celtics», dice Magic. «Todavía quería arrebatarle a Larry Bird los trofeos que tenía, pero no pude evitar proponerle ir a tomar una cerveza después del partido.» Sin embargo, la respuesta de Bird fue la misma que la de años anteriores: gracias, pero no. Su relación había cambiado aquella tarde en West Baden, pero todavía no estaba dispuesto a hacerse amigo de un jugador que se interponía en todos y cada uno de los objetivos que él y los Celtics se habían marcado. «Podía diferenciar entre el chico que se sentó en mi sótano y me contó todo sobre su familia del que vestía una camiseta de los Lakers e intentaba evitar que ganásemos el título», afirma Bird. «A decir verdad, era sencillo.»

Con el tiempo, el eslogan «Escoge tus armas» acabó por resultar caduco y políticamente incorrecto. Según Jack Green, el nombre de una campaña posterior protagonizada por Kevin Johnson, la estrella de los Phoenix Suns, titulada originalmente «Corre y dispara» fue rebautizada «Corre y machaca» tras la presión popular. La «naturaleza violenta» del eslogan mató definitivamente la campaña de las Weapons. Aun así, el éxito de la experiencia convenció a Nike de invertir millones en una joven superestrella a la que bautizaron como «Air» Jordan. La joven y espectacular estrella de los Bulls convirtió a la compañía de zapatillas con sede en Oregón en la empresa líder de la industria deportiva.

A causa de la distancia y las apretadas agendas, la magia de aquella bonita tarde de otoño no volvió a recrearse delante de una cámara. Pero del tiempo que pasaron juntos surgió una tácita y mutua comprensión de las recompensas y responsabilidades que acarreaba el hecho de liderar una franquicia. «Nunca me lo podría haber imaginado», reconoce Bird. «Si no hubiésemos hecho aquel anuncio, dudo que alguna vez nos hubiésemos sentado y hablado como lo hicimos. Puede que nunca hubiésemos llegado a conocernos.»

El anuncio se emitiría durante la temporada 85-86, una campaña que para Bird comenzaría en medio de tremendos dolores. Al acabar la pretemporada, incluso contempló la opción de pasarse todo el año en blanco. El dolor era insoportable y la rigidez limitaba todos y cada uno de los aspectos de su juego. El Dr. Silva le acompañó a ver a un fisioterapeuta llamado Dan Dyrek. Dyrek era partidario de operar, opción que Bird descartó de pleno. Hablaron sobre descanso y tratamientos, y Bird aceptó la mitad del plan. «Haré el tratamiento», dijo, «pero no voy a perderme ningún partido.» Durante los tres meses siguientes, Dyrek trabajó en la espalda de Bird, intentando aliviar la presión de los nervios comprimidos. Después de cada entrenamiento, el alero conducía hasta su clínica para someterse a una hora (o más) de tratamiento. Larry llevó a cabo religiosamente también una serie de ejercicios que contribuían a mejorar la movilidad, pero lanzar siguió siendo un problema durante las primeras semanas de competición. Sin embargo, con la llegada del nuevo año, el tratamiento dio por fin resultado.

Una vez que Bird hubo recuperado su toque, los Boston Celtics tenían a varios jugadores en modo «Máximo esfuerzo de mi carrera».

El *Big Three*, formado por Bird, McHale y Parish, estaba en su máximo apogeo, y D.J. y Ainge se habían consolidado como complementos solventes en el juego exterior. Auerbach le pidió a Maxwell que adelantase su vuelta y participara en el campamento de novatos para recuperar su lugar en el núcleo del equipo, pero el veterano se negó, aduciendo que necesitaba supervisar la construcción de su nueva casa. «¿De dónde demonios cree que ha sacado el dinero para su mansión?», se quejó Auerbach. «Los veteranos nunca íbamos al campamento de novatos», afirma Maxwell. «¿Por qué de repente era tan importante que yo estuviese allí?»

Con anterioridad, Boston había entablado conversaciones informales con los Clippers para hacerse con el pívot Bill Walton, que estaba en el ocaso de su carrera y buscaba un cambio de aires. Walton había contactado primero con los Lakers, pero a West le preocupaba su condición física, así que Bill llamó a Red Auerbach, que habló con Bird. «Oye, si el chico está sano podría irnos bien», dijo Bird. Después de que Maxwell se negase a asistir al campamento de novatos, Auerbach decidió que el MVP de las Finales de 1981 sería el cebo con el que pescaría a Walton de los Clippers. Cuando se anunció el acuerdo, Maxwell se marchó enfadado de Boston, convencido de que Bird había intercedido para echarle. Años después, Bird continuaría alabando a Max como «uno de los mejores compañeros que he tenido», pero su relación había sufrido un daño irreparable. Bird pensaba que Max le había dejado tirado, y Max pensaba que Bird había hecho otro tanto con él. En cualquier caso, la llegada de Walton permitió a Bird conocer a alguien que amaba y respetaba el juego tanto como él. Los dos se hicieron amigos de inmediato. Jugaban uno contra uno durante horas, antes y después de los entrenamientos, y se decían de todo. Su química era eléctrica y su camaradería, genuina. Walton, que había considerado seriamente la retirada, estaba renaciendo. «Larry no solo me devolvió mi carrera, me devolvió la vida», sentencia.

Liberal, fan de los Grateful Dead y militante político comprometido, Walton proporcionó a sus compañeros una enorme cantidad de bromas a su costa. Un día, después de un entrenamiento, Walton,

McHale y John Havlicek —ya retirado—, se reunieron en casa de Bird para cenar, y McHale pudo dar comienzo a su interrogatorio. «Entonces, Bill», dijo, «¿a qué saben de verdad las setas?». Y «¿es verdad que Patty Hearst estuvo secuestrada en tu sótano?». Después del somero interrogatorio, McHale se recostó y espetó: «Richard Nixon fue el mejor presidente que hemos tenido... ¿no estás de acuerdo, Bill?». El gigante pelirrojo, que hubiera pagado por estar en la tristemente famosa «lista negra» de Nixon, protestó a voz en grito mientras sus nuevos compañeros lloraban de la risa.

A Walton, un estudioso de la historia del baloncesto que había intentado emular a Bill Russell en su juventud, le gustaba tanto el juego de Bird que viajó a casa de su amigo en Indiana solo para embotellar un poco de tierra de French Lick como recuerdo.

Walton, Jerry Sichting y Scott Wedman se convirtieron en las mejores armas del banquillo de Boston. Se hacían llamar el *Green Team*, el Equipo Verde, y se enorgullecían de llevar a las celebridades con las que compartían equipo al límite. Los titulares, apodados el *Stat Team*, el Equipo de las Estadísticas, a menudo jugaban cuarenta minutos por noche, así que no era raro que los reservas, que estaban frescos tras haber jugado apenas diez minutos, les derrotasen en los entrenamientos posteriores a los partidos. Independientemente del marcador, los asistentes Jimmy Rodgers y Chris Ford amañaban los resultados a favor del *Stat Team*. Un día Bill Walton decidió que ya había tenido suficiente:

—K.C. —le dijo al entrenador—, ¿por qué dejas que manipulen el marcador?

—Bill —contestó Jones—, sabes que no podemos acabar el entrenamiento hasta que no gane el equipo de Larry.

A pesar de que las lesiones le habían pasado factura, Walton seguía siendo un gran reboteador y un intimidador defensivo. Era también un buen pasador y había noches en las que Bird y él hacían poesía en movimiento. La antigua estrella de UCLA, que se había criado en la Costa Oeste, se convirtió enseguida en un héroe en Boston, aceptado por los habitualmente suspicaces aficionados de los Celtics como uno de los suyos. Su llegada empujó a Parish, el silencioso pívot al que apodaban «Jefe» por el personaje de *Alguien voló sobre el nido del cuco*, hacia un lugar más discreto en el corazón del público. Walton era perfectamente consciente tanto de lo importante que era Parish para el equipo como de la costumbre del público a subestimarlo. La tarde en la que llegó a Boston, M.L. Carr le recogió en el aeropuerto y Walton le pidió que lo llevase a casa de Parish, donde prometió al Jefe que solo aspiraba a ser su suplente.

Con el fisioterapeuta Dyrek como nuevo miembro del círculo más íntimo de Bird, Larry pudo sacudirse sus dolores de espalda y realizar la temporada más completa de su carrera. Promedió 25,8 puntos, 9,8 rebotes y 6,8 asistencias, logró la cifra más alta de su carrera en robos de balón —166— y lideró la liga en porcentaje de tiros libres con un 89,6%.

En 1986 el fin de semana de las estrellas incluía un nuevo evento, el concurso de triples. Antes de que empezase, Bird entró al vestuario y preguntó: «¿Quién de vosotros va a acabar segundo?». Y después de recibir un enorme cheque por la victoria, bromeó: «El cheque tenía mi nombre escrito desde hacía semanas». Su talante era el que mejor representaba a los Celtics: eran jóvenes, atrevidos y arrogantes, y estaban unidos. «Fue la mejor época de mi vida», dice McHale. «De todo lo que logramos, lo que más destaco es que no nos costó nada darlo todo por el equipo. En ese equipo nadie era más importante que nadie.»

Aunque Bird seguía protagonizando muchos de los titulares que generaban los Celtics, sus compañeros obtuvieron su parte de gloria. El *Big Three* fue universalmente reconocido como el juego interior más letal de la liga, y el resurgimiento de Walton se convirtió en una de las historias más emotivas de la NBA.

Una noche en la que Parish estaba descartado por un esguince de tobillo, Walton llegó al Garden tres horas y media antes del partido. Estaba a punto de ser titular por primera vez con los Boston Celtics y quería estar preparado. Cuando saltó al parqué, Bird se plantó delante de él: «Mira», le dijo, «solo porque hoy seas titular en lugar del Jefe no te creas que sus tiros van a ser tuyos. Esos tiros son míos. Limítate a ir al lado débil y rebotear».

A medida que crecía su popularidad, a Bird le inundaban con propuestas de anuncios. Todo el mundo le quería para vender sus productos, pero él, con buen juicio, era muy selectivo. Cuando la marca de patatas fritas Lay's le hizo una lucrativa oferta para aparecer en un anuncio con Kareem, aceptó. El spot arrancaba con un plano de Larry a punto de abrir una bolsa de patatas.

—Apuesto a que no eres capaz de comerte solo una —decía Kareem impertérrito.

—Apuesto a que sí —replicaba el alero con chulería, llevándose una única patata a la boca.

Tras un cambio de plano, Bird aparecía comiéndose con avaricia la bolsa entera de Lay's… con la cabeza completamente afeitada, imitando la calva de Kareem.

Consciente de que su éxito se debía en gran parte a sus compañeros, Bird a menudo intentaba que sacaran partido de sus negocios. Cuando un restaurante local cercano al Garden le pidió que fuese su imagen, aceptó y acordó que la cuenta de sus compañeros se cargara en la suya cada vez que comieran con él allí.

Al tres veces campeón Earvin «Magic» Johnson también le llovían las ofertas. Su enorme talento junto con su magnética personalidad propiciaron nuevos anuncios, nuevos negocios fuera del baloncesto y montones de nuevos amigos. Johnson ya no necesitaba a Buss para que le invitaran a los eventos de moda en Hollywood. Estaba en todas las listas de vips junto a actores, humoristas, deportistas y presentadores.

Jackie y Jermaine Jackson, de los Jackson Five, se convirtieron en habituales de los partidos de los Lakers. Los hermanos de Michael solían invitar a Magic a Hayvenhurst, su mansión, donde a menudo intentaban convencerle de que saliese con su hermana La Toya. Una noche Johnson estaba con Jackie y el cantante le dijo:

—Deberías venir de gira con nosotros.

—¿Y qué haría? —preguntó Magic.

—¡Pasar un rato con los hermanos! —respondió Jackie.

Johnson se unió al séquito de los Jackson en el «Triumph Tour» de 1980 y en el «Victory Tour» de 1984. Comía con ellos, viajaba en el autobús de la gira e incluso se sentaba en el escenario mientras tocaban. Estaba impresionado con el número de fans que, en filas de a tres, clamaban por ver a sus ídolos musicales. Los Jacksons lo tenían todo estudiado. Para evitar a los fans, hacían que un par de enormes limusinas blancas con las lunas tintadas salieran una hora antes del concierto y los fans se volvían locos persiguiéndolas. Cientos de chicas corrían detrás de los coches, profesando devoción a voz en cuello. Diez minutos después, cuando la multitud se había dispersado, una furgoneta blanca sin distintivos salía del hotel con la legendaria banda de hermanos y la futura estrella del baloncesto y miembro del Salón de la Fama en su interior.

Si Riley hubiese sabido que Magic estaba de gira con las estrellas de la Motown, seguro que lo habría reprobado. Jerry Buss, por su parte, pensaba que los viajes de Johnson con los Jackson Five eran muy positivos para el base. «Nadie encontraba el equilibrio entre el amor por el juego y el amor por la vida mejor que Earvin», sentenció Jerry Buss. Era un juego de malabares que su entrenador no podría haber entendido. Riley era incapaz de hacer otra cosa durante la temporada que no fuera sumergirse en los Lakers. A menudo aleccionaba a Magic con que solo existían dos estados mentales durante la competición: la victoria y la derrota. Y parecía que la derrota estaba siempre al acecho.

Aunque los Lakers comenzaron la temporada 85-86 con una marca de 27-3, había sutiles señales que indicaban que el equipo necesitaba algunos ajustes. Abdul-Jabbar era todavía el eje de los Lakers, pero Magic apreciaba en él signos de fatiga, en particular después de viajes largos o en partidos en noches consecutivas. Kareem se estaba haciendo mayor.

La incorporación de Walton permitía a los Celtics defender a Abdul-Jabbar tanto con Parish como con el gran pelirrojo. También les permitía jugar con los dos pívots juntos, una disposición que el entrenador K.C. Jones utilizaría llegado el momento.

Boston alcanzó con facilidad las Finales, pero no sin que un emergente Jordan les mostrase un destello del futuro de la NBA en la primera ronda de los play-offs. A pesar de caer 3 a 0, «Air» Jordan estuvo descomunal, sobre todo en el segundo partido, en el que anotó 63 puntos. Su espectacular actuación dejó una frase de Bird para la historia: «Era Dios disfrazado de Michael Jordan».

Consciente de que había asistido al nacimiento de la superestrella del futuro, Bird sintió la necesidad de ganar otro anillo mientras los Celtics todavía eran jóvenes y estaban sanos. Jordan aún no tenía las piezas complementarias que necesitaba para competir por un campeonato, pero Bird sabía que era solo cuestión de tiempo. «Desde el principio la gente decía que Michael no tenía una mentalidad de equipo», sostiene Bird. «Eso era porque no tenía un equipo a su lado.»

Magic y Bird no eran los únicos que revisaban las estadísticas de los demás en los ochenta. El joven Jordan tomaba nota cada vez que Johnson conseguía un nuevo triple doble o Bird volvía a capturar 16 rebotes. Los dos estrellas representaban el listón que tenía que superar. «Ellos tenían lo que yo quería: el respeto de toda la liga», explica Jordan.

En 1986 la esperada final entre Los Ángeles y Boston finalmente no se materializó. Los Lakers fueron eliminados por unos Houston Rockets liderados por las torres gemelas Akeem (después Hakeem) Olajuwon y Ralph Sampson, objeto de deseo de Auerbach cinco años antes. Fue precisamente Sampson quien dio la puntilla a los angelinos al anotar un tiro de cuatro metros a la media vuelta sin mirar sobre la bocina, para eliminarles en el sexto partido de la final de la Conferencia Oeste. De nuevo Bird se sintió defraudado. Los Celtics de 1986 eran un equipo inolvidable, y estaba seguro de que habrían derrotado a los angelinos. «Hubiera preferido jugar contra los Lakers», dice. «Me hubiese gustado jugar contra los mejores.»

Los Rockets demostraron ser un digno premio de consolación. La serie tenía una importancia extra para Bird porque se enfrentaría a su antiguo entrenador y mentor, Bill Fitch, a quien reverenciaba. Para él era fundamental hacer una gran actuación ante su primer entrenador en la NBA.

Ralph Sampson no tardó en convertirse en el protagonista de la serie. El gigante de 2,24 m hizo un 1 de 13 en tiros de campo en el primer partido, en el que fue desarbolado por el formidable juego interior de los de Boston. Bird, Parish y McHale sumaron 65 puntos entre los tres en la victoria de los Celtics.

Antes de que arrancara la final, los mejores periodistas del país alabaron al alero de Houston Rodney McCray, de quien dijeron que podía parar a Bird, como hiciera Robert Reid tres años antes. Bird, que dudaba de que alguien que no fuera Cooper pudiera pararle con éxito, se lo tomó como una ofensa y masacró a McCray con 31 puntos y 12 de 19 tiros de campo en el segundo partido. No fue hasta el tercero cuando Sampson encontró su juego. Su gran actuación —24 puntos y 22 rebotes— fue determinante para que los Rockets consiguieran el triunfo.

El cuarto partido proporcionó el telón de fondo para el momento de gloria de Walton. Con el partido empatado a 101 en los instantes finales, capturó un rebote ofensivo y se lo entregó a Bird, que anotó un triple con toda tranquilidad. En la siguiente posesión, encestó un palmeo decisivo que puso a los suyos por delante. Fue la jugada clave del partido. Walton acabó con 5 de 5 en tiros de campo.

En el quinto partido, con los Rockets 3-1 abajo en la serie, Sampson puso de manifiesto la frustración colectiva de su equipo mientras intentaba ganar la posición en una jugada en el poste bajo después de un desajuste defensivo. Jerry Sichting, un escolta de Boston treinta y nueve centímetros más bajo que el pívot de Houston, cogió a Sampson en el bloqueo y peleó con él hasta que llegó la ayuda. A Sampson no le gustó que el escolta usara las manos para defenderle, así que se volvió y le propinó un puñetazo. Dennis Johnson cargó para defender a su compañero, y Walton administró un impresionante placaje a campo abierto que mandó a Sampson directamente al suelo. Como era previsible, los dos banquillos se vaciaron. Sampson fue descalificado y multado posteriormente con cinco mil dólares. Houston remontó y ganó 111-96, pero su pívot iría a Boston con el cartel de Enemigo Público Número Uno.

Los aficionados de los Celtics eran de los más entendidos de toda la liga. Se sabían los nombres de los entrenadores y masajistas rivales, y llamaban por su nombre de pila a casi todos los árbitros. Conocían los puntos fuertes —y los débiles— del rival y sabían sacar partido de ello. Sampson se convirtió en el único objeto de su ira, y lo machacaron a base de insultos y referencias injuriosas a su familia. «Fue tremendo», dice Bird. «Escuché algunas de las cosas más feas que he oído en mi vida.» Los silbidos fueron incesantes. Sampson fue tildado de llorica, matón y cobarde. Una mujer muy baja se sentó en la pista con un cartel que por delante decía «¡SAMPSON ES UN NENAZA!» y por detrás «OYE, RALPH. MIDO 1,55 Y PESO 40 KILOS. ¿TAMBIÉN QUIERES PELEAR CONMIGO?». Sampson estaba fuera del partido ya en el descanso, tras haber hecho un descorazonador 1 de 8 en tiros de campo. Houston se tambaleaba con una desventaja clara (55-38) y Bird llevaba ya 16 puntos, 8 rebotes y 8 asistencias. «Estaba tan acelerado que pensaba que el corazón se me iba a salir del pecho», dice Bird.

En el descanso, presintiendo que se avecinaba la victoria y contraviniendo su costumbre, Bird se cambió de camiseta. Quería tener dos recuerdos de aquel equipo histórico. A continuación culminó la noche con 29 puntos, 12 asistencias, 11 rebotes y el trofeo de MVP de las Finales, y le dio las dos camisetas al delegado del equipo para que las pusiese a buen recaudo. Al día siguiente, cuando Larry fue a recuperarlas, habían desaparecido.

Los Celtics acordaron celebrar el campeonato en un restaurante del centro propiedad de K.C. Jones. Bird, aunque emocionado, estaba también exhausto. Los días de paseos de gorra con aficionados por Storrow Drive y fiestas hasta altas horas de la madrugada quedaban muy lejos. Se fue a casa y a las diez y media de la noche ya estaba en la cama. Sonó el teléfono durante toda la noche, pero no le hizo caso. Solo quería dormir.

—Bill Walton al teléfono —le dijo Dinah.

—No —respondió Bird—. Estoy muerto.

Justo después de la medianoche sonó el timbre de la casa de los Bird. Un tímido Walton estaba en el umbral. «Sé que estás cansado», le dijo a su amigo, «y sé que estabas en la cama, pero me voy a sentar aquí fuera a escuchar a los Grateful Dead y aquí seguiré cuando te despiertes.» Bird se encogió de hombros, le dio una palmada en el hombro a su amigo y volvió a la habitación. Walton se pasó toda la noche sentado en la cocina, sorbiendo un vaso de Wild Turkey y recreándose en el momento. «Me senté allí y disfruté de lo maravilloso que había sido estar en un equipo con Larry Bird», cuenta Walton. «Yo era un jugador muy veterano y físicamente ya muy tocado que podía apreciar en su justa medida lo que había sucedido. Larry, Kevin y Robert eran todavía lo bastante jóvenes como para pensar que duraría para siempre, pero yo sabía que no sería así.»

Cuando Bird se despertó a la mañana siguiente y se levantó para darse una ducha, no estaba seguro de que la visita de Bill no hubiese sido un sueño. Metió la cabeza en la cocina y vio al gran pelirrojo allí sentado, justo donde lo había dejado.

—Oye —le dijo—, ¿no has dormido?

—Larry —respondió Walton—, somos campeones del mundo. ¿Cómo esperas que duerma?

Como habían hecho en el otoño anterior, Bird y Magic grabaron otro anuncio de Converse en septiembre, esta vez en compañía de Isiah Thomas, McHale, Mark Aguirre y Bernard King. El anuncio, en el que cada uno de los jugadores rapeaba unos versos que eran al mismo tiempo horriblemente cursis y tremendamente divertidos, se abría con Magic sosteniendo sus zapatillas Converse oro y púrpura y rapeando: «*The Converse weapon, that's the shoe. Let Magic do what he was born to do*». A partir de ahí, Isiah, McHale, Aguirre y King describían lo que las zapatillas hacían por ellos. El rap de King, «*What can the Weapon do for the King? Why, I can do just about anything*», iba seguido por un Bird exultante que declaraba: «Ya sabéis lo que han hecho por mí». Los demás jugadores preguntaban al unísono: «¿Qué?». «¡Me llevé el MVP!», concluía Bird, acunando su trofeo y brillando como una estrella de Hollywood. No era extraño que estuviese tan feliz. En aquel momento era el vigente campeón de la NBA, era reconocido como el mejor jugador de la liga y tenía las armas para demostrarlo.

En el plazo de un año, desaparecerían la sonrisa, el trofeo y el campeonato. Su compañero de anuncio Magic Johnson se los arrebataría.

8

9 DE JUNIO DE 1987
Boston, Massachusetts

L ARRY BIRD ESTABA SOLO y Magic Johnson no podía hacer nada para evitarlo. El balón había pasado de una amenaza de los Celtics a otra, de Dennis Johnson a Danny Ainge y después, en la esquina izquierda, a Bird, el más temido por Magic. ¿Cómo podía quedarse solo de esa manera, aunque fuera durante un segundo? Más tarde, viendo el vídeo, Magic pudo ver cómo, un instante antes, James Worthy le había tirado de la camiseta al número 33 para impedir que se escabullese y se quedase solo. Si un árbitro lo hubiese visto, habría pitado falta, pero Worthy había supuesto acertadamente que los árbitros estarían fijándose en la parte alta de la zona, donde D.J. tenía el balón. Cuando se lo pasó a Ainge en el codo izquierdo de la pintura, Worthy hizo lo que se suponía que tenía que hacer: rotar para poner una mano cerca de la cara del joven tirador de Boston. Ainge lo vio venir y pasó el balón a la esquina donde estaba Bird. El pívot de los Lakers Mychal Thompson, neófito en estos duelos, reaccionó un poco tarde e intentó compensarlo lanzándose hacia la banda con los brazos extendidos. Mientras se abalanzaba sobre Bird, buscó alguna señal que pudiera indicar que el atacante estaba desequilibrado, nervioso o distraído. «No había nada de eso», cuenta Thompson. «Estaba frío, imperturbable. Como un tiburón.» El tiro de Bird fue perfecto:

un triple mortífero que desinfló a la ciudad de Los Ángeles y a la orgullosa franquicia que llevaba su nombre. Los Celtics, que perdían por 2-1 las Finales de la NBA de 1987, se ponían por delante en el cuarto partido cuando solo quedaban doce segundos, algo que resultaba demasiado familiar.

Mientras Magic caminaba hacia la banda intentando ignorar la estrepitosa reacción de los aficionados del Boston Garden, perdió los estribos. «¿Cómo habéis podido dejarle solo?», abroncó a sus compañeros. «Todo el pabellón sabía que iba a lanzar desde allí. ¿Es que pensabais que fallaría, o qué?» Nadie respondió. Magic los desafió con la mirada y entendió que era necesario pasar página... rápidamente. «Si nos lamentábamos del golpe que nos había propinado Bird», afirma, «íbamos a perder.» Johnson aplaudió y cambió de tono. «Vamos tíos», dijo, «queda mucho tiempo.» Pat Riley se unió a ellos en el corro. El título de los Lakers en 1985 había acabado con las dudas de 1984, y el entrenador vio una resolución en Magic que no había estado allí tres temporadas atrás. No había en él un solo atisbo de pánico. El joven ciervo había crecido. «Manda "Puño"», le dijo Riley mientras los demás Lakers regresaban a la cancha. La jugada «Puño», patentada por los Lakers, dejaba a tres jugadores en aclarado mientras Johnson subía el balón por el lado izquierdo y Kareem Abdul-Jabbar cogía la posición en el poste. Una vez que Magic daba el pase interior a Kareem, el pívot tenía toda la mitad izquierda de la cancha para maniobrar. Abdul-Jabbar recibió el pase, se dio la vuelta hacia el centro y recibió una falta. Kareem ya había fallado tres tiros libres en aquel partido. Y para Magic fue un alivio que metiese el primer lanzamiento, pero el segundo se salió, y Kevin McHale y Robert Parish llegaron exactamente al unísono a la captura del rebote. Si lo hubiesen atrapado, Boston habría tenido la posesión y la ventaja, y muy probablemente habría conseguido empatar la serie. McHale parecía tener controlado el balón, pero chocó con Parish y después recibió un empujón por detrás de Thompson, su amigo y antiguo compañero de universidad. El contacto fortuito del ala-pívot de los Lakers fue suficiente para que el balón quedase suelto y saliese botando lentamente por la banda. Así pues, los Lakers tenían el balón y perdían por uno con siete segundos en el reloj. Durante la última década, la única elección lógica en los segundos finales había sido Abdul-Jabbar. Riley podía recurrir a su pívot de nuevo, como había hecho en la posesión anterior, o podía dibujar algunos bloqueos para su francotirador Byron Scott. También estaba Worthy, que era rápido y escurridizo y podía sacar una falta. Y después estaba Magic, que había estado esperando toda su carrera un momento como este: la oportunidad de tumbar a Bird y a Boston él mismo en lugar de pasársela a otro antes de que expirara el tiempo.

Michael Cooper sacó de banda desde debajo de la canasta. Magic, situado en el lado izquierdo de la pista, fue a por el pase y McHale salió a su encuentro. Todo estaba listo: Magic, el base de 2,05 m y MVP en 1987, contra McHale, futuro integrante del Salón de la Fama en primera votación y un especialista defensivo que había estado mermado durante toda la serie por culpa de una fractura en el pie. Aunque McHale era ala-pívot, se pasaba la vida defendiendo a jugadores más pequeños, confiando en su *timing*, sus larguísmos brazos y su velocidad, engañosa para un hombre de 2,08 m. Mientras McHale establecía su posición defensiva, Magic pensó instintivamente en pasar el balón. Miró a Kareem, a Worthy, a Scott. Todos estaban marcados. Fintó hacia dentro, fintó hacia fuera y con unos pasos tartamudos superó a McHale y fue hacia el centro. Parish salió en su ayuda, pero Magic estaba un paso por delante de ambos. Bird, que se encargaba de Michael Cooper en el otro lado de la zona, lo vio dirigirse hacia el corazón de la pintura: «Bien», se dijo, «va hacia el centro y ahí tenemos refuerzos.» Con McHale, Parish y Bird, el *Big Three* de Boston, congregándose en torno a él, Magic se levantó. «Todavía no estaba seguro en aquel momento de que fuese a pasarla», relata. Kurt Rambis, que observaba desde el banquillo, pensó que Magic iba a lanzar el balón por encima de su cabeza hacia Kareem. Rezó para que eso no sucediera, porque estaba seguro de que el balón rebotaría en algún rival. Con un gancho, Magic lanzó al aire, arriba, muy arriba, mientras los tres jugadores de Boston se estiraban al mismo tiempo que él. Rambis se quedó transfigurado por la altura del balón y la trayectoria de su arco. «Parecía que iba a quedarse suspendido para

Magic dando rienda suelta a uno de sus célebres ganchos «junior, junior». Uno de estos ganchos dio la victoria a los Lakers en el cuarto partido de la final de 1987. ANDREW D. BERNSTEIN / NBAE / GETTY IMAGES

siempre», dice. La reacción no fue casual. Se había pasado el verano anterior en Michigan State trabajando sus movimientos en el poste con Jud Heathcote, afinando el gancho hasta sentirse cómodo lanzándolo con ambas manos. Bird no podía dar crédito a que Magic hubiera decidido quedarse con el balón, y tampoco pudo creer cómo este ejecutaba sin esfuerzo un lanzamiento que se tardaba años en perfeccionar. Mientras veía a su rival girar con maestría la muñeca, se sintió totalmente indefenso, hundido. Magic Johnson estaba solo y Larry Bird no podía hacer nada para evitarlo. El gancho «junior, junior» de Magic entró como una gota gruesa de lluvia en un cubo de agua. En la banda, Riley levantó el puño, triunfante. «Había estado esperando ese momento», cuenta Magic. «Estaba tranquilo, preparado. Había estado lanzando el último tiro todo el año, así que era algo a lo que estaba acostumbrado. Si lo hubiese hecho en 1985, probablemente habría fallado. Habría estado demasiado nervioso. No fue hasta el 87 cuando comprendí y aprecié realmente lo que Larry había estado haciendo todo ese tiempo cuando lanzaba aquellos tiros decisivos.» Habían transcurrido cinco segundos durante el trayecto de Magic hacia la canasta, lo que dejaba dos para que Bird obrase un milagro para su equipo. La jugada final de Boston fue simple. D.J. la pasó a la esquina hacia Bird, casi en el mismo punto en el que había anotado el triple segundos antes. Al lanzar el tiro final, experimentó una instantánea oleada de emociones. «Dios, la va a meter», pensó Magic mientras seguía el vuelo del balón. «Lo va a hacer otra vez.» La suspensión había sido recta, perfectamente en línea con la canasta. Mientras lanzaba, Bird se echó hacia atrás, casi al regazo de los jugadores de banquillo de los Lakers. «La rotación fue perfecta», dice Bird. «Ya lo creo que lo fue.» Solo tenía razón en parte. El balón iba en la dirección perfecta, pero pegó en el hierro y salió rebotado. Los Lakers ganaron, y con una ventaja de 3-1 tenían el control total de la serie. Mientras Bird abandonaba la pista, miró hacia Riley, que abrazaba a Magic Johnson como si no lo hubiese visto en un mes. Por un momento se cruzaron las miradas, pero nadie dijo nada. «Riley sabía que había tenido suerte», dice Bird. «Estoy seguro de que él pensaba que el tiro entraba.» «Pensé que entraba», confiesa Riley. «Tuvimos suerte, pero el partido acabó como debía. Fue el momento de Magic, y de nadie más.»

Mychal Thompson, el número 1 del draft de 1978 (cinco puestos por delante de Larry Bird), se pasó siete años en Portland y media temporada en San Antonio embobado con los Lakers y los Celtics. Estaba cautivado por la rivalidad entre Bird y Magic, y envidiaba, como cientos de estrellas de la NBA, no poder formar parte de su espectacular pugna. «Solíamos sentarnos y decir: "¿Cuándo seremos lo bastante buenos como para ganar a esos tíos?"», cuenta Thompson. «Sabíamos la respuesta. Unos tenían a Magic. Los otros a Bird. "Nunca".»

Después de su prematura eliminación en los play-off de 1986, los Lakers empezaron a plantearse nuevos fichajes. Sus esfuerzos estériles contra las Torres Gemelas de Houston y sus crecientes problemas para contener a McHale propiciaron que hacerse con un pívot corpulento fuese su prioridad número uno. De la misma forma que Boston, cuando dos años antes había movido ficha para contrarrestar a Magic con el fichaje de Dennis Johnson, ahora los Lakers estaban preparando su plantilla pensando específicamente en Boston. Jerry Buss negoció con Dallas el intercambio de Worthy por el pívot novato Roy Tarpley y Mark Aguirre, amigo de Johnson, pero las tajantes objeciones de West y Magic impidieron que el acuerdo se llevase a cabo. Tarpley se convertiría en una de las grandes promesas frustradas de la NBA: un jugador con un gran talento que no alcanzó la gloria por su incapacidad de controlarse con las drogas. Worthy, por su parte, siempre mantuvo su estatus de estrella de la liga. Aguirre aterrizaría finalmente en Detroit para jugar con su otro gran amigo, Isiah Thomas.

Durante una de las juergas de Magic en Las Vegas en compañía de Buss, el propietario le preguntó qué necesitaban para volver a ganar. Johnson no había olvidado su visita a la universidad de Mychal Thompson casi diez años antes. Pensaba que su personalidad encajaría con el equipo y confiaba en que su paso por Minnesota junto a McHale arrojaría pistas sobre cómo contener al especialista en el poste bajo de Boston, que estaba mejorando a pasos acrecentados. El 13 de febrero de 1987, Thompson fue traspasado a los Lakers a cambio de Frank Brickowski, Petur Gudmundsson, dos elecciones de draft, más una suma adicional. A Bird aquello le causó inquietud. No temía a Thompson, pero sabía que a McHale le imponía defenderle, una fobia que se remontaba a los días que compartieron en Minnesota, cuando Thompson solía humillarlo en los entrenamientos.

Los Spurs intentaron informar a Thompson de que había sido traspasado, pero San Antonio tenía partido aquella noche y él ya había descolgado el teléfono, que es lo que solía hacer antes de la siesta de antes del partido. En una era en la que los mensajes de texto y los teléfonos móviles no eran todavía parte de la vida cotidiana, Thompson estaba ilocalizable.

Tras la siesta, se levantó, colocó de nuevo el auricular en el teléfono y se dirigió al pabellón. Al sentarse en la camilla para que le vendasen los tobillos, las dos únicas personas que había en el vestuario eran el que pronto sería su excompañero, Darnell Valentine, y el fisioterapeuta John Anderson.

—Oye, no puedo vendarte, te han traspasado —le dijo Anderson.

—Venga, déjate de bromas —dijo Thompson.

—¿No me has oído? Ya no eres jugador de los Spurs —insistió Anderson—. Te han traspasado a los Lakers.

Thompson le miró durante un momento y después miró a Valentine. Ninguno de los dos se reía. Se incorporó y los abrazó a los dos. «Me sentí como si me hubiese tocado la lotería», dice.

Dos días después estaba en el vestuario de los Lakers preparándose para un partido contra los Celtics que iba a ser televisado para todo el país. Mientras se vestía, con Kareem a su izquierda y Magic a su derecha, se inclinó hacia el ala-pívot A.C. Green y soltó: «Me siento como si estuviese con Mick Jagger y Keith Richards». Green respondió con una sonrisa educada pero cohibida. Thompson se percató de que nadie hablaba de sus cosas; nada de tonterías. El vestuario estaba en silencio, serio. «Se podía cortar la tensión con un cuchillo», cuenta Thompson. Al jovial pívot, que en muchas otras ocasiones había bromeado con Magic, le sorprendió ver el semblante adusto de Johnson.

Le preguntó a Byron Scott: «¿Por qué todo el mundo está tan serio por aquí?». «Porque odiamos a los Celtics», replicó Scott.

Su primera toma de contacto con un Boston-Los Ángeles fue tan electrizante como había imaginado. Los Lakers ganaron 106-103, y su bautizo de fuego incluyó un codazo a la nuez por parte de Parish y una serie humillante de acrobacias de espaldas en el poste por parte de su amigo McHale. Con todo, hizo un partido correcto, y Johnson se alegró de haber encontrado un arma que neutralizase el juego interior rival.

Fue uno de los muchos cambios que hicieron los Lakers en la temporada 86-87. De la misma forma que Bird se había sentido engañado en 1983 cuando su equipo no había llegado a las Finales, Magic estaba todavía amargado por la decepcionante actuación de su equipo en la postemporada de 1986. Tras un primer mes de verano de reflexiones frustrantes, Riley le invitó a comer.

—Tenemos que cambiar cosas, Earvin —dijo Riley—. Ahora este tiene que ser tu equipo. —Magic se quedó un poco desconcertado. Tenía la sensación de que ese había sido su equipo durante los últimos cuatro o cinco años—. Ya no puedes ser solo el organizador. Necesito que anotes —le aclaró Riley.

—¿Has hablado con Kareem del tema? —preguntó Magic.

—He hablado con Kareem —respondió Riley—. Lo entiende. Ahora tienes que entenderlo tú. Cuando vuelvas, tienes que tener una mentalidad diferente.

Magic, que creía que podía lograr los mismos números que Larry Bird, había pasado años delegando en Abdul-Jabbar la faceta ofensiva. Durante las primeras siete temporadas de su carrera, había promediado doce tiros por partido. Ahora Riley estaba hablando de que asumiese de quince a veinte por noche. Eso requeriría más situaciones de bloqueo y continuación, y también más jugadas en el poste bajo, donde podría atacar a bases más pequeños.

Johnson regresó a Lansing y le pidió a su entrenador de la universidad, Jud Heathcote, que le enseñase las sutilezas del juego de espaldas. Durante horas, Heathcote suministraba a su antigua estrella balones en el poste bajo mientras controlaba su juego de pies en los reversos y el ángulo del hombro cuando se daba la vuelta para efectuar los ganchos.

Cuando llegaron los compañeros de entrenamiento de Magic de la liga de verano, estos esperaron encontrarse con sus habituales pases bombeados sin mirar por encima del aro, los pases en bote desde el centro del campo y los balones doblados al perímetro. En lugar de eso, Magic penetraba y finalizaba, posteaba contra aleros, bases y escoltas, contra cualquiera que le defendiese en el poste bajo, y culminaba los contraataques en lugar de dar el balón al jugador que llegaba por detrás. En el *training camp*, se quedaba después de los entrenamientos para estudiar el gancho prodigioso de Abdul-Jabbar. «¿Cómo lo haces?», le preguntó Magic. «¿Es la posición del balón? ¿El lanzamiento? ¿La colocación de los pies?» Kareem le enseñó la forma correcta de girar el tronco y cómo realizar el movimiento de extensión lo bastante lejos del defensor como para que este no pudiese taponarle. Repitió varias veces el golpe de muñeca, que permitía que el balón cogiese el arco adecuado.

Magic estaba preocupado por cómo encajaría Abdul-Jabbar el sutil cambio de jerarquía en el equipo. Había sufrido mucho en el pasado y sabía mostrar el respeto que correspondía a un jugador al que había idolatrado de niño. Sin embargo, a pesar de todo, Kareem continuaba siendo un enigma para él. Aunque a veces podía ser extrovertido, incluso algo pícaro, esos momentos eran eclipsados por otros más frecuentes en los que se mostraba taciturno y distante. En aquellos días, Johnson tuvo dudas sobre si llamar la atención del capitán por su carácter. Si cualquier otro jugador hubiese causado ese tipo de fricción en el equipo, Magic le habría lanzado una advertencia. Pero Abdul-Jabbar era diferente. Hacer que estuviera contento requería un equilibrio delicado de respeto y distancia.

Lo que era indiscutible era que al equipo le iban mejor las cosas cuando el pívot estaba por la labor y concentrado. Por lo que su compañero de equipo podía saber, había dos Abdul-Jabbar: el hombre incomparable, elegante y elocuente que hizo que a Magic se le saltasen las lágrimas en su ceremonia de retirada cuando pronunció unas palabras salidas directamente del corazón, y el hombre rencoroso y obstinado que despreció a Riley en su ceremonia de entrada en el Salón de la Fama. «Gracias a Dios Kareem era mi compañero, porque me daba miedo su forma de tratar a la gente», cuenta Magic. «Hay muchas maneras de decir "no" si no te apetece firmar un autógrafo. Puedes decir, "Ahora estoy ocupado" o "Perdón, hoy no". Pero Kareem no lo hacía de una forma demasiado amable. Algunas veces hacía llorar a la gente. Es algo que le duele ahora que ya no juega.»

Más de una década después de que ambos se retirasen, Kareem recurrió a Magic para aprender de su habilidad con los negocios. Había tenido problemas para encontrar su sitio desde que había dejado de jugar y buscaba el consejo de Magic, que había ganado mucho dinero fuera de la pista.

—Quiero ser como tú —le dijo el pívot. Magic negó con la cabeza.

—No puedes —respondió—. Para ser como yo tienes que estrechar manos, abrazar a la gente, asistir a banquetes. Tienes que ser simpático de la mañana a la noche. Tienes que poder mantener conversaciones triviales. Tienes que conectar.

—Bueno, quizá podría hacerlo de otra manera —dijo Abdul-Jabbar.

—No hay otra manera —le explicó Magic—. Hay que ser cordial. No puedes tratar a tus compañeros de equipo de mala manera, humillar a los periodistas o pasar de los aficionados.

Magic le contó a Abdul-Jabbar una historia que había sucedido en su segunda temporada como profesional y que le acompañó durante una década. Cuando los Lakers estaban terminando una sesión de tiro antes de un partido, un hombre y su hijo pequeño se acercaron tímidamente a Abdul-Jabbar y le preguntaron: «Kareem, por favor, ¿podemos hacernos una foto contigo?». «No», replicó Abdul-Jabbar, sin dejar de lanzar. Magic, que estaba cerca, pudo ver que el niño estaba destrozado. Si bien él todavía no era All-Star o MVP ni le conocían en todos lados, cosa que no tardaría en lograr, se dirigió al padre y le dijo: «¿Y qué os parece si os sacáis una fotografía conmigo?». Mientras el padre, agradecido, hacía la foto, Magic bromeó: «Quizá yo también entre en el Salón de la Fama algún día».

Veintidós años más tarde, Johnson estaba sentado en una sala de juntas en representación de Magic Johnson Enterprises con vistas a cerrar un acuerdo. Después de exponer sus argumentos, se le acercó un hombre mayor que él. «Tú y yo hemos coincidido antes, hace mucho, mucho tiempo», dijo. «Posaste para una foto con mi hijo. Kareem nos mandó a freír espárragos, pero tú estuviste muy amable.» El niño había crecido y se había convertido en un exitoso abogado angelino. Su padre era el consejero delegado de la compañía a la que Magic quería ofrecer sus servicios. «Ahora mi hijo tiene veintinueve años», dijo el hombre, «y todavía tiene esa fotografía colgada en la pared.» Mientras Magic salía de la reunión con un nuevo cliente multimillonario en su cartera, pensó: «¿Ves, Kareem? Tú podrías haber estado en mi lugar».

Aunque su personalidad introvertida era un misterio para Magic y los Lakers, Abdul-Jabbar encajó con dignidad su decreciente protagonismo en la temporada 86-87. Cuando le pasó el cetro a Magic, sin ninguna queja por su parte, siguió siendo un miembro importante del núcleo del equipo y cualquier noche podía dar rienda suelta a su ya clásico juego, con ganchos al cielo incluidos. «Cuando estaba en su apogeo, nadie podía hacerle sombra», sentencia Magic.

Riley confiaba en que Abdul-Jabbar y Magic tirasen del carro juntos. La adición de Thompson proporcionaba a Los Ángeles profundidad y juventud en el juego interior. Scott y Worthy eran anotadores fiables, Cooper todavía era capaz de obstaculizar a Bird de manera más efectiva que cualquier otro jugador de la liga, y Green y Rambis comprendían y aceptaban sus roles. La temporada 86-87 resultó ser un «Máximo esfuerzo de mi carrera» en todos los sentidos. Todos los jugadores mejoraron al menos un 1% (y algunos llegaron al 20%) en sus categorías. Magic floreció en su nuevo papel de director de juego y anotador. Lideró el equipo en minutos, tiros de campo, puntos, asistencias y robos de balón. Riley redujo el tiempo de juego de Abdul-Jabbar y lo liberó de los entrenamientos con más frecuencia. A nadie le importó: la estrategia tenía ventajas evidentes. «Los entrenamientos eran mejores cuando no estaba Kareem», cuenta Magic. «Corríamos arriba y abajo, arriba y abajo, sin un grande que nos frenase.» «Descansa, capi», le dijo Magic a Abdul-Jabbar después de terminar una de aquellas sesiones frenéticas. «Resérvate para el último cuarto.» Los Lakers ganaron doce de sus primeros catorce partidos. En marzo vencieron todos sus partidos salvo uno. En febrero le hicieron un parcial de salida de 29-0 a los Sacramento Kings e impidieron que anotasen una sola canasta en juego en el primer cuarto. Cuando unos Kings desquiciados convirtieron al fin un par de tiros libres, Riley pidió tiempo muerto. Cuando los Lakers se reunieron a su alrededor esperando escuchar las felicitaciones de rigor por haber impedido que un equipo de la NBA con anotadores de prestigio como Reggie Theus, Eddie Johnson u Otis Thorpe registrara un solo punto durante tanto tiempo, Riley les espetó: «¡Maldita sea! ¿Por qué habéis hecho falta de tiro?».

La victoria más importante de los Lakers en temporada regular fue el 110-117 contra los Celtics, en diciembre. Boston estaba en medio de una racha de cuarenta y ocho victorias consecutivas en casa cuando los Lakers, que se apodaron a sí mismos «los destructores de Boston», fueron al Garden y tumbaron a sus enemigos de la Costa Este. Magic se deleitó silenciando al hostil público de Boston con sus pases sin mirar y su arsenal ofensivo. Bird torció el gesto cuando vio a su rival anotar con confianza una suspensión desde el lado izquierdo de la cancha cuando estaba a punto de agotarse la posesión. «Tenía una mentalidad mucho más ofensiva», dice Bird. «Controlaba el tempo, conseguía que corriesen. Antes siempre pasaba a los aleros. Ahora, de repente, uno no podía estar seguro de que no fuese a tirar él mismo.»

Los Lakers recuperaron una mentalidad revanchista en los partidos de fuera de casa que no se había visto en temporadas anteriores. Se convirtió en un tema constante de conversación en los vuelos. Magic era el instigador y le recordaba al equipo: «Somos nosotros doce contra toda esa gente que nos odia. Vamos a cerrarles el pico».

Los Celtics estuvieron extrañamente silenciosos durante aquella derrota de diciembre ante los Lakers. Aunque todavía estaban entre la élite del Este, la suerte de los irlandeses, que había presidido la historia de la franquicia durante décadas, parecía haberse diezmado en una noche que pasaría a los anales de la historia. Boston tenía la elec-

ción número dos en el draft de 1986 y escogió al alero de Maryland
Len Bias, un jugador versátil que era, según todos los especialistas,
una apuesta segura. Auerbach preveía que Bias fuese el puente entre
una dinastía y la siguiente. El plan era que aprendiese de tres futuros
miembros del Salón de la Fama y después ocupase su lugar en el
panteón de las leyendas de los Celtics. En lugar de eso, Bias, tras una
noche loca en la que celebraba su nueva condición de Celtic, cayó
fulminado por una sobredosis de cocaína. Fue una tragedia devasta-
dora y una lección de humildad para los Celtics sobre cómo manejar
las semanas previas al draft. Auerbach siempre había confiado en
la palabra de sus numerosas fuentes universitarias para verificar los
antecedentes de los jugadores. El entrenador de Maryland, Lefty
Driesell, uno de sus contactos de confianza, había respondido del
carácter de Bias. Poco después de su muerte, Driesell fue obligado a
dimitir, y Maryland se embarcó en una exhaustiva investigación de
sus estudiantes-atletas. A su vez, la NBA y los Celtics perfeccionaron
sus exámenes de futuribles. Los equipos también habían empezado
a contratar investigadores privados para conocer el carácter de los
deportistas que les interesaban. Aunque fuese una ciencia inexacta,
Boston había contratado un servicio de ese tipo para investigar a Bias,
e incluso lo había sometido a un test antidroga antes del draft. Lo
pasó sin problemas.

La repentina muerte de Bias fue la primera de una serie de malas
noticias. Bill Walton se rompió el meñique en un partidillo. Tiempo
después, mientras pedaleaba en una bicicleta estática, experimentó
un dolor agudo en el pie derecho, que hasta ese momento no le había
dado problemas. Estuvo de baja hasta marzo y solo pudo intervenir de forma intermitente durante el resto de la temporada. Scott
Wedman fue el siguiente en caer, con una lesión en el talón que acabaría con su carrera en los Celtics. De la noche a la mañana, el tan
cacareado «Equipo Verde» se había quedado reducido a un grupo de
grandes nombres vestidos con ropa de calle cara.

Durante un partido disputado en Phoenix el 11 de marzo, Kevin
McHale saltó a por un rebote y aterrizó sobre el pie de Larry Nance.
Aunque McHale no se dio cuenta en aquel momento, había sufrido

una fractura por estrés, que se agravó cuando continuó jugando. El 27 de marzo, cuando los Celtics jugaron en Chicago, John Hefferon, el médico de los Bulls, le hizo una radiografía y le dijo que se había roto el hueso navicular del pie derecho. Para cuando los Celtics se enfrentaron a los Pistons en la final de la Conferencia Este, McHale era consciente de que se estaba arriesgando a sufrir daños permanentes si seguía jugando. Incluso el médico del equipo, Thomas Silva, dijo que no estaba seguro de si McHale debía jugar. Bird no fue tan ambiguo a la hora de expresar su opinión:

—Kevin, vete a casa —le dijo.

—Estaré bien, Birdie —respondió McHale—. Si estuvieras en mi lugar, tú tampoco te irías.

McHale tenía razón. La espalda de Bird era también motivo de preocupación. Necesitaba una hora al día de una terapia de movilización muy dolorosa a cargo de Dan Dyrek. No había otra manera de soltar la espalda lo suficiente como para jugar.

A los Pistons no podían importarles menos las lesiones de Boston. Hambrientos por desplazarlos como mejor equipo del Este, adoptaron el apodo de «*Bad Boys*» para acentuar su contundente estilo de juego. Su éxito estaba basado en la intimidación y la defensa, y su disposición a castigar físicamente a los rivales hacía que fuesen despreciados por todos. Los principales villanos eran Bill Laimbeer, una amenaza ofensiva en el poste alto que era famoso por soltar golpes después de que sonase el silbato, y el tosco Rick Mahorn. El legendario comentarista de radio de los Celtics Johnny Most apodaba a la pareja «*McFilthy and McNasty*» (McAsqueroso y McRepugnante). El cabecilla de los *Bad Boys* era Isiah Thomas, un base extremadamente inteligente de rostro angelical y corazón asesino. También tenían al astuto Joe Dumars en el juego exterior, al explosivo Dennis Rodman saliendo del banquillo y a dos anotadores veteranos como Adrian Dantley y Vinnie Johnson, apodado «El Microondas» por Danny Ainge porque se calentaba enseguida al entrar en juego. Los Pistons eran un adversario formidable y demostrarían ser uno de los pocos equipos capaces de igualar la dureza mental de Boston.

Los Pistons perdieron el primer y el segundo partido en el Boston

Garden, y cuando la NBA centró su atención en Auburn Hills, Michigan, la serie se puso fea.

En el tercero, Bird peleaba por un balón suelto cuando fue derribado con contundencia por Laimbeer. Estaba tan furioso que se lanzó sobre el agresor y ambos rodaron por el suelo. Cuando por fin los separaron, Bird lanzó el balón a la cabeza de Laimbeer. Fue descalificado y los Celtics perdieron 122-104. «Yo quería pelea», declara. «Laimbeer le hacía daño a la gente, y yo quería hacerle daño a él.»

Cuando se alinearon para las presentaciones antes del cuarto partido, Bird se negó a darle la mano a Laimbeer. Robert Parish, que rara vez expresaba sus emociones sobre la pista, esbozó una amplia sonrisa y aplaudió en señal de aprobación. Los Pistons salieron y empataron la serie a dos.

En el quinto partido, de vuelta en el Garden, Laimbeer le dio un codazo a Parish en el pecho y otro en el hombro, y el pívot de los Celtics perdió la cabeza. En la siguiente ocasión en que corrieron juntos la pista, le lanzó una serie de puñetazos bajo la canasta que mandó al pívot de los Pistons al suelo. Ni se pitó falta ni Parish fue descalificado. El mánager general de los Pistons, Jack McCloskey, le gritó al árbitro Jess Kersey, que estaba a medio metro del agresor, que pitase algo. Como este se negó a hacerlo, llamó a las oficinas de la Liga para pedir una explicación.

En los segundos finales, Isiah Thomas conectó una suspensión para poner a su equipo por delante. Los Celtics pusieron el balón —y el desenlace del partido— en manos de Bird. El alero y jugador franquicia, defendido por Mahorn en el lado izquierdo, encaró con fuerza la canasta, pero Rodman llegó desde el lado débil y taponó su tiro. En la posterior lucha en busca del balón suelto, la posesión correspondió a los Pistons. Los pívots John Salley y Rodman alzaron los brazos a un tiempo. Todo lo que tenía que hacer Detroit era dejar correr los cinco últimos segundos y ponerse así 3-2 a su favor. Los dos jóvenes ala-pívots se dieron la vuelta y corrieron al otro lado de la pista mientras saltaban de alegría. Thomas cogió el balón y se apresuró a sacar de fondo cerca de su propia canasta, antes de que se colocase la defensa de los Celtics. No llegó a ver a su entrenador, Chuck Daly, que le hacía gestos desesperados para que pidiese tiempo muerto, lo que habría dado a Detroit el balón en el centro del campo. Thomas pensó en lanzar hacia Rodman, que estaba en el centro del campo, pero este era un pésimo lanzador de tiros libres, y los Celtics intentarían con toda seguridad hacerle falta. Tenía solo cinco segundos para sacar y ya había consumido tres. Se dispuso a mandar un pase a Laimbeer, que esperaba junto a la línea de fondo, a menos de tres metros. Pero cuando vio a Bird correr como un relámpago desde la línea de tiros libres (donde estaba defendiendo a Adrian Dantley) hasta debajo de la canasta para interceptar el balón, ya era demasiado tarde. «Había estado contando los segundos mentalmente», relata Bird. «Sabía que se estaba quedando sin tiempo.» Por un instante Bird valoró la posibilidad de lanzar, pero el impulso le alejaba de la canasta y habría sido un tiro difícil y desequilibrado. Por el rabillo del ojo vio un uniforme blanco que se dirigía al aro. Era Dennis Johnson. Le entregó el balón y D.J. anotó la bandeja. La multitud del Garden enloqueció. Thomas y Laimbeer se quedaron inmóviles por un momento, con las manos en las caderas, y después caminaron hacia Daly sabedores de que habían tirado literalmente a la basura una oportunidad de oro de llegar a las Finales. El entrenador y antigua estrella de la NBA Doug Collins, que estaba retransmitiendo el partido, expresó su incredulidad ante el error de Detroit: «No pedir tiempo muerto en esa situación es un pecado mortal», dijo Collins a los televidentes. «Un equipo veterano debería saberlo.» El robo de Bird fue el punto de inflexión de la serie. Aunque los Pistons se recobraron y ganaron el sexto partido, mientras Parish cumplía la primera suspensión de la historia de los play-off por juego sucio contra Laimbeer, el séptimo encuentro sería de nuevo en el Garden y Bird no estaba dispuesto a dejar que los *Bad Boys* arruinasen su cita con Magic y los Lakers. A los Pistons no les sonrió la suerte, y un cabezazo entre Vinnie Johnson y Adrian Dantley dejó al Microondas mareado y desconectado durante el resto de la noche y mandó a Dantley al Hospital General de Massachusetts. Boston finiquitó a Detroit 117-114 en una victoria que hizo que Bird se emocionase.

Todos los Lakers se habían reunido para comer algo mientras veían a Boston eliminar a los Pistons. La mayoría de ellos apoyaban a los Celtics, Magic incluido. Y cuando Bird anotó un tiro imposible con la izquierda, a tabla y desde cuatro metros, Magic se giró hacia Cooper y anunció: «Allá vamos, Coop. Ahí los tenemos de nuevo». En los momentos posteriores a la increíblemente dolorosa derrota de los de Detroit, Rodman despotricó contra Bird y dijo que estaba sobrevalorado. Thomas le siguió el juego cuando afirmó que si fuese negro, «sería solo un buen jugador más». Cuando supo de los comentarios de Isiah, Bird replicó: «Este es un país libre. Puede decir lo que quiera».

Bird mantendría ese discurso durante toda la controversia, aunque su entorno sostiene la hipótesis de que estaba realmente ofendido. Cuando Thomas llamó para disculparse, lo único que Bird le pidió fue que hablase con Georgia Bird, que no entendía por qué su jugador favorito había atacado a su hijo. «De verdad, aquello no me preocupó», dice Bird. «No conocía a Isiah personalmente. Me gustaba jugar contra él. A decir verdad, lo que dijo no tuvo ninguna importancia. Sé lo que es marcharse de un partido importante con una derrota. Estás decepcionado y dices cosas. No pasa nada.»

Con todo, los despropósitos de Thomas coparon las portadas. El tema de la raza era todavía algo sensible y el veterano había traspasado todas las líneas rojas. Sus comentarios sobre Bird se convirtieron rápidamente en noticia en todo el mundo.

Magic recibió una llamada del director de relaciones públicas de los Lakers, John Black, al día siguiente del partido Celtics-Pistons.

—Tú colega Isiah la ha liado —le dijo—. ¿Qué quieres que le diga a la gente?

—Prefiero mantenerme al margen —respondió Magic.

Johnson estaba enfadado con Thomas. Eran unos comentarios irresponsables, y el momento de hacerlos era muy desafortunado, dado que los Celtics estaban a punto de jugar contra los Lakers. Pero lo que más frustró a Magic fue que había pasado horas al teléfono con Thomas consolándole por su derrota en Boston, tal y como había hecho Isiah con él en 1984. El robo de Bird era un símbolo de la dureza mental de los Celtics y las carencias de los Pistons, y a Thomas le costaba entenderlo. Su confidente de los Lakers hizo todo lo que pudo para ayudarle a superarlo. «Normalmente Isiah era un lucha-dor», dice Johnson. «No lo fue después de aquella jugada. Sabía que había recibido un golpe importante. Aún estaba peleando por demos-trar su estatus en la liga, y derrotar a los Celtics era la única manera de conseguirlo. Encajó mal aquella derrota. Tanto más dura porque Isiah y Larry no se caían bien, ni tampoco sus equipos. Fue una larga con-versación telefónica. Para cuando acabamos de hablar, ya era de día.»

Cuando Riley supo de las declaraciones de Thomas, él también fue directo a hablar con Magic. Eran una distracción que ni él ni su base necesitaban antes de enfrentarse a Boston. «Earvin», dijo Riley, «no nos podemos permitir perder el tiempo con esto. ¿En qué demonios estaba pensando Isiah?» Johnson no llamó a su amigo para averi-guarlo. En lugar de eso, telefoneó a Bird.

—Isiah no habla en mi nombre —le dijo Magic.

—No tiene importancia —insistió Bird—. De verdad, no podría preocuparme menos.

Antes de colgar, la conversación derivó brevemente hacia el inmi-nente encuentro en las Finales. El significado de la llamada no se le escapó al entonces jugador de los Celtics Rick Carlisle, que se había hecho íntimo de Bird y sabía cómo de intensa había sido su rivalidad. «Su relación había cambiado completamente», dice Carlisle. «Los dos eran conscientes de que sus carreras se acababan y de que necesita-ban vivir sus vidas deportivas a tope. Y les gustase o no, lo estaban haciendo juntos.»

Las entradas para las Finales de 1987 fueron las más codiciadas en las dos ciudades, Boston y Los Ángeles. Tanto Magic como Bird se vieron inundados por las peticiones de entradas para sus partidos locales. El agente de Magic, Lon Rosen, llegó a una solución genial: las superestrellas intercambiarían entradas. Magic le proporcionaría asientos extra a Larry en Los Ángeles, y este compartiría su lote de entradas de Boston con Magic. Los dos jugadores nunca llegaron a hablar de ello ni compartieron su acuerdo con sus compañeros. «Pero si eso no te dice lo lejos que habíamos llegado, no sé qué otra cosa podría hacerlo», cuenta Magic. «Porque tres años antes ninguno de los dos se lo habría planteado.»

Tras dejar en la cuneta a Detroit, Boston llegó literalmente cojo a las Finales. La grieta en el pie de McHale se estaba ensanchando y el ala-pívot sufría terribles dolores. La espalda de Bird se encontraba también en un estado lamentable. Robert Parish estaba muy limitado por un esguince de tobillo, y Walton, aunque estaba en plantilla, se había perdido la mayor parte de la temporada, y hasta los aficionados más optimistas eran conscientes de que no se podía contar con él.

Los Lakers destrozaron a Boston 126-113 en el primer partido, gracias a los 29 puntos, 13 asistencias, 8 rebotes y ninguna pérdida de Magic, y a continuación se agarraron a una lluvia de triples de Cooper para conseguir la victoria en el segundo. Con Parish cojo, el tercer partido prometía poco para los Celtics, pero el pívot reserva Greg Kite jugó el partido más memorable de su carrera: superó físicamente a Kareem, reboteó, puso unos bloqueos tremendos e incluso taponó uno de los tiros de Magic. Fue el mejor jugador del partido sin anotar un solo punto.

El cuarto encuentro fue absolutamente clave para el mermado equipo de Boston. Jugaban en casa, perdían 2-1 y necesitaban un estímulo. Por el contrario, les tumbó el majestuoso gancho «junior, junior» de Magic. Al igual que el placaje de McHale a Rambis en 1984 y la resurrección de Kareem en 1985, se convirtió en el momento estelar de la serie.

Los Lakers acabaron derrotando a los Celtics al mejor de seis partidos y esta vez no hubo palabras duras ni dardos envenenados. Bird felicitó a Magic, al que se refirió como «el mejor jugador que he visto». Un Johnson benévolo sostuvo que «solo puede haber un Larry Bird». Después de ocho años de envidias, amarguras, ira y desesperación, las dos estrellas fueron definitivamente capaces de dar un paso atrás y hablar de su rivalidad con un toque de reconocimiento. «Solo sabía que no había nadie más que me llevase al límite como él lo hacía», dice Bird. «Y sabía por las sensaciones de mi cuerpo que eso no iba a durar para siempre.»

Los play-off de 1987 supusieron el final de una era para los Boston Celtics. La carrera de Walton estaba casi acabada. Se pasó el verano siguiente lamentándose; se encerró en su casa de Cambridge y se dedicó a escuchar sus discos de Grateful Dead una y otra vez. Bird fue a visitarle un par de veces, pero después dejó de hacerlo. Era demasiado deprimente. «Bill era un tipo alegre y festivo, pero no en esa época», cuenta Larry. «Atravesaba una profunda depresión y nadie podía ayudarle.»

McHale se sometió a una operación para cerrar la fractura que se estaba abriendo en su pie, y el cirujano le explicó que podía sufrir daños a largo plazo derivados de su decisión de haber pospuesto la operación. Jugó seis temporadas más, pero nunca fue el mismo.

Durante los cuatro años siguientes, Bird tendría que someterse a operaciones en ambos talones para extraer espolones calcáreos y a una intervención mayor en la espalda. Jugó con dolor el resto de su carrera. Afrontaría cada temporada como un nuevo día, una nueva oportunidad de llevar a su equipo de vuelta a las Finales contra Magic y los Lakers, aunque sus enemigos de la Costa Oeste parecían estar cada vez más y más lejos.

Riley aún estaba empapado en champán en el vestuario de los Lakers cuando garantizó que iban a revalidar el título de 1987. No eran unas palabras fruto de la improvisación. Había estado ensayando durante días lo que iba a decir. El resultado fue justo el esperado: un vestuario de jugadores pasmados. Nadie tenía que meterle presión a los Lakers: ya se encargaba su entrenador de hacerlo.

Unos pocos días después del desfile y el discurso en el que Riley repitió su promesa delante de miles de aficionados de los Lakers extasiados, se sentó con Magic y le explicó su razonamiento. «Earv, este grupo va a ser recordado como uno de los mejores equipos de la historia de la NBA», le dijo Riley. «Pero si quieres que sea recordado como uno de los mejores equipos que ha jugado al baloncesto jamás, la única manera de hacerlo es revalidar el título.»

Un año después estaban listos para hacerlo, pero su rival en las Finales de 1988 no serían los Boston Celtics. Los Pistons habían exorcizado definitivamente sus propios demonios del Garden al conseguir su primer pasaporte para las Finales en aquella misma cancha. Mientras el reloj desgranaba los últimos segundos, el público de

Boston imploró a Detroit: «*Beat L.A.! Beat L.A.!* (¡Ganad a L.A.!)».
Ahora eran Magic y los Lakers contra Isiah y los Pistons, y suponía
una situación emocionalmente desoladora. Isiah había sido el mejor
amigo de Magic en la liga. Había sobrevivido a una infancia difícil en
Chicago, llena de pobreza, violencia y tragedias, y Johnson le admiraba por los obstáculos que había tenido que superar. Apreciaba su
espíritu luchador y se identificaba con su naturaleza competitiva,
aunque a menudo torciese el gesto ante algunas de las decisiones
precipitadas que Isiah tomaba en el calor de la competición, como sus
comentarios sobre Bird en los play-off de 1987. Magic había hablado
con él para que reflexionase sobre las consecuencias de sus actos, en
lugar de reaccionar impulsivamente frente a una situación dada. «Era
una de nuestras grandes diferencias», concluye Magic.

En el verano en el que Thomas acababa de terminar su segundo año
en la Universidad de Indiana, manifestó su intención de hacerse profesional. Magic le invitó a Lansing y le ayudó a prepararse para su nueva
singladura de la misma forma que Norm Nixon y Julius Erving habían
hecho con él. Sus entrenamientos veraniegos se convirtieron en una
tradición, lo mismo que las visitas anuales con Aguirre a un parque
de atracciones en las afueras de Detroit. Viajaban a Hawái juntos dos
veces cada verano: la primera de vacaciones con sus novias (después
mujeres) y la segunda para entrenar. En el ínterin, se encontraban en
Chicago, Lansing o Atlanta para exigirse recíproca disciplina con nuevas rutinas de preparación. Aguirre, Thomas y Johnson se levantaban
por la mañana y corrían entre seis y ocho kilómetros. Subían cuestas,
levantaban pesas, corrían en cintas que controlaban el ritmo cardiaco y
después salían a la pista y hacían ejercicios en trío, a toda pista, y competiciones de uno contra uno, también a toda pista. Cuando estaban
cansados, se sentaban en el gimnasio e intercambiaban historias, fanfarroneando sobre sus logros y soñando en voz alta con ganarlo todo.

Cuando Magic construyó su mansión de Bel Air, bautizó la habitación de invitados como «La habitación de Isiah». Si los Lakers estaban
de viaje y los Pistons iban a la ciudad a jugar contra los Clippers,
Johnson le dejaba las llaves de la casa o tenía su coche esperándolo en
el hotel del equipo. «Era como mi hermano», cuenta Johnson. Pero

ahora los hermanos se enfrentaban por un título, y uno de los dos se iba a ir con las manos vacías.

Como muestra de respeto y cariño mutuos, Isiah y Magic se besaron antes del primer partido. Bird, que lo estaba viendo en su casa de Brookline, apartó la vista, disgustado. «Me daban ganas de vomitar», cuenta. «Era todo puro teatro. Yo sabía que ambos deseaban ganar fuera como fuera.» Pat Riley tampoco estaba demasiado contento con aquella manifestación pública de cariño. Quería que su estrella estuviera totalmente concentrada y temía que eso le distrajese. Michael Cooper, su amigo de toda la vida en los Lakers, se expresó de un modo parecido. Esas dudas persistieron cuando Detroit se llevó la victoria en el primer partido gracias a los 34 puntos de Adrian Dantley. Antes de cada partido, Magic y Isiah escenificaban el beso, pero pagaban un alto precio: sus compañeros en sendos vestuarios comenzaron a preguntarse dónde estaba la lealtad de sus líderes.

Esas preguntas hallaron respuesta en el cuarto partido. Los Pistons habían imitado a sus enemigos, los Celtics, al poner en práctica un juego físico contra los Lakers. Pero la diferencia, como bien apreció Magic, era que Boston te pegaba una vez en cada jugada y Detroit, dos. Mahorn hacía una falta dura, tras la cual Laimbeer soltaba otro golpe después de que sonase el silbato. «Era una línea que no se debía cruzar, y los Pistons la cruzaban todo el tiempo», dice Magic. Lo tiraban al suelo cada vez que atacaba el aro. Estaban acabando con su paciencia. En el último periodo del cuarto partido, Detroit disfrutaba de una ventaja considerable cuando Magic recibió un hachazo de dos Pistons al mismo tiempo. Era hora de tomarse la revancha y Magic eligió a Isiah. Cuando Thomas entró a canasta, Magic le propinó lo que él llamaba un «Laimbeer especial», un codazo en los riñones. Thomas se levantó como un resorte, le arrojó el balón y se le echó al cuello. Los dos amigos levantaron los puños y a punto estuvieron de empezar a repartir, pero rápidamente los separaron. Después del partido, Magic les dijo a los periodistas que no había ido directamente a por Thomas, sino que su intención había sido hacer falta al siguiente jugador de Detroit que penetrase a canasta. «Pero no era verdad», admitiría después. «Fui a por Isiah. Pat Riley me había preguntado delante de los chicos si iba a ir a por él. Necesitaba demostrarles que estaba dispuesto a hacerlo.»

Antes del quinto partido, Isiah y Magic intercambiaron su ya clásico beso, pero de repente se antojaba una incómoda formalidad. Ambos estaban todavía calientes por la pelea y ninguno había levantado el teléfono para aclarar lo sucedido. Thomas respondió con una de las actuaciones más valientes de su carrera en el sexto partido. Sufrió un grave esguince de tobillo durante el encuentro, pero regresó para firmar 25 puntos en el tercer cuarto y mantener a su equipo a flote en la serie. Al acabar, salió en muletas.

Isiah cojeaba ostensiblemente en el séptimo partido, y Magic explotó su falta de movilidad. Los Lakers vencieron y se convirtieron en el primer equipo desde los Celtics de 1968 y 1969 en ganar dos campeonatos consecutivos. En los últimos segundos de las Finales, cuando Los Ángeles ganaba por tres y Thomas intentó anotar un triple milagroso que prolongase la agonía, Magic y él chocaron en el centro del campo. No se pitó nada, no hubo falta, no hubo tiro.

Johnson y Thomas no hablaron tras el partido. No hubo viajes a Hawái aquel verano ni excursiones por las tiendas de Nueva York ni entrenamientos en Lansing ni llamadas de teléfono maratonianas. El hijo de Thomas había nacido durante los play-off y Magic ni siquiera se pasó a verlo. «Veía las cosas de manera diferente», sentencia Magic. «Nuestra relación estaba cambiando.»

Casi inmediatamente después de conseguir el anillo, Riley apuntaba al *three-peat* —ganar por tercera vez consecutiva—, e incluso hizo patentar la expresión. Estaba obsesionado con el legado de su obra en los Lakers y aumentó su control sobre los jugadores. Se había convertido en una celebridad a nivel nacional y se ganaba fantásticamente bien la vida. Tenía más contratos publicitarios que la mayoría de sus jugadores, con Magic como notoria excepción. Su relación con Cooper, Scott y Worthy se deterioró. Johnson se mantuvo leal, pero con frecuencia se quedó solo en su defensa.

Aunque Los Ángeles llegó a las Finales en 1989, de nuevo contra los Pistons, con un récord perfecto de 11-0 en la postemporada, Riley cometió un error estratégico. Se llevó a su equipo a Santa Bárbara para hacer una pequeña concentración antes de las Finales y puso a los jugadores a entrenar en doble sesión. Byron Scott tuvo una rotura muscular en los isquiotibiales antes del primer partido, y Magic acabó cojo y con una lesión en la misma zona durante el segundo envite. Los Pistons barrieron a los Lakers y arruinaron la última temporada de Kareem.

Abdul-Jabbar se retiró en 1989 y los Lakers intentaron llenar su hueco con Thompson, Orlando Woolridge y un joven novato serbio llamado Vlade Divac. A medida que las exigencias de Riley incrementaban, la paciencia de sus jugadores disminuía. Aun así, los Lakers ganaron sesenta y tres partidos en la temporada 89-90, pero en la segunda ronda de los play-off, contra los Phoenix Suns, la tensión entre el entrenador y los jugadores se hizo insostenible. Los Lakers tenían dificultades para contener al base Kevin Johnson y estaban permitiendo que un jornalero como Mark West les hiciese trizas en el juego interior. Después de caer derrotados en el cuarto partido, lo que les dejaba perdiendo la serie por 3-1, Riley explotó. «Normalmente sus explosiones de cólera parecían milimetradas», dice Magic. «Esta vez no fue el caso.» Mientras denigraba a sus jugadores por no bajar a defender, no respetar el plan de partido y conceder repetidamente el centro de la zona a Kevin Johnson, miró y vio un mar de caras impávidas. Sus jugadores no le estaban escuchando. Habían desconectado. De la frustración, Riley se volvió y rompió un espejo de un puñetazo. Saltaron cristales y se cortó la mano. Mientras la sangre comenzaba a fluir por la manga de su camisa blanca hecha a medida, salió y cerró la puerta. Nadie dijo una palabra. Los Lakers se cambiaron en silencio, se fueron al autobús, se sentaron y esperaron. Veinte minutos después, el entrenador ocupó su lugar habitual en el asiento delantero, con la mano aparatosamente vendada. «Nunca se habló de aquello», cuenta Magic. «No podíamos. De hacerlo, Pat hubiese admitido una debilidad, y no iba a permitirnos ver tal cosa.»

Dos días después, los Suns acabaron con la temporada de los Lakers. Riley deambuló sin rumbo por la oficina que tenía en la parte posterior de su casa en Brentwood, la misma habitación donde estudió detenidamente el vídeo del partido de Boston, cuando había llamado a Magic a las tres de la madrugada emocionado, pues había descubierto una nueva estratagema para parar a los Celtics. Johnson era todavía su líder y un amigo en el que confiar, pero tenía la sensación de que incluso Magic se había cansado de su forma de entrenar. Cuando se dio cuenta de eso, supo que sus días estaban contados.

El propietario Jerry Buss llamó a su entrenador y le dijo que pensaba que lo mejor era que fuese relevado de sus tareas. Fue una reunión emotiva en la que Buss agradeció largamente a Riley su dedicación a los Lakers y le ofreció un arreglo económico satisfactorio. Buss estuvo de acuerdo en que la salida de Riley se comunicase como «una separación de mutuo acuerdo».

Magic oyó sonar el timbre y se sorprendió al ver a su entrenador de pie en la entrada. «Buck, me voy», dijo Riley. «Los chicos no responden. Es hora de que me vaya.» Brotaron lágrimas de sus ojos. Durante la hora siguiente, Riley se sentó en la terraza de Magic y lloró. Hablaron sobre la temporada que acababa de terminar de mala manera y de aquellas otras que lo habían hecho de una forma tan diferente. Se rieron de las veladas técnicas de motivación de Riley y lamentaron el final de los días en los que sus vidas giraban alrededor de Larry Bird y los Boston Celtics. Magic sabía que Riley estaba tomando la decisión correcta. Había perdido a los jugadores, e incluso su valiosa relación con Jerry West se había resentido. Cuando su entrenador habló del futuro sin los Lakers, Magic se preguntó en voz alta si existía tal cosa.

El día en el que se anunció la marcha de Pat Riley, Larry Bird sintió una punzada de tristeza que no podía explicar del todo. Aunque nunca había jugado bajo su mando, creía que era el mejor técnico que había conocido. Sus innovadoras respuestas a los sistemas ofensivos de Boston le habían granjeado, con reticencias, la admiración de Bird, aunque este nunca —jamás— lo admitiría en público. «Así que se va», pensó Bird. «Eso es bueno para nosotros.»

La salida de Riley resultó ser intrascendente para Bird y los Celtics. Aunque ni Larry Bird ni Magic Johnson lo hubiesen creído en aquel momento, habían jugado la última temporada de sus carreras.

9

7 DE NOVIEMBRE DE 1991

Los Ángeles, California

Tienes que llamar a Larry —le dijo Magic a su agente, Lon Rosen.

—Ahora mismo —replicó este.

—Asegúrate de hablar con él antes de que se haga oficial —insistió Magic—. No quiero que se entere por las noticias.

Durante once días, Johnson había estado guardando un terrible secreto: le habían diagnosticado VIH. Se lo habían detectado durante un análisis de sangre rutinario, y Magic se había pasado esa semana reuniéndose con especialistas, realizando pruebas adicionales y barajando sus opciones. Su mujer, Cookie, estaba embarazada del primer hijo de la pareja, y aunque las pruebas iniciales indicaban que ella no era seropositiva, pasarían meses antes de que pudiese afirmarse con toda certeza que el bebé estaba bien.

¿Cómo podía hacerle esto a su mujer? La amaba y había planeado pasar el resto de su vida con ella desde su año de novato en la universidad, cuando la vio bailando en una discoteca en East Lansing, pero no había sido capaz de serle fiel. Se había dejado llevar por la escena de Hollywood, plagada de mujeres preciosas y deseables que le hacían proposiciones en los aparcamientos antes de los partidos, en los recibidores de los hoteles después de los partidos fuera de casa o en las gradas durante los mismos. Rompió su compromiso con

Cookie dos veces y le hizo mucho daño, pero tiempo después, por fin, le había regalado la boda de sus sueños. Y ahora, ocho semanas después del día en que le había jurado amor eterno, ponía su felicidad —y sus vidas— en peligro.

Aunque Johnson no había contraído el sida sino el virus que lo causaba, sabía tan poco sobre su enfermedad que en las conversaciones con Rosen seguía refiriéndose erróneamente a ella como la enfermedad fatal que acababa de empezar a penetrar en la opinión pública. Cuando su diagnóstico de sida se hiciera público, sería una noticia bomba, y Magic quería mantenerlo en secreto hasta que tuviese todos los datos. Necesitaba dar a su mujer tiempo para procesar lo que estaba pasando. Cookie estaba aterrorizada, decepcionada e inquieta por cómo iban a reaccionar con ella y su marido una vez que saltase la noticia.

Pero ningún secreto puede esconderse durante mucho tiempo, y menos en Los Ángeles. Magic planeaba ofrecer una rueda de prensa el viernes 8 de noviembre, pero en la mañana del día anterior, un reportero de la KFWB, una emisora de noticias de la ciudad, llamó a Rosen y le dijo que se había enterado de que Johnson tenía el sida y planeaba retirarse. Era hora de hacerlo público. Magic ya había compartido la noticia de su enfermedad con un círculo reducido de personas —sus padres, los padres de Cookie, Jerry Buss, el mánager general Jerry West, su ayudante Mitch Kupchak y el comisionado David Stern—, pero ninguno de los Lakers sabía que su estrella estaba enferma. Magic hizo una pequeña lista de personas a las que debía comunicárselo de inmediato: su antiguo entrenador Pat Riley, ahora en los New York Knicks; su confidente Isiah Thomas; el presentador de televisión y amigo íntimo Arsenio Hall; y sus antiguos compañeros Michael Cooper, Kareem Abdul-Jabbar y Kurt Rambis. También recalcó que era fundamental ponerse en contacto con Jordan y Bird tan pronto como fuese posible. A ambos, más que a ningún otro jugador de la NBA, iban a pedirles su opinión sobre la inesperada noticia. Mientras repasaba los nombres, Magic se paró a pensar cómo reaccionaría cada uno de ellos. Se quedarían conmocionados, de eso estaba seguro. Pero ¿también decepcionados?

¿Disgustados quizá? ¿Cómo afectaría al respeto que le profesaban todos y cada uno de ellos? «No hubo mucho tiempo para pensar en ello, porque todo sucedió tan rápido...», explica. «Pero en un momento me pregunté: "¿Qué va a pensar Larry? ¿Qué va a pensar Michael?".»

La desagradable tarea de informarles recayó en Rosen. Llamó al director de relaciones públicas de los Celtics, Jeff Twiss, y le pidió que contactase con Larry para comunicarle un mensaje urgente. Twiss marcó el número de la casa de Bird poco después de la una del mediodía, hora de la Costa Este, sin esperanza alguna de que lo cogiese. No lo hizo. Los Celtics habían sido masacrados la noche anterior por Jordan y sus Chicago Bulls, y Bird había llegado a casa tras el entrenamiento de la mañana enfadado, cansado y dolorido. Su Majestad del Aire había anotado 44 puntos a los Celtics, y aunque Bird se había defendido de forma admirable (30 puntos, 9 asistencias), su espalda crónicamente lesionada había reventado y le había impedido dormir la mayor parte de la noche. De hecho, durante muchas noches, la única manera que tenía de aliviar los terribles dolores era dormir en el suelo. Cuando Dinah respondió a la llamada de teléfono de Twiss, Bird estaba durmiendo la siesta. Dinah le golpeó suavemente en la cabeza para despertarle. «Tienes que llamar a Lon Rosen», le dijo. «Parece urgente.» Bird se levantó y marcó el número.

—Hola, Lon, ¿qué pasa? —preguntó.

—Larry, me voy a limitar a soltártelo, porque no tenemos mucho tiempo —respondió Rosen—. Magic tiene el virus del VIH. Va a anunciar su retirada esta tarde. Él quería que lo supieses antes de que se hiciese público.

Bird tuvo que apoyarse en la pared para mantenerse en pie. No estaba seguro de cuál sería el motivo de la llamada —¿una oferta profesional, quizá?—, pero la noticia le dejó literalmente sin respiración. «Me sentí como si alguien me hubiese sacado el aire de los pulmones», dijo Bird. «Tuve una sensación de vacío terrible, como la que había sentido cuando mi padre se quitó la vida.» Rosen esperó una respuesta al otro lado de la línea, se estaba acostumbrando al efecto escalofriante que tenían sus llamadas telefónicas a las estrellas más importantes de la liga. Momentos antes había suscitado una reacción similar en Jordan.

—¿Qué puedo hacer? ¿Qué necesita? —le preguntó Bird, que apenas podía controlar la voz, a Rosen.

—Está bien —respondió Rosen—. Tendrás noticias suyas en un par de días.

—Necesito hablar con él ahora mismo —dijo Bird—. ¿Puedo llamarle?

Magic estaba en su casa de Beverly Hill intentando escoger un traje elegante y una «corbata alegre» para su rueda de prensa, cuando Bird le llamó.

—Magic, lo siento mucho —le dijo.

—Nada, todo va a ir bien —contestó Magic—. Tengo que tomar algunas medicinas y cambiar algunas cosas, pero voy a darle guerra a esto.

La conversación entre las dos estrellas fue breve. Si Johnson estaba asustado por el diagnóstico, lo sabía ocultar bien.

—Entonces —dijo Magic—, ¿qué tal pinta lo de los Celtics?

Bird se quedó sin palabras por un momento.

—Coño —replicó—. Vamos a hacéroslas pasar canutas.

Cuando Bird colgó, se volvió hacia Dinah y le dijo: «Era *él* quien estaba intentando animarme a mí».

Durante las tres horas siguientes, Bird se tumbó en la cama de su habitación, rumiando la compleja relación con su rival de toda la vida, el mismo que en los últimos años se había convertido en su amigo. Su trayectoria junto a Magic había suscitado todo un abanico de emociones: celos por su título de la NCAA en 1979, euforia al ganarle el cara a cara de 1984, firmeza en 1985 después de que los Lakers les arrebatasen el título y respeto a regañadientes en 1987, cuando quedó claro que Magic había alcanzado la verdadera cima de su juego. Bird había dedicado toda su carrera a intentar derrotar a Earvin Johnson y a los Lakers, y, de repente, nada de eso importaba. «Dios mío», le dijo a Dinah, «Magic se va a morir.»

La noticia oficial era que Magic Johnson había contraído la gripe. En realidad, la vida de la estrella de los Lakers comenzó a enredarse a principios de octubre de 1991, poco después de hacerse un análisis de sangre para el seguro de vida del equipo. Estaban a punto de marcharse a París para jugar el Open McDonald's cuando los Lakers le notificaron a Lon Rosen que había un problema con los resultados de Magic. La compañía de seguros necesitaba que Johnson firmase una autorización para facilitar su expediente médico al club y a su médico, el Dr. Michael Mellman.

Cuando Rosen llamó a la aseguradora para preguntar por qué los resultados de Johnson habían hecho saltar las alarmas, no obtuvo respuesta.

—¿Existe riesgo para su salud si juega? — preguntó Rosen.

—No puedo discutir los resultados del Sr. Johnson con usted —respondió el hombre de la aseguradora.

La respuesta le dejó asustado. En el mes de marzo una estrella universitaria llamada Hank Gathers se había desmayado y había muerto mientras jugaba con Loyola Marymount. La posterior autopsia reveló que Gathers sufría una enfermedad del corazón llamada cardiopatía hipertrófica. ¿Y si la compañía de seguros había detectado un problema similar durante las pruebas de Magic?

—Necesito saber si es seguro que juegue —insistió Rosen—. Si la palma como Hank Gathers, les demandaremos.

—Lo siento, señor —replicó el agente de la aseguradora—. Los resultados del Sr. Johnson son confidenciales. Necesitamos esa autorización.

Tan pronto como colgó el teléfono, Rosen contactó con el Dr. Mellman, que se quedó tan perplejo como Rosen.

—Puede ser cualquier cosa —le dijo Mellman—, pero todas las pruebas físicas que yo le hecho han revelado que está bien. A mí me parece que está sano. Esperemos a ver.

Johnson voló a París sin preocuparse de lo que parecía un tema administrativo sin importancia. El 18 de octubre, los Lakers masacraron al csp Limoges por 132-101 y al día siguiente ganaron al Joventut de Badalona 116-114. Rosen envió por fax desde París la autorización firmada a la compañía de seguros, pero esta no aceptó el fax como documento oficial. «Necesitamos que lo haga en persona», explicó un empleado.

Magic regresó a Los Ángeles el 21 de octubre, con *jet lag* y cansado. Estaba previsto que los Lakers jugasen un partido amistoso contra los Utah Jazz en Salt Lake City cuatro días después, pero Johnson estaba agotado y le planteó la posibilidad de saltarse el viaje al ayudante del mánager general, Kupchak. Su antiguo compañero le pidió que viajase. Aunque para el partido contra los Jazz se había vendido todo el papel, todavía quedaban entradas para el siguiente encuentro, en Vancouver, y no había opción de que se llenase sin Magic.

—Al margen de eso, hay miles de aficionados de Utah que han comprado entradas para el partido solo por verte —le recordó.

—Muy bien, iré —dijo Magic—. Pero solo jugaré unos minutos, ¿vale? Estoy rendido.

Antes de salir para Salt Lake, un representante de la compañía de seguros fue a su casa y presenció cómo Johnson firmaba el formulario de autorización. En lugar de enviar el documento por correo urgente vía FedEx, el representante, inexplicablemente, lo hizo por correo ordinario.

En la tarde del 25 de octubre, poco después de registrarse en el hotel del equipo en Salt Lake City, Johnson recibió una llamada de teléfono de Mellman, a quien por fin le habían llegado los resultados de su análisis de sangre.

—Earvin, debes volver a Los Ángeles de inmediato —le dijo.

—Acabo de aterrizar en Utah —protestó Johnson.

—Esto no puede esperar —repuso Mellman.

Rosen se las arregló para que Johnson cogiese inmediatamente el vuelo de Delta Airlines a Los Ángeles que aterrizaba a las 17:30. Le recogió en el aeropuerto y le llevó directamente al despacho de Mellman. Para entonces se temía lo peor: cáncer, una enfermedad grave del corazón, una enfermedad mortal. Johnson estaba más curioso que preocupado. ¿Un soplo en el corazón, quizá? ¿Algún problema de rodilla? «Soy una persona optimista por naturaleza», dice Magic. «No estaba pensando: "Oh, no, algo va mal de verdad". Me sentía muy bien, no me imaginaba que estuviera enfermo.» Pero cuando Mellman abrió finalmente la puerta y le invitó a que pasase a su despacho sin ninguna de sus bromas habituales, Johnson se dio cuenta enseguida de que las noticias eran terribles.

El positivo de VIH fue impactante y sorprendente a partes iguales. Al principio, Magic no reaccionó. Se sentó, paralizado, como si estuviese viendo una película en la que estuviese a punto de desvelarse el desenlace de la trama. «Si he de ser sincero, creo que me quedé estupefacto.» Al instante, brotó un torrente de preguntas: ¿Cómo lo he contraído? ¿Cuándo? ¿Qué implicaciones tiene esto? ¿Me voy a morir? ¿Qué pasa con mi carrera? ¿Qué pasa con Cookie? La última pregunta le dejó sin aliento. Solo entonces se dio cuenta del todo del alcance del sombrío diagnóstico. «Oh, no», dijo. «¿Qué pasa con Cookie? Está embarazada.» Mellman recomendó un análisis suplementario para asegurarse de que los resultados eran correctos y le aconsejó que Cookie se hiciese otro de inmediato. A partir de ahí, Magic necesitaría visitar a especialistas en el VIH para diseñar un tratamiento. Todo esto llevaría su tiempo. De ahí la coartada de la gripe.

«¿Cómo voy a decírselo a Cookie?», le preguntó Magic a Rosen nada más salir de la consulta de Mellman. Se detuvieron en un restaurante italiano en Santa Mónica para cenar y planear el futuro inmediato. Magic se preguntó en voz alta si tendría que retirarse. Estaba angustiado por lo que le diría a Cookie, que estaba en casa, y desconocía aún que algo iba mal. Mientras les tomaba nota, el camarero le entregó a Magic una tarjeta de la mesa de al lado. Estaban preparando un acto para recoger fondos para los enfermos de sida y confiaban en que Magic estuviese dispuesto a participar. Johnson se pasó el resto de la cena ausente, manipulando la tarjeta de visita.

De vuelta a casa, Magic llamó a su mujer para decirle que le habían mandado a casa desde Utah.

—¿Qué pasa? —preguntó ella.

—Llego en unos minutos y hablamos —le dijo con calma.

Cookie colgó el teléfono. Le temblaban las manos. «Pensé para mis adentros: "Va a decirme que tiene el sida"», dice, «porque eso era lo que yo más temía.»

El momento en el que Earvin «Magic» Johnson entró en casa y supo que su mujer ya había adivinado cuál era la noticia fue devastador. «Me conocía muy bien», dice. Le contó lo que el Dr. Mellman había dicho y después se echó a sus brazos. Cookie experimentó emociones encontradas: conmoción, miedo, ira, decepción, preocupación. «En aquellos tiempos, el sida era sinónimo de muerte», cuenta. «Pensé que se me iba a salir el corazón por la boca. Durante un minuto me sentí como si me fuese a morir.» Se sentó, abrazó a su marido y después hizo lo que siempre hacía cuando tenía miedo o problemas: rezar.

—No te culparé si te marchas —le dijo Magic, empapado en lágrimas.

—¿Estás loco? —contestó Cookie—. Me quedo. Dios hará que lo superemos.

Pero su fe no era suficiente para hacer frente al terror que sobrevino. Temía por su hijo nonato y por lo que el futuro depararía a su marido. A la mañana siguiente fue a visitar a su confesor, el reverendo Rick Hunter, quien le dijo: «Rezaremos y pediremos un milagro».

Mellman fue a casa de los Johnson y les sacó sangre a los dos. Mandó a analizar la de la estrella de los Lakers bajo el nombre supuesto de «Frank Kelly» a fin de proteger su privacidad.

A medida que pasaban los días, su ausencia en el equipo se hacía más y más difícil de explicar. Vitti, el masajista, que viajaba con el equipo y había sido testigo de los escarceos amorosos de Magic, adivinó inmediatamente de qué iba todo aquello. Estaba obligado a guardar el secreto, pero eso fue relativamente sencillo. Lo más difícil para el emotivo Vitti era contenerse cada vez que veía a su amigo. La supuesta gripe de Magic no tenía ni pies ni cabeza para un grupo de periodistas veteranos y perspicaces, ni tampoco para unos experimentados Lakers. Una semana después de que le hubiesen enviado a casa desde Salt Lake, el entrenador Mike Dunleavy, que vivía a cuatro bloques de Rosen, apareció en su casa sin previo aviso.

—Lon —le dijo—, quiero saber qué demonios está pasando.

—No puedo decírtelo —respondió Rosen—, pero no es nada bueno.

—Eso ya lo sé —dijo Dunleavy—. Cada vez que le pregunto a Vitti sobre el tema, se pone a llorar.

El miércoles 6 de noviembre, Magic se reunió con el Dr. David Ho, un experto en el VIH y el sida que había estado investigando la enfermedad desde 1981. El segundo análisis de sangre había confirmado el diagnóstico. Ho recomendó que Johnson dejase el baloncesto. Los argumentos del médico resultaban convincentes. Era demasiado pronto para determinar cómo había afectado el virus al sistema inmunológico de Magic. No había manera de saber cómo reaccionaría al AZT (zidovudina), la medicación que tenía previsto prescribirle. En aquel tiempo se había comprobado que el AZT ayudaba a impedir que el virus se extendiese, y era el único medicamento aprobado por la FDA, la Administración de Alimentos y Medicamentos. Normalmente, el meticuloso proceso de aprobación se demoraba entre siete y diez años, pero la FDA había sacado adelante el AZT en veinte meses por la presión de la comunidad de afectados por el sida, que presenciaba indefensa cómo miles de personas agonizaban hasta la muerte sin que se les ofreciera ningún tratamiento. No era un remedio perfecto. Sus efectos secundarios incluían náuseas, vómitos, diarrea, anemia, y se habían presentado casos de atrofia muscular severa. Posteriormente se demostraría que existían otros medicamentos con menor toxicidad que ofrecían un mejor tratamiento, pero en 1991 era el AZT o nada. El Dr. Ho le explicó a Magic que era necesario que cambiase su dieta, descansase mucho y limitase su actividad física. Aunque no había pruebas concluyentes de que jugar al baloncesto pudiese poner en riesgo su salud, tampoco había estudios sobre cómo una temporada NBA completa, con sus rigores, podía afectar a un paciente seropositivo. Magic, hasta donde Ho sabía, era el primero. Aunque era consciente de que su carrera estaba en peligro desde el momento en que Mellman le había entregado el sobre con los resultados, Magic no podía entender del todo por qué no debía jugar. Tenía mucha energía y ni rastro de síntomas. La enfermedad le desconcertaba. Si era letal... ¿por qué se sentía tan vivo?

Mientras esperaba los resultados de una nueva ronda de pruebas, jugueteaba en las canastas laterales durante los entrenamientos, tirando sin esfuerzo mientras los Lakers seguían con su rutina diaria. Al menos dos veces se planteó incorporarse a los ejercicios antes de volver a retirarse a la banda. Era raro que Johnson estuviese tanto tiempo sin jugar. Lo daba todo en las sesiones de entrenamiento, atacando con la misma intensidad que la que emplearía en un play-off contra los Celtics. Byron Scott no podía entender qué era lo que lo tenía apartado tanto tiempo. Aunque un día se presentase con una pequeña venda en el brazo, prueba de que le habían extraído sangre, su amigo no parecía enfermo. Cuando vio el vendaje, no pudo evitar hacer una broma.

—Oye, Buck, ¿tienes el brazo demasiado dolorido para tirar? —le dijo con jovialidad—. ¿Desde cuándo estás demasiado enfermo para jugar?

—Tengo que esperar hasta que los médicos me autoricen —replicó secamente Magic. La conversación levantó sospechas en Scott y dejó a Magic intranquilo. Estaba incómodo por tener que engañar a sus amigos y quería decirle a Scott que estaba enfermo, y asustado, pero se calló.

En la mañana del 7 de noviembre ya no fue posible ocultarlo más. Dunleavy, pálido, interrumpió el entrenamiento y le dijo a sus jugadores que escuchasen con atención las instrucciones de Vitti. Este, ahogando los sollozos, les dijo que cogiesen los coches y fuesen directos al Forum. No podían hablar con nadie. El que no obedeciese sería multado con veinte mil dólares. «Rápido», concluyó Vitti.

Era demasiado tarde. La noticia se había filtrado. Varios medios de comunicación anunciaban sin descanso —y erróneamente— que Magic Johnson tenía el sida. Mientras conducía hacia el Forum, Worthy encendió la radio y escuchó aquella terrible aunque imprecisa noticia. «Casi me salgo de la carretera», cuenta. «Estaba tan aturdido que ni siquiera recuerdo cómo llegué allí.» Magic escuchó por casualidad la noticia del final de su carrera deportiva en la radio del coche. Aunque había estado conviviendo con el diagnóstico durante casi dos semanas, era desolador escuchar cómo se hacía público. Su vida privada iba a ser pronto analizada, escrutada y diseccionada.

Cuando el hombre que había cautivado a la NBA con su sonrisa contagiosa entró en el vestuario de los Lakers —su santuario—, todo lo que pudo hacer fue extender la mano sin demasiada convicción. «Eh, tíos», dijo con una voz rota. Y cuando estuvo frente a sus compañeros, superados por la emoción, Magic se derrumbó. Los Lakers eran su familia, su medio de vida, el centro de su mundo, un mundo que se había desmoronado de forma abrupta. Les explicó el diagnóstico y el tratamiento. Les dijo que sentía de verdad el tener que dejarlos. Y después compartió su pena con ellos, incapaz de mantener la compostura, como inicialmente se había propuesto. Recorrió todo el vestuario para abrazar a sus compañeros. Más de uno se puso tenso cuando se le acercó. Le susurró algo al oído a cada uno y, cuando llegó a Scott, su mejor amigo en el equipo, le estrechó en sus brazos más fuerte y le susurró:

—No te preocupes, B. Estaré bien. Voy a derrotar a esta enfermedad.

—Lo sé, Earv —respondió Scott—. Si alguien puede derrotarla, ese eres tú.

«Lo dije, pero no me lo creía», admite Scott. «Por lo poco que sabía de la enfermedad, a Magic le habían condenado a la pena de muerte.»

Una hora más tarde, vestido impecablemente con un traje azul oscuro, una camisa blanca y una corbata «optimista» y multicolor con tonos brillantes, Magic subió al mismo estrado en el que había recibido el trofeo de MVP un año y medio antes. Flanqueado por el comisionado Stern, el Dr. Mellman, Lon Rosen, Jerry West, Jerry Buss, Kareem, Rambis y Cookie, el mejor embajador de la NBA tragó saliva y se dijo: «Recuerda. Hay que aguantar». Momentos antes, Rosen había estado repasando rápidamente lo que Magic iba a decir: «Solo voy a decirles…», dijo Johnson, «solo voy a decirles que tengo el sida». «Pero Earvin», le detuvo Rosen, «no tienes el sida. Tienes el virus que causa el sida. Asegúrate de dejarlo bien claro. Hay una gran diferencia entre las dos cosas.»

Aunque la sala de prensa estaba atestada de reporteros, amigos, compañeros y empleados de los Lakers, la invadía un silencio extraño. Era la misma sensación, dijo Buss más adelante, que se respira en un funeral. «Buenas tardes», empezó Johnson. «A causa del virus del VIH que he contraído, me veo obligado en el día de hoy a retirarme de los Lakers. Quiero dejar claro, en primer lugar, que no tengo el sida. Sé que muchos de vosotros queríais saber cómo estaba. Soy seropositivo. Mi esposa está bien. Ha dado negativo, por lo que no hay problemas con ella. Tengo previsto vivir mucho tiempo, fastidiándoos, como siempre. Así que me vais a ver por aquí.» Johnson anunció que a partir de ahora haría de portavoz por la causa del VIH. Predicó la necesidad de practicar sexo seguro. Estaba triste pero entero. West, con los ojos inyectados en sangre después de una mañana de duelo, se maravilló por su habilidad para contener las emociones. «Algunas veces pensamos que solo los homosexuales pueden contraer la enfermedad o que "eso no puede pasarme a mí"», le dijo Magic a una audiencia absorta. «Pues aquí estoy yo para decir que le puede pasar a cualquiera. Incluso a mí: Magic Johnson.» El base que había llegado a ser el símbolo de los Lakers —y de la NBA— se enfrentaba a la audiencia. A West le pesaban los hombros. Buss se inclinó hacia delante y le temblaron las rodillas. La única razón por la que el propietario de los Lakers no se desplomó fue porque Abdul-Jabbar, que estaba alerta, lo contuvo antes de que se cayese.

En Lansing, Michigan, Christine Johnson reunió a sus hijos en la casa de Middle Street en la que Magic se había criado. Les pidió que se cogiesen de las manos y bajasen la cabeza, y entonces les dijo que a su hermano le habían diagnosticado el VIH. La familia Johnson se arrodilló en el estrecho salón familiar, lloró y rezó unida. Christine informó a la familia de que había contratado a un consejero para que hablase con todos. Les avisó de que el mundo de Magic Johnson estaba a punto de cambiar. Habría gente que le apoyaría, pero también detractores y una horda hambrienta de periodistas con ganas de meter leña al fuego.

—Somos una familia. Nos mantendremos unidos —aconsejó a sus hijos.

—Al primero que se pase un pelo, le voy a romper la cabeza —dijo el hermano mayor de Magic, Larry, con voz temblorosa.

La mayoría de amigos de Magic supieron de su enfermedad por

la retransmisión de la rueda de prensa en directo por la CNN. Todos ellos recuerdan exactamente dónde estaban en el momento en que se enteraron de que Magic era seropositivo. Mychal Thompson estaba jugando al baloncesto en Caserta, Italia, trabajando sus movimientos en el poste cuando una antigua estrella de Seton Hall, Anthony Avent, le agarró por una manga y le informó erróneamente de que Johnson tenía el sida y de que probablemente estaría muerto en un año. «Incluso mis compañeros italianos comprendieron la magnitud de la noticia», dice Thompson. «Estábamos destrozados.»

Greg Kelser, la antigua estrella de Michigan State, estaba en una habitación de hotel en Denver preparándose para retransmitir un partido entre los Nuggets y los Minnesota Timberwolves para Prime Sports Network cuando su mujer le llamó y le dijo que encendiese la televisión. «Estaba aturdido», cuenta Kelser. «Era mi primera retransmisión y había estado preparándome durante días, pero cuando empezamos solo podía hablar sobre Magic.»

Cuando Pat Riley supo que Johnson era seropositivo, se sintió mal de inmediato. Era una persona pragmática, alguien que encontraba la manera de solucionar los problemas que se le presentaban, pero se sentó en su despacho con el estómago revuelto y no se le ocurrió cómo abordar el asunto. «No voy a entrenar esta noche», le dijo a Rosen entre lágrimas. Rosen le explicó que Magic quería —necesitaba— que la gente a la que apreciaba siguiese adelante como de costumbre. «Si no lo haces», le dijo Rosen, «pensará que se está muriendo.» Riley aceptó sentarse en el banquillo aquella noche, pero momentos antes de que Knicks y Orlando Magic realizasen el salto inicial de un partido que de otra forma habría sido un encuentro de liga regular sin trascendencia, Riley pidió a los 19.763 espectadores que se uniesen a él en un minuto de silencio. Después, de manera entrecortada, recitó el Padrenuestro.

A medida que se extendía la noticia de la enfermedad de Magic, el teléfono de Bird comenzó a sonar de forma incesante. Una hora después, decidió descolgarlo. Todo el mundo quería escuchar las palabras del más ardiente rival de Magic, pero el número 33 no estaba de humor para compartir sus sentimientos. «No quería hablar con nadie», afirma.

Veinticuatro horas después, el 8 de noviembre, los Celtics recibían a los Atlanta Hawks en el Boston Garden. Bird hizo su rutina normal antes de los partidos —estiramientos para soltar la espalda, vueltas por los pasillos de las gradas, tiros desde ocho lugares diferentes de la pista—, pero sus movimientos carecían de la intensidad habitual. «Por primera vez en mi vida», cuenta, «no tenía ganas de jugar.» Los Hawks se llevaron una sorprendente victoria por 95-100. Bird sumó 17 puntos, 9 rebotes y 6 asistencias en cuarenta minutos de juego, pero perdió el balón cuatro veces y se le vio incómodo. «Todo lo que pasó aquella noche lo veo ahora como entre la neblina», dice Bird. «Jugué, pero no jugué. Todo el mundo quería hablarme de Magic. La única persona con la que quería hablar era con él y tenía que esperar. Me imaginaba que bastante tendría con lo suyo.»

Johnson estaba inundado de cartas, llamadas de teléfono, telegramas y flores. Algunos le deseaban lo mejor, otros le reprendían por su conducta, que había puesto la vida de su mujer y la de su futro hijo en peligro. Por cada cesta de fruta y mensaje inspirador había un insulto y tentativas de chantaje. Magic vivía en una urbanización privada, cercada por vallas, por lo que logró mantener temporalmente a raya a los periodistas y a los aficionados más inoportunos, aunque los tabloides siguieron a lo suyo. Cambió su número de teléfono, que no aparecía en la guía, pero en cuarenta y ocho horas el *National Enquirer* ya estaba llamando al número nuevo. Los reporteros revolvían la basura que Rosen dejaba en el patio en busca de claves sobre la vida personal de su cliente.

Magic y Cookie se fueron a Maui con algunos amigos, a una casa privada con vistas al océano. Estaban cenando, con las puertas abiertas, cuando escucharon un chasquido fuera. Su amigo Michael Stennis salió a investigar: un fotógrafo salió de detrás de un arbusto y huyó corriendo, pero no sin antes tomar una última foto. «Parecía como si de todos los arbustos junto a los que pasábamos fuese a salir una lente», dice Magic. «Cookie estaba atacada, pero yo no iba a dejar que eso nos amedrentase. Le dije: "Vamos a vivir nuestras vidas".»

La actitud de Johnson ante su enfermedad fue proactiva. No podía cambiar el diagnóstico, así que se dispuso a cambiar la imagen que se tenía de los seropositivos. Al día siguiente a su anuncio fue al programa de Arsenio Hall y recibió una larga ovación, con el público en pie, cuando entró al plató. Cuando aseguró a la audiencia que no era homosexual, estallaron en aplausos de nuevo. Los activistas gays de todo el país agacharon la cabeza. El diagnóstico de Johnson les había dado esperanzas de que por fin la opinión pública conocería la epidemia de sida que estaba barriendo todo el mundo. Magic tenía el suficiente brillo como estrella para marcar la diferencia, pero eso no sucedería si su idea era presentarse como un caso aislado. Al recibir un aluvión de comentarios de la comunidad de enfermos de sida después de su aparición en el programa de Arsenio Hall, se comprometió a abrazar la causa de los homosexuales con sida en lugar de apartarse de ellos. «La comunidad gay malinterpretó lo que sucedió allí», dice Magic. «Yo no estaba despreciando a los gays. Me hicieron una pregunta y la respondí. Les dije: "No os lo toméis a mal. Estoy intentando ayudar tanto a los gays como a todos aquellos que tengan el VIH promoviendo la investigación, los análisis y el descubrimiento de una cura".»

Su mensaje de que los heterosexuales podían contraer el VIH fue recibido con estupor por un segmento de la población: la NBA, donde muchos deportistas temían que sus escarceos sexuales les pasasen factura. «Inmediatamente después de que lo de Magic saliera a la luz, muchos de nosotros corrimos a hacernos las pruebas», cuenta Worthy. «Fue una de las cosas más traumáticas por las que he pasado.»

Casi de inmediato, se sucedieron los rumores e insinuaciones acerca de la sexualidad de Magic. Insistían en que había tenido una relación con un hombre o que había practicado un trío con un hombre y una mujer. Magic confió en que sus amigos desmentirían esas falsedades por él, pero después se quedó extremadamente preocupado cuando supo por Rosen y otros amigos de la NBA que Isiah Thomas había llamado haciendo preguntas capciosas. Según Rosen, Thomas le dijo:

—Sigo escuchando que Magic es gay.

—Vamos, Isiah, conoces a Earvin mejor que nadie —replicó Rosen.

—Ya lo sé, pero no sé lo que hace cuando no está en L.A. —añadió Thomas.

«Isiah siguió indagando», cuenta Magic. «No me lo podía creer. Todos los demás —Byron, Arsenio, Michael, Larry—, todos, me apoyaban. Y un tío con el que pensaba que podía contar, de repente tenía sus dudas. Fue como si me hubiese propinado una patada en el estómago.» «De todo lo que sucedió, creo que fue lo que más daño le hizo a Earvin», afirma Cookie. «Pero no teníamos más remedio que apartarnos de esa gente. Cada vez que pasaba algo así, le recordaba: "Es muy simple: no lo entienden".»

Johnson necesitaba ayuda para orientarse en medio de una crisis personal colosal. Lon Rosen se puso en contacto con Elizabeth Glaser, una activista del sida que había contraído el virus por culpa de una transfusión de sangre durante el nacimiento de su hija Ariel, y ella estuvo encantada de proporcionársela. Glaser, cuyo marido, Paul Michael Glaser, era la estrella de la popular serie de televisión *Starsky y Hutch*, había contagiado a su hija y a su hijo, Jake. Después de que Ariel falleciese a los siete años, ayudó a crear la Fundación por el Sida Pediátrico y se convirtió en una defensora incansable de los derechos de los pacientes infectados. «Yo no conocía a nadie con sida», dice Magic. «Ella me ayudó a adaptar mi forma de pensar. Estaba muy enferma cuando la conocí. Me dijo: "Tú vas a estar aquí mucho tiempo. Es demasiado tarde para mí, pero no para ti".» Aunque Glaser admitía que no sería un camino fácil, imploró a Magic y a Cookie que abanderaran el liderazgo de la educación del VIH y el sida en los Estados Unidos. «No tenéis tiempo para revolcaros en vuestra desgracia», les dijo Glaser. «Tenéis que luchar.» No se trataba solo de conseguir dinero, sino de llamar la atención. La mayoría de personas (incluidos Magic y su entorno) no distinguían el sida del VIH. Era importante que la opinión pública entendiese que la enfermedad no se transmitía por compartir una copa, abrazar a alguien infectado o entrar en contacto con el sudor. Este último punto tenía una impor-

tancia capital para los jugadores NBA, que estaban todavía conmocionados por la caída de una de sus estrellas más famosas. «Estábamos
ávidos de información», dice Rambis. «¿Cómo se contraía la enfermedad? ¿Era contagiosa? Nadie tenía respuestas. ¿Qué pasaba con
el sudor? ¿Y si chocábamos cabeza con cabeza? Los chavales estaban
asustados. Asustados de verdad.»

Cuando Johnson regresó de Hawái, se presentó en el Forum como
de costumbre. Aunque ya no estaba en plantilla, se vistió con la ropa
de entrenamiento para echar unos tiros y hacer algunos ejercicios.
Cuando algunos de sus compañeros llegaron antes de lo previsto,
esperó una cálida bienvenida. En su lugar, solo recibió unas pocas
palabras amables antes de que todos se fuesen a toda prisa a la otra
canasta. Cuando propuso a un par de colegas un uno contra uno,
nadie aceptó el reto. «Me llevó un momento darme cuenta de que
no querían tener mi sudor en su cuerpo», afirma. Solo Byron Scott le
abrazó cuando llegó, mantuvo una charla distendida y le preguntó:
«¿Te encuentras bien? ¿Te estás cuidando?». «Quería gritarles a los
demás: "¡Oye, soy uno de vosotros, ¿os acordáis?!"», cuenta Magic.
«No te voy a mentir. Me quedé destrozado durante un buen rato.»
Magic, la superestrella a la que, a diferencia de las demás, gustaba de
frecuentar con los fans, notó cambios sutiles en la forma en que le trataban. De repente, la gente ya no estaba loca por conseguir un autógrafo suyo. Los aficionados le daban la espalda al pasar. Los amigos
se mantenían a una distancia prudencial. Hasta chocar las manos se
convirtió en un problema. La gente no quería tocarle porque estaban
aterrorizados ante la posibilidad de que los infectase. Por primera vez
en su vida nadie quería un pedazo del Hombre Mágico.

«Soy un tipo amable», afirma Magic. «Cariñoso. Alguien a quien
le gusta saludar a la gente, y era triste cuando alguien se apartaba.
Seguía diciéndome a mí mismo: "Tienes que respetar lo que sienten,
porque no saben lo que hacen". Y durante un tiempo fui capaz de
hacerlo. Pero cuando mis compañeros me dejaron de lado —y todo
sea dicho, la mayor parte de ellos lo hicieron—, me hundí un poco.»

Elizabeth Glaser le advirtió de que experimentaría episodios de
aislamiento. A su hija la habían excluido de juegos y fiestas de cum-

pleaños por su enfermedad. Johnson asentía y se mostraba receptivo cuando ella compartía aquellas anécdotas con él, pero ingenuamente pensaba que su caso sería diferente. Era Magic Johnson. Le costaba creer que la gente apartaría la vista cuando entrase en una habitación o cambiaría de acera para no cruzarse con él... hasta que pasó. «Sé que esas cosas le dolieron en el alma», afirma Scott.

El ala-pívot de los Lakers A.C. Green, que era un cristiano devoto, había predicado siempre la abstinencia y advertido a sus compañeros de que la promiscuidad era un pecado. Después de que Magic contrajese el VIH, Green le dijo que rezaría por él. Nunca le reprendió con un «te lo dije», pero la estrella de los Lakers sabía cuál era su opinión. Después del diagnóstico, A.C. se mostró distante y huraño. Aunque no condenó públicamente la conducta de Johnson, le animó a incluir la abstinencia como parte de su proyecto educativo sobre el VIH y el sida. «Incluso en este mismo momento, mientras estoy aquí sentado, no tengo ningún problema con A.C.», afirma Magic. «Tiene derecho a tener sus opiniones y sus creencias. Ha vivido su vida de una determinada manera, y yo no podía extrañarme de que dijese: "¿Ves? Esto es a lo que me refería. No puedes ir correteando detrás de todas esas mujeres. Mira lo que le pasó a Magic". Al menos sabía dónde estaba con respecto a A.C. Nunca me apuñaló por la espalda. Algunos mal llamados amigos me hicieron mucho más daño cuando lo hicieron.»

En los primeros meses después del diagnóstico, Earvin se preguntaba qué estarían pensando sus compañeros. James Worthy, que había ganado tres anillos con él, había sido siempre un tipo reservado, pero se volvió aún más taciturno después del diagnóstico. Al principio Magic estaba destrozado por el silencio de su compañero, pero con el tiempo llegó a entender que muchas personas, entre ellas Worthy, no sabían qué decir... así que no decían nada. «James se preocupa por todo», dice Magic. «Pero mantiene sus emociones a raya. Estoy seguro de que pensaba: "¿De qué va todo esto?". Para él era duro verme. Le daba miedo.»

Aunque la mayoría de las apariciones públicas de Johnson despertaban una solidaridad tremenda, no le convencieron de que el mundo estaba preparado para aceptarle como icono de los infectados por el

VIH. Cada vez que un extraño —o un amigo— se apartaba, era un recordatorio del estigma que llevaba consigo. Un día fue a ver un espectáculo del humorista Damon Wayans, quien hizo un monólogo de cinco minutos en el que se dedicó a ridiculizarlo tanto a él como al VIH y su estilo de vida sin saber que estaba entre el público.

Los insultos fortalecieron su decisión de echar por tierra algunos de los estereotipos que circulaban sobre las personas infectadas. Aunque la mayoría de sus amigos tuviesen escrúpulos a la hora de hablar abiertamente sobre su enfermedad y la epidemia de sida, Magic no dejó de hacerlo. «Cuando me diagnosticaron el VIH, no se hablaba del sida abiertamente», dice Magic. «La gente no quería hablar de esas cosas. Así que mi objetivo pasó a ser: "Bueno, vamos a ver si puedo hacer que cambien unas cuantas percepciones", porque veía el gesto que se dibujaba en los rostros de la gente cuando se encontraban conmigo. Se preguntaban: "¿Puedo estrecharle la mano? Lo que seguro que no voy a hacer es darle un abrazo". Aquellas personas me hacían sentir enfermo, y yo estaba intentando superar la enfermedad.»

Una semana después de su aparición en el programa de Arsenio Hall, Magic recibió una invitación del presidente George H.W. Bush para unirse a la Comisión Nacional sobre el sida. Johnson estaba verdaderamente halagado y dispuesto a involucrarse, pero primero tenía que hacer sus deberes. Glaser y otro activista, Derek Hodl, señalaron serios defectos en el enfoque de las políticas de la administración Bush con respecto al tema del sida. Inundaron a Magic con estadísticas que sostenían que el presidente no estaba haciendo lo suficiente. Johnson compartió con Bush aquellos datos y cifras cuando se reunió con él en la Casa Blanca. El presidente se dio por enterado, le regaló a Magic un par de gemelos y le hizo un tour por el lugar de la Casa Blanca donde solía jugar a la herradura. Johnson se marchó con la esperanza de que Bush y la comisión se convirtiesen en actores importante en la lucha contra el sida y el VIH.

Aquel apoyo no se materializó. Mientras Magic siguió adelante con un programa educativo en televisión sobre el VIH dirigido a adolescentes y jóvenes, y escribió un libro dirigido a un público afín, el

Magic Johnson en una rueda de prensa el 14 de enero de 1992 en Washington, D.C. DIANA WALKER
/ GETTY IMAGES

presidente fracasó a la hora de sufragar adecuadamente las investigaciones para conseguir un tratamiento para la enfermedad. Pronto resultó evidente que la comisión era una organización impotente, paralizada por un presidente para el que el sida y el vih no eran una prioridad. «Es la peor cosa en la que me he metido», sentencia Magic. «Estaban tan atados a las "regulaciones" que no podíamos conseguir que se lograse nada.»

El último desplante se produjo en el otoño de 1992, cuando Johnson visitó un hospicio recién construido en Boston. La reluciente instalación incluía un equipamiento de primerísimo nivel y veinte nuevas camas para pacientes con sida, pero solo dos de ellas estaban ocupadas. «Había cientos de personas intentando ingresar», explica Magic, «pero la única manera de hacerlo era obteniendo el "certificado" adecuado. Y no podían obtener ese certificado por culpa de todas las barreras burocráticas creadas por Bush. Le dije a uno de los miembros del comité: "¿Estás de broma? ¿La gente se está muriendo, necesitan estas camas, y están vacías porque vosotros decís que es necesario un pedazo de papel?". Me marché al día siguiente.»

El 25 de septiembre, Johnson dirigió una carta a Bush y dimitió oficialmente de la comisión haciendo referencia a la falta de apoyo del presidente en la lucha contra el sida. «Sinceramente, no puedo continuar formando parte de una comisión cuya labor es ignorada hasta tal punto por su administración», escribió Johnson. La dimisión de Johnson acaparó titulares en todo el país. Bird sonrió cuando leyó sus declaraciones en los periódicos del día siguiente. «Me alegré de que se marchase», afirma. «Algunas veces la gente solo quiere usar tu nombre. A gente como Magic y como yo nos pasa siempre. Yo sabía lo en serio que se tomaba la lucha contra el sida y me imaginé que le iría mucho mejor haciéndolo a su manera.»

La Fundación Magic Johnson se creó en 1991 con el propósito de concienciar sobre el sida y el VIH mediante la educación, el tratamiento y la investigación. Una de las primeras donaciones que recibió fue un abultado cheque de Jack Nicholson, actor y devoto aficionado de los Lakers. Magic también se sintió verdaderamente emocionado al recibir un cheque al portador de cincuenta mil dólares de Rex Chapman, escolta de los Charlotte Hornets y los Washington Bullets, que, a pesar de no tener una relación especialmente estrecha con él, le explicaba en una breve nota que se sentía «obligado a contribuir a una magnífica causa».

La fundación ayudaría a trescientas cincuenta mil personas a través de ayudas comunitarias, educación sobre el VIH, becas, apertura de clínicas especializadas, dotación de unidades móviles de análisis en comunidades desatendidas de Los Ángeles y un programa en colaboración con los laboratorios Abbott llamado «I STAND With Magic» (Yo apoyo a Magic) destinado a hacer disminuir el alarmante número de nuevos infectados por el VIH y el sida en las comunidades afroamericanas.

Los progresos de la fundación eran tan valiosos como gratificantes, pero no llenaban el vacío que había generado su retirada de la competición. Aunque no había jugado con los Lakers durante la temporada 91-92, el nombre de Johnson todavía aparecía en las papele-

tas de votación para el Partido de las Estrellas, impresas meses antes
de que anunciase que era seropositivo. Cuando se empezó con el
recuento, quedó claro que los aficionados querían a Magic como titular del equipo de la Conferencia Oeste. Primero se sintió conmovido.
Después, tentado. Finalmente, tomó la decisión de jugar. «Llamaré
a Stern», dijo Rosen. El comisionado había hecho los deberes desde
el diagnóstico de Magic. Había consultado a especialistas. Había
leído todo artículo que fue capaz de encontrar sobre el tema del VIH,
incluida una publicación inglesa que decía haber descubierto que un
jugador de fútbol inglés se había contagiado por contacto epidérmico.
«Nos dijeron que eso era imposible», dice Stern. «Tenía que ser entre
una herida abierta y otra, e incluso así era poco probable. Pero ese era
el tipo de información que circulaba en aquella época.» Stern apoyó el
regreso de Magic para el Partido de las Estrellas, aunque en un principio se resistió a la idea de que Johnson, que no había disputado ni un
solo minuto de la temporada 91-92, fuera titular. «Si no es titular, no
va», dijo Rosen. El comisionado había propuesto en su lugar a Tim
Hardaway, base de Golden State, pero este se hizo elegantemente a un
lado para permitir que Magic ocupase el centro del escenario.

A medida que se extendía la noticia sobre la decisión de Stern de
permitir que un deportista seropositivo compitiese contra algunos
de los deportistas más importantes del mundo, su teléfono comenzó
a sonar sin parar. Algunas de las llamadas eran de apoyo, pero un
número abrumador eran escépticas, y algunas incluso mostraban
indignación. Algunos propietarios de la NBA, preocupados por sus
inversiones, pusieron el grito en el cielo. «¿No has ido un poco demasiado lejos con esto?», le preguntó uno de ellos. «¿Por qué no lo some-
temos a votación?». «No», respondió Stern. «Esto no funciona así.
Creo que las votaciones podrían ser imparciales.» «¿Sabes lo que estás
haciendo?», le preguntó otro propietario poderoso de la NBA. «Porque
estás asumiendo un riesgo de cojones.»

Stern y Magic compartían un objetivo común: querían cambiar la
forma en la que el mundo veía el VIH. Pese a todo, Stern vaciló antes
de recibir con los brazos abiertos a Magic. Sabía que si la decisión se
volvía en su contra, podía tener graves consecuencias, para él, para

su liga y para Magic Johnson. Aunque la participación de Johnson en el Partido de las Estrellas suscitó un encendido debate, cuando no abierta controversia, Stern logró que el grueso de los fans de Johnson no llegara a enterarse. «No fuimos agresivos en público», cuenta. «No dijimos nada. Nos estaba atacando buena parte de nuestra propia gente, pero no hacía falta que el público lo supiese.»

Magic fue el primer jugador en llegar al Partido de las Estrellas en Orlando, Florida, y se llevó consigo a Elizabeth Glaser para que hablase con los jugadores y sus esposas sobre el VIH. La activista desmontó muchos de los mitos sobre cómo se transmitía la enfermedad y explicó con detalle la batalla que estaban librando para detener la oleada de sida. Para cuando terminó, la mayoría de los asistentes estaban llorando. Una mujer particularmente inquieta se acercó a Glaser tras la presentación y le confesó que estaba previsto que su hijo entregase un trofeo al MVP del partido. «Estoy muy avergonzada», le dijo entre sollozos. «Le he dicho a mi hijo que, bajo ningún concepto, toque a Magic Johnson si gana el premio.» Por otra parte, la mujer de una destacada estrella de la NBA caminó hasta Glaser tras su conmovedora presentación y le dijo: «Rezaré por usted y por su familia, pero lo siento, no quiero que mi marido salga a jugar al baloncesto con Magic Johnson».

En apariencia, el retorno de Magic para el All-Star fue una historia emocionante con un final de cuento de hadas. Anotó 25 puntos y repartió 9 asistencias en la victoria del Oeste por 153-113, y se marchó con el trofeo de MVP bajo el brazo. A pesar de todo, se produjeron algunas situaciones durante el fin de semana que no salieron a la luz y que sugieren un relato algo menos idílico de los hechos. Charles Barkley, el ala-pívot de Philadelphia, a quien Magic contaba entre sus amigos en la NBA y que había pedido cambiar en su honor su número por el 32 cuando le diagnosticaron la enfermedad, no tenía problemas con el VIH, pero declaró que era injusto que una superestrella retirada le quitase el puesto a un jugador más joven que podría haber debutado en el Partido de las Estrellas. Magic intentó atajar esa cuestión en una conferencia de prensa dos días antes del partido. «Saldré a jugar por mí», concedía, «pero también por otros. Incluso con una enfermedad o una discapacidad, la vida continúa. Es lo que yo estoy haciendo: seguir con mi vida.»

Al entrar al vestuario del Oeste el domingo del partido, se lo encontró a rebosar de rostros familiares: Clyde Drexler, Chris Mullin, Karl Malone, David Robinson, Hakeem Olajuwon, Otis Thorpe, Jeff Hornacek, Dikembe Mutombo, Dan Majerle, Hardaway y Worthy. Pero algo había cambiado. Era un invitado, no uno más. Y, como temía, había también un poco de curiosidad. Después de una década asumiendo el papel de animador del vestuario, de repente era el que tenía más dudas. Cuando entró, los saludos fueron cordiales pero distantes. Nadie le abrazó, y solo un par de jugadores le tendieron la mano. Era un invitado en su propia fiesta. «Todo el mundo estaba un poco a la expectativa», dice Magic. «Se notaba en el ambiente.» «La tensión se podía cortar con un cuchillo», recuerda David Robinson. «Algunos jugadores habían confabulado a su espalda para evitar que jugara el All-Star y tenían miedo. No sabían qué hacer.» Robinson se percató de que Magic estaba incómodo y decidió acercarse y tenderle la mano.

—Me alegro de que estés aquí —dijo el Almirante.

—Yo también me alegro de estar aquí —respondió Johnson.

Antes de que empezase el encuentro, los dos equipos se alinearon uno frente al otro en el centro de la cancha. Isiah Thomas rompió las filas del Este para cruzar y darle a Magic un abrazo. A renglón seguido la mayoría de la plantilla del Este fue detrás, aunque el jugador que verdaderamente rompió la tensión fue el pívot de los Pistons Dennis Rodman, que había prometido antes del partido que en la pista sería agresivo con él. Dado que Magic no había jugado en toda la temporada, se esperaba que se moderasen, pero él no quería jugar una pachanga. Trabajó religiosamente en las semanas anteriores al partido. Le dijo a Lon Rosen: «Se equivocan si piensan que voy a salir solo para dar un par de pases». Pero Rodman se encargó de borrar la inquietud en su primera aparición en pista, cuando le clavó un codo en la espalda a Magic y después le cuerpeó y le cargó en el poste.

—Venga ya —le dijo—, a ver de qué eres capaz.

Magic se dio la vuelta e hizo un gancho.

—¿Qué tal esto? —respondió Johnson después de anotar.

—Vamos —replicó Rodman—. ¿Eso es todo?

Johnson corrió, pasó, sudó y chocó como todos los demás. Transcurridos los primeros minutos, los jugadores parecieron relajarse. «Hice un pase bonito y los chicos dijeron: "Ah, ahí está. Todavía es Magic"», cuenta. «Todos se calmaron. Después solo hubo baloncesto. Aquel partido ayudó a cambiar la percepción que se tenía del VIH en todo el mundo. La gente que lo vio dijo: "Magic está bien. Puede jugar".»

Cuando el reloj del partido marcaba los últimos segundos, Isiah subió el balón con Magic defendiéndole. Thomas invitó a Magic a que se acercase. Se pasó el balón entre las piernas, por detrás de la espalda, dando pasos adelante y atrás en *staccato*, desafiando a su viejo amigo. Magic, a su vez, le seguía con la mano. «Vamos, adelante», le dijo Magic. Thomas botó el balón entre las piernas una vez más y, cuando el reloj de posesión descontaba los segundos finales, realizó un tiro en suspensión desde muy lejos, por encima de los brazos extendidos de Magic. No tocó ni el aro. El estadio entero aulló de placer, anticipando un final de película. Ahora estaba Michael Jordan con el balón y Magic emparejándose con él. Jordan fintó hacia la izquierda, se abrió paso hacia la canasta y se levantó para lanzar por encima de Magic, pero el tiro se quedó corto.

Finalmente, llegó la hora del *Showtime*. Magic hizo una finta, después una puerta atrás y, perseguido por Isiah, fue hacia la línea de tres. Su compañero Clyde Drexler le pasó el balón por arriba y Johnson lanzó una bomba desde más allá de la línea de tres. «No tuve que mirar», dijo. «Sabía que iba dentro.» Como en los viejo tiempos, Magic recibió la calurosa felicitación de sus compañeros. Mullin se acercó para chocarle las cinco con las dos manos, Drexler le dio una palmada en la espalda y el pívot del Este Kevin Willis se le aproximó sin vacilar y le envolvió en un abrazo. Mientras dejaban la pista, Isiah se inclinó hacia él y le dio un cachete en la mejilla. Christine Johnson y Earvin Johnson Sr., que observaban desde las gradas, respiraron tranquilos. Al igual que Cookie, no estaban seguros de cómo iba a recibirse la enfermedad de su hijo. Los murmullos del público antes del partido habían puesto en evidencia que había división de opiniones. Por cada aficionado que parecía encantado de asistir al regreso de Magic había otro que se mostraba escéptico sobre su decisión de jugar en Orlando.

El espectacular triple de Johnson en los últimos segundos habría sido un final perfecto... de no ser porque el partido y su carrera se habían acabado definitivamente. Mientras Magic iba hacia el aeropuerto con Rosen, le dijo a su agente lo que un pabellón en Florida lleno hasta los topes de aficionados al baloncesto ya sabía: no quería retirarse.

Mientras Magic reflexionaba sobre si debía retomar su carrera, Bird estaba de vuelta en Boston sopesando si debía poner punto y final a la suya. También le habían votado como titular en el Partido de las Estrellas, pero no le habían dado el alta para viajar a Florida debido a sus problemas físicos. Tenía la espalda tan mal que se pasaba la mayor parte de su tiempo de descanso con un corsé de fibra de vidrio que se extendía del pecho a las caderas. Bird llegó a odiar tanto ese corsé que cuando los médicos le dijeron que ya no lo necesitaba, se lo llevó a su casa de Indiana y lo hizo volar por los aires con su escopeta.

En 1992 sus lesiones de espalda eran el resultado acumulado de años de salir despedido contra las gradas, intercambiar codazos con jugadores de más de 2,10 m y arrojar repetidamente su cuerpo al suelo en busca de balones sueltos. La vértebra L4 de su espalda estaba comprimida y retorcida sobre la L5 y había un nervio atrapado entre las dos. Su estado propició que sus huesos se resintiesen y presionasen los nervios, lo que acabó provocándole un dolor desgarrador y lacerante que se extendía pierna abajo. El fisioterapeuta Dan Dyrek, que se había pasado la mayor parte del año intentando manipular su columna vertebral para aliviar un poco la presión que el hueso ejercía sobre el nervio, le suplicó que se retirase. «Estaba muy preocupado por las consecuencias a largo plazo», dice Dyrek. Bird ya se había operado de la espalda en el verano de 1991 para limar un disco problemático y ampliar el canal por el que los nervios se unían a la médula espinal. La tarde posterior a la operación, caminó diez kilómetros sin apenas sentir molestias. Estaba encantado y, según creyó, curado. Dos meses después, mientras ejecutaba un corte rutinario en un entrenamiento, experimentó aquel dolor punzante y característico en la pierna. Se perdió treinta y siete partidos en la temporada 91-92, su última campaña, pero más frustrante aún fue el no poder participar en los entrenamientos del equipo. «Siempre he dicho que son los entrenamientos los que te hacen grande», explica. «Yo necesitaba esa rutina. Sin ella no me sentía el mismo jugador.»

Los rigores del calendario de desplazamientos del equipo eran incompatibles con su recuperación, sobre todo porque estos implicaban largos trayectos en avión. Por este motivo, Bird no acompañó a los Celtics en su gira anual de febrero por la Costa Oeste. Sin embargo, contraviniendo los consejos de su médico, sí voló a Los Ángeles para el partido contra los Lakers del 16 de febrero de 1992. El número 32 de Magic iba a retirarse en el descanso y este le había pedido a Bird que participase en la ceremonia. Solo habían pasado siete días desde que Johnson había puesto el pabellón de Orlando patas arriba con su espectacular actuación en el Partido de las Estrellas, y el legendario comentarista de los Lakers, Chick Hearn, proclamó: «Vamos a hacer que esta tarde pase a los anales de la historia». Magic vestía un traje marrón chocolate y su semblante era el de un hombre emocionalmente destrozado. No pudo sonreír siquiera cuando Hearn le presentó o cuando destacó su legado en los Lakers. El primer esbozo de sonrisa vino cuando invitó a Bird a subir al estrado. Mientras el alero y jugador franquicia de Boston se dirigía al micrófono, los habituales del Forum le saludaron con una calurosa ovación que se prolongó durante varios minutos. Bird intentó en dos ocasiones empezar a leer el discurso que había preparado, pero los aplausos no se interrumpieron hasta que él mismo tuvo que frenar al público: «Oye, que no soy yo el que se retira».

—¡¿Cuándo vas a hacerlo?! —gritó un espontáneo.

—Muy pronto —replicó Bird, apenado.

Le regaló a Magic una pieza del parqué del Boston Garden, recitó los elogios previstos y se marchó del estrado, diciendo: «A Magic todavía le queda cuerda. Vamos a ir a Barcelona para traernos a casa el oro». Aunque Bird había aceptado intervenir en la ceremonia de Magic, lo cierto es que habría preferido evitarlo. Se sentía incómodo, desplazado. «Estuve todo el tiempo pensando: "¿Qué demonios estoy haciendo aquí, codo con codo con todos estos Lakers, cuando mi propio equipo está de pie allí en frente?"», admite. Mientras escuchaba cómo Kareem le agradecía a Magic que le hubiese enseñado a disfrutar del juego, comenzó a pensar en sus propios compañeros, que estaban de pie en la banda, con el uniforme, atentos al homenaje. Miró a McHale, Parish y D.J., y se preguntó cómo sería decirles adiós. Sabía que lo haría pronto; antes de lo que nadie esperaba. Mientras Johnson abrazaba a Abdul-Jabbar y se echaba a llorar, a Bird se le hizo un nudo en la garganta. «En ese momento empecé a pensar en lo que le quedaba de vida», cuenta. Cuando Magic cogió finalmente el micrófono, le dio las gracias a su familia y a sus compañeros. Después se dirigió hacia su rival de toda la vida y se fundieron en un abrazo. «Es una lástima que Larry y yo no podamos durar para siempre», le dijo Magic al público. «Disfruté mucho aquellas batallas, tanto de las victorias como de las derrotas, porque cuando me enfrentaba a los Celtics y a Larry, tenía la oportunidad de jugar al máximo nivel. Quiero darle las gracias a Larry particularmente por sacar lo mejor de mí. Larry, sin ti nunca podría haber llegado hasta la cima.» Johnson concluyó su propia ceremonia de retirada diciéndole a los aficionados que esperaba que no se volviesen demasiado locos si algún día decidía regresar y volvía a empezar de nuevo. La multitud aplaudió; Jerry West se quedó blanco.

Más tarde, ese mismo invierno, Johnson y Rosen se fueron a Nueva York por negocios. Los Knicks jugaban aquella noche, y Magic llamó antes a Riley para saber si podía entrenar en el Madison Square Garden entre las sesiones de tiro de ambos equipos. Riley se encontró con su antiguo base en el pabellón. Lo sometió a un riguroso entrenamiento de más de una hora a base de esprints, ejercicios de bote y repeticiones de tiro. Riley era normalmente muy estricto en su rutina previa a los partidos —que incluía ver vídeos y revisar sus notas sobre el rival—, pero por una tarde la abandonó del todo. Aquel día su única idea era rebotear para un amigo. Justo antes del salto inicial del partido entre los Knicks y los Lakers, en el marcador del Madison Square Garden se emitió un vídeo con las mejores jugadas de la carrera de Earvin Johnson con «Do You Believe in Magic?» como banda sonora. «Fue lo más bonito que me hicieron durante aquella época», recuerda Magic.

Cuando regresó a Los Ángeles y se reincorporó a los entrenamientos, descubrió que tenía compañía. A menudo coincidía con el pívot de los Miami Heat, Rony Seikaly, que se estaba recuperando de una lesión, lanzando en el otro extremo de la pista. Una tarde Seikaly gritó: «¿Quieres jugar?». Johnson miró a su alrededor. Apenas lo conocía y no estaba seguro de que el pívot estuviese dirigiéndose a él. «Magic», dijo Seikaly. «Venga, vamos a trabajar un poco.» Fue un pequeño gesto, pero Magic lo apreció mucho, en especial por tratarse de un periodo tumultuoso de su vida. Le daba esperanzas de recuperar algún día su lugar en la NBA. Era un pequeño paso hacia la recuperación de su vida tal y como la había conocido.

10

7 DE AGOSTO DE 1992

Barcelona, España

C OMENZÓ CON UNA PARTIDA DE BILLAR entre amigos. Magic Johnson esperaba su turno mientras Michael Jordan, con un habano de primera colgando de la boca, se preparaba para tirar en la sala de juegos del Hotel Ambassador en Barcelona, un área acordonada del segundo piso que se había convertido en una especie de santuario para los miembros del equipo olímpico de baloncesto norteamericano. Era un refugio bienvenido y necesario. La tropa de leyendas del baloncesto que había viajado a Barcelona, a la que el entrenador Chuck Daly comparaba con una banda de rock, había propiciado algo parecido a una estampida a su llegada. Los espectadores se habían agolpado unos contra otros solo para poder vislumbrar a lo lejos a Michael, Magic y Larry cuando habían salido del autobús del equipo y entrado al hotel para hacer el *check-in*. Los aficionados clamaban por una fotografía de aquel momento histórico para el deporte, y la multitud se abalanzó en tropel. Bird, a quien las multitudes causaban pavor desde niño, contuvo la respiración. La aglomeración le produjo ansiedad. A un paso de distancia, Magic paseó su mirada por los rostros agitados y también contuvo la respiración. Encontraba su energía excitante, estimulante.

—¿No es increíble? —le dijo a Bird.

—¿Estás de broma? Quiero largarme ahora mismo de aquí —respondió Bird.

El «Dream Team» necesitaba barreras para preservar su privacidad y seguridad, y, durante sus dieciséis días en Barcelona, la sala de juegos del Ambassador sirvió de club exclusivo en el que los jugadores podían jugar al billar y a las cartas, disfrutar de una cerveza e inventar juegos en los que competir unos contra otros. Durante el día, la habitación estaba plagada de libros, juguetes, películas y vídeojuegos, y era un refugio para sus familias. Earvin Johnson III, de apenas ocho semanas de edad, se sentaba con los ojos abiertos en su sillita intentando seguir los movimientos de los niños mayores. Conner Bird, un niñito que mantuvo a su padre y a su madre despiertos durante la mitad de las noches de los Juegos Olímpicos, adoraba saltar en los sofás de cuero y tirar bolas de billar sobre las elegantes baldosas de mármol del hotel.

La noche del 7 de agosto, el pequeño Conner y E.J. estaban ya dormidos. No como sus padres, que estaban inmersos en un acalorado debate sobre una simple cuestión planteada por Bird: ¿cuál había sido el mejor equipo de la NBA de todos los tiempos?

—Obviamente, los Lakers —respondió Magic, apoyándose en su taco de billar—. Ganamos cinco títulos. Más que todos vosotros juntos.

—No, son los míticos Celtics de mi amigo Bill Russell —dijo el pívot Patrick Ewing, que jugaba en los New York Knicks pero se había criado en Cambridge, Massachusetts—. Él ganó once anillos.

—Estáis olvidando a los Celtics del 86, con el mejor juego interior de la historia del baloncesto, incluyendo al tipo este de aquí —añadió el comentarista de la NBA Ahmad Rashad, señalando a Bird.

—Aquel juego interior de los Celtics era brutal —convino Charles Barkley.

Jordan, que no dejaba que la cháchara le desconcentrase, colocó la bola en la tronera de la esquina y dio una calada al puro. Tenía veintinueve años y acababa de ganar su segundo campeonato consecutivo y su sexto título de anotador, también consecutivo. Sus compañeros en la habitación eran veteranos de la NBA condecorados, pero su obra estaba casi completa. Por el contrario, el maestro de los Bulls estaba empezando a añadir nuevas pinceladas a su lienzo de campeonatos.

—Aún no habéis visto al mejor equipo de la NBA de todos los tiempos —anunció Jordan—. Solo estoy empezando. Voy a ganar más títulos que todos vosotros. Os lo prometo, tíos. Ya tendremos esta conversación cuando me jubile...

—No vas a ganar cinco títulos —protestó Magic.

—Michael, te voy a robar al menos uno —repuso a su vez Barkley.

El torrente de protestas continuó, con cinco de los mejores jugadores de la historia de la NBA peleándose por su lugar en la historia del baloncesto. Magic estaba indignado ante la sugerencia de que el mejor equipo pudiese ser cualquier otro que no fuesen sus Lakers de 1987, el equipo que él consideraba el mejor en los años en los que había ganado.

—Dame a Kareem, James Worthy, Coop y Byron Scott, y acabaríamos con tus Bulls —afirmó Magic.

Barkley estaba a punto de interrumpir otra vez, pero Bird, mientras le pegaba un trago a su cerveza, levantó la mano.

—Tranquilo, Charles —dijo Bird—, tú no has ganado nada. Estás fuera de esta discusión. Ahmad, lo mismo. Fuera. Patrick, tú tampoco tienes ningún titulo, así que lo mejor es que te calles, te sientes ahí y aprendas algo.

Barkley, arredrado por la desafortunada realidad de su currículo baloncestístico, se hizo a un lado. Ewing, que en un tiempo había visto en Bird a un enemigo encarnizado pero había desarrollado una afinidad extraña con él durante la singladura olímpica, se sentó, obediente, en un banco, al lado de su nuevo amigo. Rashad también se apartó, fascinado por los piques entre aquellas estrellas de la élite del baloncesto, que, en algún momento de sus carreras, podrían haber afirmado ser los mejores jugadores del mundo.

Jordan insistía en que sus equipos de Chicago tenían sitio en la conversación sobre los mejores de la historia. Bird le recordó que solía hacerle la vida imposible a Scottie Pippen antes de que su espalda le traicionase.

—Lo siento por ti —le dijo Magic a Jordan—. Nunca tendrás lo que Larry y yo tuvimos. Nosotros estábamos dos semanas sin dormir sabiendo que, si cometíamos un solo error, el otro iba a aprovecharlo y usarlo para ganarnos. ¿Contra quién te mides tú?

La conversación siguió dando bandazos sin llegar a ninguna conclusión, hasta que el tema viró hacia una inevitable bifurcación: ¿quién había sido el mejor jugador en el uno contra uno de todos los tiempos?

—Caballeros —dijo Jordan—, déjenlo estar. En este punto no tenéis nada que hacer. Larry, a ti te supero en velocidad. Magic, yo puedo defenderte, pero tú nunca podrías defenderme a mí. Ninguno de los dos puede defender como yo lo hago, ni tampoco anotar como yo.

—Eso no lo sé —repuso Magic—. Yo podría haber anotado más si hubiese querido. Habría estado bien.

A Jordan se le enrojeció el semblante. Contraviniendo su habitual talante, en Barcelona se había mostrado conciliador, haciéndose a un lado para que Bird y Magic compartiesen el título de capitán y veterano reverenciado. En deferencia a Magic, le permitió ser el líder del Dream Team, aunque él fuese el vigente MVP de la liga y hubiese ganado el premio los dos últimos años. Lo hizo porque entendió que era el final de la carrera de Magic, y que ese era su último baile en el mundo del baloncesto. «No quería aguarle la fiesta», sentencia. Sin embargo, ahora esperaba que Magic reconociese lo que caía por su propio peso, que Michael Jordan era el mejor jugador del mundo, así que se volvió hacia él, se sacó el puro de la boca y se acercó a su futuro compañero del Salón de la Fama mientras alzaba la voz.

—Es mejor que lo dejes —le dijo—. Te metería sesenta en tu cancha. Ya lo hice con los Celtics. Pregúntale a tu amigo Larry. Bird y tú habéis sido grandes jugadores. Habéis hecho cosas asombrosas, pero se acabó. Ha llegado mi momento.

—Michael, no te olvides de que Larry y yo le dimos la vuelta a esta liga. Nosotros somos la NBA —dijo Magic.

—Bien, y yo la he llevado un paso más allá —replicó Jordan—. Y ya no es vuestra liga.

—Todavía te falta un poco para eso —insistió Magic.

Bird veía en silencio cómo el debate entre Magic y Michael subía de tono. Detectaba una autoconfianza en Jordan que no había visto antes. Reconocía esa confianza ciega que bordeaba la arrogancia. Él se había sentido exactamente así cuando había ocupado la cima del mundo del baloncesto. «Hubo muchas noches en las que sabía en lo más hondo de mi corazón que yo era el mejor jugador de la pista», cuenta Bird. «Aquella noche, mi corazón sabía que ya no lo era. Y tampoco Magic.» Rashad, amigo tanto de Michael como de Magic, intentó suavizar una retórica que se encendía por momentos. No lo consiguió. Jordan quería que Johnson lo admitiera, este se cerraba en banda, y su Majestad del Aire insistía de nuevo.

—Es una pena que no hayamos sido todos jóvenes al mismo tiempo —dijo Magic—. Podríamos haber sido la imagen de la NBA.

—Tu tiempo ha pasado —dijo Jordan—. Vamos, viejo, déjalo ya.

—No lo tengo tan claro —insistió Magic.

—Magic —intervino finalmente Bird—, déjalo estar. Tuvimos nuestro momento. Hubo una época en la que nadie era mejor que tú y que yo. Pero ya no es así. Ahora Michael es el mejor. Pasemos la antorcha y sigamos nuestro camino.

Durante meses, Magic Johnson no dejó de darle la lata a Larry Bird. Deseaba desesperadamente disputar los Juegos Olímpicos junto a él, pero la espalda de Bird estaba tan maltrecha que apenas podía recorrer la pista en los partidos de los Boston Celtics. «Era tal el dolor que se me quitaban las ganas de jugar», dice. Aunque no se lo había dicho a nadie, salvo a su mujer y a Dan Dyrek, ya había decidido que la temporada 91-92 sería la última. El mero hecho de atarse las zapatillas se había convertido en un suplicio. Tenía treinta y cinco años y estaba acabado. Pero Magic no aceptaba un no por respuesta. «Larry, tenemos que hacer esto», le imploró. «He estado esperando toda mi carrera para jugar contigo una vez más.»

Dave Gavitt, mánager general de los Celtics y presidente de la USA Basketball, la federación estadounidense de baloncesto, también quería a Bird en la expedición. Cuatro años antes, en Seúl, el equipo de los Estados Unidos, formado exclusivamente por jugadores universitarios, había sufrido una impactante derrota contra la Unión Soviética y había regresado a casa con la cabeza gacha y una medalla de bronce en lugar del habitual —y esperado— oro. Ya antes de aquella vergonzosa derrota, se había debatido la posibilidad de abrir la puerta a los jugadores de la NBA. Por fin, en 1989, la Federación Internacional de Baloncesto votó a favor de permitir jugar a los profesionales. Entre los miembros de la USA Basketball había división de opiniones. Algunos se oponían con vehemencia a que las estrellas de la NBA compitieran en el ámbito internacional, y otros se mostraban escépticos porque, al no haber una compensación económica, temían que no se lo tomasen en serio. También estaba la espinosa cuestión de pedirles que encajasen dos meses más de entrenamientos en una temporada NBA ya de por sí agotadora. Gavitt argumentó que los profesionales aceptarían la idea solo si se conseguía que el equipo se convirtiese en un fenómeno de masas, una codiciada experiencia que tendría lugar una sola vez en la vida, con el suficiente empaque para cautivar la curiosidad de todo el mundo. El objetivo era reunir el mejor equipo de la historia. Para lograrlo, Gavitt necesitaba a tres personas: Magic, Larry y Michael.

Habían pasado nueve meses desde que Magic se había retirado tras el funesto diagnóstico de VIH, pero continuaba sintiéndose físicamente fuerte y jugaba al baloncesto casi todos los días. Aceptó entusiasmado la propuesta de jugar para su país en Barcelona. Jordan, que había ganado la medalla de oro en Los Ángeles 84 como estudiante no licenciado de la Universidad de Carolina del Norte, mostró curiosidad por la idea de Gavitt, pero no se comprometió. Bird, cuya espalda seguía empeorando, no pudo ser más reacio: «No juego», le dijo a Gavitt. «Soy demasiado viejo. Dale mi puesto a uno de los chavales.» Gavitt no se inmutó. Le preguntó a Bird si seguía las Olimpiadas de niño y si había soñado alguna vez con representar a su país. Bird reconoció que lo había hecho. Los Estados Unidos necesitaban recuperar el oro, le explicó Gavitt, y para hacerlo necesitaban a los mejores. Tenía a Magic. Estaba cerca de convencer a Jordan. «Y si te tenemos a ti, vamos a hacer historia», dijo Gavitt. Bird se mostró impasible. Gavitt cedió, pero no sin antes asegurarse de que todo el mundo supiese que lo quería en el equipo. El alero y jugador franquicia de Boston se vio inundado de llamadas de teléfono que le conminaban a reconsiderar su decisión. «Larry», le dijo Magic durante una de sus conversaciones, «no puedes dejar pasar esta oportunidad. Lo que más deseo es lanzarte un pase y que metas el tiro. Haz eso y después no tendrás que volver a jugar.» Si hubiese estado bien, Bird no habría dudado en unirse al Dream Team, pero su movilidad era limitada y su juego se había resentido. Ya no era el mismo jugador que había sido unánimemente reconocido como uno de los mejores de todos los tiempos en los minutos finales.

—No quiero ir porque alguien se ha apiadado de mí —le dijo a Gavitt.

—Larry —le dijo Gavitt—, los Juegos Olímpicos se juegan con reglas internacionales. Eso incluye defensas zonales. Vas a destrozarlas con tus tiros de fuera.

Bird tuvo en cuenta el argumento de Gavitt, el primero que le convencía y podía inclinar la balanza. Todavía podía tirar. Y siempre se había preguntado cómo sería tener una medalla de oro alrededor del cuello.

—Está bien —dijo Bird—. Estoy dentro.

Días después, Jordan y Barkley se unieron también a la expedición, y el interés por el equipo se disparó. De repente, un lugar en el Dream Team se había convertido en la invitación más prestigiosa de todo el mundo del deporte.

Un comité formado por la USA Basketball, la NBA y directivos universitarios decidió el resto del equipo. Se añadió al compañero de Jordan en Chicago Scottie Pippen, junto al prolífico dúo que formaban en Utah el ala-pívot Karl Malone y el base John Stockton. Ewing y el pívot de los Spurs David Robinson fueron invitados para apuntalar el centro de la zona. Al tirador Chris Mullin se le pidió que ayudase a reventar las defensas en zona. Los dos últimos puestos se completaron más tarde con el escolta de Portland Clyde Drexler y el único representante del baloncesto universitario, la estrella de Duke Christian Laettner, que se impuso a un joven y poderoso pívot de

Louisiana State, Shaquille O'Neal, porque había estado más tiempo en la órbita de la USA Basketball.

Como era de prever, el proceso de selección no estuvo exento de controversia. La lista de fenómenos desairados podía haber ganado la medalla de oro por sí sola: la estrella de Atlanta Dominique Wilkins, el compañero de Magic en los Lakers James Worthy, el mortal tirador de Indiana Reggie Miller y las estrellas de los Pistons Joe Dumars y Dennis Rodman. Con todo, la omisión más flagrante fue la de Isiah Thomas, el base de los Pistons que habían ganado dos títulos consecutivos en 1988 y 1989, había sido once veces All-Star y seleccionado en tres ocasiones para el Primer Equipo de la NBA. Por si fuera poco, su entrenador, Chuck Daly había sido designado para entrenar al Dream Team. Bird se sorprendió de que Thomas no pasase el corte. No tenía por qué. Jordan había dejado claro que de ninguna manera quería compartir con Thomas el juego exterior. Michael no había olvidado la marginación del All-Star de 1985 y la final de la Conferencia Este de 1991, cuando los Bulls destronaron a los Pistons, e Isiah, Bill Laimbeer y Mark Aguirre se marcharon de la cancha a falta de cuatro segundos sin felicitar a los Bulls. Había sido una descarada muestra de falta de respeto, y toda la liga la había condenado sin paliativos. Magic, todavía herido por la reacción de Thomas a su diagnóstico de VIH, no quiso saber nada de él durante el proceso de selección del Dream Team. El director de relaciones públicas de los Pistons, Matt Dobek, le llamó para que intercediese por Isiah, pero Magic se negó a defenderle. «Teníamos una relación verdaderamente tensa por entonces», explica Magic. «Estuvimos años sin hablarnos, e Isiah sabe por qué. Cuando me diagnosticaron el VIH, él estuvo mal. ¿Cómo es posible que alguien que dice ser tu amigo ponga en duda tu sexualidad de esa manera? Sé por qué lo hizo: solíamos besarnos antes de los partidos, y por eso la gente se hacía preguntas sobre mí, lo que significaba que también se las hacían sobre él. Me quedé tan decepcionado con eso...

»Cuando empecé a trabajar para la NBC, el periodista del *New York Post* Peter Vecsey intentó que nos reconciliásemos. Me decía: "Isiah se siente mal; chicos, tenéis que hablar". Pero a mí no me interesaba.

Le dije: "Olvídalo". Isiah lo tenía crudo cuando llegaron los Juegos Olímpicos. Nadie en aquel equipo quería jugar con él. Su problema era que siempre tenía la sensación de que tenía que pelearse por todo. Incluso cuando llegó a la élite, no podía dejar de pelearse. Los comentarios sobre que Larry estaba sobrevalorado fueron frustración pura. Estaba celoso. Tenía la sensación de que Larry se estaba llevando demasiada atención y él no tenía la que le correspondía.

»Siempre quería estar en la conversación cuando se hablaba de grandes jugadores. Michael, Larry y yo estábamos siempre en ella. Él podría haber estado si hubiese manejado las cosas de forma diferente. Pero por las decisiones mezquinas que tomó, nadie le otorga el mérito que se merece. Pensar en Isiah me provoca tristeza. Se ha alejado de mucha gente en su vida y todavía no se da cuenta. No entiende por qué no fue seleccionado para aquel equipo olímpico, y eso me parece muy grave. Deberías darte cuenta de que le caes mal a media NBA. Si hablamos estrictamente de talento, entonces Isiah debería haber sido escogido para el Dream Team. Pero Michael no quería jugar con él. Scottie no quería saber nada de él. Bird no se puso de su lado. Karl Malone no le quería. ¿Quién decía "Necesitamos a este tío"? Nadie. Señalaron a Michael como el hombre que dejó fuera a Isiah, pero eso no hace honor a la verdad. Fue cosa de todos. Todos estábamos de acuerdo en que la camaradería se iba a ver afectada.

»Lo que sucedió con Isiah fue la mayor decepción personal de mi vida. No hay nada que se le acerque. Un tío con el que había entrenado, había ido de vacaciones, a quien aconsejaba y me aconsejaba... Y él lo mandó todo a la mierda por celos. Ahora, cuando nos vemos, hay cordialidad. Eso es todo. Cuando los Knicks buscaban a alguien que llevase al equipo, Steve Mills, el presidente de Madison Square Garden Sports, que es un buen amigo mío, me llamó para preguntarme qué pensaba. Le dije: "Oye, creo que deberías hablar con Isiah". Puedo separar lo personal de lo profesional. A pesar de lo que sucedió entre nosotros, aún respeto su conocimiento del juego.

»Pero incluso en su etapa en los Knicks, siguió siendo el testarudo de siempre. Cuando las cosas le fueron mal allí, siguió sacando las cosas de quicio, en lugar de decir: "Vale, es mejor que aprenda que no se puede tener todo". Si hubiese estado dispuesto a hacer algunas concesiones, podría haberse ahorrado muchos problemas. Pero no podía. No sabe cómo hacerlo. No le deseo nada malo. Nunca seremos los mismos, y yo nunca volveré a confiar en él, pero espero que encuentre la paz consigo mismo. Yo por mi parte he seguido adelante.»

Una vez que se cerró la plantilla del Dream Team, los jugadores fueron convocados en La Jolla, California, en el Sheraton Grande Torre Pines Resort y comenzaron el proceso por el que pasarían de rivales a compañeros inseparables. La transición, señalan Bird y Magic, fue increíblemente suave, y cualquier disputa que arrastrasen de la temporada en la NBA se diluía ante la perspectiva de una medalla de oro. Para Daly, rápidamente se hizo evidente que si iba a haber un problema en el equipo, sería la tendencia a pasar el balón demasiado. A los jugadores, que en competición a menudo se excedían a la hora de superarse unos a otros, les encantaba hacer la jugada más difícil todavía. Daly tenía un solo deseo: ganar los Juegos Olímpicos sin pedir un solo tiempo muerto. Conocido por ser un entrenador capaz de conciliar los egos y personalidades de los jugadores, estaba encantado de ver cómo se motivaban unos a otros en los entrenamientos. Mientras que Ewing dominaba el juego en el centro de la zona con sus ganchos en suspensión y sus tiros a la media vuelta, Robinson contestaba con sus tiros arqueados y sus mates al contraataque. Barkley posteaba contra Malone, mostraba su superioridad y se preparaba para la respuesta de este, que a menudo incluía un codo en la espalda y una carga física brutal cerca de la canasta. En esos duelos estaba en juego el derecho a presumir de ser el mejor ala-pívot del mundo. Con todo, esas batallas palidecían en comparación con las escaramuzas verbales (y físicas) entre Magic y Michael. En aquellos mano a mano estaban en juego el legado baloncestístico y la preeminencia entre las superestrellas.

—Venga, Magic, aguanta —se burlaba Jordan de Johnson, después de pasarle por encima a pista abierta.

—Michael, tienes que ver toda la pista —le castigaba Magic, después de disparar uno de sus clásicos pases sin mirar a las manos de un compañero sorprendido.

El 23 de junio, la USA Basketball reunió a ocho de sus mejores jugadores universitarios para un partido de entrenamiento contra los chicos de Daly: el ala-pívot de Michigan Chris Webber, el base de Memphis State Anfernee «Penny» Hardaway, la estrella de Duke Grant Hill, el pívot de North Carolina Eric Montross, el alero de Kentucky Jamal Mashburn, el francotirador de Tennessee Allan Houston, el anotador de Wake Forest Rodney Rogers y el base de Duke Bobby Hurley. Daly dio instrucciones al entrenador George Raveling para que ordenase a su equipo aumentar el ritmo y lanzar triples. Los chicos enchufaron diez y superaron al Dream Team 62-54 en un partidillo de veinte minutos. «Nos dieron un repaso», cuenta Bird. «Yo me quedé bastante fastidiado. Allan Houston nos mató con los triples y Bobby Hurley nos remató del todo con su rapidez. Nadie quería defenderle porque nadie podía pararle. Aquellos chicos nos humillaron. Y nos hicieron un favor. Nuestra actitud cambió después de aquello. Se acabaron las tonterías.»

Al día siguiente, el Dream Team pidió la revancha en un partido completo y ganó a los chicos por 50 puntos. Todos esos grandes jugadores universitarios se graduaron, fueron a la NBA y disfrutaron de carreras largas, excepto Hurley, que quedó malherido tras un grave accidente de coche y nunca volvió a ser el mismo.

El Dream Team se trasladó de La Jolla a Portland para disputar el Torneo de las Américas, del que saldrían cuatro equipos clasificados para los Juegos Olímpicos. Meses antes, Rosen había recibido una llamada de la USA Basketball para preguntarle qué número quería Magic.

—¿Cuál es el número más alto? —preguntó Rosen.

—El 15 —respondió un directivo.

—Entonces Earvin llevará el 15 —dijo Rosen.

De esta manera, pensaba el agente, su cliente sería el último en ser presentado.

Los estadounidenses apalizaron a Cuba por 136-57 en el primer partido, con Bird y Magic recreando la química sobre la pista que habían mostrado catorce años antes en el World Invitational Tournament. Magic corría todo lo que podía, entraba en la zona y doblaba hacia Bird en el perímetro. Cada vez que Larry encestaba un tiro tras asistencia de Magic, los aficionados lo celebraban como si acabasen de ganar la medalla de oro. Segundos antes del descanso, Johnson se fue directo hacia el aro con Bird siguiéndole por un ala. Magic estaba a punto de dejar la bandeja cuando se dio la vuelta y lanzó un pase sin mirar hacia Bird, que se detuvo en seco y enchufó el triple mientras sonaba la bocina. Esa era precisamente la jugada que Magic había tenido en mente cuando había convencido a Bird de entrar en el equipo. «Recordaré esa canasta durante el resto de mi vida», dice Magic. «Aun a día de hoy», cuenta Bird, «no tengo ni idea de cómo pudo verme.»

Bird estaba encantado de haber jugado sin dolor y de descubrir que, a pesar del tiempo de inactividad, su toque en el tiro estaba intacto. Se fue al cubículo designado para las entrevistas posteriores al partido y regaló a la prensa titulares concisos. Pero al moverse ligeramente en su asiento a mitad de la entrevista, sintió una familiar punzada de dolor que descendía pierna abajo. El dolor fue tan repentino y severo que Bird, con náuseas por la sensación de quemazón, comenzó a sudar profusamente. Terminó abruptamente con la entrevista, se fue cojeando al hotel y se tiró en el suelo. Allí fue donde le encontró su hermano Mark cuando irrumpió en la habitación y exclamó:

—¡Ha sido increíble! ¡Vamos a celebrarlo!

—Estoy muerto —dijo Bird con calma—. Se acabó.

—¿Qué quieres decir? —le preguntó su hermano.

—Quiero decir que esto es el final —respondió Bird—. No puedo seguir así.

Mark Bird salió corriendo a buscar al masajista del Dream Team (y de los Boston Celtics) Ed Lacerte. Este intentó aliviar la sensación abrasadora del nervio comprimido manipulando los músculos de Bird, pero su espalda estaba dura como una piedra, como un muro de ladrillo impenetrable. «Lo siento, Larry», dijo Lacerte. «Creo que no puedo hacer nada más.» Bird había jugado su primer y último partido en el Torneo de las Américas... y posiblemente el último de su carrera. Se quedó en la banda durante el resto del Preolímpico. Tenía compañía. Patrick Ewing se había cortado y dislocado un dedo al chocar contra un aro durante los entrenamientos del equipo en La Jolla y se perdió la victoria contra Cuba. Tuvo que dejar de entrenar durante unos días y, con vistas a conservar su forma física, saltaba sobre una bicicleta estática en la banda mientras el equipo seguía con los ejercicios. Bird hacía lo mismo. Era una escena desconcertante: dos hombres altos y orgullosos, que habían sido adversarios encarnizados durante años, sentados uno al lado del otro, pedaleando furiosamente, sin ir a ningún lado y sin decir nada.

Aunque no jugaba, Bird aún estaba en condiciones de regalar comentarios cáusticos desde su pedestal ciclista. Un día Barkley arrolló a Malone en el poste y Bird bromeó con el escultural ala-pívot de Utah: «Charles es mejor que tú, Karl. Acostúmbrate. En este equipo eres suplente». Ewing acabó por unirse a la refriega verbal; cuando David Robinson machacó un *alley-oop*, le gritó: «Aprovecha ahora, David. Cuando esté de vuelta, te la vas a comer». Bird soltó una carcajada y los dos se pusieron a hablar. Rememoraron los días en los que jugaban el uno contra el otro, cuando Bird atraía a Ewing al exterior y le decía: «No eres un pívot. Eres un ala-pívot sobrevalorado. Y no hay manera de que me puedas parar». Normalmente acompañaba su argumento con una suspensión. Después era el turno de Ewing de volver al ataque e informar al alero de Boston: «Te voy a llevar al poste y te voy a dar una patada en el culo». En aquella época la acritud era real. Años más tarde, pedaleando uno al lado del otro, sus bravatas del pasado parecían artificiales. Cuando Magic Johnson echó un vistazo y pilló a Ewing y Bird cachondeándose de las desventuras de Clyde Drexler, a quien Jordan había robado la cartera en dos posesiones consecutivas, negó con la cabeza. «No me esperaba eso», cuenta. «Dos de los chicos más reservados de repente eran los mejores amigos.» Bird le puso el apodo de «Harry» a Ewing. La mayoría de los compañeros pensaron que se debía al enorme y adorable personaje de la película *Harry and the Hendersons*, pero Larry estaba remontándose a su tercera temporada en la universidad, cuando había jugado en Indiana State con el pívot Harry Morgan. «Llamadnos simplemente Larry y Harry», anunció. Lacerte hizo unas camisetas en las que podía leerse «EL SHOW DE LARRY Y HARRY... CONTINUARÁ EN BARCELONA», que era una imitación de la campaña publicitaria de la marca Reebok para los Juegos Olímpicos en la que aparecían los decatletas Dan (Johnson) y Dave (O'Brien).

Era una amistad improbable. Ewing había crecido en Boston, lleno de resentimiento por la forma en la que el público lisonjeaba a Larry «*Legend*». Veía a Bird como otro blanquito sobrevalorado y solía mofarse de él con sus amigos: «Venga, ya. No es tan bueno. No es capaz ni de correr ni de saltar». Pero cambió de opinión cuando llegó a la NBA y pudo dar fe de las considerables habilidades de Bird. «Lo retiro», le dijo a sus amigos de Cambridge. «Ese tío es increíble. Puede tirar, rebotear, pasar... Es el mejor competidor que he visto nunca.» En los play-off de 1990, Ewing intercambió codazos e insultos con Bird cuando los Celtics se pusieron 2-0 en una serie al mejor de cinco partidos. Todo el mundo en Boston estaba seguro de que los Knicks estaban acabados, pero Ewing lideró una remontada en Nueva York que culminaría con una victoria en el quinto partido sobre el parqué del Garden. Fue una evolución sorprendente que llevó a Bird a ver a Ewing bajo una nueva luz. Siempre había reconocido el talento del pívot, pero ahora, aunque a regañadientes, tenía que reconocer su determinación, una cualidad que en opinión de Bird separaba a los grandes jugadores de los simplemente buenos.

Pocos días después, Ewing estuvo en disposición de volver a la acción en el Torneo de las Américas, pero John Stockton se fracturó el peroné de la pierna derecha durante la victoria del Dream Team contra Canadá, y Clyde Drexler no pudo participar en la victoria sobre Argentina por culpa de un golpe en la rodilla derecha. Estaba claro que Stockton iba a estar lesionado durante unas semanas, lo que dio pie a una discusión sobre si había que incorporar a otro jugador. El nombre de Isiah saltó a la palestra, pero de nuevo fue rechazado por sus colegas.

Incluso sin el grupo al completo, el Dream Team hacía honor al peso de su nombre. Magic, Barkley y Jordan dominaban, y sus rivales literalmente les aplaudían por ello, en ocasiones en mitad de los partidos. Cuando jugaron contra Argentina, Magic estaba defendiendo a un jugador en el poste, que se negaba a hacer ningún movimiento en dirección a la canasta.

—¿Qué haces? —le preguntó.

—Estoy esperando —respondió el jugador argentino.

Johnson, perplejo, le arrebató al fin el balón de las manos... pero solo después de que un jugador del banquillo de Argentina hubiese sacado una foto de Magic defendiendo a su amigo. Mientras corría la pista, Magic notó que el jugador estaba llorando:

—Sr. Johnson, no me puedo creer que sea usted —le dijo—. Yo solía levantarme de madrugada para verle. Es el momento más emocionante de mi vida.

Cuando Estados Unidos jugaron contra Puerto Rico, Bird permaneció tumbado boca abajo sobre la pista con la ropa de calentamiento, demasiado lesionado como para jugar. Uno de los árbitros pasó por delante del banquillo estadounidense y le rogó que entrase, aunque solo fuese un segundo, para que pudiese decirle a su familia que había arbitrado un partido en el que había jugado el gran Bird. El árbitro se quedaría decepcionado. Y no sería el único. La estrella brasileña Oscar Schmidt, cuyo toque de seda en el tiro era el orgullo de su país, le adoraba como un niño y esperaba ansioso la oportunidad de enfrentar su talento al de su héroe, pero tuvo que conformarse con una copia firmada de la autobiografía de Bird, *Drive*. «Lo siento, Oscar», le dijo antes del partido de Estados Unidos contra Brasil. «Me gustaría meterte 50 puntos, pero ahora mismo no puedo ni moverme.» Los estadounidenses mantuvieron la velocidad de crucero con otra victoria aplastante, después de la cual el entrenador brasileño se refirió a ellos como «un equipo de otro planeta».

El equipo de los Estados Unidos demostró ser un gigante imbatible en aquel Torneo de las Américas y superó a sus rivales por una diferencia de 51,5 puntos de media. Magic lideró las estadísticas de asistencias y minutos, y fue elegido como abanderado de Estados Unidos en la ceremonia de clausura.

Cuando Bird se detuvo a considerar el pronóstico de Magic

durante un momento de tranquilidad, se quedó pensativo, incluso melancólico. Magic Johnson estaría muerto pronto. A la vista de la escasa información que el Dream Team disponía del VIH, todos los compañeros estaban seguros de eso. Y aun así, aquel hombre exuberante, que florecería en Barcelona como embajador oficioso del baloncesto norteamericano, parecía más lleno de energía que los demás. Por el contrario, los problemas físicos de Bird solo habían hecho que empeorar. Estaba obligado a llevar su corsé de fibra de vidrio a todas horas. Se había convertido en parte de su ser y atárselo era como abotonarse la camisa todos los días, aunque se parecía más a una pieza de cemento alrededor de la cintura y estaba tan apretado que le costaba respirar cuando se sentaba. Lo llevaba en la cama pero solo podía dormir boca arriba o boca abajo porque cuando intentaba hacerlo de lado la fibra de vidrio se le clavaba en la piel y le hacía moratones y cortes.

Cuando el equipo levantó el campamento antes de volver a reunirse en Montecarlo dos semanas después, Bird regresó a Boston y apareció en el Hospital General de Massachussets sin previo aviso. Buscó a Dan Dyrek, su fisioterapeuta, y le suplicó que le acompañase a Barcelona. «No creo que pueda hacerlo sin tu ayuda», dijo. Dyrek consultó su agenda. Estaba impartiendo un curso universitario y tenía un calendario lleno de compromisos, pero no estaba dispuesto a ser quien se interpusiera entre Larry Bird y su sueño olímpico, así que se subió a la caravana del Dream Team y en poco tiempo estaba tratando también a muchos de los compañeros de Bird, incluido Ewing y sus problemas crónicos de rodilla. Para entonces Harry y Larry eran inseparables. Cuando el equipo viajó a Montecarlo para las últimas sesiones antes de los Juegos, Ewing se sentó junto a la piscina con Larry, Dinah y su amigo Quinn Buckner, con gafas de sol e intentando no mirar a las mujeres en topless. Pidió una ronda de cervezas para Bird y sus amigos; unas cervezas que costaban ocho dólares cada una, lo que pareció no inmutar a Ewing. Bird se quedó boquiabierto cuando su nuevo amigo pidió otra ronda.

—¿Sabes cuánto cuestan esas cervezas? —le preguntó.

—*Nah*, yo no bebo —replicó Ewing.

—¡Ocho dólares cada una! —exclamó Bird—. ¡Jamás pagaría esa barbaridad por una cerveza!

La primera vez que Bird había ido a Nueva York con los Celtics, en su temporada como novato, Rick Robey y él habían entrado en un bar a tomar unas cervezas. Cuando vieron los precios, Larry se levantó como un resorte y se marchó. Años después, mientras cenaba con sus compañeros en un restaurante de moda neoyorquino, los jugadores empezaron a hacer un bote para pagar la cuenta. Cuando le dijeron que le iban a dejar una buena propina al camarero, Bird dijo: «¿Y eso por qué? Si solo nos ha traído la comida». Se levantó, cogió el dinero de la propina y entró sin llamar a la cocina. Le entregó al asombrado cocinero un puñado de billetes y se marchó.

Mientras Larry padecía la inclemencia de los precios de los bares monegascos, Magic pasaba el rato en el casino con Jordan e intentaba traerle suerte en la mesa de blackjack. Cuando el reloj marcaba la medianoche, Johnson, Jordan, Barkley y Pippen acudían a Jimmy Z's, un exclusivo club nocturno con techo retráctil y un laberinto de pistas de baile. Por primera vez desde que le diagnosticasen el VIH, Magic volvió a sentirse integrado. En el Dream Team hacían piña, incluido el número 12, Laettner, con quien Bird se sentaba habitualmente en el autobús para que no se sintiese aislado respecto a sus compañeros más famosos. Cuando el equipo estaba aún en Portland, un reportero de *Newsweek* le había propuesto a Magic salir en la portada con Michael Jordan. Johnson había aceptado, pero con una condición: quería que Bird saliese en la foto también. «Sin Larry, no hay foto», afirmó. El 6 de julio de 1992, Magic, Michael y Larry ilustraron la portada de *Newsweek*, cuyo titular, «*Team Dream*», pregonaba su próximo viaje.

Cuando el domingo 19 de julio el equipo llegó a Montecarlo, Bird aún no podía entrenar con contacto, pero a la mañana siguiente participó en el partidillo durante cinco minutos. Stockton, también en vías de recuperación, dividía su tiempo entre la piscina y la bicicleta estática. Aquella noche el Dream Team asistió a una recepción con los Príncipes Rainiero y Alberto, y Magic, resplandeciente con un

Larry, Michael Jordan y Magic posan con el uniforme del Dream Team para la cubierta de *Newsweek*. NEIL LEIFER / NBAE / GETTY IMAGES

esmoquin negro y blanco, declaró que la realeza de Rainiero era la única que hacía sombra a la de Jordan.

Magic lideró a los Estados Unidos en una victoria por 111-71 contra Francia en el último encuentro de puesta a punto antes de Barcelona. Luego, se fue al casino, ganó mucha pasta y lanzó besos a la gente mientras se marchaba. «Cautivó por completo a aquella gente», cuenta Daly.

El miércoles 22 de julio, el Oeste (Magic, Drexler, Robinson, Malone y Barkley) se enfrentó al Este (Bird, Jordan, Pippen, Ewing, Mullin y Laettner) en un partido de entrenamiento. Magic, que se sentía particularmente ágil, disparó a su equipo hasta conseguir una ventaja inicial de 14-2 con una colección deslumbrante de preciosos pases. Para cerrar el parcial, se metió hasta la cocina y se mofó con buen humor:

—Oye, M.J., mejor que te pongas las pilas.

Jordan apretó los puños. Pidió el balón, atacó la canasta, se elevó e hizo un mate.

—¿Qué te ha parecido esto? —le dijo.

Pippen se animó de inmediato al ver la mirada amenazadora de Jordan.

—Ahora la habéis liado —dijo, esbozando una sonrisa.

Jordan acosó al equipo del Oeste con dos contra uno y presión a toda pista. Saltó a las líneas de pase, hizo mates a una mano, sacó a Magic de la zona, anotó tiros echándose hacia atrás e intimidó por completo al equipo del Oeste. En unos minutos el marcador estaba igualado. Johnson, molesto con las señalizaciones (o no señalizaciones) del equipo de entrenadores, se quejó:

—¡Es como si estuviese en el Chicago Stadium! ¡Lo han trasladado a Montecarlo!

—¡Bienvenido a los noventa! —replicó Jordan.

—¿Quieres ser como Mike? —se burló Pippen—. ¡Vas a tener que beber mucho Gatorade!

Cuando el tiempo «reglamentario» concluyó con un empate, tanto Jordan como Magic dieron instrucciones de permanecer en la pista a sus respectivos equipos.

—Vamos a empezar de nuevo —dijo Jordan.

—No —se interpuso Daly—. No necesitamos más lesionados.

Por primera y única vez, los jugadores ignoraron las súplicas de Daly. Siguieron cinco minutos de baloncesto de muchos quilates, con Ewing y Robinson luchando en el poste, Barkley y Malone peleando por los rebotes, Bird esperando para apuñalar desde el perímetro y Magic controlando el ritmo. Pero fue Jordan quien tuvo la última palabra, con un prodigioso despliegue de trucos baloncestísticos. Gavitt posteriormente afirmó que habían sido los mejores cinco minutos de baloncesto que había visto nunca.

Mientras Jordan y Bird salían de la pista victoriosos, regodeándose sin pudor en su remontada, Magic la abandonaba pidiendo un nuevo equipo arbitral. «Magic maldijo a los árbitros, a sus compañeros y a sus entrenadores», recuerda Jordan. «No podía soportar que le hubiésemos derrotado. Fue el partido más divertido de mi vida.»

Dos días después de aquel partidillo épico, el Dream Team llegó a Barcelona y entrenó relajadamente antes de que Magic los reuniese en un círculo y les recordase su deber, como estadounidenses y como representantes de la NBA. Subrayó la necesidad de estar concentrados a pesar de todas las seductoras distracciones y animó a los jugadores más jóvenes de la plantilla a que acudiesen a él con cualquier pregunta o preocupación que tuviesen. «No sé qué era más impresionante: su sabiduría o su disposición a compartirla», apunta Stockton.

Bird era cautelosamente optimista con respecto a sus posibilidades en Barcelona. Durante la temporada con los Celtics, los médicos del equipo le habían prescrito esteroides por vía oral para aliviar la inflamación de su espalda y el intenso dolor que le bajaba por la pierna. Aunque los tomaba solo de forma intermitente, una vez que se comprometió a disputar los Juegos Olímpicos, los dejó del todo. A pesar de que los usaba con fines médicos legítimos, los esteroides eran una de las muchas sustancias prohibidas en los Juegos, y Bird estaba preocupado de que se detectara algún resquicio del tratamiento en su organismo y fuera automáticamente descalificado. Pero las técnicas antidopaje en los Juegos Olímpicos eran sorprendentemente arcaicas. Justo después de cada partido, unos oficiales se acercaban al masajista, Lacerte, y le hacían sacar tres números al azar de una caja. El número 7 de Bird salió tanto la primera como la segunda vez. Entregó su muestra con cierta inquietud: por un momento se le pasó por la cabeza el peor escenario: que le enviasen a casa inmediatamente. Acabó pasando ambas pruebas sin problemas, pero admite que «fue la parte más estresante de los Juegos Olímpicos».

Los partidos resultaron ser una mera formalidad. Se sabía de antemano que el Dream Team llegaría a la lucha por las medallas, y en Barcelona solo entrenaron una vez. Jordan tenía la rutina de jugar treinta y seis hoyos de golf diarios y algunas veces acababa diez minutos antes de que el autobús del equipo saliese del hotel. En su calidad de atletas más famosos de los Juegos, se alojaron en el Ambassador durante toda su estancia. El hotel estaba acordonado, protegido por guardias de seguridad armados durante las veinticuatro horas del día, y para entrar se necesitaba una acreditación especial expedida por la USA Basketball. Los Estados Unidos fueron unánimemente criticados por proporcionar un alojamiento de lujo a sus deportistas de élite, dado que el Ambassador ofrecía comodidades que no estaban disponibles para el resto de deportistas en la Villa Olímpica, como aire acondicionado y camas de gran tamaño en las que cupieran los cuerpos de 2,13 m de Ewing y Robinson. Daly no se dejó influir por las quejas. Estaba al tanto de las amenazas de muerte que alguno de sus jugadores había recibido y preocupado por las salidas nocturnas de sus multimillonarios «amateurs». Los jugadores bromeaban sobre los coches sin matrícula que flanqueaban siempre al autobús del equipo, pero había razones para contar con ese refuerzo de seguridad extraordinario.

La noche anterior al primer partido, el Dream Team celebró una cena privada en un restaurante del centro de Barcelona, con Barkley como maestro de ceremonias. Su tarea: mantener a los chicos relajados y contentos.

—Oye, Larry —dijo Barkley—. Antes eras un gran jugador, ¿cómo es que ahora te pasas los partidos en el banquillo agitando la toalla como M.L. Carr? ¡Laettner! ¡Tú tienes prohibido hablar! —bramó—. Acaba la universidad y después a lo mejor te escuchamos. Y Drexler —prosiguió—, tu equipo universitario [Houston] fue el más ridículo de la historia. ¿Cómo un equipo que contaba contigo y Olajuwon pudo perder en la final contra North Carolina State?

La noche antes de la ceremonia inaugural, Magic Johnson yacía despierto, demasiado emocionado como para dormirse. Anticipándose a los acontecimientos, ya tenía preparada la americana azul, el sombrero de paja blanco y la corbata roja, blanca y azul de barras y estrellas, el atuendo con el que desfilarían todos los deportistas masculinos de la delegación estadounidense. Al otro lado del pasillo, Larry Bird también estaba despierto. Los espasmos en la espalda no le dejaban dormir. Anhelaba poder desfilar con su equipo, pero sabía que sus posibilidades disminuían a medida que pasaba la noche y el malestar crecía.

A la mañana siguiente, cuando le dijeron que tendría que estar de pie unas dos horas antes de que comenzase el desfile, guardó su sombrero de paja y su americana azul en el armario y vio la ceremonia en su postura de costumbre: boca abajo en el suelo.

Casi nadie esperaba que el Dream Team perdiese, incluidos sus rivales. Cada dos por tres pedían a Bird, Magic y Jordan que posasen para unas fotos antes del partido, y a menudo, después de recibir una soberana paliza, el otro equipo les pedía autógrafos educadamente. Antes de cada partido, los equipos intercambiaban banderines o insignias de sus países. Con frecuencia se producían pequeñas discusiones cuando tocaba decidir quién se ponía enfrente de Jordan, Bird o Magic. «Se podría decir que se quedaban un poco decepcionados si les tocaba algún otro», cuenta Stockton.

El Dream Team derrotó a Angola 116-48 en su primer partido, sentenciando con un rotundo parcial de 46-1. Magic logró 10 asistencias, y Bird 9 puntos y 3 rebotes en dieciséis minutos de juego. Cuando entró en pista para aquel primer partido, su objetivo en Barcelona se había cumplido. «Realmente no me importa lo que suceda después de esto», le dijo a Magic.

El Dream Team de Barcelona ganó sus partidos por una media de 45,8 puntos. En ocasiones Jordan jugueteaba con los rivales antes de aplicarles una presión sofocante a toda pista que normalmente generaba una pérdida, una bandeja al contraataque o ambas cosas. Bird tenía la sensación de que la presión defensiva de Jordan era la causa principal del dominio de los Estados Unidos y no se sorprendió cuando en 2008 el entrenador del equipo olímpico Mike Krzyzewski (ayudante en el Dream Team) empleó la misma táctica con Kobe Bryant.

Aunque su amistad con Ewing acaparó la mayor parte de la atención de Bird en Barcelona, también disfrutó de la oportunidad de conectar con Michael Jordan. Se habían visto por primera vez en 1984, cuando Jordan jugaba en el equipo olímpico y Bird formaba parte de un grupo de jugadores que disputó un partidillo contra ellos en el Hoosier Dome. Ambos conjuntos estaban calentando antes del partido cuando el balón de Jordan cruzó el centro del campo hacia Bird. «Vino corriendo tras él con una enorme sonrisa en la cara», dice Bird. «Se la tiré por encima de la cabeza. No sé por qué lo hice. Parecía fastidiado. Creo que lo humillé.»

El día que Jordan iba a enfrentarse por primera vez a Bird, durante su temporada de novato en la NBA, se sentó en el vestuario de los Bulls y escuchó cómo sus veteranos compañeros Orlando Woolridge y Sid Green se crecían antes del partido. La tarea de Woolridge sería controlar a Bird y la de Green defender a McHale.

—Larry Bird no es tan bueno —dijo Woolridge—. Es lento. Puedo pararle.

—Sí, y McHale también está sobrevalorado —añadió Green.

Mientras calentaba antes del partido, Bird se acercó al entrenador de los Bulls, Doug Collins.

—¿Cuál es el récord de un jugador rival en este pabellón? —preguntó Bird.

—¿Por qué? ¿Vas a ir a por él? —repuso Collins.

—Se han equivocado con mis entradas, así que alguien tendrá que pagarlo —sentenció.

Cuarenta y cinco minutos después, Bird y McHale sumaban 35 puntos y 28 rebotes entre ambos en lo que acabó siendo una victoria rutinaria de los Celtics. «Larry nos destruyó de mala manera, pero no dijo ni una palabra», recuerda Jordan. «No hacía falta.»

Un año después, Jordan anotó una suspensión por encima de la mano extendida de Bird y a continuación, mientras bajaba a defender, le dijo a Larry:

—Toma esa, All-Star.

—Vamos, putita, dame la pelota —dijo Bird, tras lo cual avanzó y anotó un tiro desde el perímetro marca de la casa.

—¿Sabes? Eres la *prima donna* más grande que he visto nunca —comentó Jordan.

—¿Qué coño es una *prima donna*? —preguntó Bird.

En los años siguientes, Bird y Jordan colaborarían en una serie de anuncios de McDonald's y aparecerían juntos en la película *Space Jam* junto a Bill Murray y Bugs Bunny. Su amistad se gestó en Barcelona, alrededor de una mesa de billar, mientras charlaban cervezas en mano.

Mientras Jordan y Magic se aventuraban a salir a ver el atletismo, la natación y el baloncesto femenino durante su tiempo libre, Bird limitaba sus actividades porque le resultaba muy complicado sentarse en las gradas. También temía atravesar la entrada principal del hotel, en la que cientos de aficionados estaban a la expectativa a todas horas, esperando pacientemente para ver a algún miembro del Dream Team.

Una mañana, mientras Bird estaba en el vestíbulo, mirando con recelo a la multitud, le preguntó a un guardia de seguridad si había alguna otra salida. El guardia le condujo a una puerta lateral que llevaba a una calle vacía. Bird se caló una gorra de béisbol, se deslizó por la salida, se metió en el metro y se fue a ver un partido de la selección de béisbol de Estados Unidos. Entró con un pequeño grupo de estadounidenses que se habían montado en el metro con él y pagó su ronda de cervezas en el puesto de comidas del estadio. Habló alegremente de bolas y *strikes*, de las Ligas Mayores e incluso chismorreó un poco acerca del Dream Team con sus nuevos amigos. Cuando acabó el partido, un fan esperanzado le dijo:

—¿Nos vemos mañana, Larry?

—No lo dudes —respondió, y se presentó al día siguiente con su mujer, Dinah.

Bird apareció en el vestíbulo del hotel al mismo tiempo que Magic, quien, flanqueado por cuatro guardias con ametralladoras, estaba preparándose para acudir al recinto de boxeo. Por un momento pensó en hablarle de la pequeña puerta lateral, pero después se lo pensó mejor. «Él se divertía haciéndolo a su manera», cuenta Bird.

Magic se despertaba cada mañana con un montón de cosas que hacer: ahora una entrevista, luego pasear al pequeño E.J. en su carrito, después ir a un combate de boxeo de Óscar de la Hoya y finalmente hacer acto de presencia en el enésimo acto benéfico.

Un año antes, Johnson y los Lakers habían jugado el Open

McDonald's en París durante la pretemporada y la Fundación Cumple un Deseo le había pedido a Magic que visitase a un niño gravemente enfermo. Magic había aceptado, pero el chico estaba tan enfermo que el encuentro había tenido que cancelarse. El chaval se encontraba mejor cuando el Dream Team llegó a Barcelona, pero la Fundación dudaba de si robarle a Magic un poco de su preciado tiempo en plenas Olimpiadas. «Siempre puedo encontrar tiempo para los niños», respondió Magic. Así que invitó al niño a comer, jugó durante horas con él a los vídeojuegos y lo invitó a visitar el vestuario de los mejores jugadores del mundo. El niño murió tres meses después de haber cumplido su particular sueño olímpico.

Los Estados Unidos despacharon a Puerto Rico 115-77 en los cuartos de final y después le dieron una tunda a Lituania y a su legendario pívot Arvydas Sabonis en las semifinales: 127-76. Mientras estaban calentando para el partido por la medalla de oro contra Croacia, Bird comenzó a pensar en cómo celebrar el último partido de su carrera. Decidió machacar durante el calentamiento, pero cuando saltó, su reducida movilidad le impidió llegar lo bastante alto como para hacer el mate. «Oye, deja que papá se ocupe de eso», dijo Jordan. En la siguiente ocasión, Bird respiró hondo, se estiró tanto como pudo y metió el balón para abajo. «Larry, ¿qué coño haces?», preguntó Magic.

Daly intentó que sus jugadores estuvieran concentrados antes de enfrentarse a Croacia en la final. El Dream Team ya había aplastado a los europeos en la primera ronda por 33 puntos y quería protegerse contra un exceso de confianza. Estados Unidos llegó a perder contra Croacia por 25-23, y sus miedos parecieron de alguna manera justificados. Estaba a punto de pedir su primer tiempo muerto cuando Jordan y Johnson pusieron a su equipo por delante con un parcial fulminante.

El Dream Team ganaba 52-46 al descanso, pero Bird aún no se había quitado el chándal. El ayudante P.J. Carlesimo le llevó aparte y le dijo: «Oye, a pesar de que el entrenador no ha contado contigo en la primera parte, vas a ser titular en la segunda». Bird se rio. No estaba preocupado por los minutos. Su objetivo —entrar en pista en unos

Juegos Olímpicos representando a su país— ya estaba cumplido. Sin embargo encontró gracioso que Chuck Daly, que se había pasado la mayor parte de su carrera en Detroit intentando destronar a Bird y a los Celtics, se hubiera olvidado de él. «Le había amargado tantas veces que pensaba que se acordaría», cuenta Bird. Los aficionados querían ver a Bird y no dejaron de cantar «¡Larr-yyy! ¡Larr-yyy!», hasta que entró. Los Estados Unidos apenas se esforzaron para lograr una victoria por 117-85, y al sonar la bocina, Bird y Magic se dirigieron el uno hacia el otro y se abrazaron. En medio de los flashes de las cámaras y el confeti, Ewing les dio a ambos una palmada en el hombro. «Habían estado enfrentándose durante tanto tiempo que era bonito verlos por fin del mismo lado», cuenta.

Mientras Bird estaba en lo más alto del podio con Ewing a su lado y Magic delante, recordó a su padre, Joe Bird, un veterano de la Guerra de Corea que amaba su país y, orgulloso, se ponía firme cuando sonaba el himno nacional. Los ojos de Magic se humedecieron al ver la bandera de su país. Los Juegos Olímpicos habían superado todas sus expectativas y esperanzas, y le habían dado la última oportunidad de disfrutar del preciado don de formar parte de un equipo que rozó la perfección.

«Hay que darles las gracias a Larry, Magic y Michael por hacer que aquello funcionase», cuenta Barkley. «Dejaron sus egos en la entrada. Nadie fue más que nadie en Barcelona.» Barkley no puede evitar la comparación entre el combinado de 1992 y el equipo de los Juegos de 1996, del que también formó parte. A diferencia del Dream Team, que consiguió eludir cualquier posible conflicto en lo relativo a los tiempos de juego, los seleccionados en 1996 discutieron sobre todo, desde quién iba a ser titular hasta qué numero llevaría cada uno. «Fue una orgía de egos», cuenta Barkley. «Hubo quien boicoteó los entrenamientos porque no estaba contento con sus minutos. Fue ridículo.» Una tarde, cuando sus compañeros de la selección de 1996 se estaban quejando precisamente de eso, Barkley explotó definitivamente: «Debería daros vergüenza», les abroncó. «Michael, Magic y Larry compartían el balón. Compartían el protagonismo. Y por eso fue una experiencia única en la vida. Vosotros sois unos idiotas egoístas.»

Después de Barcelona, Jordan volvería a la grandilocuencia de la sala de juegos del hotel Ambassador, jactándose de haber ganado seis títulos: uno más que Magic y tres más que Bird. Demostró ser la estrella más reconocida de la historia de la NBA, y sin embargo, el haber jugado junto a Magic y Bird en el Dream Team era uno de los mejores recuerdos de su carrera. «Fue el mejor periodo de mi vida», sentencia.

Pocas horas antes de volar de vuelta a casa desde Barcelona, Magic y Larry vaciaron las taquillas e hicieron las maletas

—Así que... ¿esto es todo? —preguntó Magic a su amigo.

—Probablemente, sí —respondió Bird.

Las dos superestrellas, que se habían pasado toda su carrera estampando sus firmas en fotografías, pósteres, periódicos y zapatillas de completos extraños, cogieron cada uno un balón, lo firmaron y se lo intercambiaron. Después se dieron la vuelta y se marcharon, dejando el juego como habían llegado a él: juntos.

11

18 DE AGOSTO DE 1992

Boston, Massachusetts

U NA HÚMEDA MAÑANA DE AGOSTO, Larry Bird irrumpió en la oficina de Dave Gavitt. Hacía solo nueve días que estaba en casa tras su regreso de Barcelona y había un asunto pendiente que le importunaba.

—Dave —dijo Bird—. Se acabó. Me retiro.

—¿Estás seguro, Larry? —le dijo Gavitt—. Creo que deberías tomarte unas semanas para pensártelo un poco más.

Gavitt, que había visto a Bird sufrir en Barcelona, sabía mejor que nadie que su estrella ya no estaba físicamente preparada para jugar. Aun así, había una razón para que quisiese posponer el anuncio: si el alero y jugador franquicia esperaba dos semanas más, su contrato por dos temporadas, a razón de cinco millones de dólares cada una, entraría en vigor, y los Celtics estarían obligados a pagarle, incluso si se retiraba. Después de todo lo que el número 33 había hecho por ellos, Gavitt creía que se merecía ese dinero.

—Sé lo que pretendes—dijo Bird—, pero no quiero el dinero. No me lo he ganado y no lo aceptaré. Acabemos con esto.

Aunque los rumores acerca de la retirada de Bird se habían sucedido durante meses, solo Dinah y un grupo selecto de compañeros del Dream Team sabía que se disponía a hacerlo.

Su último partido en el Boston Garden fue el 15 de mayo de 1992 contra los Cleveland Cavaliers. En aquel momento los Celtics perdían 3-2 en la segunda ronda de play-off, y Bird se preparó para afrontar el hecho de que cualquier partido a partir de ese momento podía ser el último. Su amigo Reggie Lewis, que se estaba convirtiendo en una estrella, y sus jóvenes piernas (sin olvidar algunos tiros libres clave del mismo Bird) fueron las que extendieron la carrera de Larry. Lewis le metió 28 puntos a los Cavs, mientras que Bird anotó 16 puntos y 14 asistencias en su último partido en su adorada cancha.

Los Celtics volaron a Cleveland creyendo firmemente que podían ganar el séptimo partido, pero no fue así, y mientras los Cavaliers daban las pinceladas finales a su victoria por 122-104, Bird atravesó el Richfield Coliseum con la mirada y se dijo: «Bien, creo que esto es todo». Fue un final marcadamente discreto para una carrera superlativa. El entrenador, Chris Ford, consciente de que Larry tenía dolores constantes, le puso en pista treinta y tres minutos. Bird aportó 12 puntos (con 6 de 9 tiros de campo), 5 rebotes y 4 asistencias, pero la estadística dejó constancia de su falta de movilidad: no intentó ni un solo tiro libre ni tampoco ningún triple. «No era yo», admite Bird. «Si lo hubiese sido, quizá me habría sentido peor por tener que dejarlo, pero sabía que era la hora. Mierda, debería haberme retirado después de la primera operación de espalda.»

No hubo grandes titulares cuando acabó el partido. Aunque se especuló con que Bird estaba sopesando la retirada, nadie en el vestuario lo mencionó, y mucho menos el propio Bird, que se limitó a introducir tranquilamente el balón del partido en su bolsa y se marchó a casa.

Larry hubiera preferido una ceremonia de retirada de perfil bajo, pero Gavitt ya había tramado la idea de celebrar un homenaje en el Boston Garden y donar la recaudación a obras de caridad en la ciudad.

—Déjame hacer esto por ti —dijo Gavitt—. Déjame hacerlo por tus incondicionales. Te mereces una despedida por todo lo alto.

—No sé —dijo Bird—. ¿Por qué querría alguien venir a verme si no voy a jugar al baloncesto?

—Parece que no lo entiendes, Birdie —dijo Gavitt entre risas—. No tienes ni idea de lo que significas para esta gente.

Bird aceptó finalmente que se celebrase «La Noche de Larry Bird», cuyas entradas se agotaron en cuestión de minutos. Pero primero tenía que hacer oficial su retirada. Después de reunirse con Gavitt, llamó a su abogado, Bob Woolf, que intentó en vano convencer a su cliente de no hacer una rueda de prensa precipitada.

—Larry, vamos a hacerlo bien —le dijo Woolf—. Dame algo de tiempo. El anuncio debe tener la atención que se merece.

—No, Bob —dijo Bird—. Se acabó. Será hoy. Te veo en la rueda de prensa.

El equipo de relaciones públicas de los Celtics hizo correr la voz tan rápido como pudo. Los medios locales se congregaron en el Garden y los gurús de la prensa nacional, conscientes de la trascendencia de la rueda de prensa, anunciaron solemnemente la noticia de que la carrera baloncestística de Larry Bird estaba a punto de llegar oficialmente a su fin. Magic Johnson ya había llegado a su trabajo en una oficina del centro de Los Ángeles cuando empezó a sonar el teléfono. «Anula algunas de las citas», le dijo a su ayudante. «Creo que hoy voy a estar bastante ocupado.» Larry Bird le dijo a la gente de Boston que, si no jugabas en los Celtics, no sabías lo que era jugar al baloncesto. Que estaba encantado de haber jugado en el mismo equipo durante toda su carrera. Y les prometió que nunca —jamás— volvería a jugar. Y después se acabó.

Dinah había decidido volver a Indiana cuando supo que su marido estaba a punto de hacer oficial su retirada. Eran muchos los recuerdos y sentía que iba a ser demasiado emotivo. Estaba sentada en una silla en la peluquería cuando oyó el anuncio en la radio.

Aunque Bird experimentó una oleada de nostalgia después de la rueda de prensa, esta se vio superada por una gran sensación de alivio. Tenía tantos dolores que estaba encantado de no tener que jugar nunca más. «Fue uno de los días más felices de mi vida.»

La Noche de Larry Bird recaudó más de un millón de dólares para treinta y tres organizaciones caritativas, entre ellas la WGBH, una filial local de la PBS que emitía las series para niños que al hijo pequeño de Bird, Conner, le encantaba ver con su padre. Aunque estuvieron presentes numerosos dignatarios, famosos y miembros del Salón de la Fama, el momento estelar fue el de la llegada de Magic Johnson, pulcramente vestido con traje y corbata. Los Lakers habían enviado con antelación el uniforme de Magic al Garden, pero cuando empezó a cambiarse, se dio cuenta de que se habían olvidado de incluir una camiseta interior. Le dieron una de los Celtics y se puso el chándal oro y púrpura por encima. Mientras las dos leyendas bromeaban en el estrado durante la ceremonia, Bird se acercó a Magic y se abrió la chaqueta del chándal para dejar al descubierto el verde de los Celtics. Los aficionados de Boston gritaron extasiados. Magic, del mismo modo que Bird había hecho en su homenaje, le regaló un pedazo de la pista del Forum firmado por Kareem Abdul-Jabbar, Jerry West, Elgin Baylor y, como dijo entre risas, «todos aquellos tipos de los que no querías oír ni hablar». Le dijo al público que en todos los años que Bird había jugado en Boston, este les había mentido en una ocasión. «¿Sabes a lo que me refiero?», le preguntó a un Bird perplejo. «Dijiste que vendría otro Larry Bird», continuó Magic. «Y yo te digo que estás equivocado. Nunca habrá otro Larry Bird. Puedes estar seguro.»

Un año y medio después de su retirada, Bird se sometió a una operación de fusión espinal, una delicada intervención quirúrgica que a menudo deja a los pacientes incapacitados para llevar a cabo cualquier actividad deportiva. La operación fue un éxito, y durante años Bird pudo jugar al golf y de vez en cuando al tenis. Sin embargo, le quedó meridianamente claro que sus días como jugador de baloncesto se habían terminado.

El pronóstico de Magic era mucho más lóbrego, aunque había estado viviendo con el VIH durante casi un año y su recuento de células T (los glóbulos blancos de la sangre, llamados linfocitos, que protegen al cuerpo de las infecciones) se mantenía estable. Su nivel de energía era alto y su salud, buena. Se mantuvo ocupado durante todo el tiempo en que estuvo alejado del juego. Hizo florecer sus negocios y seguía codeándose con famosos.

A principios de los noventa, los Jackson Five ya se habían separado, pero el menor, Michael, llevaba ya años siendo un icono del pop desde que se publicara su álbum *Off the Wall*. Una noche llamó a Magic y le invitó a cenar. Cuando llegó, le pusieron delante un elegante plato que contenía un pollo aderezado con perejil en un lecho de arroz recién salido de los fogones. Magic estaba a punto de empezar a hincarle el diente cuando se dio cuenta de que Michael Jackson no tenía nada delante. Entonces llegó un mayordomo de la cocina y puso en su plato un cubo del Kentucky Fried Chicken.

—¿Esa es tu cena? —le preguntó Magic.

—Claro. Me encanta —respondió Jackson.

—Pues vamos a compartirla —dijo Magic—. ¡A mí también me encanta!

Durante aquella cena a base de comida rápida, Jackson le pidió a Magic que apareciese en su nuevo vídeo, «Remember the Time». Eddie Murphy había aceptado hacer el papel de faraón, y Magic haría las veces de sirviente. El vídeo era innovador para aquellos tiempos y duraba más de nueve minutos. Magic aparecía ataviado con un una vistosa diadema egipcia y un colorido collar, y portaba una maza para tocar el gong. Disfrutó cada minuto de su interpretación, aunque sus amigos se burlaron de él sin piedad por el extravagante atuendo. El vídeo se estrenó en marzo de 1992 y obtuvo unas críticas magníficas.

Aunque disfrutaba de la oportunidad de probar nuevos retos, ni él ni los que lo conocían bien podían ocultar lo evidente. Quería volver a jugar al baloncesto y, con su salud estabilizada, no veía ninguna razón por la que no debía hacerlo. Magic llamó al comisionado David Stern a su oficina de Nueva York. «David, quiero volver», le dijo. Stern no se mostró especialmente sorprendido. Había coincidido con Magic en varios eventos de la NBA y estaba al tanto de sus inquietudes. Stern no ponía objeciones a su regreso, pero sabía que una cosa era participar puntualmente en un partido de exhibición y otra bien distinta volver al ruedo profesional.

A raíz del diagnóstico de Magic, la NBA había tomado medidas específicas para proteger a sus jugadores. Se exigió que todos los fisioterapeutas de la liga usasen guantes de plástico cuando la situación lo requiriese. Si un jugador sufría un corte en la pista, tenía que

Magic sorprende a su eterno rival en la ceremonia de despedida de Larry Bird en el Boston Garden.

BOSTON GLOBE / GETTY IMAGES

abandonarla y solo podía volver una vez que se le hubiese colocado un vendaje. Los bonitos recuerdos que Magic conservaba del Partido de las Estrellas y de su aparición en Barcelona con el equipo olímpico lo habían convencido de que, a pesar de sus problemas médicos, no era diferente a los demás. Aun así, cuando empezó a circular la noticia de que Magic volvía para quedarse, la buena voluntad comenzó a desvanecerse. Uno a uno, un pequeño grupo de compañeros de la NBA comenzó a cuestionar en público que un seropositivo pudiese competir en la liga. El ala-pívot de Utah Karl Malone, compañero en el Dream Team, declaró al *New York Times* el 1 de noviembre de 1992 que a los jugadores les inquietaba tener que jugar contra Magic, en particular si tenían heridas abiertas. «Que él quiera volver no significa nada para mí», declaró Malone. «No soy un aficionado ni una animadora. Puede ser bueno para el baloncesto, pero hay que mirar más allá. Hay muchos chicos jóvenes con toda una vida profesional por delante. El Dream Team era una idea que le encantaba a todo el mundo, pero ahora estamos de vuelta en el mundo real.» En el mismo artículo, el presidente de los Suns, Jerry Colangelo, que había apoyado con fuerza que Magic formase parte del equipo olímpico, admitía también que los jugadores estaban preocupados por el potencial contagio sanguíneo a través de posibles cortes, incluso cuando la Asociación de Jugadores les aseguró en repetidas ocasiones que las opciones de que eso sucediese eran prácticamente inexistentes. «El riesgo es el riesgo», declaró Colangelo al *Times*. «Tengo un yerno que opera todos los días; lleva guantes, gafas, máscaras y vive con un miedo mortal.» A Magic los comentarios le cogieron desprevenido. Malone no había dicho nada en Barcelona ¿Por qué ahora de repente tenía problemas? Se molestó especialmente porque Malone y Colangelo no hubiesen compartido sus reservas con él antes de hacerlas públicas.

Los comentarios reavivaron el debate sobre si Magic debía jugar en la NBA. Fue una gran decepción, ya que había creído erróneamente que sus compañeros le brindarían una calurosa bienvenida. «Estaba realmente molesto con Malone», recuerda Byron Scott. «Acababa de jugar con Earvin en los Juegos Olímpicos. Sabía de qué iba el asunto.

Sabía que teníamos el mejor equipo con Earvin, y que si Earv no jugaba, Utah tendría más opciones de llegar a las Finales. No podía creer que Karl lo apuñalase por la espalda de esa manera. Nunca se lo he perdonado.» Colangelo afirma que los miedos de Malone eran compartidos por muchos de sus compañeros de aquella época, aunque muchos no los expresaban en voz alta. Era, asume, el resultado de la falta de información sobre el sida y el VIH. «Ahora es muy fácil mirar hacia atrás», cuenta, «pero por entonces los jugadores estaban aterrorizados. Cuando escuchaban "VIH", saltaban todas las alarmas. Me habría encantado tener más información. En retrospectiva, si hubiésemos sabido lo que sabemos ahora, no habría dicho nada. Pero en aquel tiempo dijimos lo que muchos pensaban pero no decían.» La presión para que Stern suspendiese a Magic se multiplicó. El comisionado se mantuvo firme y argumentó en reuniones confidenciales con los propietarios que si la NBA intentaba vetar a Johnson, tendrían que afrontar acciones legales, por no hablar del golpe en cuestión de imagen que sufriría la liga. Una decisión contraria también implicaría que la NBA tuviese que implementar análisis obligatorios de VIH para todos sus deportistas, un requisito al que la Asociación de Jugadores se oponía con vehemencia. «¿Están completamente seguros de que Magic es nuestro único jugador seropositivo?», le preguntó a los propietarios. «Porque yo no lo estoy.» Poco importó su razonamiento a la hora de sofocar las protestas que pedían que prohibiese jugar a Magic. Tuvo que mantenerse en sus trece con obstinación, y tanto propietarios, jugadores y medios recibieron la misma respuesta: «No nos dejaremos presionar».

Una semana después del controvertido artículo del *Times*, el destino de Johnson quedó sellado. Mientras entraba a canasta en un partido amistoso contra los Cleveland Cavaliers en Chapel Hill, Carolina del Norte, le arañaron en el brazo derecho. Con las nuevas normas establecidas por la liga, se tuvo que parar el partido y la «herida» de Johnson fue atendida por el fisioterapeuta Gary Vitti. Entre el público se extendieron los murmullos, y cuando Magic se dirigió a Vitti para ser atendido, se hizo un silencio mortal en el pabellón. Vitti sabía lo que tenía que hacer. Debía ponerse los guantes de goma y tratar el corte. El caso es que, durante semanas, los compañeros de Magic habían estado acudiendo en secreto a su despacho para que les garantizase que era seguro jugar junto a Johnson. El fisioterapeuta les había explicado una y otra vez que no había prácticamente ningún riesgo. «Sí, eso es lo que les expliqué», dice Vitti. «Y ahora teníamos un pequeño rasguño... ¿e iba a ponerme los guantes? Eso hubiera fomentado los malentendidos.» Tenía los guantes en el bolsillo, pero cuando hizo ademán de ir a cogerlos, vio a los jugadores de los Lakers, que estaban atentos al más mínimo de sus movimientos. Entonces, se sacó la mano del bolsillo sin los guantes y le colocó un apósito a Magic con las manos desnudas. El entrenador de Cleveland, Lenny Wilkens, pensó que la respuesta del público era desmesurada, tratándose de un arañazo tan pequeño. Entonces dirigió la vista en dirección a las gradas y se dio cuenta de que los aficionados estaban mirando fijamente a sus jugadores, preguntándose qué harían a continuación. «Creo que estaban esperando a ver si salíamos corriendo de la pista», afirma Wilkens. El entrenador escrutó el rostro de sus jugadores mientras les llamaba a la banda. Reconocía el miedo cuando lo veía. Era un veterano de la NBA, miembro del Salón de la Fama fruto de sus quince temporadas como jugador, y de otras treinta y dos como entrenador. No había olvidado lo que Magic Johnson había hecho para revitalizar la liga durante uno de sus periodos más deprimentes. Admiraba su talento y, tras el diagnóstico, su coraje. Cuando los Cavaliers se agruparon, pudo verse que, mientras algunos jugadores se mostraban imperturbables ante la «herida» de Magic, otros estaban bastante confundidos.

—No sé qué hacer —dijo uno de los titulares.

—Yo quiero irme a casa con mi familia; no quiero ni pensar en la posibilidad de transmitirles alguna infección. Paremos el partido ahora mismo —dijo otro.

—Chicos, tenéis que tranquilizaros —dijo Wilkens—. No corréis peligro. Es solo un rasguño. Ahora volvamos al trabajo.

Danny Ferry estaba en el corrillo de Cleveland. Ya había defendido a Magic durante el partido y estaba listo para reincorporarse al juego. Aun así, entendió por qué algunos de sus compañeros tenían dudas.

«La NBA intentaba educarnos, pero, para ser sinceros, era algo que se hacía muy cuesta arriba», cuenta Ferry. «Nos dijeron que era más probable ser atropellado por un coche que contraer el VIH, pero a algunos de los chicos que estaban en el corrillo no les entraba en la cabeza.» Mientras Wilkens convencía a su equipo de que tenían que volver a la pista, miró a Magic Johnson. Su rostro estaba teñido de decepción. No habría más palmadas aquel día ni pases espectaculares por detrás de la espalda ni gestos cómplices con el público. Su desolación era total e inconfundible. «Su rostro revelaba que no podía más», dice Wilkens.

Los murmullos del público de Chapel Hill persiguieron a Magic durante años. Y cuando el veterano base de Cleveland Mark Price entró públicamente en la refriega y expresó sus reservas acerca de que Johnson jugase, Magic supo lo que tenía que hacer. Llamó a Cookie y le dijo: «Se acabó. No voy a hacerle daño a la liga que tanto tiempo nos llevó construir a Larry y a mí», le dijo. Durante el fin de semana, Magic llamó a Rosen y se reunió con él en Duke's, su lugar preferido para desayunar. Le dijo que se retiraba y le dio instrucciones para que convocase una rueda de prensa. Por primera vez en su carrera, Magic no se molestó en comparecer en un acto público. «Las críticas le hicieron mucho daño», dice Rosen. «Le destrozaron. No creo que haya habido un momento más bajo en su vida.»

A la mañana siguiente del partido amistoso de Charlotte, en la portada de los periódicos de todo el país podía verse una fotografía del fisioterapeuta Gary Vitti atendiendo a Magic Johnson. Allí, a la vista de todos, estaba la prueba de que el masajista no había usado guantes. En cuestión de días, fue denunciado a la Administración de Seguridad y Salud en el Trabajo (OSHA por sus siglas en inglés) por no seguir el protocolo. La denuncia provenía de un médico de Rhode Island. «¿Qué pudo motivarlo?», se pregunta Vitti. «Quizá era un tipo al que la OSHA había estado presionando; quizá un aficionado de los Celtics receloso. Solo sé que durante el año siguiente investigaron todo cuanto hice durante mi etapa en los Lakers.»

Vitti fue finalmente absuelto, pero mientras su «irregularidad» apareció en portada, su exoneración fue una noticia de una línea enterrada en la contraportada. Para entonces, Magic se había retirado de la NBA y estaba organizando equipos de estrellas para hacer giras y jugar partidos amistosos por toda Europa. Fue recibido con gran entusiasmo —y escasas menciones a su problema médico— cuando se enfrentó, y derrotó, a los mejores jugadores del baloncesto FIBA. Con el tiempo, se sucedieron casi a diario nuevos positivos de VIH, así como también nuevos tratamientos. Los estadounidenses aprendieron a vivir con el VIH, lo mismo que Magic Johnson.

El 30 de enero de 1996, casi cinco años después de su primera retirada, Magic Johnson se embarcó en su último regreso. El miedo al VIH había disminuido considerablemente, y la prevención y el tratamiento de la enfermedad eran parte de las conversaciones cotidianas en Estados Unidos. Ahora estaba seguro de que podía volver a practicar el deporte que amaba sin preocuparse porque hubiese algún reparo respecto a su enfermedad. En su regreso, contra Golden State, asumió un nuevo rol como ala-pívot y sexto hombre de los Lakers, y logró 19 puntos, 10 rebotes y 8 asistencias. Pesaba doce kilos más, tenía menos movilidad y ya no era candidato al MVP, pero su visión de juego y su entusiasmo todavía no tenían parangón.

Los Lakers de la temporada 1995-1996 ya no eran los de antaño. La plantilla ya no contaba con Abdul-Jabbar, Worthy, Cooper o Scott. Los nuevos compañeros de Magic eran Elden Campbell, Vlade Divac, George Lynch, Eddie Jones, Cedric Ceballos o Nick Van Exel, quien empezó a molestarse cuando la presencia de Johnson le restó protagonismo. Van Exel y Ceballos ponían reparos a la excesiva atención que recibía su veterano compañero. Magic había cumplido los treinta y seis, y sus mejores años quedaban muy atrás. Sus compañeros tenían la sensación de que estaba inmiscuyéndose en los mejores años de sus carreras. «No me toleraban», explica Magic. «Estaban más preocupados por la publicidad y por sus puntos que por ganar. Fue un despropósito. Incluso chavales como Eddie Jones, a los que respetaba, se vieron atrapados en eso. Estaban tan ocupados peleando por su estatus que olvidaron que estaban allí para ganar partidos.» Johnson hablaba con ellos sobre liderazgo, compromiso y preparación, pero sus sermones caían en saco roto. Era el pasado de los Lakers, y a ellos solo les interesaba el futuro. El equipo registró un balance de 17-5 en las primeras semanas tras la vuelta de Magic, pero Ceballos, decepcionado al ver cómo disminuían sus minutos, no se presentó a un vuelo con destino a Seattle y fue suspendido durante cuatro días. Adujo que había estado atendiendo «asuntos persona-les», pero le habían visto haciendo esquí acuático en el lago Havasu, en Arizona. Magic no dio crédito cuando supo de las vacaciones sin autorización de su compañero y se mostró incluso más disgustado cuando Ceballos expresó su frustración por el hecho de que Johnson le robase minutos.

Los Lakers ganaron cincuenta y tres partidos aquella temporada, pero perdieron en primera ronda de los play-off contra los Houston Rockets. Cuando terminó la serie, Magic subió al avión del equipo, se dirigió hacia el entrenador ayudante Larry Drew y sentenció: «Se acabó». Anunció su retirada y esta vez prometió que no volvería. «Me alegro de haber vuelto», cuenta Magic. «Quería acabar a mi manera, no según los dictados ajenos.»

Johnson ha llegado a aceptar que su legado siempre incluirá el hecho de que es seropositivo. Se ha convertido en una misión y una res-ponsabilidad. Cuando la estrella del tenis Arthur Ashe contrajo el sida después de una transfusión de sangre durante una operación de corazón, le llamó y le pidió consejo acerca de cómo debía hacerlo público. Desde que le diagnosticaron, en 1991, Johnson ha mantenido un riguroso programa de entrenamiento y una dieta cuidadosamente controlada. En 2003 los médicos le dijeron que no había evidencias del virus en su sistema, lo que llevó a Cookie a declarar en una entrevista: «El Señor ha curado definitivamente a Earvin». Señaló que, mientras los médicos de su marido atribuían su buena salud a la medicina, ellos lo atribuían a Jesucristo. Sus comentarios desencadenaron malestar entre los activistas del VIH y el sida, y entre la comunidad médica. El mensaje, insistieron, nunca debió ser que Magic estaba curado, sino que el virus estaba latente. Estaban extremadamente preocupados porque las declaraciones de Cookie hubieran llevado a malinterpretar el mensaje sobre cómo tratar adecuadamente el VIH y vivir con él. «Es necesario que la gente lea con atención lo que Cookie dijo», cuenta

Magic. «Dijo: "Yo siento que se ha curado". Ella siente en lo más hondo de su corazón que ha sido así y que Dios ha jugado un papel en ello. Yo tengo mi fe, pero no he dejado de tomar las medicinas. Eso era lo que preocupaba a la comunidad del sida. Su temor era que la gente leyese eso y dijese: "Oye, Magic dice que está curado, ahora nosotros también podemos dejar de tomar la medicación". Eso no fue lo que dijimos. Salimos y corregimos aquel pequeño detalle. Dijimos: "Todo el mundo tiene derecho a tener sus creencias. Por favor, respeten eso". La gente se calmó una vez lo hubimos aclarado.»

Johnson era perfectamente consciente de que la opinión pública seguía siendo escéptica con respecto a su explicación sobre cómo había contraído la enfermedad. En el momento en que salió a la luz su diagnóstico, la mayoría de los casos de VIH se daban entre homosexuales, y muchos aún creían que había tenido una relación con otro hombre. «He sido sincero todo el tiempo», contó Magic. «Nunca negué que había contraído el virus y no mentí acerca del hecho de que había estado con muchas mujeres durante mi carrera profesional, aunque sabía que sería doloroso para Cookie y malo para mi reputación. Era la verdad y era necesario decir la verdad, especialmente con una enfermedad que empezaba a cebarse en nuestra sociedad. Si hubiese mantenido relaciones homosexuales, ¿no es razonable pensar que alguien hubiera dado un paso al frente? Soy Magic Johnson. Estaba justo en el mejor momento de mi carrera cuando di positivo. Si alguien hubiese estado conmigo, se habría sabido, como sucede con todos esos políticos que se meten en problemas. Creedme si os digo que los tabloides lo intentaron. El *Enquirer* tenía una tropa de periodistas en el tema. Contactaron con todos mis amigos, con miembros de mi familia y con un montón de conocidos. Pero no pudieron encontrar nada sobre una vida gay, porque no lo había. Sinceramente, no me preocupa lo que piense la gente a día de hoy. Yo sé la verdad, y eso lo único que importa. Mi misión es educar a la gente. Eso sentía entonces, y es lo que siento ahora. Es malo que los heterosexuales piensen que eso no puede pasarle a ellos. Ahí está la estadística: el 80% de los nuevos casos de sida se da en heterosexuales. La comunidad homosexual ha trabajado duro para atajar el problema. Practican sexo seguro. Usan condones. Ahora son las poblaciones latina y negra las que reciben los golpes más fuertes. Por eso aún voy a hablar a escuelas, iglesias y empresas, porque circula mucha información falsa.»

Cada día se producen nuevos avances en la investigación sobre el sida, así que siempre que Johnson habla en escuelas, empresas o grupos eclesiásticos, le acompañan dos profesionales para responder a las cuestiones médicas. Si bien le anima el éxito que su fundación está teniendo a la hora de educar a la gente acerca del VIH y el sida, de vez en cuando se produce algún incidente que le recuerda cuánto tiene que avanzar aún nuestra sociedad para entender la enfermedad y sus ramificaciones. En octubre de 2008, un presentador de radio conservador de la emisora KTLK de Minnesota llamado Langdon Perry sugirió que Magic «fingía tener el sida».

—¿Crees que Magic ha fingido todo este tiempo tener el sida para mostrar su apoyo a la causa? —le preguntó el copresentador, Chris Baker.

—Estoy convencido de ello —respondió Perry.

—Yo también —remató Baker.

En cuestión de horas, Magic y el VIH eran noticia. Las temerarias afirmaciones de los presentadores aparecieron rápidamente en blogs, páginas web y chats de todo el país. Numerosos activistas contra el sida pidieron la destitución de Perry y Baker. Magic digirió la noticia con una mezcla de tristeza y resignación. La ignorancia de los presentadores sobre su enfermedad solo le sorprendió en parte, pero los sentimientos que habían expresado reabrían una herida antigua y familiar. «Le hizo más daño a nuestra causa que a mí», relata Magic. «Tanta gente haciendo un trabajo magnífico intentando educar a nuestros jóvenes… y entonces aparece este idiota. Fue irresponsable. Cuando eres presentador y dices algo, tu audiencia se lo toma al pie de la letra. La emisora debería haber tomado alguna medida, pero no lo hizo. Supongo que eso demuestra de qué lado estaban. Por lo menos deberían haber rectificado. Yo nunca tuve el sida, todavía no lo tengo. Ni siquiera fueron capaces de aclarar eso.»

Cuando Magic comunicó por primera vez que era seropositivo,

el AZT era el único medicamento disponible en el mercado. Ahora existen más de treinta tratamientos alternativos. Johnson toma un medicamento antiviral, Trizivir, y también Kaletra, un inhibidor de la proteasa compuesto de lopinavir y ritonavir. Tiene la esperanza de que desaparezca la equivocada idea de que por su condición de celebridad y sus posibilidades económicas se le ha proporcionado un tratamiento que no está al alcance del resto de enfermos. «Simplemente, no es el caso», dice. «Tomo las mismas medicinas que cualquiera. Hago lo que mis médicos me dicen que haga, aunque ahora mismo me sienta genial. No he dejado de tomarme la medicación ni un solo día porque me encontrase bien. Es un error bastante extendido entre algunos pacientes seropositivos. No dejéis lo que os ha permitido llegar hasta aquí. Yo he tenido suerte. He estado enfermo desde 1991 y no me ha pasado nada. Otras personas no están tan bien. Cuando el virus se extiende, no se puede esperar nada bueno.

»Esto es algo con lo que estaré peleando el resto de mi vida. Y no solo me afecta a mí. También a mi familia. Cuando hablo en público, le digo a la gente: "Siempre creí que lo más difícil que he hecho nunca es jugar contra Larry Bird y Michael Jordan". Empiezan a reírse, y entonces les digo: "Pero la cosa más difícil que me he visto obligado a hacer, de largo, fue decirle a mi mujer que tenía el VIH". No sé cómo ni por qué he sido bendecido con Cookie, pero le doy gracias a Dios todos los días porque ella esté todavía a mi lado. La razón por la que aún estoy vivo es porque se quedó conmigo. Si se hubiese marchado, no estaría aquí. Cuando te enfrentas con algo de esta magnitud, necesitas apoyo. Necesitas a alguien que te diga: "Oye, ¿te cuidas? ¿Tomas las medicinas? ¿Comes bien?" o "Has estado trabajando demasiado duro y demasiadas horas". O "Ven aquí, dame un abrazo". Cookie me conoce. Sabe lo que necesito. Yo soy un cabeza hueca. Necesito que alguien cuide de mí, y ella lo hace. Y también es una madre increíble.»

A medida que pasaban los años y la salud de Magic se estabilizaba, Bird olvidó por completo la enfermedad de su amigo. Cuando se encontraban en algún evento privado o de la liga, rara vez surgía ese tema de conversación. Magic se sumergió en el mundo de los negocios e invirtió en todo, desde cafeterías y cines hasta centros comerciales. Cuando inauguró un Starbucks, la primera persona a la que envió una tarjeta de regalo fue Larry Bird.

Diez días después, Magic abrió un sobre manuscrito con matasellos de Indianápolis. «Gracias por la tarjeta», escribió Bird. «Aunque yo de ti me buscaba un trabajo de verdad.»

12

27 DE SEPTIEMBRE DE 2002

Springfield, Massachusetts

L ARRY BIRD ENTRÓ EN LA SALA y se sentó a solo metro y medio del hombre que le había motivado como ningún otro.

—Magic Johnson —dijo, con su característico acento del Medio Oeste.

—Larry Bird —respondió su rival durante tanto tiempo—. Maldita sea, tío. Juntos de nuevo.

Habían pasado casi tres años desde la última vez que se habían visto. La anterior ocasión no había sido tan trascendental: un especial de la cadena Fox para conmemorar el vigésimo aniversario del enfrentamiento entre Michigan State e Indiana State. En un día lluvioso de septiembre de 2002, los dos hombres cuyo legado compartían, compartieron también el micrófono para celebrar la entrada de Earvin «Magic» Johnson en el Salón de la Fama del Baloncesto. Pero a Magic le habría gustado que los dos entrasen juntos en el Salón. Ambos se habían retirado en 1992 después del oro en Barcelona con el Dream Team, pero el par de breves regresos a las canchas de Johnson hizo que ambos siguieran caminos distintos. El Salón de la Fama exige que los jugadores lleven un mínimo de cinco años retirados antes de resultar elegibles, así que en 1998 Larry entró sin la compañía de su rival de los Lakers, cuya última temporada fue la

95-96. Nunca hubo dudas de que Magic sería elegido en la primera votación. La única duda era a quién elegiría para que le presentase. De acuerdo con lo estipulado, tenía que pedírselo a alguien que ya hubiese sido previamente seleccionado, lo que eliminaba de la lista el que hubiera sido el candidato más obvio, Pat Riley. Había otros miembros de la familia de los Lakers a los que podría haber elegido —Jerry West, Kareem Abdul-Jabbar, Elgin Baylor—, pero siempre tuvo a otra persona en mente. «Quería a Larry», contó. «Cuando rememoro mi carrera, él es la primera persona en la que pienso.» Así, llamó al antiguo jugador de los Celtics y le pidió que hiciese un hueco en su agenda.

—Larry —le dijo—, ¿cómo tienes el mes de septiembre?

—¿Por qué? —respondió Bird—. ¿Vas a llevarme de pesca?

—No, me gustaría que me presentases en el Salón de la Fama —dijo Magic.

Bird se quedó estupefacto. No se esperaba que Magic escogiera al hombre que más le había atormentado durante su vida profesional para que hiciese de maestro de ceremonias en el mayor homenaje que puede recibir alguien del mundo del baloncesto.

—¿En serio? —dijo Bird—. Por supuesto, será un honor.

Después de colgar el teléfono, Larry reflexionó sobre lo que le acababa de pedir Magic. Allí adonde Johnson fuera a dar un discurso, la primera pregunta del público era siempre la misma: «¿Has visto a Larry recientemente?». A Bird le pasaba lo mismo. No fallaba, siempre había alguien que acababa preguntándole: «¿Cómo está Magic? ¿Has hablado con él últimamente?».

—Estamos conectados —le dijo Magic a Larry—. Lo hemos estado durante mucho tiempo, para bien o para mal. Y, además, casi no nos vemos, así que estará bien coincidir en Springfield.

Tres meses después, cuando los dos se reunieron en el Salón de la Fama para dar una rueda de prensa, Bird entretuvo a una audiencia extasiada con la historia del día en que volvió del World Invitational Tournament y dejó por la nubes las virtudes baloncestísticas de Magic delante de su hermano. «Bah, no creo que sea tan bueno», dijo Mark Bird entonces. Pero después de que Johnson y sus Spartans diesen buena cuenta de la invicta Indiana State en la final de la NCAA, Mark Bird tuvo que rectificar. «Tenías razón», le dijo a Larry. «Magic es mejor que tú.» La audiencia se rio cuando Bird rememoró la historia. Magic le agarró del brazo teatralmente y dijo: «Tú me impulsaste. Me hiciste mejor jugador. En verano, hacía ochocientos tiros todos los días porque sabía que tú estabas por ahí, en algún sitio, tirando tantos como yo.» Durante la siguiente media hora, frente a más de cien periodistas, las dos estrellas intercambiaron elogios y chanzas, decepciones y gestas. Posteriormente, Magic dijo que se sentía como si no hubiese nadie más en la sala. «Solo dos viejos amigos poniéndose al día», dijo.

Esa noche Bird subió al estrado del Springfield Civic Center, abarrotado de cabo a rabo, y se dirigió a un público formado por habitantes de Massachusetts y aficionados de los Celtics.

—Me gustaría hacer un llamamiento, gente de Nueva Inglaterra —dijo Bird—. Ha llegado la hora de deponer las armas. La batalla ha terminado definitivamente. Es hora de mirar adelante.

Magic contuvo las lágrimas cuando le tocó el turno de dirigirse al público, entre el que se encontraban Cookie y sus tres hijos, Andre, E.J. y Elisa. Cuando le habían diagnosticado el VIH, se había pasado incontables noches solo y despierto, temiendo el momento en que su salud comenzase a deteriorarse. Su recuento de células T era tan bajo que los doctores le dijeron que viviría a lo sumo tres años. Durante aquellos momentos de pesimismo llegó a ocurrírsele que podría no vivir lo suficiente como para asistir a su propia entrada en el Salón de la Fama.

—Hace once años —dijo secándose los ojos—, no sabía si llegaría a vivir esto. Es en verdad una bendición. No puedo expresar lo importante que es este momento para mí y mi familia. Mucho después de que me vaya, mi retrato seguirá ahí arriba.

—Justo al lado del mío —concluyó Bird.

Durante los meses posteriores a su retirada, Magic Johnson tuvo sueños recurrentes en los que se veía jugando al baloncesto, contra Bird. Algunas veces, en el sueño, no conseguía mover el cuerpo. El juego era muy lento, llegaba al balón, pero no podía rodearlo con las manos... y entonces se despertaba. En sus sueños, Bird se deslizaba por la pista, flotando como si estuviese en una nube, pero entonces miraba hacia abajo para tirar y no tenía el balón. De repente estaba en un pabellón que no reconocía, con jugadores que nunca había visto. Y no importaba cuántas veces lo intentase: siempre acababan arrebatándole el balón. La retirada fue un desafío para ambos. Se les presentaron numerosas oportunidades relacionadas con el baloncesto, pero todas ellas palidecían en comparación con la adrenalina de competir contra los mejores del mundo.

En marzo de 1994, el propietario Jerry Buss se puso en contacto con Magic para pedirle un favor. Los Lakers llevaban 21 victorias y 47 derrotas, y Buss planeaba despedir al entrenador Randy Pfund. «¿Cómo te ves de primer entrenador hasta el final de la temporada?», le preguntó. El equipo practicaba un baloncesto que poco tenía que ver con el de los Lakers de antaño. Kareem y Cooper se habían marchado hacía mucho, y también Scott. James Worthy estaba en su última temporada con los Lakers y promediaba 10,2 puntos por partido, el más bajo de su carrera. Magic no había entrenado nunca antes, pero no podía decirle que no a Buss, el hombre que le había ayudado durante su temporada de novato, le había premiado con el contrato más lucrativo de la historia de la NBA, le aconsejaba habitualmente en sus aventuras empresariales y estaba al tanto de los últimos avances médicos para asegurarse de que recibía el mejor tratamiento posible. La evolución de su enfermedad no había tenido consecuencias negativas. Controlaba su dieta, hacía ejercicio, tomaba la medicación y se sentía lo bastante sano como para hacer casi cualquier cosa... incluso entrenar a los Lakers. «Solo quedan dieciséis partidos», dijo cuando lo discutió con Cookie. «¿Qué podría salir mal?»

Bird supo del nuevo puesto de Magic por el programa *SportsCenter* de la ESPN. En todos los años que habían compartido profesionalmente, nunca le había oído hablar de que quisiese sentarse en un banquillo. Aunque pasarían tres años más antes de que Bird hiciera lo propio, ya sabía que era un trabajo muy duro, que requería una gran preparación y formación. «No se puede decir simplemente, "Vale, ahora voy a entrenar"», dice Bird. «Es una locura pedirle a alguien que haga eso. Pero fue exactamente lo que hicieron los Lakers con Magic.»

En su primer día en el puesto, Johnson llegó al entrenamiento una hora y media antes para entrenar con los bases. El pabellón estaba vacío. Magic se sentó y esperó. La mayoría de los jugadores aparecieron cinco minutos antes de lo estipulado, o incluso en algunos casos cuando el entrenamiento ya había empezado.

—Esto no va a funcionar —le dijo Magic al veterano entrenador ayudante Bill Bertka, que había estado a su lado en los años de gloria de los Lakers—. Nosotros llegábamos siempre una hora y media antes. Y luego nos quedábamos una hora más de la cuenta. ¿Es que los chicos no se dan cuenta de que necesitan hacerlo para mejorar?

—Earvin —replicó Bertka—, aquello era otra época.

Johnson se anotó la primera victoria de su periplo como entrenador el 27 de marzo contra los Milwaukee Bucks de Mike Dunleavy, su antiguo entrenador en los Lakers. La noche anterior al encuentro, Pat Riley le había sometido a un discurso motivacional de una hora y también le ofreció algunos consejos sobre cómo dirigir un partido. George Lynch, un ala-pívot de North Carolina que en opinión de Magic podía llegar a convertirse en una estrella si desarrollaba un juego de perímetro que complementase su agresiva forma de atacar el aro, anotó 30 puntos. Sin embargo, Lynch demostró ser tan inconsistente como el resto del equipo. Dos noches después de emular a un All-Star, anotó solo 4 puntos contra los humildes Minnesota Timberwolves, un equipo que había entrado en la liga tras la expansión, y los Lakers apenas pudieron arrancar una victoria por 91-89.

—George —le dijo Magic—, no eres un gran tirador exterior, pero en los partidos sueles tirar de fuera. ¿Por qué no vienes antes del próximo entrenamiento y practicamos ese tipo de lanzamientos?

—Claro —respondió Lynch encogiéndose de hombros.

Al día siguiente, Magic llegó una hora y media antes. De nuevo se encontró solo en el pabellón. Cuando Lynch apareció tres minutos antes de empezar el entrenamiento, fue a por él. «Con que falles un solo tiro mañana, no vuelves a jugar.»

Magic dirigió luego su atención al base Nick Van Exel. Creía que podía dominar los partidos si se jugaba a un ritmo alto. Cuando los Lakers se enfrentaron a Seattle el 31 de marzo, el base Gary Payton (apodado «El Guante» por su excelente defensa) persiguió a Van Exel de una canasta a otra. Lo desconcentró y obstaculizó a la hora de marcar los sistemas de ataque. Van Exel miraba a Johnson en la banda a la espera de instrucciones. «¡No me mires a mí!», gritó Magic. «Marca la jugada. Tienes que entrar en el partido.» Después de la derrota, por 95-92, Johnson se ofreció a hacer horas extra con él para aprender a leer mejor el juego y marcar el ritmo de los partidos.

—Ven pronto mañana, antes del entrenamiento, y haremos algunos ejercicios —dijo Magic.

—No puedo —replicó Van Exel—, tengo una cita.

—Otra vez será —sentenció Johnson.

Johnson abandonó definitivamente aquel juego que no llevaba a ningún sitio. Van Exel nunca iba a llegar antes, ni tampoco Lynch. Solo Rambis, su antiguo compañero, que había regresado a los Lakers, se presentaba a los entrenamientos antes de la hora acordada.

El 6 de abril, James Worthy, el viejo amigo de Johnson, revivió sus tiempos de All-Star y le regaló unos 31 puntos con sabor a despedida saliendo del banquillo. Los Lakers remontaron una diferencia de 12 puntos y superaron a Sacramento en la prórroga. Aunque Magic no podía saberlo, aquella victoria, la quinta en seis partidos, sería la última. «Tíos, tenemos que volver a lo básico», le dijo Magic a su equipo después de la ajustada victoria. «Hay que pasar el balón.» Les explicó que el *Showtime* había tenido éxito por la naturaleza generosa del equipo. Les habló del valor de un jugador como Michael Cooper, que había promediado 8,9 puntos en su carrera pero cuya entrega defensiva había sido una parte fundamental del éxito del equipo. «¿Pensáis que los Celtics no temían a Michael Cooper?», les dijo. «Larry Bird ha dicho que fue el tipo más duro con el que tuvo que enfrentarse, que Coop tenía que estar en el Salón de la Fama. No todo es meterla. Hay muchas cosas más que hay que tener en cuenta.» Salvo por un bostezo de Elden Campbell, la reacción fue de silencio. Cooper no era un jugador desconocido del pasado.

Era entrenador ayudante, trabajaba con los Lakers todos los días. Mientras se marchaban del campo, uno de los jugadores murmuró: «¿A quién le importa una mierda el *Showtime*?».

Los Lakers de la temporada 93-94 perdieron sus últimos diez partidos de forma consecutiva. En cuestión de dos semanas y media, el récord como entrenador de Magic había pasado de 5-1 a 5-11. Antes del último entrenamiento del año, Magic llamó a Rambis, a Worthy y a los entrenadores Larry Drew y Michael Cooper, y les dijo que empezasen a calentar. Se ató las zapatillas y reunió a su equipo. «Hoy os voy a demostrar algo», dijo Magic. «Voy a demostraros que no sabéis jugar al baloncesto. Voy a coger a estos veteranos y os voy a dar una tunda.»

Los «veteranos» ganaron el primer partido 15-11. Y el segundo por 15-8. Para el tercero, los jóvenes Lakers estaban tan ocupados insultándose los unos a los otros que Magic dejó de llevar la cuenta del resultado.

En su último partido como entrenador, puso de titulares a Rambis, Worthy, el pívot de treinta y ocho años James Edwards, Van Exel y un escolta trabajador, Tony Smith. «Estos son los hombres que están dispuestos a jugar como es debido», declaró cuando justificó su decisión. Los Ángeles perdió también ese partido y por primera vez en dieciocho años los Lakers no llegaron a los play-off. Earvin Johnson dimitió como entrenador al día siguiente. Interrogado por cómo se sentía, respondió: «Aliviado».

El primer trabajo de Bird tras su etapa como jugador resultó ser igualmente frustrante. Larry empezó a trabajar como asistente especial de Dave Gavitt, pero el equipo tenía dificultades, y Gavitt estaba en desacuerdo con el propietario Paul Gaston, que había heredado el control del equipo de su padre, Don Gaston, y se había ganado el apodo de «Gracias Papá» del columnista del *Boston Globe* Dan Shaughnessy.

Los Lakers y los Celtics ya no eran las franquicias de referencia en la NBA. Los Chicago Bulls dominaron los noventa, y Houston aprovechó el breve y surrealista retiro de Jordan para dedicarse al béisbol profesional. Boston se quedó en cuadro tras la súbita desaparición del *Big Three*. Los Celtics se equivocaron al seleccionar en el draft de 1993 a Acie Earl, un ala-pívot procedente de la Universidad de Iowa. Ganaron solo treinta y dos partidos y se perdieron los play-off por primera vez en catorce años. Gavitt fue despedido y Earl sería finalmente traspasado.

Bird permaneció en su puesto cuando M.L. Carr fue nombrado vicepresidente de operaciones deportivas. Gaston, el propietario, y Carr le consultaban cuestiones deportivas, le escuchaban con atención y luego tomaban decisiones que normalmente no coincidían con lo que Larry había sugerido. Ese extraño patrón se repitió varias veces.

Un mes después de que les dijese que Sherman Douglas era su mejor jugador, los Celtics lo traspasaron a Milwaukee a cambio de Todd Day (que no logró entender el concepto de equipo que tenían los Celtics) y un veterano en declive como Alton Lister. Cuando el equipo se planteó firmar como agente libre a Dominique Wilkins, que tenía treinta y cuatro años, Bird, que sospechaba que solo lo querían por cuestiones de márketing, les advirtió: «No lo hagáis. No hay nada peor que una superestrella que ha pasado su mejor momento. 'Nique querrá ser la estrella y eso arruinará la química del equipo». Gaston asintió. Lo mismo hizo Carr. Una semana después anunciaron a bombo y platillo el fichaje de Wilkins, cuyo contrato por tres años había costado once millones de dólares. Su breve paso por Boston supuso una decepción colosal. Discutió con el entrenador Chris Ford, tuvo un 42% en tiros de campo y acabó pidiendo que se le rescindiera el contrato para poder irse a jugar Europa. La única contribución de cierta relevancia que hizo con el uniforme de los Celtics fue la de anotar los últimos puntos en el legendario Boston Garden antes de que lo demoliesen.

Bird terminó oficialmente su relación con los Celtics en 1997, pero su conexión con la única franquicia en la que había jugado quedó dañada sin remedio durante mucho más tiempo. La única razón por la que no se marchó antes fue que, tras su operación de fusión en la espalda, el cirujano le había advertido de que la recuperación sería lenta y podrían darse complicaciones. Bird se mantuvo en nómina de los Celtics para poder tratarse con su equipo médico.

Aunque Magic lamentó varias veces en público que Bird rompiese su relación con los Celtics, el número 33 se negó a meter el dedo en la llaga: «Soy muy bueno a la hora de pasar página», sentenció.

Tras su salida de los Celtics, se retiró a Naples, Florida, donde se dedicó a pescar, jugar al golf, nadar en la piscina con sus hijos, Conner y Mariah, y pasar muchas noches viendo jugar a los Miami Heat. Bird se quedó alucinado con la capacidad de Pat Riley de motivar a sus jugadores y, mientras tomaba nota mental de sus estrategias, experimentó por primera vez el deseo de entrenar.

En mayo de 1997 el presidente de los Pacers, Donnie Walsh, le preguntó si le gustaría ocupar la vacante de primer entrenador en Indiana, en parte porque era una leyenda en Indiana y generaría algo de expectación en torno al equipo. Con todo, Walsh quería también tener alguna garantía de que Bird había meditado sobre el tipo de entrenador que quería ser.

—Entonces, ¿qué harías con este equipo? —le preguntó.

En lugar de recibir una respuesta genérica, Bird explicó a Walsh de manera pormenorizada su proyecto, desde el primer entrenamiento hasta las Finales de la NBA, algo que Walsh no había visto en su vida y esperaba no volver a ver. La detallada respuesta incluía ejemplos concretos acerca de cómo pensaba dirigir los entrenamientos, a qué hora debían salir los aviones, qué tipo de ataque iba a usar, cómo iba a tratar con los medios y un análisis de cada jugador, en el que esbozó sus puntos fuertes y débiles.

—Ah, y una cosa más —dijo Bird—. Solo voy a entrenar tres años. Da igual cómo me vaya. Al cabo de tres años, los jugadores pasan de ti.

Algunas de las ideas eran suyas. Otras las había adoptado gracias a sus conversaciones con el entrenador ayudante de Portland, Rick Carlisle, que le había dado una carpeta repleta de técnicas de entrenamiento antes de la entrevista.

Cuando aterrizó en el puesto, Bird se llevó a Carlisle y a su compañero en Portland Dick Harter a Indianápolis. En su primera reunión, les dijo: «Voy a hacer crecer a estos chicos y a darles tal confianza que para cuando se cumpla mi tercer año aquí jugaremos las Finales». Le otorgó a Harter la responsabilidad de armar la defensa y puso a Carlisle a cargo del ataque, lo que incluía hacer los diagramas de las jugadas en los tiempos muertos. Dar tanta responsabilidad a un asistente era un gesto extremadamente inusual, pero a Bird no le importó. Él estaba aprendiendo y Carlisle era mejor que él dibujando jugadas.

Las exigencias de Bird eran sencillas: estar en forma, ser respetuoso y ser puntual. Hacía cumplir las tres. En su primer año, los Pacers tuvieron que coger un vuelo chárter a Nashville, Tennessee, para un partido amistoso contra los Charlotte Hornets. Exactamente a las 16:00, Bird hizo una seña al piloto para que encendiese los motores y despegase. A las 16:03, aparecieron Dale Davis y Travis Best atravesando la pista a todo correr con sus bolsas en la mano. El piloto apagó los motores y Bird le hizo una seña para que los volviese a encender. La puerta permaneció cerrada y el avión despegó, dejando a dos jugadores clave del equipo de pie en la pista de despegue, boquiabiertos.

Bird estaba entusiasmado con el núcleo del equipo: Reggie Miller, su anotador y líder; el pívot Rik Smits; el veterano base Mark Jackson; y los formidables ala-pívots Dale Davis y Antonio Davis (que no eran parientes). En el banquillo estaban Travis Best y el versátil Jalen Rose, y cuando adquirieron a su antiguo compañero en el Dream Team Chris Mullin, Bird se dio cuenta de que tenían suficiente munición como para echarle un pulso a Jordan y sus Bulls.

Indiana pasó de 39 a 58 victorias, el mayor avance de la historia de la franquicia. Bird fue nombrado Entrenador del Año, y su equipo llegó a la final de la Conferencia Este, en la que perdió contra los Bulls en siete partidos. Los Pacers se fueron a casa sabiendo que habían estado a una jugada de sorprender al equipo de Jordan. Mediado el último cuarto del séptimo partido, Indiana ganaba por 3 puntos cuando se señaló una lucha entre Jordan y Smits, un gigante de 2,13 m. Mientras los jugadores se reunían alrededor del círculo, Bird observó cómo Scottie Pippen y Reggie Miller luchaban por la posición. No le gustaba que Pippen estuviese encima de Miller. «Puede que Reggie la pierda», pensó. La colocación de Indiana era perfecta para que Smits palmease hacia atrás por encima de su cabeza… pero, como se percató Bird horrorizado, su pívot nunca palmeaba en esa dirección. El entrenador se volvió a sus ayudantes para asegurarse de que le quedaba un tiempo muerto. En aquel momento de duda se lanzó el balón al aire. Bird lo solicitó, pero ya era demasiado tarde. Pippen se anticipó a Miller para interceptar el palmeo y los Bulls convirtieron la posesión en un triple de Steve Kerr. Indiana acabó perdiendo el partido y la serie.

Durante los tres meses siguientes, Bird le dio vueltas a su error de novato. Sabía por sus días de jugador que las oportunidades de llegar a las Finales eran efímeras y le corroía el haberle arrebatado a sus veteranos una ocasión de conseguirlo.

En la temporada siguiente, Smits tuvo que lidiar con problemas en un pie, y algunos de los jugadores más veteranos empezaron a quejarse de que se sentían relegados. De nuevo llegaron a la final de la Conferencia Este, y de nuevo vieron cómo se les negaba el viaje a las Finales, esta vez por culpa de Patrick Ewing, el «Harry» de Larry.

Los Pacers jugaron sus cartas durante el verano, traspasaron a Antonio Davis por el novato Jonathan Bender, un jugador que llegaba a la NBA directamente desde el instituto, y colocaron a Jalen Rose en el quinteto inicial. Rose respondió liderando al equipo en anotación.

Bird revisó detenidamente las plantillas NBA en busca de un anotador y reboteador que les pudiese llevar a la cima. Y acabó llamando a la ciudad costera de Split, en Croacia, donde logró dar con Dino Radja, que había jugado dos temporadas y media con los Celtics y se había marchado en circunstancias poco claras.

—Dino, soy Larry Bird —dijo—. Quiero que vuelvas a la NBA y juegues en los Pacers.

—¿Cómo has conseguido este número? —preguntó Radja.

—No recuerdo quién me lo ha dado, ¿qué más da? —contestó Bird—. Si es un mal momento, puedo llamarte después. Estoy intentando hacerte una oferta para que vuelvas a jugar.

—Ah, vale… Ya veo —dijo Radja.

—Tenemos la oportunidad de ganar el título —siguió Bird—. Necesitamos a otro jugador interior y creo que tú encajas en nuestro juego.

—Perdona… —le cortó Radja— ¿Cómo dices que has conseguido este número?

Finalmente, Bird colgó, exasperado. Años después abordó a Radja durante un viaje como ojeador a Croacia.

—¿Sabes que por tu culpa perdí una gran oportunidad de ganar un título, Dino? —le dijo.

—Ya lo sé, Larry —respondió Radja—. Lo siento. Estaba atravesando una época difícil.

En noviembre de 1999, en la tercera (y última) temporada de Bird como entrenador, el equipo estaba 7-7 y acababa de ser aplastado por Seattle. Con Portland en el horizonte, Indiana se enfrentaba a la perspectiva de su primer mes con balance negativo desde su llegada. Bird había hablado poco sobre la pobre actuación contra los Sonics la noche anterior, pero cuando reunió a su equipo, minutos antes del salto inicial contra los Blazers, les hizo saber que no la había olvidado. «Escuchad», dijo, «voy a daros una última oportunidad esta noche, porque lo sucedido en Seattle fue una vergüenza para el baloncesto. Chicos: si no jugáis bien esta noche, no os preocupéis, ya encontraré a otros que lo hagan.» Indiana ganó a Portland y después quince de sus siguientes diecisiete partidos. Fue la rampa de lanzamiento para una temporada en la que consiguieron cincuenta y seis victorias, una racha de veinticinco triunfos consecutivos en casa y, por fin, un viaje a las esquivas Finales para enfrentarse al MVP de la liga Shaquille O'Neal, a Kobe Bryant y a sus Lakers.

Los Lakers eran los grandes favoritos, y los Pacers no pudieron igualar su profundidad y talento, ni siquiera cuando Kobe causó baja por una lesión de tobillo. Después de que Indiana cayese en seis partidos, Smits se retiró, Jackson firmó por otro equipo y Dale Davis fue traspasado. A pesar de las súplicas de Walsh para que se quedase, Bird abandonó el equipo como había dicho que haría. Regresó a Florida, paseó su mirada por su hermosa casa y le preguntó a Dinah: «¿Y ahora qué hacemos?».

Tanto Magic como Bird soñaban con ser propietarios algún día de una franquicia de la NBA. Johnson se unió a una oferta para comprar los Toronto Raptors encabezada por el magnate de la construcción Larry Tanenbaum y la cervecera Labatt (una de las fundadoras del equipo de béisbol de la ciudad, los Toronto Blue Jays), pero perdieron contra un grupo que se ganó al comité de expansión cuando les propusieron reubicar el estadio en el centro de la ciudad y hacerlo accesible mediante transporte público.

Por su parte, Bird y el empresario Steve Belkin se juntaron para comprar la nueva franquicia de Charlotte, pero el comité optó por un grupo liderado por el multimillonario Robert Johnson, fundador de Black Entertainment Television (BET), quien se convirtió en el primer propietario afroamericano de la NBA.

Los intentos de Magic y Larry para ser propietarios acabaron en amarga decepción. Aunque disfrutaban todavía de un caché inigualable en los círculos baloncestísticos, cuando se propusieron comprar un equipo NBA, eran tan solo dos empresarios cualquiera intentando sacar partido del éxito de la liga que ellos mismos habían hecho crecer hasta convertirla en el imperio multimillonario que ahora era. Magic era accionista de los Lakers desde hacía años, pero sentía curiosidad por saber cómo sería tener su propio equipo.

Aunque Bird se había retirado del baloncesto hacía casi una década, aún se cotizaban sus apariciones en eventos privados y en actos de grandes compañías. Las peticiones más lucrativas eran aquellas en las que aparecía con Magic. Durante aquellos encuentros ocasionales, los dos notaron que las risas surgían de forma más espontánea y la camaradería era más natural, ahora que no había títulos en juego. Y en todas las ocasiones en las que hacían apariciones en solitario, se enfrentaban a las mismas preguntas: «¿Cómo es Larry?». «¿Cómo es Magic?» Sus vidas se habían entrelazado, como las ramas de un viejo árbol cuyos caminos se habían cruzado tantas veces que habían acabado por permanecer indisolublemente unidas. El mundo seguía atento a su relación.

«Cuando llegué a la liga», le dijo Bird a una audiencia formada por hombres de negocios, «quería ganar un millón de dólares. Magic

quería ganar cien millones. Y los dos logramos lo que queríamos.»
Como jugador, Magic había sido el primero en negociar las cláusulas de su contrato con la NBA y había dejado a los demás lamentándose por no haber hecho lo mismo. Cuando los Lakers jugaban
fuera de casa, se codeaba con los ejecutivos de las empresas de la
ciudad, y así es cómo se hizo amigo de hombres influyentes, como
el agente de estrellas de Hollywood Michael Ovitz o el fundador de
Starbucks, Howard Schultz. La idea de Johnson era montar negocios prósperos en comunidades desfavorecidas. Donde otros veían
deterioro y decadencia urbana, él veía una oportunidad. Firmó un
acuerdo con Sony y abrió un multicine con trece salas en la plaza
Baldwin Hills Crenshaw, en Los Ángeles. Las salas tenían mura-
les de héroes afroamericanos como Martin Luther King y Jackie
Robinson en las paredes, y Johnson insistió en que se instalasen
varios puestos de comida típica de la zona y que los asientos fueran
espaciosos.

A medida que Magic trazaba el plan de revitalización de los barrios
de la ciudad, se dio cuenta de que era flagrante la falta de un lugar
donde reunirse. En 1998, a través de un acuerdo con Starbucks, abrió
su primera tienda Urban Coffee Opportunities en Los Ángeles. La
fórmula tuvo un éxito arrollador y Magic Johnson Enterprises creció
hasta adquirir un valor de quinientos millones de dólares, pero lo que
provocó la envidia de sus colegas de la NBA fue que, además de generar beneficios, fue de gran ayuda para las minorías más necesitadas.
Los jugadores que solían acudir en tropel en busca de sus consejos
deportivos ahora se le acercaban en calidad de gurú de los negocios.
«Olvidaos de los logros deportivos», dice Charles Barkley. «Lo más
importante que ha hecho es contribuir a mejorar las condiciones de
la gente sin recursos en el seno de sus comunidades.»

Johnson continuó haciendo pedagogía sobre el VIH y el sida, escri-
bía libros para niños y aparecía habitualmente en programas de
debates en la televisión. Cuando la enfermedad se convirtió en un
problema de seguridad nacional en China, grabó anuncios institucio-
nales con Yao Ming. «Mi objetivo cuando supe que era seropositivo
fue no permitir que eso me definiese», afirma Johnson. «Ha sido un

largo camino, pero creo que la gente ahora solo ve eso como una pequeña parte de mi vida.»

En 2002 Bird cedió por fin y aceptó una oferta de Donnie Walsh para regresar a la directiva de los Pacers como presidente de operaciones deportivas.

A primera vista, los Pacers poseían todas las armas para pelear por el título. Tenían a Reggie Miller, uno de los tiradores más letales de todos los tiempos, y a Jermaine O'Neal, un pívot de calidad en el mejor momento de su carrera. El alero Ron Artest, el jugador más versátil de la plantilla, era potente, tiraba bien, defendía fuerte y era muy generoso en la pista. En la temporada 2003-2004 promedió 18,3 puntos, 5,7 rebotes y 3,7 asistencias, y fue nombrado Jugador Defensivo del Año. Después de que Artest llevase a Indiana a la final de la Conferencia Este en 2004, Bird y Walsh se plantearon la posibilidad de traspasarlo, ya que su cotización había alcanzado su punto más alto. Al final lo descartaron y durante un tiempo su decisión les reportó no pocos beneficios.

Artest, O'Neal y el volátil Stephen Jackson marcaban el nivel de los entrenamientos con faltas duras y broncas constantes. Su emotividad era su punto fuerte pero también su mayor debilidad. Reggie Miller, un profesional experimentado, intentaba ejercer una influencia tranquilizadora, pero no era mucho lo que podía hacer. «Algunos días simplemente me miraba y negaba con la cabeza», dice Bird.

La noche del 19 de noviembre de 2004, Bird estaba en casa viendo a su equipo rematar a los Detroit Pistons en Auburn Hills. Quedaban solo 45,9 segundos cuando Artest golpeó al pívot de Detroit Ben Wallace al entrar a canasta. Era una falta dura en un partido ya decidido, y Wallace, enfadado, se volvió y empujó a Artest. Eso provocó una breve escaramuza entre ambos banquillos, pero los árbitros separaron a los jugadores y por un momento pareció que habían conseguido evitar que las cosas fueran a más. Aun así Bird no podía apartar la mirada de dos inquietantes imágenes que aparecían en la pantalla de alta definición: Wallace demorándose en la pista varios minutos después de que en apariencia se hubiese restaurado el orden y Artest tirado encima de la mesa de anotadores con las manos detrás de la cabeza. «Ronny, sal de ahí», le gritó a la televisión de su casa en las afueras de Indianápolis. Artest estaba tranquilamente acostado en la mesa, ajeno al tumulto que había contribuido a generar. «Eso no está bien», le dijo Bird a su hijo Conner, que estaba sentado a su lado en el sofá. Doce años después, el hijo de Larry había pasado de ser aquel niño que tiraba bolas de billar por las escaleras del hotel en Barcelona a un inquieto adolescente que adoraba la NBA y el equipo de su padre, los Pacers. Conner no entendía del todo lo que estaba sucediendo en el Palace de Auburn Hills aquella noche, pero supo ver en el rostro preocupado de su padre que la cosa se iba a poner fea. «Papá, ¿qué pasa?», preguntó. En unos segundos, todo Estados Unidos sabría la respuesta. Mientras los Bird seguían atentos a la pantalla, un abonado de los Pistons lanzó un vaso de cerveza a Artest, que le estalló en el pecho y le empapó el uniforme. Artest se levantó de la mesa de anotadores como impulsado por un resorte y le fracturó cuatro vértebras de la espalda al comentarista oficial de la radio de los Pacers, Mark Boyle, cuando se abrió paso a golpes y manotazos hasta las gradas. Stephen Jackson se lanzó inmediatamente tras él y durante una décima de segundo Bird tuvo la esperanza de que Jack lo sacara de allí. En lugar de eso, Jackson se unió a Artest en las gradas, lanzando puñetazos y convirtiendo la reyerta en una pelea a gran escala entre jugadores de la NBA y espectadores que habían pagado su entrada. La reacción de Jack dejó de piedra a Bird. Sabía lo importante que era para él consolidarse como una pieza clave de los Pacers. En 2003, el año antes de unirse al equipo, no tenía contrato con ningún agente y les ofreció a Bird y a Donnie Walsh fichar por ellos a un precio reducido.

—Creo que tenéis un gran equipo —les dijo en aquel momento—. Jugaría gratis para vosotros.

—No se oye eso muy a menudo —dijo Bird después de la reunión.

—No es broma —añadió Walsh—. Me encantaría disponer del dinero para ficharle.

Indiana no tenía presupuesto para fichar a Jackson en la temporada 2003-2004, por lo que este acabó firmando un contrato por un año con Atlanta. Pero ni Bird ni Walsh olvidaron el interés de Jackson por su equipo. En julio de 2004 se hicieron con él en un traspaso a cambio de Al Harrington. Lo reclutaron convencidos de que sería la pieza definitiva de un equipo que podría competir por el título en la Conferencia Este, y quizá por el anillo.

Ahora, cuatro meses después, Jackson estaba enzarzado en una pelea en medio de las gradas, el último lugar en el que cualquier jugador de la NBA debía estar. Conner se puso a gritar cuando los puñetazos empezaron a volar. Su padre gimió y se echó las manos a la cabeza. Earvin Johnson, que estaba viendo el partido en su estudio de Beverly Hills, estaba estupefacto. Se las había arreglado con gran esfuerzo para poder ver el encuentro, una reedición de la final de la Conferencia Este de 2004, porque sabía que jugaba el equipo de Bird. La costumbre de mantener un ojo en su antiguo rival no había desaparecido incluso después de que ambos dejasen de competir. «Cookie, ven aquí, no te lo vas a creer», llamó Magic a su mujer. «¡Estos estúpidos tarados están peleándose con los aficionados!» El ala-pívot de Detroit Rasheed Wallace, que intentaba calmar los ánimos, se aventuró a subir a las gradas, pero el Palace era pura histeria, con los jugadores y los aficionados intercambiando golpes. El suplente de los Pacers Fred Jones, al intentar sacar a sus compañeros de la refriega, fue atacado a traición por la espalda. Alguien lanzó una silla de metal a un reservado e hirió a unos espectadores que no habían hecho nada. Pronto la melé se extendió a la pista. El entrenador de los Pistons, Larry Brown, rojo de vergüenza, agarró el micrófono para dirigirse al público y pedir a la multitud que se detuviese, pero no le hicieron caso. Brown, esquivando los objetos que lanzaban a la pista del Palace sus propios aficionados, tiró el micrófono disgustado.

Mientras veía cómo se desarrollaba la pelea, Magic empezó a calcular el daño que infligiría a la NBA. La liga había crecido muchísimo gracias a Bird, Michael y a él mismo. Sus hazañas habían convertido la NBA en una propuesta muy atractiva para las televisiones, y en 2002 la liga había firmado un contrato de derechos televisivos valorado en 4.600 millones de dólares, una mejora sustancial comparada con el acuerdo por cuatro años y setenta y cuatro millones firmado en la temporada de novatos de Magic y Larry. Michael Jordan había recibido el testigo y llevado a la liga a nuevas alturas con su juego por encima del aro. En aquella época, había conseguido una cartera de clientes que incluía a Gatorade, McDonald's, Coca-Cola, Chevrolet, Hanes, Wheaties y Rayovac, y que en su máximo apogeo estaba valorada en cientos de millones de dólares. Pero Magic, Larry y Michael se habían retirado, y en 2004 la liga estaba en una encrucijada. Los Lakers habían ganado tres títulos consecutivos entre 2000 y 2002, pero se tambaleaban a causa de las acusaciones de violación que una mujer de Colorado había lanzado contra su gran estrella, Kobe Bryant, y de la amarga disputa surgida entre el propio Bryant y su compañero y estrella Shaquille O'Neal. LeBron James acababa de completar su temporada de novato y había mandado un aviso de que sería una figura destacada de la NBA del futuro, pero aún no había tomado posesión como «King James». Aunque seguramente estuviese llegando su momento, los logros de LeBron, como los de sus colegas en la NBA, estaban a punto de eclipsarse por culpa de la locura de Auburn Hills. «Fue lo peor que he visto nunca», relata Magic. «Fue como presenciar un accidente de tráfico. Se supone que apreciamos a los aficionados, no importa lo que hagan. Te insultan, te tiran cosas, tú te aguantas, te vas a casa y mañana será otro día.» Esta vez no fue así. Se cruzó la línea y el resultado fue catastrófico. En una decisión sin precedentes, los árbitros suspendieron los últimos 45,9 segundos de partido. Mientras los jugadores de Indiana intentaban abandonar la cancha, fueron acribillados con vasos, cubos de palomitas, baterías de móviles y cervezas. Según los cálculos de Magic, los Indiana Pacers y los Detroit Pistons acababan de hacer retroceder diez años a la NBA. «Pobre Larry», le dijo a Cookie. «Esto tiene que ser su peor pesadilla.»

A los pocos minutos Bird estaba al teléfono con Rick Carlisle, su amigo y antiguo compañero y ahora entrenador de los Pacers.

—Hay policías por todos lados —le dijo Carlisle a Bird—. Esto es un caos.

—¿Tienes a alguien con Ronny? —preguntó Bird.

—Sí, está rodeado de personal de seguridad —informó Carlisle—. Nos van a subir al autobús y vamos a largarnos de aquí. Creo que saldremos de esta.

Cuando colgó el teléfono y marcó el número de Walsh, que estaba asistiendo a una boda en Nueva York, supo que los Pacers no saldrían bien librados de esa. Sabía reconocer un verdadero desastre cuando lo veía. Bill Walton, que estaba en Auburn Hills retransmitiendo el partido, comentó a la audiencia en un tono sombrío: «Es el momento más triste en mis treinta años de NBA». Aunque Bird comprendía la magnitud de lo que acababa de ocurrir, ni siquiera podría haber pronosticado lo demoledor que sería para su franquicia. El comisionado David Stern había salido a cenar con unos amigos cuando le interrumpió un torrente de llamadas de teléfono urgentes. Buscó la televisión más cercana y regresó a la mesa con rostro circunspecto. La cena se había acabado. Y también las esperanzas de que Larry Bird y los Indiana Pacers ganaran el campeonato. Reggie Miller estaba lesionado y con ropa de calle la noche en que Artest golpeó a Ben Wallace y desencadenó la peor pelea de la historia de la NBA. Una de las muchas cosas que Bird pensó después del incidente fue que todo podría haber sido diferente si Miller hubiera jugado ese partido y hubiese sido capaz de convencer a Artest de que bajara de la mesa de anotadores.

A la mañana siguiente a la pelea comenzaron las condenas formales. No era solo un asunto de la sección de deportes. *World News Tonight*, la CNN y el *Wall Street Journal* entraron en el debate al trapo. En una entrevista, Magic Johnson, con voz seria, pidió suspensiones largas para Artest, Jackson y O'Neal. «Gracias, compañero», dijo Bird, cuando Johnson declaró que los jugadores de Indiana habían «destruido todo el buen rollo que Larry, Michael y yo mismo construimos durante años.» El comisionado David Stern impuso sanciones sin precedentes: Artest fue suspendido para el resto de la temporada, al final ochenta y seis partidos: setenta y seis de liga regular y diez de postemporada. A Jackson le cayeron treinta partidos y a O'Neal veinticinco, aunque su castigo se reduciría posteriormente a quince. El instigador por parte de Detroit, Ben Wallace, recibió una sanción de seis partidos, lo que hizo que Artest y sus compañeros pusiesen el grito en el cielo. A Bird no le importaba que las penas de los Pistons fuesen leves. Su única preocupación era cómo podía salvar la temporada de su equipo. «Pienso que Artest se merecía al menos treinta partidos», concede Bird. «Podría haber entendido, incluso, una suspensión para el resto de la temporada regular. Pero dejarle fuera de los play-off después de que nuestros chicos trabajasen tan duro para llegar hasta allí... Creo que fue muy injusto. El error de Jack fue que debería haber subido a las gradas para poner paz, y en lugar de eso acabó a puñetazos. Eso no se puede hacer. Algo que aprendí durante mi carrera en la NBA es que los jugadores no pueden subir a las gradas bajo ningún concepto.»

Aunque Bird era consciente de que Walsh y él tenían que hacer cambios importantes, sabían que no iba a ser fácil. Había llegado a apreciar a los jugadores de los Pacers, con todos sus defectos. Había visto un lado de Jackson y Artest que sabía que el público nunca vería. «Hay muchas cosas buenas en esos chicos», dijo. La postura que Bird tomó con Artest en privado se contradecía con la que estaba obligado a adoptar en público. Sentía verdadero afecto por Artest y se identificaba con su extraordinaria intensidad, pero sabía que si se obstinaba en apoyarle, su propio legado podría verse deslucido. «Siempre supe que era una apuesta importante», cuenta Bird. «Pero lo sentía por el chico. Algunos días llegaba y simplemente no estaba en disposición de entrenar. Era muy triste, porque no sabía cómo controlarse. Yo sabía que iba a tener que tomar algunas decisiones importantes, pero creía que mi responsabilidad era intentar ayudar a Ron y a los otros chavales. Lo hacía porque me preocupaba por ellos, incluso cuando se equivocaban. Cuando pasas tanto tiempo con ellos como nosotros, día tras día, se crea una conexión. No excuso lo que hicieron, pero tampoco podía darles la espalda.»

En otoño de 2005, después de que Artest hubiese cumplido toda su sanción, el director de relaciones públicas David Benner habló con Bird y le dijo que *Sports Illustrated* quería que Artest y él posasen juntos para una portada.

—Creo que no —dijo Bird—. Oye, adoro a Ronny, pero no es una buena idea.

—Larry —insistió Benner—, piensa en la organización. Estamos tocados. Necesitamos publicidad positiva. Eres una de las pocas personas que nos puede dar ese tipo de credibilidad.

«Era consciente de que mi reputación estaba en juego», dice Bird. «En el fondo sabía lo que podría significar para mí que Ronny volviese a liarla, pero hice lo que tenía que hacer.» Larry sabía que Benner estaba recibiendo presiones de arriba para que se hiciese la portada, y al final cedió. La portada del número del 24 de octubre de 2005 de *Sports Illustrated* mostraba a Artest sentado y a Bird de pie tras él con los brazos cruzados. El titular decía, «La extraña pareja», que iba acompañado del subtítulo: «Quizá usted no quiera a Ron Artest, pero Larry Bird, sí». En el artículo correspondiente, Bird afirmaba que la ética de trabajo de Artest le hacía un jugador «que merece la pena pagar para ver». Artest declaraba su amor por Indianápolis, los Pacers y Bird, y pidió una foto Polaroid de la portada con su jefe y miembro del Salón de la Fama. Con todo, cuando el periodista de *Sports Illustrated* L. Jon Wertheim le preguntó qué había aprendido de la pelea, Artest respondió: «A la gente le gusta pensar que Ron Artest ha cambiado. Que es un hombre nuevo. Pero atención: nunca dije que hubiera cambiado. Soy básicamente la misma persona. Tengo una mejor comprensión de las cosas, pero no siento que yo fuese el culpable de todo lo que pasó. Así que... ¿qué he aprendido? Nada. Lo único que he aprendido es que David Stern estaba intentando sacarme a patadas de la liga». Magic hizo una mueca cuando vio la portada de «La extraña pareja». Se preguntó por qué Bird se ponía del lado de Artest y se quedó aún más perplejo cuando leyó los comentarios del jugador. «¿Qué hace Larry con ese cabeza hueca?», le dijo Magic a su hermano. «Probablemente intente salvar la franquicia. Solo Larry Bird podría darle un giro positivo a esto. Está dando un paso adelante por el equipo, me imagino.»

A pesar de las afirmaciones de Artest sobre que quería acabar su carrera en los Pacers y que le debía a los aficionados y la dirección un campeonato por su apoyo, tardó solo quince partidos en renegar de sus promesas. De pronto, anunció que necesitaba ausentarse del baloncesto para rematar y promocionar su nuevo disco de rap. Fue un acto de un egoísmo pasmoso que inmediatamente puso a la franquicia en el ojo del huracán... otra vez.

—Ronny, ¿qué estás haciendo? He dado la cara por ti —le dijo Bird.

—Lo sé —contestó Artest—. Fue estupendo.

Una tarde, Artest llamó tímidamente a la puerta del despacho de Bird y se desplomó en la silla que estaba delante de su mesa. Tras una larga disculpa, en la que reconocía haber fallado a su jefe, prometió regresar a los entrenamientos, concentrado y listo.

Cuarenta y ocho horas después le dijo al entrenador Rick Carlisle que había cambiado de idea y que se iba a grabar el disco.

—Siempre podré jugar al baloncesto —le dijo—. Puedo jugar hasta los cincuenta. Pero tengo que hacer este disco porque ahora mismo estoy a tope.

—Ronny —le dijo Bird—, tienes un contrato con nosotros.

Artest se encogió de hombros. La conversación se había acabado. Habría una docena más del mismo tipo, pero Bird ya estaba convencido de que los Pacers tenían que cortar los lazos que los unían con su alero. «Ron no tenía ni idea del daño que nos estaba haciendo», dice Bird. «No era capaz de verlo.»

Se colocó a Artest en la lista de jugadores inactivos y finalmente lo traspasaron a los Sacramento Kings a cambio del tirador Peja Stojakovic. Fue traspasado de nuevo en julio de 2008 a los Houston Rockets. Un mes antes de ese cambio, estuvo en Indianápolis para unas sesiones de entrenamiento y se encontró con Bird en la cancha. Se disculpó por todos los problemas que había causado y le pidió a Larry que le volviese a llevar a los Pacers. «Ron, ¿cómo esperas que te traiga de vuelta aquí después de todo lo que pasó?», le dijo.

Para entonces, Indiana ya había traspasado a Stephen Jackson a los Golden State Warriors y estaba en plena operación de traspaso de Jermaine O'Neal a Toronto. Iban a tener que empezar de cero, con un nuevo enfoque y caras nuevas. Larry comprendió que estaba tratando con un nuevo tipo de deportistas. Era una generación diferente que quería labrarse su propio futuro, lo mismo que él cuando llegó a la NBA. «Pero algunas veces se hacía duro», asume Bird. «Podías ver cómo iban en la dirección equivocada, y no importaba lo que hiciese por ayudarlos.»

Indiana comenzó a reconstruirse alrededor del joven alero Danny Granger, que en su quinta temporada en el equipo, la 2008-2009, fue elegido para disputar el Partido de las Estrellas. «Volvemos a ser importantes», declaró Granger durante el fin de semana de las estrellas. «Ahora solo hay que mirar hacia delante.»

Mientras los Pacers de Bird miraban al futuro, justo en ese momento los Lakers de Magic estaban a punto de hacer algo grande. Johnson se tomó en serio su papel como vicepresidente. Pasaba tiempo hablando con sus jugadores y compartiendo su experiencia con la superestrella Kobe Bryant, el MVP de la temporada 2007-2008 y el artífice de que los Lakers partieran como favoritos por la conquista de la corona NBA. Los Celtics, por su parte, habían experimentado algunos cambios. Después de una pésima temporada 2006-2007, con solo veinticuatro victorias, el jefe de los Celtics, Danny Ainge, adquirió al veterano tirador Ray Allen. Después le birló al antiguo MVP Kevin Garnett a su amigo y mánager general de los Minnesota Timberwolves Kevin McHale en una operación sonada que transformó las perspectivas de Boston prácticamente de un día para el otro. Bird, que tenía la última palabra en las decisiones sobre la plantilla desde que Walsh dejase los Pacers en 2007, se había interesado por Garnett una semana antes de que los Timberwolves llegasen a un acuerdo con los Celtics. En aquel momento, McHale le había dicho que no quería traspasarle y que Garnett, el rostro de la franquicia de Minnesota, estaba muy contento en los Wolves. «Así que le llamé otra vez después del traspaso», cuenta Bird. «Le pregunté: "¿Qué ha cambiado?". Me respondió con circunloquios. Al final me di cuenta de que Kevin no había tomado la decisión. Yo sabía que él no quería deshacerse de Garnett. Era lo bastante listo como para saber que nunca obtendría lo suficiente a cambio. Probablemente la decisión vino de arriba.»

Con Garnett marcando la pauta en la temporada 2007-2008, los Celtics desplegaron una defensa férrea, la mejor que Bird había visto en mucho tiempo. Le gustaba su rotación y aplaudió la madurez de Paul Pierce, que parecía liberado gracias a sus nuevos compañeros. Allen era el arma de perímetro del nuevo *Big Three*. Sus jugadores de banquillo —James Posey, Eddie House, P.J. Brown y Leon Powe— destacaban en sus roles específicos. Magic observaba la plantilla de Boston con reservas, pero se mostró optimista cuando los Lakers

incorporaron a Pau Gasol, que les aportaría la suficiente fortaleza
en el juego interior como para superar la pérdida del pívot Andrew
Bynum, un hombre grande, joven, que estaba evolucionando rápidamente y al que una lesión de rodilla había dejado fuera de los play-off.

El mundo de L.A. giraba alrededor de Kobe, el anotador más prolífico de la liga. Antes de que empezasen las Finales, Bryant asumió
el papel de portavoz oficioso del equipo y predijo que estarían preparados para enfrentarse a Boston. Magic se lo creyó… hasta que miró
por la ventana del hotel Four Seasons de Boston antes del segundo
partido y vio a Lamar Odom entrando por la puerta cargado de com-
pras a menos de tres horas del salto inicial. A Johnson le encantaba
Odom, pero no podía creer lo que veían sus ojos. «¡¿Pero qué hace?!»,
exclamó. «Hace treinta y seis grados ahí fuera. ¡Debería estar descansando! ¿Sabe que hoy hay partido?» Johnson bajó en el ascensor con
los entrenadores de los Lakers y les informó de lo que había visto.
«No captan la importancia de este momento», dijo el veterano ayudante Frank Hamblen. «No entienden que quizá nunca tengan otra
oportunidad así.» Antes de que comenzasen las Finales, la liga pidió
a Bird y Magic que diesen una rueda de prensa para las legiones de
periodistas que deseaban revivir la gran rivalidad de los ochenta. Bird
tenía dudas y llamó a Magic para hablar sobre cómo debían manejar
el asunto: «Deberíamos mantenernos al margen», le dijo. «Los jóvenes se merecen su protagonismo. Limitaremos el "Show de Magic
y Larry" a una hora.» Finalmente, los dos iconos dieron la rueda de
prensa y aceptaron aparecer en un anuncio a pantalla partida para
promocionar las Finales. «Después de eso, desaparecí», concluye Bird.

Mientras se desarrollaba la serie Celtics-Lakers, Magic se sentó ante
el televisor y puso las cintas de las batallas épicas entre sus Lakers y
los Celtics de Bird. Las vio en silencio, admirando el movimiento de
balón y la velocidad del juego. Se quedó maravillado por la habilidad
para el pase de sus compañeros y por cómo el balón rara vez tocaba el
suelo. «Me encantaría que todavía se jugase así», le dijo a su hijo E.J.

Bird llamó a un jugador antes de las Finales: al alero de los Lakers
Luke Walton, hijo de Bill Walton. Bird, que lo conocía desde que era
un pequeño gamberro que conducía su triciclo por la cocina de su

casa, le dejó un mensaje en el que le deseaba suerte y le recordaba que debía saborear cada segundo de la final. Magic también hizo una llamada: a la estrella de los Celtics Paul Pierce, que había crecido a la sombra del Forum de Inglewood, adorando a Magic y los Lakers. Pierce había jugado durante los veranos con Magic, que le aconsejaba en todo: desde los ejercicios más adecuados para mejorar el control de balón hasta cómo seguir con los pies en el suelo tras el enorme cambio que suponía convertirse en una estrella de la NBA. También le advirtió de que «dejase atrás las calles» en su periplo hacia la élite de la NBA. «Aléjate de las esquinas para siempre», le dijo. «Puedes ver a los chicos, saludarlos, pero después tienes que seguir adelante. Ahora tienes otras responsabilidades, y ellos ya no pueden ser una parte central de tu vida. Puedes verlos de vez en cuando, ayudarlos si quieres, pero hay demasiado en juego como para que te encuentres en una situación que ya no tiene sentido.»

En su última conversación antes de las Finales, Bird y Magic hablaron brevemente sobre el crecimiento personal de Pierce. Bird dijo que se alegraba de que el chico fuese a tener finalmente su momento de gloria en una final. Durante años, Pierce había mirado el Jumbotron de su pabellón y había visto vídeos de Russell, Havlicek y Bird. Su franquicia estaba anclada en el pasado, y, ahora, por fin, con Garnett y Allen a su lado, el futuro había llegado.

—Lakers en seis —le dijo Magic a Bird antes de despedirse.

—Tus chicos van a caer —repuso Bird.

Bird no creía que los Lakers pudiesen igualar la intensidad defensiva de Boston. Tenía la sensación de que Lamar Odom era la clave de las series y le sorprendió la facilidad con la que lo anularon. «Pensaba que los Lakers eran más blandos que nosotros», cuenta. «Y aunque Kobe es un jugadorazo, todo tiene que pasar por él. Acapara mucho el balón. Si tiene cualquier indicio de que las cosas no van bien para el equipo, toma el mando del partido como solía hacer Michael. Pero hasta Michael te lo dirá: es difícil ganar de esa forma. Los Lakers daban lo mejor de sí cuando Kobe daba un paso atrás, soltaba el balón, cortaba y el balón volvía a él. Entonces era mortal. Siempre tuve la misma sensación con Michael.»

Mientras Danny Ainge estaba sentado en la banda en el tercer cuarto del sexto partido, con los Celtics ganando por 3-1 y alcanzando una ventaja insuperable de 31 puntos que les otorgaría el campeonato, miró a su teléfono móvil y vio un nuevo mensaje de texto en la bandeja de entrada. «Felicidades», escribió Bird. «Tú, tus jugadores y Doc os lo merecéis.»

Cuando los Celtics certificaron su decimoséptimo título sobre el legendario parqué, ni Bird ni Magic estaban en el pabellón para ser testigos de ello. Bird estaba en su casa de Indianápolis, cumpliendo su promesa de mantenerse al margen de los focos que alumbraban a los jugadores actuales. Aunque Johnson estaba en la directiva de los Lakers, su interacción con el equipo de 2008 fue mínima porque pocos jugadores parecían interesados en sus consejos. «Amo a los Lakers», dijo Magic. «Las he visto de todos los colores. En nuestra época recurrías a los veteranos y les pedías consejo. Aprendías de ellos. Me molesta que los jóvenes no tengan el suficiente respeto para hacerlo hoy. Se creen que ya lo saben todo. Y además piensan que somos "de la vieja escuela", como si practicasen un juego diferente al nuestro. No se dan cuenta de que el baloncesto es el baloncesto. El único jugador que me preguntó algo alguna vez fue Derek Fisher.»

Magic notó que Kobe Bryant parecía más involucrado con sus compañeros durante las Finales de 2008 que en otras temporadas. Apreció cierto liderazgo en el talentoso escolta que no había visto antes. «Quería que Kobe disfrutase, porque el trabajo que supone llegar a las Finales es demasiado duro como para estar triste», dijo Magic. «Es necesario que seas capaz de compartirlo con los demás. No querrás que tus compañeros vayan caminando por la calle un día y tengan un hijo o hija que les diga: "Papá, ¿qué tipo de compañero era Kobe Bryant?" y tener que decirles: "No le conocí. Nunca me dejó"; o peor: "No me cae bien". Pensé que Kobe estaba dando un paso muy grande en las Finales de 2008. Siempre había sido un jugador tremendo y ahora se veía que podía añadir el componente del liderazgo.»

Kobe y los Lakers estuvieron de nuevo entre los mejores en la temporada 08-09. Boston también compitió hasta que Garnett sufrió una lesión de rodilla en febrero. Los Lakers derrotaron a Orlando para ganar el título, y se cerró el círculo de la nueva rivalidad Los Ángeles-Boston. El único componente que faltaba era el de Magic y Larry. Su rivalidad quedó para la historia, un puente atemporal hacia los días en que los pantalones cortos eran más cortos, el juego más sencillo y los dos mejores jugadores dominaban impulsando al otro hacia el éxito. Aunque Jordan fue reconocido por todo el mundo como el mejor jugador de su generación, le faltó un mérito en su currículo, el de medirse contra un rival de leyenda. Hubo un buen número de jugadores que le desafiaron, entre ellos Clyde Drexler, Charles Barkley, John Stockton y Karl Malone, pero ninguno podía igualar la intensidad o el talento de Michael. Era una estrella singular, mientras que sus predecesores eran un dúo brillante. «Larry y Magic son todavía los únicos tipos que conozco que podían encajar diez u once tiros y aun así dominar el partido», afirma Kevin McHale. «Esa era la diferencia más importante entre ellos y Jordan. Si conseguías que Michael encajase once tiros, eras tú el que el tenías el control.»

El ejecutivo de los Knicks Donnie Walsh sentía afecto por Bird y Magic porque habían hecho pedazos el mito de que no era necesario ir a un partido de la NBA hasta el último cuarto porque nadie jugaba duro hasta entonces. «Larry y Magic jugaban duro desde la primera posesión hasta la última», dice Walsh, «y forzaban a sus compañeros a que los igualasen en intensidad. Los grandes jugadores son difíciles. Son diferentes, instintivos. Actúan en un plano diferente. Todo el mundo dice: "No quiero perder". Magic y Larry decían: "Te voy a matar si pierdo".»

Kurt Rambis, entrenador ayudante de los Lakers, nunca ha olvidado que la actuación de Magic que les valió el título de 1980 se emitió en diferido (en ocasiones utiliza esta anécdota ante los jugadores jóvenes para ilustrar la evolución de la liga). El papel que Johnson y Bird jugaron en el rejuvenecimiento de la NBA, dice, ha cimentado su legado. «Su rivalidad universitaria trajo una audiencia a la NBA que podría no haber venido de otra forma», afirma Rambis. «La característica que les distinguía era su disposición a dejar que otro anotase el tiro decisivo. No necesitaban hacerlo ellos. Estaban contentos con dar el pase. Eso era algo enorme. No se veía demasiado por entonces ni se ve demasiado ahora.» Danny Ainge fue uno de esos aficionados de los buenos tiempos a los que se refiere Rambis. Aunque era un buen jugador de baloncesto en la universidad, también destacaba en béisbol y fue escogido en el draft por los Toronto Blue Jays. En aquella época solo tenía un interés pasajero por el baloncesto profesional. «Pero entonces empecé a seguir a los Celtics y a los Lakers, a Larry y a Magic», cuenta Ainge. «Ellos despertaron mi interés. Empecé a pensar: "Quizá debería probar en la NBA".»

Juntos, Magic y Larry amasaron 39.498 puntos, 15.836 asistencias, 15.533 rebotes y 3.280 robos de balón. Aun así los números no bastan para explicar su impacto en el juego. Cuando Bird y Johnson se retiraron, la NBA dejó escapar un suspiro colectivo. «Nunca más veremos a nadie como ellos», declaró Bill Walton. «Cuando Larry y Magic se retiraron, el arte perdido del pase —el esquivo arte del juego en equipo— se fue con ellos.»

Ahora están ocupados con unas familias que crecen. Después de Barcelona, los Johnson adoptaron a una niña, Elisa, para unirse a E.J. y Andre, el hijo mayor de Magic, fruto de una relación anterior. Cuando la familia busca privacidad, se retira a su elegante casa frente al océano en Dana Point, California.

Después de Barcelona, los Bird también adoptaron una niña, Mariah, que ha heredado el espíritu competitivo de su padre, compitiendo en atletismo con la misma intensidad que él en la pista. Cuando los Bird quieren escaparse, se retiran a su rancho de Indiana, con senderos para todoterrenos, lagos para pescar y cien acres a la espera de la siega.

Aunque sus hijos tienen edades parecidas, las familias no se van de vacaciones juntas. No intercambian las obligadas postales de Navidad. Cuando Magic y Larry se ven durante la temporada NBA, sus saludos son afectuosos y sinceros, pero sus encuentros son fugaces. No importa. Los años pasan y la relación se conserva. Cuando eran los mejores, Magic y Larry tenían un nexo común basado en la feroz competitividad. Hoy en día, con su legado intacto —y unido para siempre— no hay rastro de resentimiento. Solo queda el respeto.

Larry y Magic frente a frente con el trofeo de campeones de la NBA durante una campaña promocional de la liga en Los Ángeles. ANDREW D. BERNSTEIN / NBAE / GETTY IMAGES

ESTADÍSTICAS

LARRY BIRD

INSTITUTO: Springs Valley, French Lick, Indiana

UNIVERSIDAD: Indiana State University

DRAFTEADO POR: Boston Celtics en 1978 (número seis)

LOGROS: campeón de la NBA (1981, 1984, 1986); MVP de las Finales (1984, 1986): MVP (1984, 1985, 1986); nueve veces seleccionado para el quinteto ideal de la NBA (1980-1988); seleccionado en el segundo quinteto ideal (1990); seleccionado en el segundo quinteto defensivo ideal (1982, 1983, 1984); 12 veces All-Star; MVP del All-Star (1982); *rookie* del Año (1980); medalla de oro en los Juegos Olímpicos (1992); capitán junto con Magic Johnson del equipo olímpico; elegido para el Salón de la Fama (1988).

ABREVIACIONES:

ASP	asistencias por partido	**REP**	rebotes por partido
AST	asistencias totales	**RET**	rebotes totales
BP	balones perdidos	**ROP**	robos por partido
FP	faltas personales	**ROT**	robos totales
MP	minutos por partido	**T3C-I**	triples convertidos/intentados
MT	minutos totales	**TC**	tiros de campo
PJ	partidos jugados	**TCC-I**	tiros de campo convertidos/intentados
PP	puntos por partido	**TL**	tiros libres
PT	puntos totales	**TLC-I**	tiros libres convertidos/intentados
RED	rebotes defensivos	**TP**	tapones por partido
REO	rebotes ofensivos	**TT**	tapones totales

LARRY BIRD, BOSTON CELTICS

PROMEDIOS

AÑO	PJ	MP	%TC	%T3	%TL	REBOTES			ASP	ROP	TP	BP	FP	PP
						REO	RED	REP						
79-80	82	36	47,4	40,6	83,6	2,6	7,8	10,4	4,5	1,74	0,65	3,21	3,4	21,3
80-81	82	39,5	47,8	27	86,3	2,3	8,6	10,9	5,5	1,96	0,77	3,52	2,9	21,2
81-82	77	38	50,3	21,2	86,3	2,6	8,3	10,9	5,8	1,86	0,86	3,30	3,2	22,9
82-83	79	37,7	50,4	28,6	84	2,4	8,6	11	5,8	1,87	0,90	3,04	2,5	23,6
83-84	79	38,3	49,2	24,7	88,8	2,3	7,8	10,1	6,6	1,82	0,87	3	2,5	24,2
84-85	80	39,5	52,2	42,7	88,2	2,1	8,5	10,5	6,6	1,61	1,23	3,10	2,6	28,7
85-86	82	38	49,6	42,3	89,6	2,3	7,5	9,8	6,8	2,02	0,62	3,24	2,2	25,8
86-87	74	40,6	52,5	40	91	1,7	7,5	9,2	7,6	1,82	0,95	3,24	2,5	28,1
87-88	76	39	52,7	41,4	91,6	1,4	7,8	9,3	6,1	1,64	0,75	2,80	2,1	29,9
88-89	6	31,5	47,1	0	94,7	0,2	6	6,2	4,8	1	0,83	1,83	3	19,3
89-90	75	39,3	47,3	33,3	93	1,2	8,3	9,5	7,5	1,41	0,81	3,24	2,3	24,3
90-91	60	38	45,4	38,9	89,1	0,9	7,6	8,5	7,2	1,80	0,97	3,12	2	19,4
91-92	45	36,9	46,6	40,6	92,6	1	8,6	9,6	6,8	0,93	0,73	2,78	1,8	20,2
Carrera	897	38,4	49,6	37,6	88,6	2	8	10	6,3	1,73	0,84	3,14	2,5	24,3
Play-off	164	42	47,2	32,1	89	2,2	8,1	10,1	6,5	1,80	0,88	3,09	2,8	23,8
All-Star	10	28,7	42,3	23,1	84,4	1,9	6	7,9	4,1	2,30	0,30	3,10	2,8	13,4

LARRY BIRD, BOSTON CELTICS

AÑO	MT	TCC-I	T3C-I	TLC-I	REBOTES			AST	ROT	TT	BP	FP	PT
					RED	RED	RET						
79-80	2.295	693-1.463	59-143	301-360	216	636	852	370	143	53	263	279	1.745
80-81	3.229	719-1.503	20-74	283-328	191	704	895	451	161	63	289	239	1.741
81-82	2.923	711-1.414	11-52	328-380	200	637	877	447	143	66	254	244	1.761
82-83	2.982	747-1.481	22-77	351-418	193	677	870	458	148	71	240	197	1.867
83-84	3.028	758-1.542	18-73	374-421	181	615	796	520	144	69	237	197	1.908
84-85	3.161	918-1.760	56-131	403-457	164	678	842	531	129	98	248	208	2.295
85-86	3.113	796-1.606	82-194	441-492	190	615	805	557	166	51	266	182	2.115
86-87	3.005	786-1.497	90-225	414-455	124	558	682	566	135	70	240	185	2.076
87-88	2.965	881-1.672	98-237	415-453	108	595	703	467	125	57	213	157	2.275
88-89	189	49-104	0-0	18-19	1	36	37	29	6	5	11	18	116
89-90	2.944	718-1.517	65-195	319-343	90	622	712	562	106	61	243	173	1.820
90-91	2.277	462-1.017	77-198	163-183	53	456	509	431	108	58	187	118	1.164
91-92	1.662	353-758	52-128	150-162	46	388	434	306	42	33	125	82	908
Carrera	34.443	8.591-17.334	649-1.727	3.960-4.471	1.757	7.217	8.974	5.695	1.556	755	2.816	2.279	21.791
Play-off	6.886	1.458-3.090	80-249	901-1.012	360	1.323	1.683	1.062	296	145	506	466	3.897
All-Star	287	52-123	3-13	27-32	19	60	79	41	23	3	31	28	134

ESTADÍSTICAS

EARVIN «MAGIC» JOHNSON

INSTITUTO: Everett, Lansing, Michigan

UNIVERSIDAD: Michigan State University

DRAFTEADO POR: Los Ángeles Lakers en 1979 (número uno)

LOGROS: campeón de la NBA (1980, 1982, 1985, 1987, 1988); MVP de las Finales (1980, 1982, 1987); MVP (1987, 1989, 1990); nueve veces seleccionado para el quinteto ideal de la NBA (1983-1991); seleccionado en el segundo quinteto ideal (1982); 12 veces All-Star; MVP del All-Star (1990, 1992); medalla de oro en los Juegos Olímpicos (1992); capitán junto con Larry Bird del equipo olímpico; elegido para el Salón de la Fama (2002).

ABREVIACIONES:

ASP	asistencias por partido	**REP**	rebotes por partido
AST	asistencias totales	**RET**	rebotes totales
BP	balones perdidos	**ROP**	robos por partido
FP	faltas personales	**ROT**	robos totales
MP	minutos por partido	**T3C-I**	triples convertidos/intentados
MT	minutos totales	**TC**	tiros de campo
PJ	partidos jugados	**TCC-I**	tiros de campo convertidos/intentados
PP	puntos por partido	**TL**	tiros libres
PT	puntos totales	**TLC-I**	tiros libres convertidos/intentados
RED	rebotes defensivos	**TP**	tapones por partido
REO	rebotes ofensivos	**TT**	tapones totales

«MAGIC» JOHNSON, LOS ÁNGELES LAKERS

AÑO	PJ	MP	%TC	%T3	%TL	REO	RED	REP	ASP	ROP	TP	BP	FP	PP
79-80	77	36,3	53	22,6	81	2,1	5,6	7,7	7,3	2,43	0,53	3,96	2,8	18
80-81	37	37,1	53,2	17,6	76	2,7	5,9	8,6	8,6	3,43	0,73	3,86	2,7	21,6
81-82	78	38,3	53,7	20,7	76	3,2	6,4	9,6	9,5	2,67	0,44	3,67	2,8	18,6
82-83	79	36,8	54,8	0	80	2,7	5,9	8,6	10,5	2,23	0,59	3,81	2,5	16,8
83-84	67	38,3	56,5	20,7	81	1,5	5,8	7,3	13,1	2,24	0,73	4,57	2,5	17,6
84-85	77	36,1	56,1	18,9	84,3	1,2	4,7	5,9	12,6	1,47	0,32	3,96	2	18,3
85-86	72	35,8	52,6	23,3	87,1	1,2	4,7	5,9	12,6	1,57	0,22	3,79	1,8	18,8
86-87	80	36,3	52,2	20,5	84,8	1,5	4,8	6,3	12,2	1,73	0,45	3,75	2,1	23,9
87-88	72	36,6	49,2	19	85,3	1,2	5	6,2	12	1,58	0,18	3,74	2	19,6
88-89	77	37,5	50,9	31	91,1	1,4	6,4	7,8	12,8	1,79	0,29	4,05	2,2	22,5
89-90	79	37,2	48	38,4	89	1,6	5	6,6	11,5	1,67	0,43	3,66	2,1	22,3
90-91	79	37,1	47,7	32	90,6	1,3	5,7	7	12,5	1,29	0,22	3,97	1,9	19,4
91-96								RETIRADO						
95-96	32	30	46,6	37,9	85,6	1,2	4,5	5,7	6,9	0,81	0,41	3,21	1,5	14,6
Carrera	906	38,4	49,6	30,3	84,8	1,7	5,5	7,2	11,2	1,73	0,41	3,87	2,3	19,5
Play-off	190	39,7	50,6	24,1	83,8	1,8	5,9	7,7	12,3	1,88	0,34	3,66	2,8	19,5
All-Star	11	30,1	48,9	476	90,5	1,9	3,3	5,2	11,5	1,90	0,64	4,36	2,3	16

REBOTES

«MAGIC» JOHNSON, LOS ÁNGELES LAKERS

TOTALES

| AÑO | MT | TCC-I | T3C-I | TLC-I | REBOTES | | | AST | ROT | TT | BP | FP | PT |
					REO	RED	RET						
79-80	2.795	503-949	7-31	374-462	166	430	596	563	187	41	305	218	1.387
80-81	1.371	312-597	3-17	171-225	101	219	320	317	127	27	143	100	798
81-82	2.991	556-1.036	6-29	329-433	252	499	751	743	208	34	286	223	1.447
82-83	2.907	511-933	0-21	304-380	214	469	683	829	176	47	301	200	1.326
83-84	2.567	411-780	6-29	290-358	99	392	491	875	150	49	306	169	1.178
84-85	2.781	504-899	7-37	391-464	90	386	476	968	113	25	305	155	1.406
85-86	2.578	483-918	10-43	378-434	85	341	426	907	113	16	273	133	1.354
86-87	2.904	683-1.308	8-39	535-631	122	382	504	977	138	36	300	168	1.909
87-88	2.637	490-996	11-56	417-489	88	361	449	858	114	13	269	147	1.408
88-89	2.886	579-1.137	59-188	513-563	111	496	607	988	138	22	312	172	1.730
89-90	2.937	546-1.138	106-276	567-637	128	394	522	907	132	34	289	167	1.765
90-91	2.933	466-976	80-250	519-573	105	446	551	989	102	17	314	150	1.531
91-95						RETIRADO							
95-96	958	137-294	22-58	172-201	40	143	183	220	26	13	103	48	468
Carrera	33.245	6.211-11.951	325-1.074	4.960-5.850	1.601	4.958	6.559	10.141	1.724	374	3.506	2.050	17.707
Play-off	7.538	1.291-2.552	51-212	1.068-1.274	349	1.116	1.465	2.346	358	64	696	525	3.701
All-Star	331	64-131	10-21	38-42	21	36	57	127	21	7	48	25	176

AGRADECIMIENTOS

Me gustaría dar las gracias a mi editora, Susan Canavan, cuya guía y apoyo durante este proyecto ha sido inestimable. No hay duda: has hecho que este libro fuese mejor. Gracias a Jill Leone, Lon Rosen y Jay Mandel por mantenernos a todos en contacto, una tarea para nada sencilla. Muchas personas me han ayudado en las investigaciones necesarias para esta obra, entre ellas Jeff Twiss, Brian Olive, y Heather Walker, de los Celtics; John Black, de los Lakers; Craig Miller, de usa Basketball; los antiguos ejecutivos de Converse Gib Ford y Lou Nagy; y el sin par dúo de la nba formado por Brian McIntyre y Tim Frank. Mi gratitud a Ed Kleven por poner los puntos a las íes y las rayas a las tes. Gracias a Ian Thomsen, Leigh Montville, Steve Fainaru, Don Skwar y Todd Balf: valoro vuestra visión periodística y, más importante aún, vuestra amistad. Gracias a las madres de Westford por quedaros con los niños cuando era necesario, en especial a Eileen Barrett y Monet Ewing. Una ovación para los Ya Yas… ¿dónde estaría sin vosotros? Gracias eternas a Janice McKeown y Jane Cavanaugh Smith, que han estado ahí desde el principio. Stephanie Baird y Liz Douglas han sido unas excelentes cajas de resonancia y unas amigas cariñosas. Gracias a la gente de los partidos de baloncesto del domingo por la mañana por todas las cosas buenas que me ofrecen. A mis padres, Margarethe y Fred MacMullan, a Sue, Vinny, Julia y Christopher Titone; a todos los Boyle, los de cerca y los de lejos, todo el amor y muchas gracias. A Michael Boyle, un increíble marido y padre, nunca podré agradecerte lo suficiente tu amor, apoyo y paciencia. Mis hijos, Alyson y Douglas, encuentran cada día una nueva forma de llenar mi vida de felicidad. Gracias, chicos. Os quiero. Y por último quisiera mostrar mi gratitud a Earvin Johnson y Larry Bird. Ha sido un honor haberos ayudado a contar vuestra historia.

JACKIE MACMULLAN

LOS AUTORES

LARRY BIRD jugó trece temporadas en los Boston Celtics. Entre sus logros deportivos destacan tres títulos de la NBA, tres MPV, una medalla de oro olímpica y su entrada en el Salón de la Fama, que se produjo en 1988. Bird fue el entrenador de los Indiana Pacers de 1997 a 2000 y actualmente ejerce de mánager general del equipo.

EARVIN «MAGIC» JOHNSON jugó trece temporadas en Los Ángeles Lakers. En su haber cuenta con cinco títulos NBA, tres MPV y una medalla de oro olímpica. Johnson entró en el Salón de la Fama en 2002. Actualmente es el presidente y director ejecutivo de Magic Johnson Enterprises, y vicepresidente y copropietario de Los Ángeles Lakers.

JACKIE MACMULLAN fue premiada con el prestigioso Curt Gowdy Media Award que otorga el Salón de la Fama del baloncesto a destacados cronistas de este deporte por su trabajo periodístico. Ha trabajado durante tres décadas en el *Boston Globe* y como corresponsal para ESPN, cadena donde también participa habitualmente en el famoso programa de debates *Around the Horn*.